电气化铁道接触网实用技术指南

于小四　主编

中国铁道出版社
2017年·北京

内 容 提 要

本指南是在总结近50年来电气化铁道接触网施工经验的基础上，从施工实际应用出发而编写的。主要适用于电气化铁道、地铁柔性结构、轻轨等施工。对于接触网运营维护、教学及机具制造也具有一定的参考价值。本指南是遵照我国现行的国家标准、行业标准及有关规定，指南中数据均在实际应用的基础上总结得出，具有很大的借鉴作用。

本指南适用于从事电气化铁路接触网设计、施工、监理、运营管理等方面的工程技术人员、管理人员，也可供大中专院校师生教学参考。

图书在版编目(CIP)数据

电气化铁道接触网实用技术指南/于小四主编．—北京：中国铁道出版社，2009.4(2017.3 重印)

ISBN 978-7-113-09876-6

Ⅰ.电…　Ⅱ.于…　Ⅲ.电气化铁道—接触网—指南
Ⅳ.U225-62

中国版本图书馆 CIP 数据核字(2009)第 049262 号

书　　名：电气化铁道接触网实用技术指南
作　　者：于小四　主编

责任编辑：王风雨　**电话**：(010)51873139　**电子信箱**：tdpress@126.com
封面设计：余佳玲
责任校对：孙　玫
责任印制：郭向伟

出版发行：中国铁道出版社(100054，北京市西城区右安门西街8号)
网　　址：http://www.tdpress.com
印　　刷：中国铁道出版社印刷厂
版　　次：2009年4月第1版　2017年3月第4次印刷
开　　本：880 mm×1 230 mm　1/32　印张：10.25　字数：324千
印　　数：8 001～9 000册
书　　号：ISBN 978-7-113-09876-6
定　　价：40.00元

《电气化铁道接触网实用技术指南》编委会成员

主　　编：于小四

参编人员：（排名不分先后）

毛锁明　张志强　姜　敏　邢献志

王明义　侯文凯　范　华　肖　炜

王德旭　杨合贵

《电气化铁道接触网实用技术指南》审稿组成员

主　　任：牛学忠

副 主 任：范晓辉　辛登高

组　　员：（排名不分先后）

杨春辉　马洪涛　龚乾扬　邹俊杰

李伟峰　杨绍平　傅明俊　郭彦路

尚德政　王　群　郭建强　郭保辉

苗　福　张迎波　李　均

前　言

根据铁道部《中长期铁路网规划》,在建设客运专线、发展城际客运轨道交通的同时,加快既有线电气化、扩能,实施既有干线提速改造,继续扩大提速网络覆盖面,既有线电气化改造要完成 15 000 公里;使 13 000 公里既有主要干线客车最高时速达到 200 公里。在此背景下,现场对接触网施工技术方面的知识需求十分迫切,本实用技术指南是在总结我国电气化铁道接触网多年来实践的基础上,从施工实际应用出发而编写的。

本书以突出技能为原则,以专业知识为主要内容,强调针对性、实用性和有效性,充分反映铁路的新技术、新材料、新工艺、新设备及新标准、新规程;力求贴近现场实际,并应用案例教学的手法,用直观的案例和图示进行分析和说明;突出非正常情况下应急处理能力的训练;同时,本着"少而精"的原则,知识以必须、够用为度,文字力争生动、通俗易懂、图文并茂。

本书是遵照我国现行的国家标准、行业标准及有关规定进行编写的。因为新技术、新标准不断推出应用,施工工艺、技术标准和安全注意事项也要随新标准做一定的调整和修改。共分十章:第一章为施工的准备工作;第二~八章分别按照工序介绍了基础、支柱安装、支柱装配及吊索安装、承力索及接触网架设、悬挂安装与调整、设备安装与调整、附加导线架设等内容;第九章介绍了接触网事故抢修;第十章介绍了接触网事故案例。

本指南由中铁七局电务公司于小四同志于 1997 年着手收集资料,执笔编写过程中对照工作实践历经数次修改,于 2008 年 12 月成稿。中铁六局姜敏、八局张志强、九局邢献志、十局王明义、一局王德旭、南宁局侯文凯等同志参与了部分编写工作。郑州铁路局范华,西安铁路局肖炜、杨合贵提供了宝贵的技术资料。

由于我们的施工经验和水平所限，书中缺点和错误，敬望广大读者指正。

作　者

2009 年 3 月于郑州

目　录

第一章　施 工 准 备

第一节　施 工 调 查

一、施工调查前根据工程合同、设计文件和相关资料，制定调查提纲，组织人员进行现场调查，调查结束后，根据调查情况编写书面的调查报告。

二、施工调查应包括下列内容：

1. 工程概况：包括工程环境、气候特征、工程地质、水文地质、工程数量和特点。

2. 工程的施工条件：包括施工运输、水源、供电、通信、场地布置、征地、拆迁、青苗补偿情况等。

3. 铁路既有线路及其他有关技术设备现状及稳定情况是否达到施工的技术要求，先期工程进度情况及施工配合问题。相关工程对施工的制约和要求，各枢纽铁路的行车组织等与施工有关的资料。

4. 专业之间施工接口、预留质量和施工进展情况。

5. 影响施工的站前工程进展情况，以及其他有关工程进度情况和施工配合问题。

6. 当地原材料及半成品的品种、质量、价格及供应能力。

7. 设备、器材到达情况及沿线存放地点。

8. 地方生活供应、医疗、卫生、防疫和民族、风俗。

9. 当地生态、环境保护的一般规定和特殊要求，工程对环境可能造成的近、远期影响。

10. 其他尚待解决的问题。

第二节　设计文件的核对

一、对设计文件的核对应做好以下工作：

1. 技术标准、技术条件、设计原则。

2. 设计文件组成与内容，施工图与既有线设备实际情况、有关图纸的一致性。

3. 设计文件中选用的主要设备的生产落实,新设备图纸及安装、检查验收技术标准。

4. 各设计专业的接口及相互衔接。

5. 设计提供的施工过渡指导性方案。

二、施工单位应全面熟悉设计文件,并会同设计单位、设备管理单位和监理单位进行现场核对,当与实际情况不符时,应及时提出修改意见。

三、在施工调查和设计文件核对后,应将结果及存在的问题,呈报业主、监理和设计单位。

第三节 实施性施工组织设计

一、编制实施性施工组织设计应以下列内容为依据。

1. 建设项目的合同文件。

2. 设计文件、有关标准、施工技术指南和施工工法。

3. 调查资料,如气象、交通运输情况、当地建筑材料分布、临时辅助设施的修建条件,以及水、电、通信等情况。

4. 施工力量及机具现状和更新情况。

5. 现行施工定额和本单位实际施工水平。

6. 国家现行的法律、法规。

二、实施性施工组织设计的编制,应遵循下列原则:

1. 满足指导性和综合性施工组织设计。

2. 在详细调查研究的基础上,进行技术经济方案的比选,根据最优的方案进行设计。

3. 完善施工工艺,积极采用新技术、新工艺、新材料、新设备。

4. 因地制宜,就地取材。

5. 根据工程特点和工期要求,安排好施工顺序及工序的衔接。

6. 提高施工机械化作业水平,提高劳动生产率,减轻劳动强度,加快施工进度,确保工程质量。

7. 符合环境保护、安全生产及职业健康有关法律、法规的要求。

8. 根据实际工程数量、工程特点、工期要求,合理组织施工队伍,统筹安排工程进度。

三、编制实施性施工组织设计应通过全面的调查研究，按照建设项目的工期要求和投资计划，有计划地合理组织和安排好工期、施工方案、施工方法、施工顺序，并提出劳动力、材料、机具设备等生产资源的合理配置。

四、实施性施工组织设计应包括下列内容：

1. 地区特征、气候气象、工程地质、工程设计概况、工期要求、质量要求、主要工程数量等。

2. 工程特点、施工条件、施工方案、交通运输。

3. 临时场地布置，水、电、燃料供应方法。临时工程修建规模、地点、标准及工程量。

4. 安全、质量控制目标。

5. 施工进度安排、施工形象进度。

6. 关键施工或特殊施工过程的施工方案。施工测量、基坑开挖方法及工程检测等。对通信、信号、电力工程的配合技术要求及措施。拆迁、干扰处理工作量及措施。

7. 机械设备配备、劳动力配备、主要仪器仪表配备、主要材料供应计划、当地材料供给等。

8. 施工管理、工程质量和施工安全保证措施等。

9. 施工过程中对环境的直接影响和潜在影响，对各种影响因素所采取的环境保护措施。

10. 施工地区发生自然灾害、施工中发生紧急情况时的应急预案。

五、实施性施工组织设计应在开工前作为开工报告的一部分呈报监理工程师，经业主批准后实施；在实施过程中应根据客观条件、生产资源配置的变化情况及时调整施工组织设计，并呈报监理工程师批准，实行动态管理。

第四节 施工机械准备

一、施工机械配套应针对铁路既有线施工的特点，满足实施性施工组织设计的要求，应配备污染少、能耗小、效率高的施工、试验及检测设备；以实现机械化均衡生产为目标，配套的生产能力应与施工能力相匹配。

二、使用铁路自轮运转特种设备必须执行铁道部现行规定和规则。

使用轻型车辆及小车执行铁道部《铁路技术管理规程》规定。

三、施工机械操作人员和机械检修保养应执行《铁路工程施工安全技术规程》(TB 10401.1)规定。

四、机械设备的安装应选择适宜的地点,机械运转时的废气、噪声、废液、振动等应尽量减少对周围环境造成污染和影响。各项排放指标均应达到现行有关规定。

第五节　施工场地与临时工程

一、施工场地布置应符合下列要求:

1. 有利于生产,文明施工,节约用地和保护环境。

2. 统筹规划,分期安排,便于各项施工活动有序进行,避免相互干扰。

二、施工场地布置应包括下列内容:

1. 汽车运输道路的引入和其他运输设施的布置。

2. 确定水、电设施的位置。

3. 确定大型机具设备的组装和检修场地。

4. 确定主要材料和设备的布置。

5. 确定各种生产、生活等房屋的位置。

6. 场内临时排水系统和临时用电设施的布置。

三、临时工程施工应符合下列要求:

1. 运输道路应满足运量和行车安全的要求。

2. 电力线路和通信线路应按有关规定统一布置及早建成。

3. 各种房屋按其使用性质应遵守相应的安全消防规定。

4. 严禁将住房等临时设施布置在受洪水、泥石流、落石、滑坡等自然灾害威胁的地点。

5. 临时工程及场地布置应采取措施保护自然环境。

6. 临时设施的布置应考虑突发性自然灾害,并制定相应的紧急预案。

四、施工场地布置时,在水源保护地区内不得取土、弃土、破坏植被等,不得设置拌和站、洗车台、充电房等,并不得堆放任何含有害物质的材料或废弃物。

五、工程竣工时,应修整、恢复受到施工破坏或影响的植被、自然资源等。

第六节 作业人员

一、施工应遵循以人为本、响应招标文件。根据工程特点、在施工前和施工过程中,对管理人员、作业人员经常进行安全教育,提高自我保护意识。

二、施工项目经理和项目总工应选派具有相应资格人员担任。

三、要点指挥人员应由具有既有线施工要点经验、经历,胜任施工组织指挥的人员担任。

四、配备的项目经理、总工程师、副经理,安全、技术、质量等主要负责人,应经过铁道部(或铁路局)施工安全培训。施工安全员、防护员、带班人员和工班长必须经过铁路局等有关部门培训。未经培训或培训不合格,不得担任上述工作。

五、施工单位必须对劳务人员进行安全培训和法制教育,培训合格后方可上岗。参加施工的劳务人员应由具有带班资格的企业员工带领。劳务人员不得单独上道作业,不得担任爆破员、防护员及带班人员,不得单独使用各类作业车辆。

六、从事轨道车驾驶等特种作业人员,必须经过专业培训、考试合格,取得相应资格,方可上岗。

七、施工过程中应对员工加强安全技术交底,对施工人员进行铁路新技术、新设备,新工艺、新机械以及安全管理办法等进行再培训和再教育。

八、根据施工情况,应对作业人员进行定期健康检查,并归入档案进行管理。

第七节 专项施工技术方案

一、铁路接触网工程,施工单位可根据工程特点应对技术复杂、质量关键过程编制专项施工技术方案。

二、专项施工技术方案应符合设计文件、规范和质量标准。编制深度应与施工等级划分相适应,与风险控制目标要求相一致。

三、专项施工技术方案主要应包括:

1. 工程概况、设计要求、技术难点、过程重点。

2. 质量标准、关键技术。

3. 施工方法、工艺、流程。

4. 中、高度危险源、危害因素。

5. 施工中应特别注意、重点控制的事项。

四、专项施工技术方案审查应按照铁道部相关规定执行。

五、国家铁路既有线工程一、二级施工的专项施工技术方案，应经铁路局审批；地方铁路既有线工程重要专项施工技术方案应执行地方铁路局审查批准程序；铁路专用线工程重要专项施工技术方案应经处级单位审查批准。非铁路工程进入铁路既有线施工范围的重要施工技术方案必须报经铁路局审批。

六、审查批准的专项施工技术方案，施工单位应认真组织落实和实施。对原方案进行优化、变更应执行原方案审批程序。

第八节　安全质量管理计划

一、施工单位应按照业主要求，建立健全安全、质量管理计划。

二、施工单位应按规定设置安全生产管理机构，配备安全生产管理人员，履行施工安全管理和日常检查的职责；要经常对全员进行遵章守纪的教育，建立内部全面的安全责任制，制定施工安全措施，并认真予以落实。

三、施工单位是施工安全的主体，承担施工安全的主体责任。施工单位应严格执行铁路既有线施工的各项规章制度，科学制定施工方案，建立完善的施工安全责任制，落实施工安全措施和责任，严格责任追究；应严格按审定的方案、范围组织施工，认真落实施工安全措施。

四、施工单位必须依据施工等级划分、综合分析排查出的关键过程和关键工序，逐一确定其风险施工方案，据此编制保证铁路行车安全和施工质量的管理计划。

五、铁路既有线和施工质量管理计划的编制，必须落实责任，明确范围和目标。质量管理计划一般应包括：

1. 质量管理过程的策划。

2. 有效文件的管理。

3. 质量记录的控制。

4. 技术、质量、进度、特殊过程和关键工序的控制。

5. 甲供产品的控制。

6. 施工产品标识和可追溯性控制。

7. 监视和测量装置控制。

8. 工程产品的防护。

9. 工程交付。

10. 交付后服务。

11. 保证措施、所需资源及投入。

12. 责任人和责任。

13. 起止时间或过程。

14. 监督、检查。

六、国家铁路既有线工程一、二级施工,地方铁路营业线重要级别施工,项目部编制质量管理计划后,应报请其上级单位审查批准。施工单位应对项目部质量管理计划实施情况进行监督、检查。铁路既有线工程施工质量管理计划应按照相关规定上报备案。

第九节 施工协议

一、进入铁路既有线工程施工范围的各项施工,施工单位应与设备管理单位和行车组织单位分别签订施工安全协议书。未签订施工安全协议及施工安全协议未经审查的严禁施工。

二、安全协议书应由施工单位上报铁路局主管业务处和安全监察室审查。经审查同意后,施工单位报铁路建设管理部门、监理单位备案(非国家铁路按其管理机构要求办理)。

三、同一施工区段有两个以上单位同时施工或不同专业交叉作业、接续施工时,应共同拟定安全协议,做好协调共同执行。

四、安全协议书的基本内容应包括:

1. 工程概况(施工项目、作业内容、地点和时间、影响范围)。

2. 施工责任地段和期限。

3. 双方所遵循的技术标准、规程和规范。

4. 安全防护内容、措施及专业结合部安全分工(根据工点、专业实际情况,由双方制定具体条款)。

5. 双方安全责任、权利和义务（包括共同安全职责和双方各自安全职责）。

6. 违约责任和经济赔偿办法（包括发生铁路交通责任事故时双方所承担的法律责任）。

7. 安全监督和配合费用。

8. 法律法规规定的其他内容。

第二章 基　础

第一节 杆位测量

一、准备工作

1. 人员:6~10人。

2. 工具:50 m钢卷尺、2 m钢卷尺、10 m皮尺、梯形尺、丁字尺、水平尺、隧道测量仪、计算器、手电筒、测杆、线坠、经纬仪(大站场使用)、油漆桶、工具袋、安全防护用具等。

3. 材料:白油漆、黑油漆、扁油刷、钢丝刷、小排笔、粉笔、测量绳、记录表格纸、铅笔、抹布等。

4. 资料:接触网平面布置设计图。

二、测量方法、步骤

根据接触网设计平面图,找出测量起点,并作出标记。由测量起点出发,使用钢尺拉链,沿钢轨外侧进行纵向测量。在直线上可沿任意一根钢轨外侧进行测量,遇到曲线时,应注意将钢尺过渡到曲线外侧的钢轨上进行测量。其方法可用丁字尺从测量位置转换到另一根钢轨,再继续测量,如图2.1.1所示。

(一)纵向测量

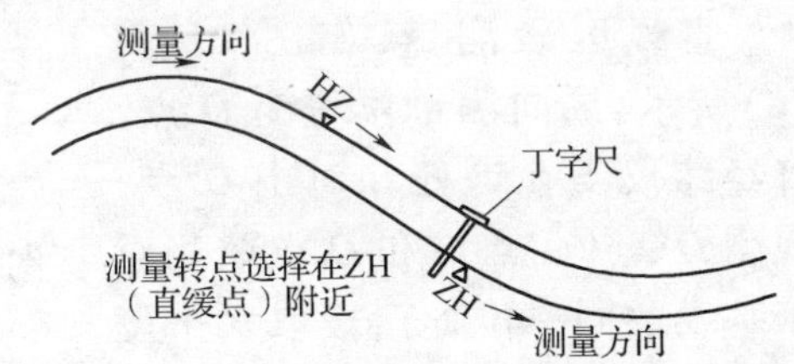

图2.1.1　曲线区段沿轨道外侧钢轨测量示意图

由测量起点标记出发,按设计跨距定出下一根接触网支柱的坐标。先用粉笔在钢轨面画出位置,并在轨枕上写出标记,再用油漆标记在轨腰上。标记内容包括:顺线路方向的支柱中线标记,杆号,支柱或钢柱型号,基础型号,支柱侧面限界,底板及横卧板数量,坑深。标记实例见图 2.1.2 所示。

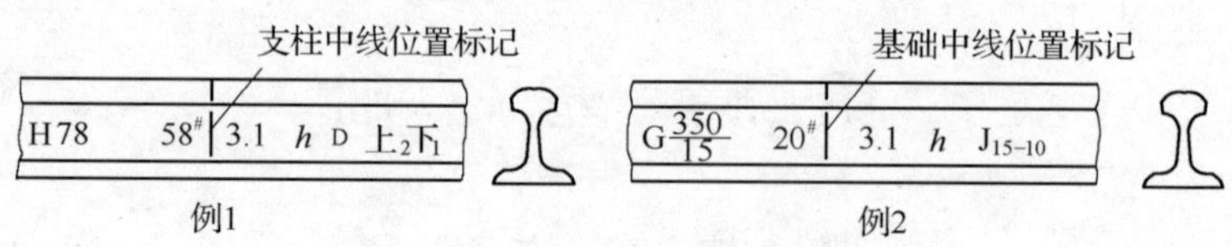

图 2.1.2 测量标记示意图

H78—杆型；
$58^{\#}$—支柱号；
3.1—侧面限界；
$上_2$ $下_1$—上面 2 块板；下面 1 块板

G 350/15—钢柱类型；
$20^{\#}$—支柱号；
h—坑深；
J_{15-10}—基础类型

（二）站场测量

站场一般以正线为基线进行纵向测量。必要时也可使用与正线平行的直线站线作纵向测量基线。测量时，一般从区间锚段关节衔接处或测量起点（一般选自站场最外道岔的标准定位处）开始，先在基线上用钢尺拉通，然后再测杆位。软横跨柱在纵向测量完成后进行横向定位测量，其测量方法有等腰三角形法和经纬仪测量法两种，在最外侧钢轨轨腰上书写标记。

1. 软横跨柱横向定位测量

（1）等腰三角形测量法

如图 2.1.3 所示，纵向测量位置为 O 点，使 $OA=OB$，$AC=BC$，则 $CO\perp AB$，软横跨支柱即位于 CO 的延长线上。

（2）经纬仪测量法

直线区段测量，如图 2.1.4(a)所示，纵向测量位置为 O 点，将经纬仪支在该处并对中 O 点，观测 O'点（O'点应和 O 点取相对于基线的同一位置），读取水平度盘读数后旋转 90°，在此视线上确定 A 点，再倒转望远镜可确定另一侧的支柱位置 B 点。

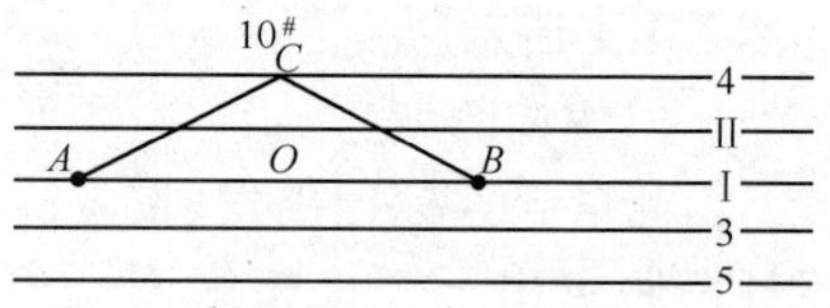

图 2.1.3 等腰三角形测量法示意图

曲线区段测量时，如图 2.1.4(b)所示，在基点 O 处安置经纬仪，在两侧相对于基线的同一位置取 A、B 两点，且使 $OA=OB$，先瞄准 A 点，然后

再瞄准 B 点，测得 β 角值，然后平转 $\beta/2$ 角，在此视线上可测得支柱位置 C 点，再倒转望远镜可确定另一侧的支柱位置 D 点。

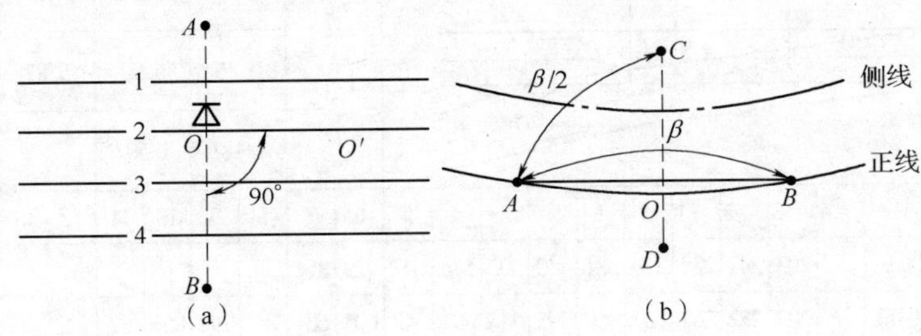

图 2.1.4　利用经纬仪测软横跨支柱方位示意图
(a)直线区段；(b)曲线区段

2. 道岔柱的标准定位

(1)单开道岔

① 50 kg/m 钢轨单开道岔

标准定位时线岔和道岔的相对位置见表 2.1.1。

表 2.1.1　标准定位时线岔和道岔的相对位置

道岔号	1/8	1/9	1/10	1/11	1/12
X (m)	3.78	4.35	4.69	5.16	5.72
D (m)	1.058	1.164		1.423	1.552

X(m)		-4	-3	-2	-1	0	1	2	3	4	5	6	7	8	9	10
a (mm)	1/8		199	240	283	338	396	465	537	619	704	801	900			
	1/9		200	235	280	327	380	437	503	570	647	727	817	904		
	1/11	201	230	262	299	339	382	429	479	533	591	652	717	785	858	
	1/12	200	226	257	293	330	368	412	458	507	560	615	674	734	797	862

② 60 kg/m 钢轨单开道岔

标准定位时线岔和道岔的相对位置见表 2.1.2。

(2)对称(双开)道岔

标准定位时线岔和道岔的相对位置见表 2.1.3。

表 2.1.2　标准定位时线岔和道岔的相对位置

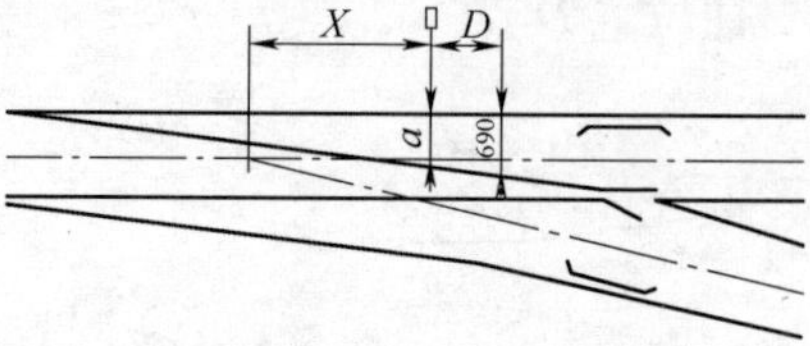

道岔号	1/9	1/12	1/12*	1/18
X（m）	4.36	5.90	5.87	8.78
D（m）	1.181	1.507		2.321

X(m)		-4	-3	-2	-1	0	1	2	3	4	5	6	7	8	9	10	11	12	13	14	15
a（mm）	1/9		203	241	282	330	381	440	503	574	647	729	814								
	1/12		202	232	268	307	350	395	443	494	548	605	664	727	792	861					
	1/12*																				
	1/18	208	231	256	281	309	337	366	397	429	463	497	533	570	609	649	689	731	775	820	865

注：1/12* 表示 12 号可动心道岔，可用插入法求 $X=f(a)$

表 2.1.3　标准定位时线岔和道岔的相对位置

道岔类型	道岔号	示意图	X(m)	D(m)	a(m)
对称（双开）道岔	1/9	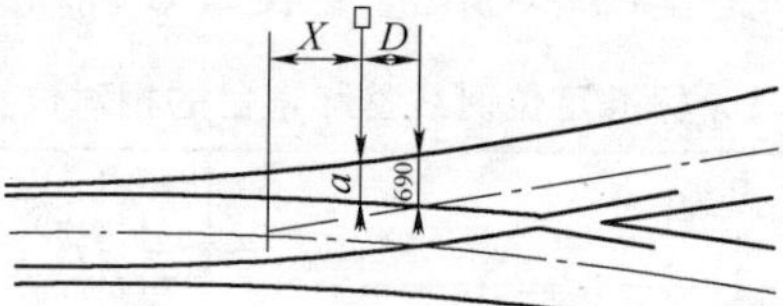	4.82	1.047	600
	1/12		5.11	1.406	600

(3)复式交分道岔

标准定位时线岔和道岔的相对位置见表 2.1.4。

表 2.1.4　标准定位时线岔和道岔的相对位置

道岔类型	道岔号	示意图	X(m)	D(m)	a(m)
复式交分道岔	1/9	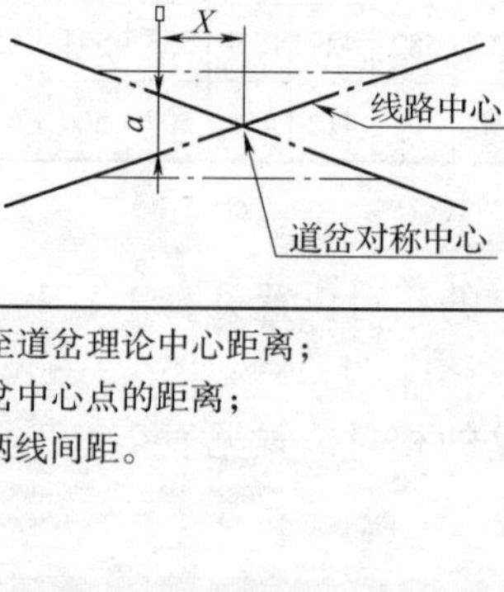	1.5		167
	1/12		1.5		125

注：X——标准定位点至道岔理论中心距离；

D——定位点至线岔中心点的距离；

a——道岔导曲线两线间距。

道岔柱非标准定位时，支柱位置一般应在单开道岔导曲线外侧两线间距 400 ~ 700 mm 处，复式交分道岔取距岔中心 1.5 ~ 2.5 m 处。

在平面布置时，尽量使接触线交叉点位于线间距 400 ~ 700 mm 范围内。

(三)隧道测量

1. 纵向测量

按隧道接触网平面布置图，由隧道口开始，依据跨距沿钢轨依次测出悬挂点的纵向位置。在轨腰和隧道壁上(距地面 1.2 m 处)作出标记。标记内容：设计位置竖线、悬挂编号、定位编号(写在定位侧方向，无定位时不写)。标记油漆为白底黑字。

例如：某隧道 3 号悬挂点，2 号定位点的轨腰标记如图 2.1.5 所示。

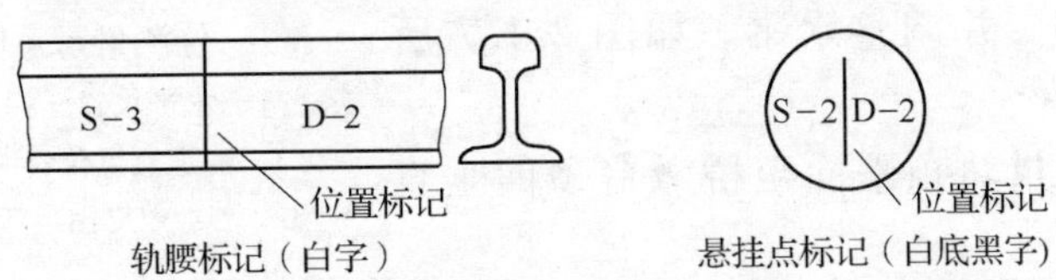

图 2.1.5 隧道悬挂点、定位点标记示意图

S—3：表示 3 号悬挂点；D—2：表示 2 号定位点

2. 横向测量

将丁字尺卡在纵向定位标记处的轨面上，并利用水平尺、垫块将其调平。在丁字尺上找出悬挂埋入杆至线路中心的距离，将隧道测量仪垂直置于丁字尺所确定的位置上，打开开关，测量仪光束照射到拱顶处的光点即为水平悬挂埋入杆的位置，用绑在测量杆上的排笔蘸油漆在拱顶光点处打上标记。将丁字尺换到另一侧，用同样方法测出另一埋入杆位置。

3. 定位点测量

用卷尺由悬挂点纵向测出定位点的位置(一般为 1 m)，将丁字尺置于所测点的轨面并调平。根据定位埋入杆的设计高度，利用顶部绑有线坠和皮尺的测量杆，在隧道壁上测出定位埋入杆位置，并用油漆作出标记。

悬挂点、定位点定位测量示意图见图 2.1.6。

4. 地线孔测量

根据设计图给定的地线埋入杆安装高度，用定位点测量方法测出地线埋入杆位置。

（四）桥支柱测量

桥支柱测量就是测定桥支柱地脚螺栓或桥支架锚栓在桥墩台的布置位置。

根据桥支柱设置方式分为墩台顶面和墩台侧面测量。

1. 墩台顶面测量

墩台顶面设置的桥支柱有直腿柱和斜腿柱两种。但测量方法基本相同，基本方法如下：

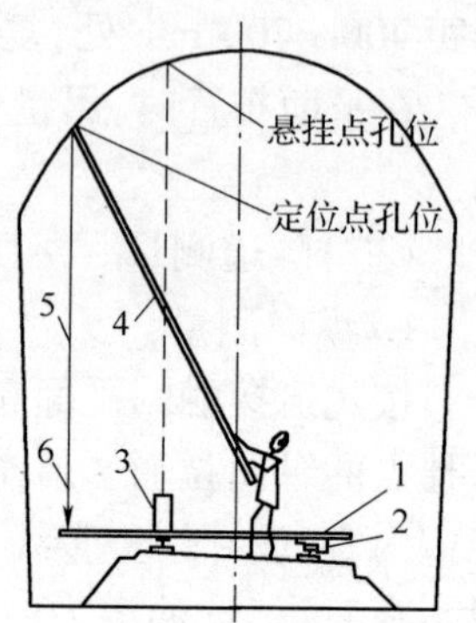

图 2.1.6　悬挂点、定位点定位测量示意图

1—水平尺；2—梯形尺；3—隧道测量仪；4—测杆；5—皮尺；6—线坠

（1）将丁字尺卡在桥墩台中心线对应的钢轨面上，并调整水平。如图 2.1.7 所示。

（2）测量轨顶平面至桥墩台顶面垂直距离 h。

（3）计算桥钢柱底部内缘与轨平面处钢柱内缘的水平偏差值 C（mm）

① 直腿柱：

$$C = h(a_1 - a_2)/2H$$

② 斜腿柱：

$$C = 1\,400 + h(a_1 - a_2)/2H$$

式中　h——桥墩台到轨平面高度；

a_1——桥钢柱底部负荷方向尺寸；

a_2——桥钢柱顶部负荷方向尺寸；

H——桥钢柱高度；

2——按支柱中心直立考虑；

1 400——钢柱斜腿的水平值。

（4）在水平丁字尺上量出支柱侧面限界点，并由该点将线坠吊至墩台顶面，然后向线路方向测出 C 值在墩台面上确定 A 点，即为钢柱内缘位置。

（5）在墩台顶面放置钢柱底面模板框架，使框架中心线与墩台中心线重合并垂直于线路中心线，且使钢柱底面内缘通过 A 点。

(6)模板放置无误后用油漆通过模板孔在墩面上作出标记。

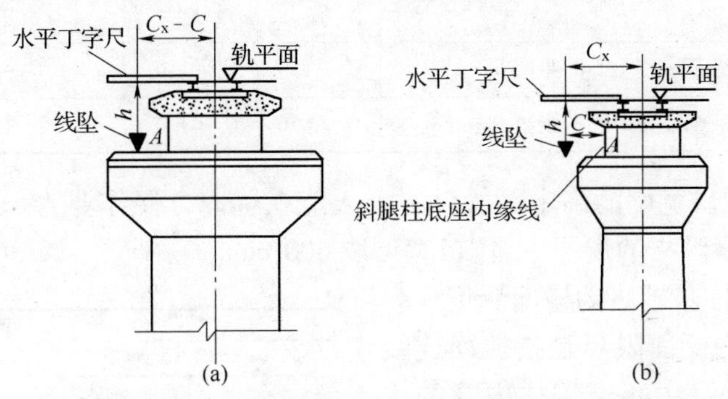

图 2.1.7 桥支柱直接安装在桥墩台上螺栓孔位测量图
(a)直腿柱； (b)斜腿柱

2. 墩台侧面测量

桥支柱有时利用桥支架安装在桥墩侧面。测量时要搭作业平台。测量方法如下：

(1)将丁字尺置于桥墩中心线所对应的轨面上。

(2)根据设计图给定的尺寸，测出支架上底座与轨平面的距离。

(3)将支架底面模板置于支架安装位置，使模板中心线与桥墩中心线重合，模板放置无误后通过模板孔用油漆作出标记。

(五)支柱坑的横向测量

1. 混凝土支柱坑

(1)根据测量标记和支柱侧面限界确定坑口内缘位置。

支柱的侧面限界是指轨面连线中心处，线路中心至支柱内缘的水平距离。考虑支柱锥度，坑口内缘距线路中心的距离应小于侧面限界一定数值，一般该数值定为 150 ~ 200 mm。

(2)坑口外缘位置应由轨面处支柱宽度和侧面限界确定，但考虑立杆要求和调整余量，一般根据支柱型号，比侧面限界大 700 ~ 1 000 mm 确定。

根据支柱外形尺寸和以往的挖坑经验，混凝土支柱坑坑口内外缘至线路中心的距离可参照表 2.1.5。

表 2.1.5 混凝土支柱坑坑口内外缘至线路中心的距离(mm)

支 柱 类 型	H60,H78		H90 ~ H170-250
有无横卧板	有	无	有
基坑坑口内缘至线路中心的距离 $S_{内}$	C_x-150	C_x-150	C_x-200
基坑坑口外缘至线路中心的距离 $S_{外}$	C_x+850	C_x+700	$C_x+1\,000$

(3)坑口宽度的确定一般以一个人能在坑内方便作业为原则。在不考虑安装横卧板的情况下,坑口宽可取600 mm。

2. 钢柱基础坑的横向测量

钢柱的侧面限界是指轨面连线中心处,线路中心至钢柱内缘的水平距离,基础的侧面限界应考虑钢柱轨平面处内缘到钢柱底部内缘的水平偏差以及钢柱底部边缘的距离。根据侧面限界允许0 ~100 mm的施工误差,一般基础内缘按比钢柱侧面限界小50 ~100 mm确定。

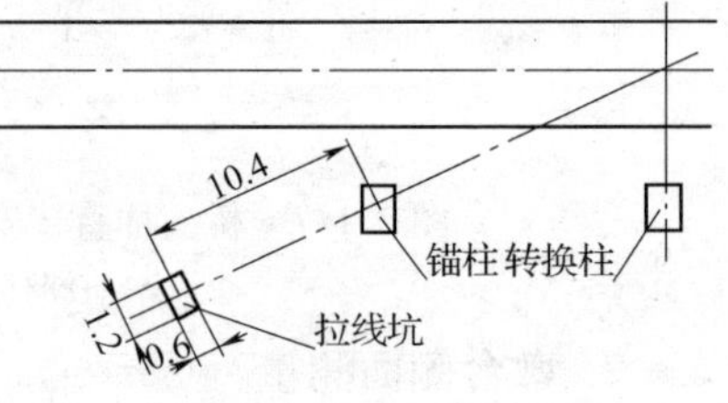

图2.1.8 拉线坑测量示意图

基坑外缘和宽度应根据基础顶面尺寸确定。坑口的长、宽尺寸应比基础尺寸大10 ~30 mm。

基础坑的中心线应对准测量中线并垂直于正线。

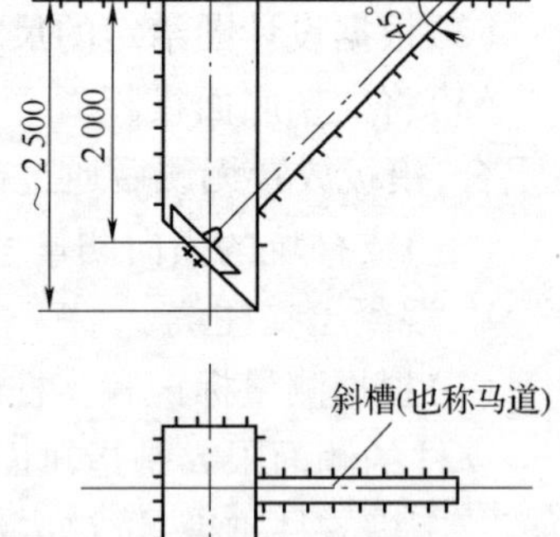

图2.1.9 拉线坑示意图

(六)拉线坑的测量

拉线坑的位置应在下锚支的延长线上,方法如下:

1. 一人站在与锚柱相邻的转换柱中心线与线路中心线的交点上,通过锚柱中心目测一条直线,另一人在此直线上距锚柱中心10.4 m处定点,此点就是拉线坑的中心,见图2.1.8所示。

2. 拉线坑坑口长1.2 m,宽0.6 m,拉线坑坑口的横中心线应垂直于延长线(拉线)。拉线坑的形状及尺寸见图2.1.9所示。

三、质量标准

1. 写油漆标记时应将轨腰除锈并擦拭干净，字体要端正、醒目。

2. 测量精度不得低于1/2 000，即闭合误差≤（1/2 000）×测量长度（m），测量中遇有大型建筑物，如桥、隧、立交道口时，应分段进行闭合。

3. 遇有信号机、水沟、管道、电缆等不利于施工的设施应尽量避开。

4. 软、硬横跨柱的轴线应垂直于车站正线，允许偏差不大于3°。

5. 隧道悬挂点、定位点应避开漏水、严重渗水、石缝或不同断面衔接处。

四、安全注意事项

1. 施工测量小组两端应设专人行车防护，区间防护距离执行《铁路技术管理规程》规定，站场防护距离50 m。

2. 防护人员要穿好防护服，佩带相应标志。工作时手执信号旗及防护喇叭（或防护电话）。

3. 防护人员应密切监视来往车辆，与施工测量小组时刻保持联系，一旦中断联系，须立即通知测量小组负责人，必要时停止测量工作。

4. 测量人员听到或看到防护人员发出的来车信号时，应及时避让列车。

5. 使用钢尺测量时，防止短接轨道电路、绝缘轨缝，影响行车安全。

6. 桥梁上测量时人员均必须系好安全带。安全绳应拴在桥梁上的可靠部位，不得拴在临时作业平台上。

第二节　基坑开挖

一、准备工作

1. 人员：3～6人。

2. 工具：钢卷尺、铁锹、十字镐、钢钎、大锤、撬棍、木杠、钢丝绳套、小号水桶、大号水桶、小型发电机、冲击电锤、接触网作业车（轨道车、平板车）、空压机、风枪（带钻杆、钻头）、工具袋、防水劳保用品、安全防护用具等。

3. 材料：土篮、棕绳、木板、铁钉、防护板、木杠、混凝土防护圈、稻草填充物等。

4. 资料:钢柱基础图。

二、作业方法、步骤

(一)开挖准备

1. 确认坑口测量标记,复核辅助桩侧面限界,复核坑口尺寸;

2. 清理坑口周围环境,排除障碍物;

3. 设置预防道砟下滑坑内的防砟挡板见图 2. 2. 1;

4. 确定排土地点,采取防止道砟污染及排水沟堵塞措施。

(二)硬土质类基坑开挖

1. 基坑开挖

按照坑位测量标记,沿坑口用镐垂直地将地表皮刨开,再用铁锹将土铲去,弃土远离坑口,一般不小于 0. 6 m。开挖过程中,锹镐配合交替使用,每刨松一层(每层 150 mm 左右),就用锹清理一次。

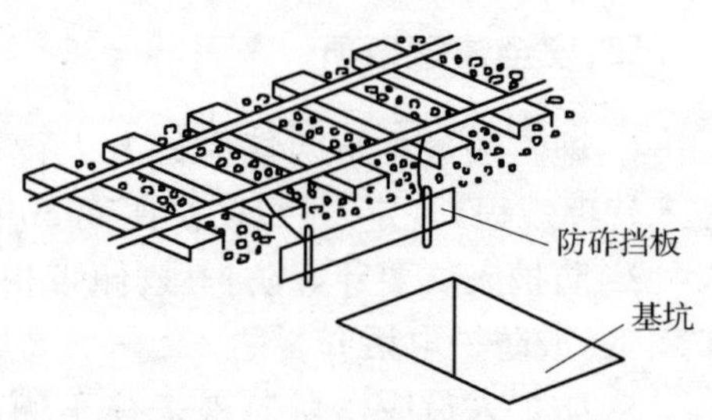

图 2. 2. 1　防砟挡板设置图

当坑深小于 1. 5 m 时,可由坑内人员直接排土,超过 1. 5 m 时,由坑上人员用吊篮提土进行排土。当坑口较大,如基础坑开挖提土不便时,可采用撬杆进行排土,如图 2. 2. 2 所示。

每挖下几层土后,就应对基坑限界进行校核,修理坑壁,坑底尺寸应与坑口尺寸保持一致。

当坑口弃土堆积过多时,坑上人员应立即进行清理,弃土不可混入道砟,并随时做好水沟的疏通、排水工作。

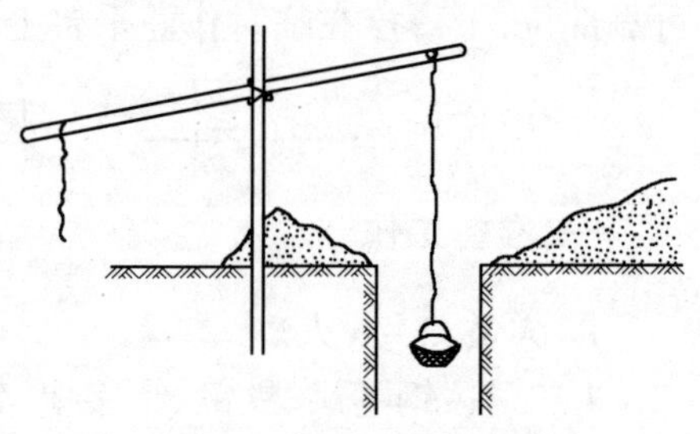

图 2. 2. 2　撬杆排土示意图

基坑挖好后,坑下人员将坑底整平夯实,一切妥当后,等待交工验收。

2. 土方工程的冬季施工

(1)人工开挖冻土法

人力用大锤将钢钎打入冻土层中,把冻结硬壳打开。

(2)爆破法

用炸药将冻土破碎,再进行开挖。

(3)火烧融化冻土法

用锯末、刨花、板皮、树枝或废机油之类作燃料,在冻土表面进行燃烧融化冻土,其中以锯末、刨花效果最好。

(4)蒸汽针(水针)融化冻土法

蒸汽针融化冻土系用机械钻孔,钻孔直径 50 ~ 200 mm、深度 1.5 m 左右,将蒸汽管插入孔内进行通汽,一般两小时能融化冻土 ϕ50 cm、深度 1.5 m 以内,融化冻土速度快,缺点是土壤过湿。

(5)电流融化冻土法

用长 1.5 ~2.0 m 的钢钎作电极,成梅花形排列,间距约 500 mm。电极可随着冻土融化分次打入,加热时间根据冻层厚度、土壤湿度和电压等而定。为加速上层土壤的融解,可在土表面敷 10 ~25 cm 厚的湿锯末,用浓度为 0.2% ~0.5% 的食盐或氯化钙溶液浸湿,使电流通过锯末,加速上层土壤的融解。这种方法耗电量大,须特别注意安全,可在急需施工的极个别冻土坑开挖时考虑选用。

3. 土方防冻方法

(1)松土防冻法

在预定冬季挖坑部位,根据冻结期长短及寒冷程度,先翻松一定深度的土壤并耙平,或挖坑至冻结深度处预留一层翻松土壤。由于翻松的土壤颗粒中存在大量不流动的空气间层,从而可有效防止或减缓下部土壤受冻。在冻结期短、不太寒冷的(-10 ℃)地区,土壤未冻前,一般翻松 250 ~500 mm;在冻结期长、严寒地区,一般需翻 800 ~1 200 mm 厚的土壤。

(2)用保温材料防冻法

在土壤未冻前,坑位表面覆盖炉碴、草垫、草帘或锯末等保温材料。此法适用于气温不太低的情况。

(三)碎石类基坑开挖

1. 基坑开挖

基坑开挖方法与硬土质类基坑相同,在保证行车安全的前提下,坑口宜适当加大。

2. 基坑的支撑防护

(1)一般支柱基坑套板防护

防护板一般采用30 mm厚、200 mm宽的木板制成,一般用松木或硬杂木。腐朽及破裂多节的木材不得使用。

防护板的安装步骤及方法如下:

① 根据基坑大小,预制防护板。

② 修理坑壁,使之易于安装防护板。

③ 按坑口方向在基坑碎石层安装防护板。每挖下200 mm就安装一层防护板,形成一层木框,层与层之间的防护木框长宽边的固定方式要互相错开,交替使用(图2.2.3、图2.2.4)。方框放好后,不应出现扭斜现象。

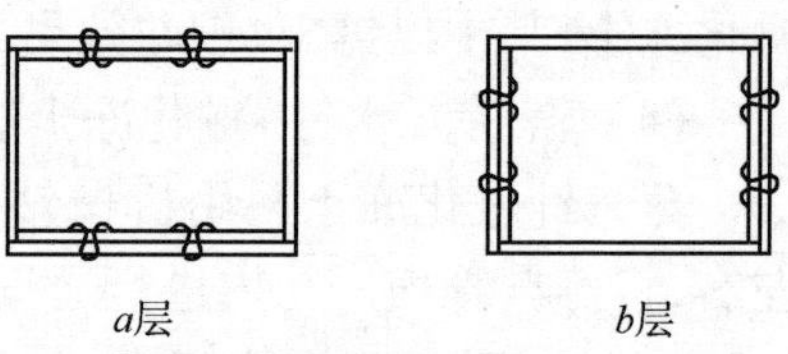

图2.2.3　防护板组合图

④在防护板与坑壁的间隙处,用碎石、土填满挤紧,以便加强防护板的稳固性。

⑤复核限界。每下几层防护板之后,就要复核一下基坑限界、防护板安装位置,应能满足立杆要求。

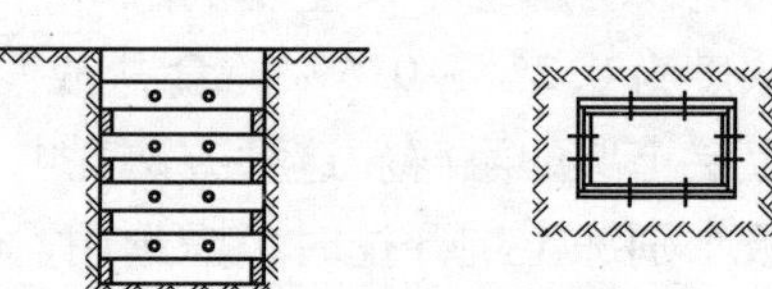

图2.2.4　防护板安装图

在基坑开挖过程中,应随时检查支撑结构的状态,除检查支撑是否变

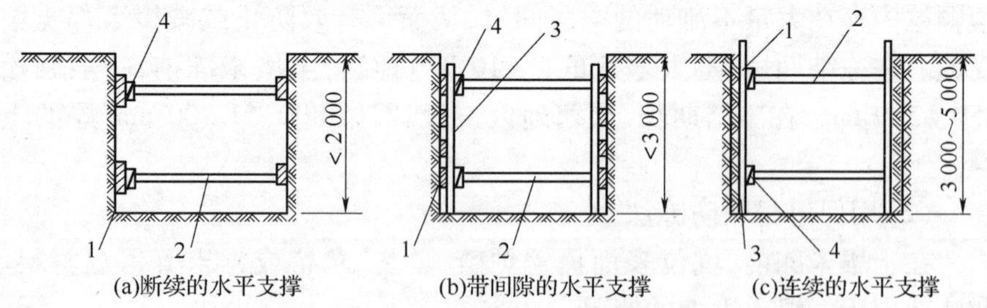

图2.2.5　基础坑支撑防护示意图

1—水平挡板;2—横撑;3—立楞木;4—木楔

形、开裂外,并可用小锤敲击,按音响判别受力大小,受力小者音钝,受力大者音脆,受力过大的松杉木能自发格格声。对于过度受力或变形的支撑,应预先加固,加固的方法是打紧受力较小部分的楔子,增加立木及横撑等。

(2)基础坑的防护

基础坑开挖一般采用水平支撑防护,如图 2.2.5 所示。基坑支撑防护选用见表 2.2.1。

表 2.2.1 基坑支撑防护

序号	土 的 情 况	基坑深度(m)	支 撑
1	天然湿度的黏土类土,地下水很少	3 以下	不连续支撑
2	天然湿度的黏土类土,地下水很少	3~5	连续支撑
3	松散的和湿度很高的土	任何深度	连续支撑
4	松散的和湿度较高的土,地下水很多且有带走土粒的危险	任何深度	如未采取降低地下水位的措施,则用板桩加以支撑

(3)混凝土软、硬横跨柱基坑的防护

混凝土软横跨柱基坑可采用局部水平支撑防护(见图 2.2.5)和水平垂直混合支撑防护(图 2.2.6)。

为了节省木料,还可采用混凝土防护井圈进行施工。施工方法见(四)流沙类基坑开挖。

(四)流沙类基坑开挖

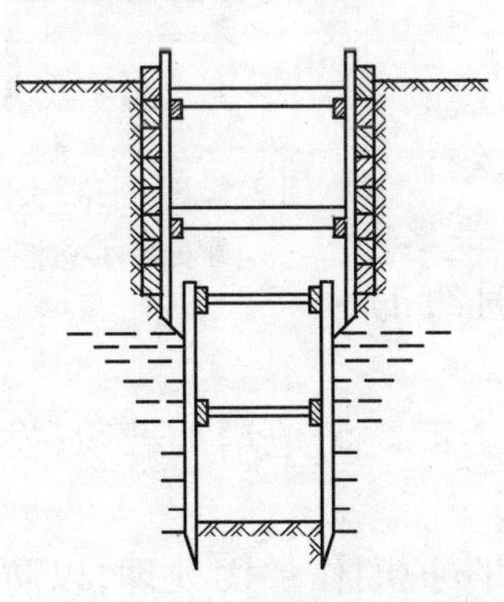

图 2.2.6 水平垂直混合支撑

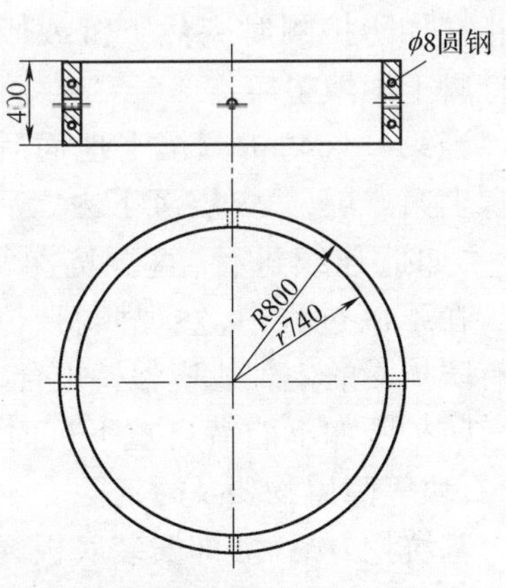

图 2.2.7 混凝土防护圈

对于流沙类基坑采用局部支撑防护板进行开挖的方法已不适宜，尤其是混凝土软横跨柱基坑，由于支撑面大，防护板容易变形、折断，而采用混凝土防护圈进行基坑防护，不仅保证了施工安全，还可节省大量的人力和木材。实践证明，在流沙地带开挖接触网支柱坑，采用混凝土防护圈防护，是一种行之有效的防护措施。

1. 混凝土防护圈的规格

混凝土防护圈的规格：外径1 600 mm，内径 1 480 mm，壁厚60 mm，高度 400 mm。其结构见图 2. 2. 7。

2. 基坑开挖

(1)安装混凝土防护圈

安装混凝上防护圈时，防护圈中心应与支柱中心重合，防护圈中心至线路中心的距离为：

$$S_0 = C_X + a_{轨}/2$$

人工安装防护圈时，可由 4 人用两根长木杠将其抬起，安放在基坑位置。有条件时，也可由吊车安装。防护圈的安装如图 2. 2. 8 所示。

(2)防护圈挖土下沉

在防护圈里边均匀取土，每次挖深 40 ~ 80 mm，使其均匀下沉。对于比较密实的砂土，可先挖坑的中间部分，再挖防护圈壁脚周围的土。对于松散的砂土，应先挖防护圈壁脚下的土。为防止在加防护圈时突然下沉或倾斜，必要时先在其壁脚上回填垫实。

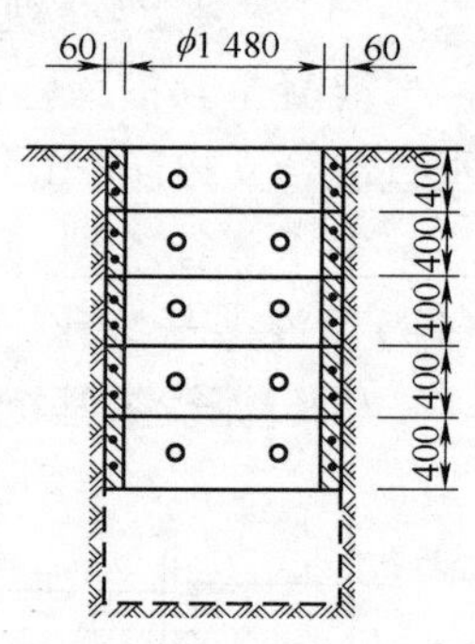

图 2. 2. 8　混凝土防护圈安装示意图

当第一层防护圈沉下地面后，在第一层的上面摞上第二层，第二层沉下去之后，再摞上第三层……，如此连续进行，直至坑深符合规定要求为止。在下沉过程中，发现倾斜、位移要及时纠正。所有防护圈的中轴线应保持重合、竖直。

防护圈如不能借自重下沉时，可在其上面均匀地增加载荷；发现树根、石块等障碍物要及时清除。

基坑挖好后，立即安装底板，必要时对防护圈作加固处理，以防防护圈继续下沉。

(3)防护圈倾斜、偏移的矫正方法

在防护圈下沉的过程中,应不断检查下沉方向和位置,如发现有较大的偏斜时,应及时矫正。否则,当下沉到一定深度时,就难以矫正了。矫正前,必须摸清情况,分析原因,如有障碍物,应首先排除。

① 矫正倾斜

a. 挖土法:在下沉较慢的一面多挖土,在下沉较快的一面夯实土或垫碎石,但要注意避免一点支撑。

b. 增加载荷法:在防护圈较高的一面增加载荷,如砂袋、钢轨等,此法可与挖土法同时进行。

② 矫正偏移

可先偏挖土使防护圈倾斜,然后均匀取土,使防护圈沿倾斜方向下沉至防护圈中心接近基坑中心位置时,再矫正防护圈的倾斜。

(五)高水位土质类基坑开挖

表 2.2.2 水坑挖土方法选用表

水位情况	开挖方法
地下水较浅时	不需排水,可在水下挖土
渗水量不大时	水、土一起挖,并吊至坑上
渗水量较大时	使用抽水机或其他排水方法,边排水,边挖土

1. 沉井法

施工方法详见本节(四)流沙类基坑井挖施工方法。

水坑挖土方法见表 2.2.2。

2. 围栏支撑法

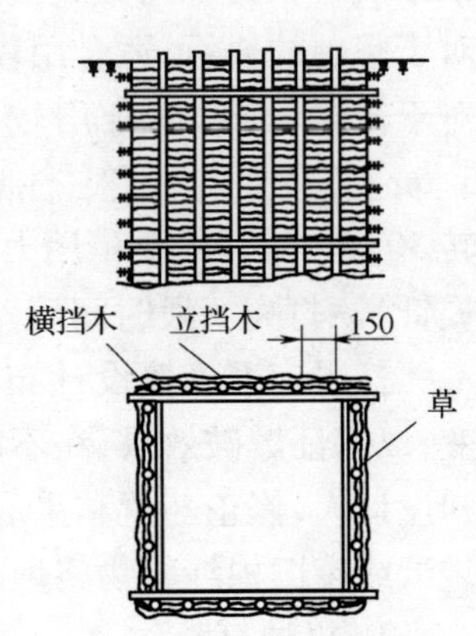

图 2.2.9 围栏示意图

当挖至水位时,下入第一层横挡,并在横挡与坑壁之间打入立挡木(下端削尖),同时在立挡木与坑壁之间填塞稻草。边放草,边将立挡木向下打,立挡木应保持垂直,一直打入土中 200 mm 左右,再继续挖土。此后应先挖空坑中间,然后配合打沉立挡木,挨次挖掉坑边的土,在挖掉坑边土的同时,立即将立挡木打下并塞草(图 2.2.9)。

坑内集存的水和土用泵及水桶排除。

当坑挖至 2/3 深度时,将第二层横挡下入坑内,再继续挖土,打沉立挡木和填塞稻草,如此反复进行,直至挖至规定深度为止。

3. 板桩支撑法

当杆坑挖到需要板桩来支撑的深度时,下入第一层横挡,并挨次打入板桩,打时应使板桩垂直,当坑的四壁都打入板桩后,再继续挖土(此后的挖土方法与前述相同)和打入板桩,在约距第一层横挡 1 m 处下入第二层横挡,然后再继续挖土和打沉板桩,直至挖到规定深度为止(图 2.2.10)。

板桩厚度应不小于 50 mm,宽度以 150 ~ 200 mm 为宜。横挡间的距离应不大于 1 m。

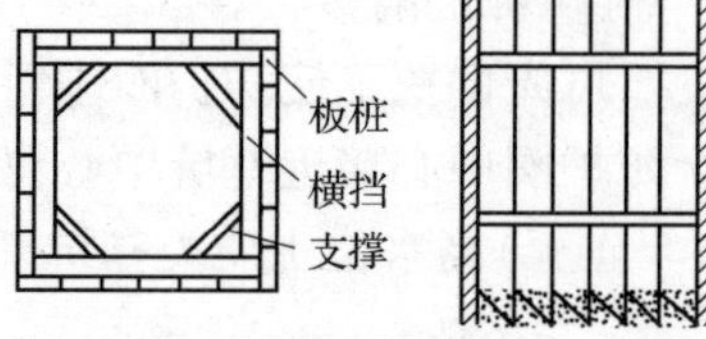

图 2.2.10 板桩支撑示意图

(六)石质基坑开挖

石质基坑一般采用分层打眼爆破进行开挖,每爆破一次,就需对基坑中的松动石、土作一次清除。为了不致在爆破时损坏周围建筑物,接触网基坑一般采用控制爆破法。下面是打眼的施工方法。

1. 人工打眼

常用双人打眼法(一人扶钎、一人打钎)使用一字形钢钎头,刃口可根据岩石软硬不同做成不同的形状(有平行,内凹月牙形,外凸三角形)。对于坚硬的岩石,适合用较厚的刃口,钎头两边比钢钎直径宽 2 ~ 3 mm。对于较软岩石,适合用较薄的刃口,钎头两边比钢钎直径可宽出 4 ~ 6 mm。打锤要准、要狠,注意避免滑锤伤人。每打一下要提一次钎,同时转 30°角,落钎时要稍用力冲击岩石(如果打干眼,只要转一下即可,不要提钎)。打完一段时间后,用掏勺将石粉掏出。

打眼应准确按设计布设的炮孔位置、深度和角度钻孔,不得任意改变,以保证爆破效果,在不能保证炮孔正确位置、角度和深度时,应及时通知设计人,修正药量和采取补救措施。在每一炮眼打好后,立即以旧水泥袋纸或废旧棉纱等物将炮眼口堵住,防止砂石掉入孔内。

2. 机械打眼

机械打眼的主要机械为空气压缩机、风动凿岩机(也叫风枪)和内燃凿岩机，在石质基坑数量不多时，也使用电锤进行打眼。

下面介绍使用电锤进行打眼的方法。

(1)检查发电机，给注油机构注满润滑油，给汽油箱灌满汽油。

(2)启动发电机，运行 3 min，检查运行状态和电压，一切正常即可使用。

(3)检查冲击电锤，接通电源，观察运转状态，正常即可使用。

(4)安上钻头即可打眼作业。

三、质量标准

1. 基坑位置应根据测量时在钢轨上标注的支柱号、限界、支柱类型及顺线路方向支柱中心位置来确定。如必须移动坑位时，可按设计跨距允许误差 +1 m ~ −2 m 进行调整。调整后的跨距不得大于设计允许最大跨距，调整软横跨支柱基坑位置时，同一组软、硬横跨支柱基坑应相应位移。单开道岔的标准定位支柱位置应符合设计要求。

2. 基坑挖好后，其坑口尺寸应能满足以下要求：

(1)设有横卧板或底板的基坑，应留有安装余量；

(2)能满足立杆、整杆的要求；

(3)基坑坑壁应根据土质情况设有一定的坡度，采取适当的基坑防护措施，保证路基的安全；

(4)基础坑采用原坑灌注时，各部尺寸不得小于基础外形尺寸；当采用支模板灌注基础时，坑口尺寸应考虑坑内的支模、拆模的活动余地。

3. 各种支柱坑深和基础坑深见表 2.2.3 和表 2.2.4。

表 2.2.3　混凝土支柱坑深度

支　柱　类　型	支柱埋深(mm)	线路上部建筑高度(mm)	底板厚度(mm)	基坑深度(mm)	施工误差(mm)
H60 − 250　H78	3 000	850	100	3 950	±100
H90 ~ H170 − 250	3 500	850	100	4 350	±100

注：1. 坑深为线路中心线标高至坑底的垂直距离；

2. 基坑超深应填石砟，如回填土应夯实；

3. 位于站台上的软横跨混凝土支柱坑深，以站台面算设计埋设；

4. 线路上部建筑尺寸因线路等级不同而异。

表 2.2.4　钢柱基础坑的埋深

<table>
<tr><td rowspan="3">基础标高</td><td colspan="2">田野侧的基础：高出地面 100～200 mm，低于轨面 200～500 mm</td></tr>
<tr><td colspan="2">两线间的基础：低于邻轨 200～500 mm，高出地面 100～200 mm</td></tr>
<tr><td colspan="2">站台上的基础：高出站台面 100～200 mm</td></tr>
<tr><td>坑　　深</td><td>根据选定的基础标高和基础尺寸计算坑深
$$H = h + \Delta h + d$$
式中　H——坑深；
h——基础高度；
Δh——基础面至轨面的距离；
d——垫层厚度</td><td></td></tr>
<tr><td>施工允许误差</td><td colspan="2">±100 mm</td></tr>
</table>

4. 拉线坑应设在下锚支的延长线上，在任何情况下拉线各部分不得侵入基本建筑限界。锚板埋深（以地面最低处算）应不少于设计值，一般为 2 m。锚板拉杆与地面夹角一般为 45°，特殊困难地区不得大于 60°，并应适当增加锚板埋设深度。拉线坑马道的坡度应与拉线角度一致。

四、安全注意事项

1. 开挖基坑，每处不得少于 2 人，坑内有人作业时，坑上必须有人防护。列车通过时，坑内不得有人；

2. 挖坑发现地下设施（如电缆、管道等）不能自行处理时，由施工负责人与有关单位联系处理；

3. 挖坑时必须注意路基的稳定，不得使其受到破坏和减弱。挖坑作业遇到排水沟（盲沟）应做疏通改道排水工作，以免积水影响路基的稳固；

4. 挖坑时，坑边不得放置重物或工具；

5. 挖坑时，应随时注意坑壁的稳定情况，如有变化，应及时加强防护措施；

6. 挖坑地段必须设专人经常巡回检查，发现情况及时处理与上报。

开挖的基坑，于收工前进行检查，确认路基稳固、坑壁坚固、无坍塌危险方能离开，必要时应设专人看守。

7. 在站内或有行人的地点挖坑时，应采取防止人畜坠落的安全措施，如设置桩绳防护栏，悬挂标示牌，或用木板盖住坑口，或设人防护，夜间应加设灯光防护，但需注意不得与行车信号混淆。

第三节 基础浇制

一、准备工作

1. 人员：15 ~ 24 人。

2. 工具：小方锹、大方锹、尖头锹、铁叉子、水桶、储水箱、小竹梯、捣固器、捣杆、捣固铲、电工工具、配电板、插入式振捣器、大扳手、木工手锯、丁字尺、钢卷尺、皮尺、水平尺、线坠、手锤、铁抹子、起钉锤等。

3. 材料：胶皮水管、抬筐、抬杠、三芯橡皮电缆、钢柱基础框架、模型板、基础螺栓、铁线钉、扒钉、方木、木板、细绑线、塑料布或水泥纸袋、黄油、镀锌铁皮、草袋子等。

4. 资料：接触网平面图、基础图。

二、作业方法、步骤

(一)混凝土材料的选用

混凝土是以水泥为胶结材料，以砂、石作骨料，与水按一定的比例混合搅拌，经过凝结硬化后形成的一种人造石材。

1. 水

自来水、井水、清洁的河水、饮用水等均可用来浇制混凝土。

含有糖类、油类以及酸、碱性强的水均不能使用。

2. 水泥

接触网基础常用的品种有普通水泥、矿渣水泥和火山灰质水泥。

水泥的规格是以标号来表示的。一般选用的水泥标号比配制混凝土标号高 10 MPa 号，其标号不得低于 27.5 MPa 号。

确定水泥标号的主要依据是 28 天抗压强度。水泥各龄期的强度见表 2.3.1。

表 2.3.1 水泥各龄期强度表

水泥标号	硅酸盐水泥			普通水泥		
	3 天	7 天	28 天	3 天	7 天	28 天
	抗压强度(MPa)					
32.5	18	27	42.5	16	25	42.5
42.5	23	34	52.5	21	32	52.5
52.5	29	43	62.5	27	41	62.5

3. 砂

基础混凝土一般使用天然河砂,且粒径为 0.35~0.5 mm 的中粗砂。

砂粒要质地坚硬、洁净,含泥量不得大于砂重的 5%。

4. 石

基础混凝土多采用碎石,且粒径 30~50 mm 为宜。

碎石要质地坚硬,强度不得小于所灌注混凝土等级的 1.5 倍,含泥量不得大于石子重量的 2%,不得使用风化石。

(二)混凝土水灰比、配合比和级配

1. 水灰比

水灰比就是混凝土中水和水泥的重量比。

接触网基础混凝土施工中,水灰比一般取 0.5~0.8。

2. 配合比

配合比是指混凝土组成材料之间的重量比。一般以水:水泥:砂:石表示,水泥为基数 1。混凝土的配合比和水灰比应通过实验选定。

3. 混凝土的"级配"

石料大小不同的颗粒相混合,其混合比率称为级配。

机械拌和时,最大颗粒不宜大于 100 mm,人工拌和时不宜大于80 mm。

石料分级配料比率见表 2.3.2。

表 2.3.2 石料分级配料比率参考表

颗粒粒径(mm)	粒径分级					总计
	5~20	5~40	20~40	20~60	40~80	
	比率(%)					
40	45~60	—	40~55	—	—	100

续上表

颗粒粒径 (mm)	粒径分级					总计
	5~20	5~40	20~40	20~60	40~80	
	比率(%)					
60	35~50	—	—	50~65	—	100
80	25~35	—	25~35	—	30~50	100
80	—	50~65	—	—	35~50	100

(三)每立方米混凝土用料

每立方米现浇碎石混凝土用料可参照表2.3.3。

表2.3.3 现浇碎石混凝土配合比(单位:m^3)

编号		1	2	3	4	5
项目		C15	C20	C25	C30	C35
		碎石粒径<16 mm				
材料	单位	数量	数量	数量	数量	数量
32.5 MPa水泥	t	0.307	0.400	0.460	0.530	—
42.5 MPa水泥	t	—	—	—	—	0.460
中砂	m^3	0.511	0.411	0.362	0.348	0.362
<16 mm石子	m^3	0.830	0.870	0.879	0.845	0.879
水	m^3	0.220	0.220	0.220	0.220	0.220
编号		6	7	8	9	10
项目		C40	C45	C15	C20	C25
		碎石粒径<16 mm		碎石粒径<20 mm		
材料	单位	数量	数量	数量	数量	数量
32.5 MPa水泥	t	—	—	0.286	0.372	0.428
42.5 MPa水泥	t	0.530	—	—	—	—
52.5 MPa水泥	t	—	0.472	—	—	—
中砂	m^3	0.348	0.360	0.507	0.409	0.359
<16 mm石子	m^3	0.845	0.873	—	—	—
<20 mm石子	m^3	—	—	0.860	0.903	0.914
水	m^3	0.220	0.220	0.200	0.200	0.200

续上表

编号		11	12	13	14
项目		C30	C35	C40	C45
		碎石粒径 <20 mm			
材料	单位	数量	数量	数量	数量
32.5 MPa 水泥	t	0.493	—	—	—
42.5 MPa 水泥	t	—	0.428	0.493	—
52.5 MPa 水泥	t	—	—	—	0.437
中砂	m^3	0.346	0.359	0.346	0.370
<20 mm 石子	m^3	0.883	0.914	0.883	0.897
水	m^3	0.200	0.200	0.200	0.200

编号		15	16	17	18	19
项目		C15	C20	C25	C30	C35
		碎石粒径 <31.5 mm				
材料	单位	数量	数量	数量	数量	数量
32.5 MPa 水泥	t	0.271	0.352	0.406	0.467	—
42.5 MPa 水泥	t	—	—	—	—	0.406
中砂	m^3	0.499	0.402	0.353	0.342	0.353
<31.5 mm 石子	m^3	0.884	0.930	0.943	0.913	0.943
水	m^3	0.190	0.190	0.190	0.190	0.190

编号		20	21	22	23	24
项目		C40	C45	C50	C55	C60
		碎石粒径 <31.5 mm				
材料	单位	数量	数量	数量	数量	数量
42.5 MPa 水泥	t	0.467	—	—	—	—
52.5 MPa 水泥	t	—	0.415	0.456	—	—
62.5 MPa 水泥	t	—	—	—	0.415	0.444
中砂	m^3	0.342	0.351	0.344	0.351	0.346
<31.5 mm 石子	m^3	0.913	0.939	0.919	0.939	0.924
水	m^3	0.190	0.190	0.190	0.190	0.190

续上表

编 号		25	26	27	28	29
项 目		C15	C20	C25	C30	C35
		碎石粒径 <40 mm				
材 料	单 位	数 量	数 量	数 量	数 量	数 量
32.5 MPa 水泥	t	0.260	0.333	0.384	0.442	—
42.5 MPa 水泥	t	—	—	—	—	0.384
中 砂	m^3	0.491	0.394	0.346	0.336	0.346
<40 mm 石子	m^3	0.909	0.958	0.973	0.943	0.973
水	m^3	0.180	0.180	0.180	0.180	0.180

(四)混凝土的强度试验

接触网钢柱基础混凝土的设计强度一般为 11 MPa。

1. 制作试块

在工程浇注混凝土的同时,取浇灌中的一部分混凝土做成试块。试块尺寸做成边长为 200 mm 或 150 mm 的立方体,与混凝土同等条件下养护 28 天。试块以三块为一组,不同标号的及不同配合成分的混凝土应分别制作试件。一般每 50 m^3 混凝土至少做一组试块。

2. 试块试验

对试块的试验应由试验人员进行。混凝土试块的试验报告应作为基础工程竣工文件之一。

(五)钢柱基础浇制

1. 模型板的安装

模型板的安装主要技术指标是使其限界、方向和高差符合设计要求,钢柱侧面限界位置见图 2.3.1。

(1)计算模型板的限界

$$C_{x基} = C_{x柱} - S_1 - S_2$$

式中 $C_{x基}$——基础侧面限界;

$C_{x柱}$——钢柱设计侧面限界;

S_1——钢柱底部主角钢至基础边的距离;

S_2——轨面处钢柱内缘的倾斜值(与钢柱底部比较)。

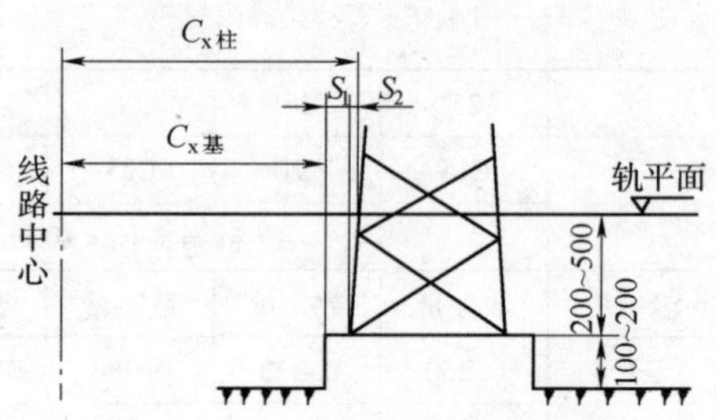

图 2.3.1　钢柱侧面限界位置图

根据计算确定的限界值,并考虑限界允许施工误差 0 ~ 100 mm,测定模型板限界。

模型板限界用钢卷尺和线坠配合测量。

(2)方向

模型板的方向决定了基础方向。施工技术要求每组软横跨支柱中心连线应垂直于车站正线,偏差不应大于 3°。进行模型板安装时,应符合这一要求,这样才能保证基础和钢柱符合要求。在施工中,一般用细绳和线坠配合,使模型板内、外侧中心点与对面基础(或基坑)中心线在一条直线上,并且垂直于正线。

(3)高差

高差是指模型板顶面与相邻股道轨面之间的垂直距离,也就是基础顶面标高。

基础标高的规定为:线路两侧和位于线路中间的基础顶面,应高出地面 100 ~ 200 mm,一般应低于轨面 200 ~ 500 mm;位于站台上的基础顶面,应高出站台面 100 ~ 200 mm。

基础标高用丁字尺和皮尺配合测量。

将模型板限界、方向和高差调整复核无误后,在其顶面安装基础螺栓框架,并进行加固,使模型板能承受浇制时所施加的荷重,然后将基础螺栓固定在框架上,基础螺栓应外露框架 140 mm,固定后将螺栓螺纹部分涂油,并用塑料布或水泥纸袋包扎保护,并使基础螺栓下部弯钩指向基础中心。

在土质密实无裂缝地带可以采用就地浇注的方式,但基础顶面至地面 200 mm 范围内应采用模型板。

2. 搅拌

根据基础混凝土的标号备好材料进行搅拌。混凝土的搅拌方法有人工搅拌和机械搅拌两种。因接触网基础较分散，且受地形限制，所以一般采用人工搅拌方法。

人工搅拌混凝土是在钢板（即搅拌混凝土平台）上进行的，先将砂倒在钢板上，再将水泥倒在砂上，4 个人分别站在钢板两侧，用铁锹至少反复干拌二遍，直到颜色均匀为止，将石子倒入，干拌一遍，然后渐渐加入定量的水湿拌三遍，拌到全部颜色一致，石子与水泥砂浆没有分离与不均匀的现象为止。翻拌时应防止浆水外流，并不得有裸露石子，应使石子表面被水泥砂浆包裹。

3. 浇制

浇制混凝土前，在基础坑底应先铺 100 mm 厚的石子。

混凝土搅拌均匀后即向坑内灌注。为保证混凝土不发生离析现象，混凝土的自由下落高度不应大于 3 m，否则应设置斜槽或竖向吊桶等措施。浇制应连续进行，不得间歇。特殊情况下间歇不得超过 2 h。分层灌注，边灌边捣。

4. 振捣

混凝土的振捣有机械和人工两种方法。

（1）机械振捣

机械振捣能增加混凝土的密实度和灌注层之间的黏结力。目前多采用电动软轴插入式振捣器。

振捣方法有垂直振捣（振捣器垂直插入混凝土）和斜向振捣（振捣器斜向插入混凝土）两种。两种方法均可采用（图 2. 3. 2）。

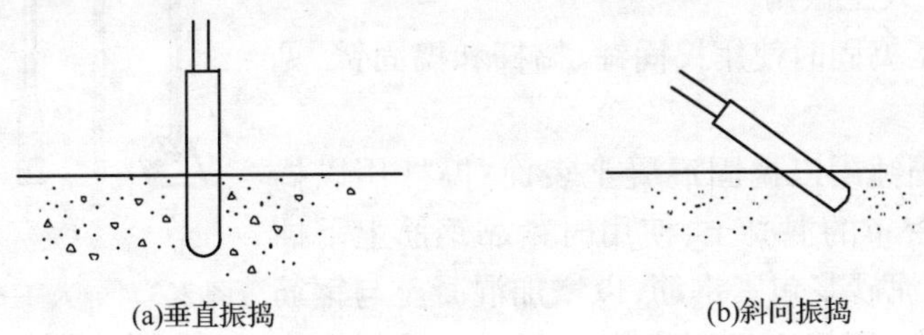

图 2. 3. 2　捣固的两种方法

振捣时，振捣器应插入下层混凝土 30 ~ 50 mm；不得触及模型板及螺栓，与模型板保持 100 mm 的距离，振捣器振捣不到的地方用人工捣实。

每一插点振捣的时间不能过短，也不能过长。时间过短，振捣不密实，时间过长，容易产生分离现象；特别是稀混凝土这种现象更明显。

一般情况下，每一插点的时间，最短不少于 10 s，最长应不大于 60 s，而以 20 ~ 30 s 为合适。

振捣器振捣混凝土时，是一点一点地挨着振捣的，点间移动的距离不能过大，否则容易产生漏振现象。在实际操作中，如按直线行列移动时，其移动距离大致为作用半径的 1.5 倍（图 2.3.3a）；如按交错行列方式移动，其移动距离大致为作用半径的 1.75 倍（图 2.3.3b）。

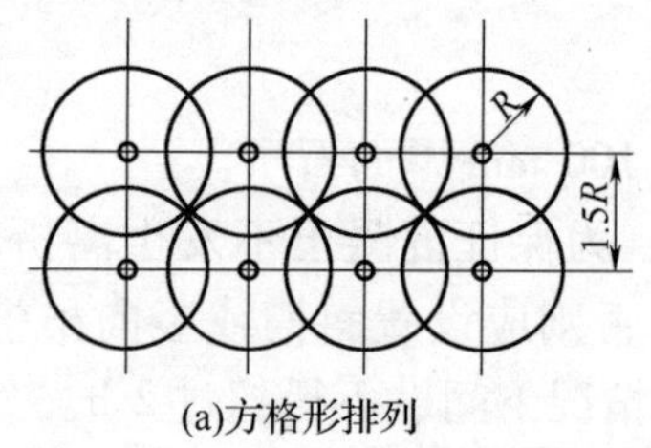

(a)方格形排列

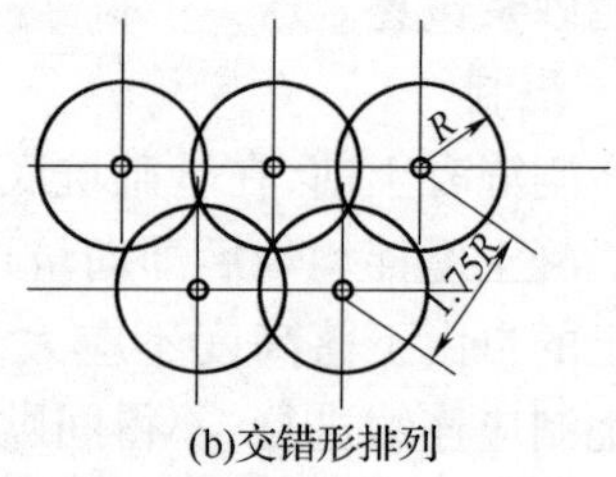

(b)交错形排列

图 2.3.3　插入式振捣器移动位置示意图

使用插入式振捣器要使其自然顺利插入，不要猛插更不要把软轴折成死弯，软轴不能插到混凝土中去，否则容易损坏机件。

使用振捣器振捣时，混凝土有下列现象时，即表示振捣时间已够：a. 不再显著沉落；b. 不再发生气泡；c. 表面平整并出现水泥浆、外观均匀。

（2）人工振捣

人工捣固时使用捣固锤、捣杆和捣固铲，见图 2.3.4。

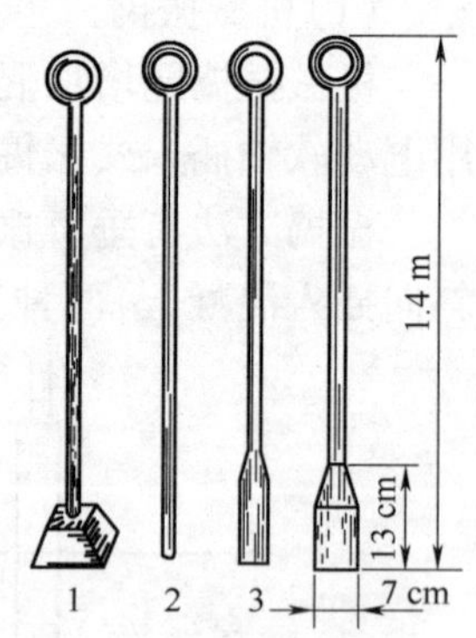

图 2.3.4　人工捣固工具
1—捣固锤；2—捣杆；
3—捣固铲

捣固锤用以捣固混凝土表面；捣杆用以捣固钢筋密布的混凝土，使用时紧靠钢筋上下插动，使水泥砂浆包紧钢筋，以增加混凝土与钢筋的黏着力；用捣固铲紧靠模板用力向混凝土中插动，并向里挤压，使水泥砂浆流入铲和模板之间，避免混凝土出现麻面。

人工振捣混凝土，劳动强度大，振捣效果差，一般在无电源等特殊情况下采用。人工振捣每次灌注的混凝土不宜过多,250 mm 一层为宜。

5. 片石填充

浇制基础允许填充片石,但应遵守下列规定:

(1)填入片石的数量不应大于混凝土结构体积的25%;

(2)应选用无裂缝、无夹层和未锻烧过的片石,不宜使用卵石;

(3)片石的尺寸不应大于所在位置基础结构最小尺寸的1/3;

(4)片石的抗压极限强度不应小于29.4 MPa;

(5)片石在填充前应用水冲洗干净;

(6)片石与模型板的距离不应小于150 mm,并不得与基础螺栓接触;

(7)片石间距应能使振捣器振捣,不宜小于100 mm;

(8)上、下层片石间距不应小于100 mm,在最上层片石的表面,必须有不少于100 mm的混凝土覆盖层。

6. 养护

混凝土的养护是保证其正常硬化、防止出现脱水或干缩现象的一项必要措施,一般常采用自然养护和蒸汽养护。

接触网基础的养护采用自然养护。当温度高于+5 ℃时,用湿草帘、湿麻袋或湿砂将混凝土覆盖,并经常浇水,保持其湿润。一般在浇制完毕后10~12 h内,应即开始遮盖并浇水。在炎热和有风的天气中,浇制后2~3 h以内开始遮盖和浇水。

养护时间由水泥型号和气候条件而定。如普通水泥一般为10~14天,火山灰水泥和矿渣水泥一般为14~21天,对防止裂缝有严格要求时,至少养护28天以上。浇水次数以保持混凝土表面经常湿润为原则,当气温低于+5 ℃时,不得浇水。

7. 拆模及修补

基础模型板的拆除,应在混凝土强度能保证其表面及棱角不因拆模而受损坏时进行。

基础拆模后,如有蜂窝麻面,可用钢刷清除干净,以1∶2或1∶2.5的水泥砂浆修补;蜂窝空洞较多或有裂纹、露筋时,应凿去全部深度薄弱的混凝土和个别突出的石子,钢刷清除表面,以细骨料混凝土修补,其等级应比基础本身高一级并仔细捣实。

(六)基础帽的浇制

钢柱及钢柱的接地线安装完毕,并且在接触悬挂调整后,用75号混凝土做成基础帽,将地脚螺栓的外露部分以及钢柱的底部杆件全部封闭于混凝土内,以防止浸水腐蚀基础螺栓及钢柱垫片等。

基础帽为非实体状,也就是壳形基础帽,这样便于维修时更换。

基础帽形状如图2.3.5所示。

基础帽施工前,可将基础顶面上距基础边75 mm以内用碎石或砖排码整齐,基本形成一个顶帽,然后按规定形状安装基础帽模型板,将其空隙部分用75号混凝土灌注,混凝土可集中或分散搅拌,其顶面用泥抹子抹成规定形状(中间高,四周低),浇注后进行养护,待混凝土达到设计要求强度的50%后,方可拆模。

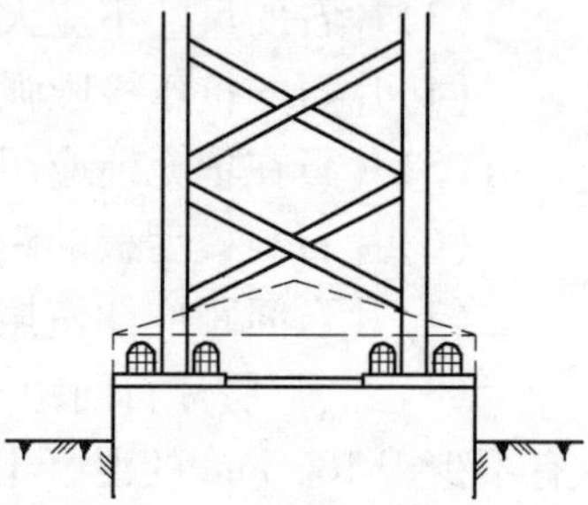

图2.3.5　浇注基础帽(图中虚线部分为基础帽)

浇注基础帽时需注意:

1. 浇注基础帽应在钢柱、基础承载后进行。

2. 基础帽浇注前,基础螺栓应涂油或包扎保护物。

3. 基础帽中心不灌注混凝土部分如为碎石,应夯实,如为砖则应整齐排列、不留缝隙。

4. 基础帽制成后,顶面不允许有积水现象。

(七)杯形基础浇制

杯形基础用于硬横跨圆支柱的固定,其结构形式如图2.3.6所示。

杯形基础分两次完成,先浇制基础,填充混凝土待支柱竖立并整正后再进行。基础内布置有钢筋网,施工时其中间部分用铁皮圆桶(内模)控制定位。

1. 安放底盘

底盘用钢筋焊成,主要是定位和固定内模。将底盘三个支腿打入坑底约150 mm,其中心孔应位于基础中心铅垂线上,且高出坑底300~350 mm。将中心定位钎通过孔中心打入坑底150~200 mm。

2. 坑底铺垫石砟

在基坑底部铺垫100 mm厚的石砟。

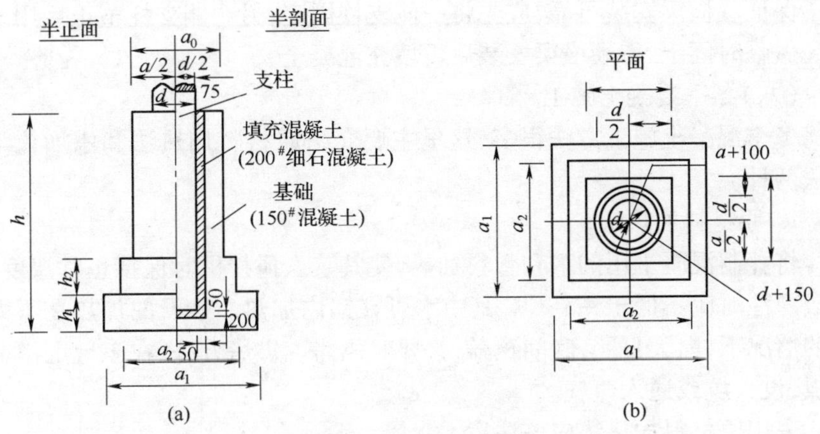

图 2.3.6 杯型基础示意图

(a)剖面图;(b)俯视图

3. 浇制底部混凝土

基础底部浇注 200 mm 混凝土。

4. 安放钢筋骨架

将钢筋骨架放入基坑中,并使骨架根部插入混凝土层 50 ~ 100 mm,骨架中心应与基坑中心铅垂线重合。

5. 安放内模

内模置放于底盘三个支腿内,并竖立于已浇制的混凝土表层上。

6. 浇制混凝土

按配合比配制并拌和,在内模外侧进行灌注。在灌注过程中应不断调正钢筋骨架、内模,使其铅垂中心线与基础铅垂中心线保持重合。

7. 骨架与内模的校正

用钢筋焊一定位架,其中心焊一打有小孔的扁钢。将定位架放在内模上,把线坠线穿过小孔并使线坠尖部悬于定位钎顶,如相互对正,则说明内模位置正确,如不重合则应调整内模。

8. 抹面与养护

基础露出地面部分应设局部模型板,混凝土灌满后将顶面抹平。养护方法与钢柱基础相同。

9. 填充混凝土

支柱整正符合标准后用细石混凝土在支柱周围灌注,并用钢钎捣实。

为了保证硬横梁安装可靠,应先将一侧支柱固定,另一侧支柱整正后用木楔先做临时固定,待硬横梁安装后再填充混凝土。

(八)冬季混凝土施工

冬季混凝土施工方法很多,这里主要介绍原材料加热法和添加化学剂法两种。

1. 原材料加热法

将拌制混凝土用的水和骨料加热,使其装入搅拌机时保持正常温度,一般灌注时应不低于 +5 ℃。其中水可在锅内加热。砂石的加热在不太冷的情况下,白天日照,晚间覆盖,必要时烘烤。烘烤方法:在工地上搭上铁板,设火坑或通入蒸气。

采用原材料加热法应该注意:

(1)严格控制水温,因为水温超过规定,与水泥接触后会发生假凝现象,可以预先和砂石拌和,使其互相调温。

(2)延长搅拌时间(应比非冬季施工延长一半左右)。

(3)水泥严禁加热,可在施工前 3 ~4 天搬入室内。

混凝土及其组成材料最高允许温度见表 2. 3. 4。

表 2. 3. 4　混凝土及其组成材料最高允许温度

水泥种类	最高允许温度(℃)		
	水在装入搅拌机时	骨料在装入搅拌机时	混凝土自搅拌机卸出时
32. 5#普通水泥	70	50	40
42. 5#普通水泥	60	40	35

2. 添加化学剂法

搅拌混凝土时在水中加入适量的化学试剂,可以使混凝土早期强度迅速增长,也可以防止冻害,以致在冻结前混凝土达到强度要求,或降低冰点使混凝土不致受冻,这样的方法叫化学剂法。

使用化学试剂一般有两个目的:

(1)降低冰点;

(2)缩短混凝土凝固时间。

因此,这些化学试剂也称为早强剂、防冻剂及混合剂。

早强剂一般应用氯化钙,氯化钙掺量由试验而定,在钢筋混凝土中,其掺量不得超过水泥重量的2%,亦不能超过6 kg/m^3,在无筋混凝土中,其掺量不得超过水泥重量的3%(均以无水状态计)。

防冻剂可采用氯化钠(食盐)或尿素,用以降低水的冰点。掺量为水量的3%~5%,在-10 ℃以上的气温下,混凝土不会发生冻害。

在基础施工中可采用混合剂,例如:用食盐和三乙醇胺混合剂,即将食盐和三乙醇胺按规定比例溶于少量水中,配制成较浓的早强剂溶液放置于容器内,在搅拌混凝土时,按每次搅拌所需的早强剂用量,量取相应的浓溶液体积与拌和水一齐搅拌。一般用量为50 kg水泥加250 g食盐,加25 g三乙醇胺。

还有采用亚硝酸钠和硫酸钠的方法,适于-10 ℃环境下施工,其掺量可参照表2.3.5。

表2.3.5 亚硝酸钠、硫酸钠混合剂掺量(按水泥重量计)

温度(℃)	硫酸钠掺量(%)	亚硝酸钠掺量(%)	温度(℃)	硫酸钠掺量(%)	亚硝酸钠掺量(%)
-3	3	2	-8	3	6
-5	3	4	-10	3	8

三、质量标准

1. 钢柱基础质量标准

(1)基础的顶面标高标准:

基础标高的规定为:线路两侧和位于线路中间的基础顶面,应高出地面100~200 mm,一般应低于轨面200~500 mm;位于站台上的基础顶面,应高出站台面100~200 mm。

(2)基础外形尺寸及螺栓位置应符合设计要求,允许施工偏差参照表2.3.6。

(3)每灌注50 m^{3}混凝土(或每个小站)应做一组试块(每组3块),同批试块极限强度的平均值不得低于设计标号,任意一组试块强度的最低值不得低于设计标号的85%。同批试块中,低于设计标号的试块组数:当试块为3~5组时,不得多于1组,当试块为6~16组时,不得多于2组。

(4)基础的抗压极限强度,应以按标准条件养护28天的试块作抗压试验,其试验结果作为评定基础是否能达到设计标号的依据。

表2.3.6　基础施工偏差表

序号	项目	施工偏差(mm)	序号	项目	施工偏差(mm)
1	基础横断面	-20	4	螺栓外露长度	±20
2	混凝土保护层	-10	5	基础高度	±100
3	螺栓位置(各向)	±5			

(5)基础外表不应露筋和有较多的蜂窝、麻面。

(6)每组软横跨基础中心连线,应垂直于车站正线,偏差不应超过3°。

2. 杯型基础施工质量标准

(1)基础顶面应高出地面200 mm;两侧基础顶面距股道最高轨面的距离应相等,且不大于600 mm。

(2)应保证内模铅垂中心线与支柱安装中心线相重合。浇制过程中注意调整内模,使其处于垂直状态。

(3)混凝土用料标准、配合比、拌和要求、捣固要求等与钢柱基础相同。

(4)基础浇制完毕后应将基础杯口覆盖,以防落入石块等物,影响支柱安装。

四、安全注意事项

1. 灌注基础前应对基坑进行安全检查,检查基坑的稳固程度,是否有塌方的危险。有塌方危险的基坑应进行修整,须保证在浇注过程中的安全,坑内有杂物应清理干净。

2. 立模、灌注、拆模作业时,应在施工地点的线路两端设置防护(远离线路的除外),对行车安全有影响时,应事先与车站值班员办理准许施工手续。

3. 施工前搭作业架台时,施工料具的放置及施工后拆除作业架等均应放置稳固,不得侵入铁路建筑接近限界。

4. 支模前应检查基坑有无裂缝和塌方危险,坑边1 m范围内不得堆放料具,向坑内传递料具应用绳索系往缓慢下放,小型料具应放在工具袋内,不得上下投掷或随处乱放;装好的模板不得有露在模板外边的钉尖。

5. 施工过程中如有列车通过,应暂时停止作业,撤离现场至安全地点,面向列车尾部,待到列车通过后再继续作业。

6. 人工搅拌时,搅拌台架必须牢固,由一人统一指挥。禁止站在模型板上或一只脚踏在模型板上及支梁上工作。

7. 坑内有人捣固或其他作业时,坑上应有人防护,防止石碴落下伤人。使用振捣器捣固时,必须派专人负责电源开关。振捣器的接地必须良好,并要随时调顺电线,不得压断、扭结或挂绕在导电物体上,也不得浸入水中,移动时不得硬拉电线;有漏电时必须修好后方可使用。

8. 拆模板时,不得用大锤打拆或拉拆方法,应按拆模要求拆除;随拆随将模板送到指定地点,不准乱扔、乱放。养护用的草帘、草袋用完后,应随时清理,堆放到指定地点。

9. 混凝土的添加剂应严格保管,浇注后剩下的添加剂应有专人负责;瓶装添加剂使用后应回收空瓶。防止污染;使用添加剂时一般应佩戴橡皮手套,禁止与皮肤直接接触。

第四节　桥梁、隧道锚栓

一、准备工作

1. 人员:6~9 人。

2. 工具:接触网作业车、平板车、空压机、风钻、安全带、安全绳、梯子、安全防护工具等。

3. 材料:木板、棕绳等。

4. 资料:桥支柱安装图、隧道平面布置图、隧道悬挂定位安装图。

二、作业方法、步骤

(一)HVA 化学黏着锚栓安装

1. 锚栓安装程序:安装的准备工作就绪后,即可进行施工。

第一步:隧道测量、定测:

按照隧道平面设计图数据,利用隧道定位仪进行悬挂点和定位点位置的确定并作拱顶标记。

第二步:悬挂、定位点钻孔:

根据测量标记,利用作业平台和冲击电锤,双人操作,进行打孔;

(1)将钻头装入电锤,然后将电锤拨到"旋转+冲击"挡开始钻孔;

(2)钻孔时将钻头尽量垂直隧道表面,在钻孔过程中电锤尽量不要摆动以免将孔扩大;

(3)钻孔深度应按表2.4.1数值控制。

第三步:清孔

清孔就是将所钻之孔中的混凝土粉灰彻底清理干净,应用特制钢刷和气筒反复清理,必须用钢刷刷三次并用气筒吹两次,要达到孔内手模无浮灰,方可进入下一步操作。

表2.4.1 钻孔深度及直径

规格	钻孔深度(mm)	钻孔直径(mm)
M16	125	Φ18
M20	170	Φ25

注意:孔清理的程度直接影响到化学锚栓的粘接效果,务必按照上述要求操作并达到孔内手模无浮灰的标准。

第四步:放入胶管

(1)尽可能将胶管中空隙较多部分向外;

(2)装入止掉帽以防止胶管掉落。

注意:给锚栓上安装零件前应去掉止掉帽。

第五步:装入螺杆

(1)将电锤拨到"旋转"或"平转"挡,将安装批夹装入电锤,然后将螺杆六方头一端装入安装批夹;

(2)用旋转的电锤(仅旋转不冲击)将螺杆缓慢推入孔中至锚固深度(螺杆上提前注明标志线),同时目视有少量胶液外溢,旋转并推进的螺杆将打碎并充分搅拌化学药剂,经过一段时间后,螺杆将牢牢粘到混凝土中。

表2.4.2 固化时间与环境温度关系表

环境温度(℃)	固化时间(分)
-5~0	300
0~10	60
10~20	30
≥20	20

注意:转入螺杆时只应有旋转不应有冲击,且旋转速度要求在250~700 r/min之间。

第六步:固化

装入螺杆后需要一段时间使胶液凝固,凝固时间或固化(硬化)时间

与环境温度有关,操作必须遵守表 2. 4. 2 的规定:

隧道内温度一般在 20 ℃左右,凝固时间在 20 ~ 30 min 内,待药剂完全成凝固后,即可进行悬挂底座、定位底座及悬挂承力的安装。

特别需要注意的是:在固化(硬化)时间内切勿、严禁对螺杆有任何扰动,否则将严重影响粘接效果。

2. 安装工具

(1)钻孔工具

① 电锤:建议使用进口电锤,旋转速度小于 700 r/min,至少有“旋转 + 冲击”、“旋转”两档功能;

② 钻头:建议使用厂家配备专用钻头,钻头应有五坑;

③ 安装批夹:厂家专用供给。

(2)清孔工具

① 钢刷:厂家专用供给

② 气筒:厂家专用供给

③ 止掉帽:厂家专用供给

3. 锚栓安装中应注意的问题

为了保证锚栓安装后的强度,在锚栓打孔,预埋及安装施工时,一定要按照技术参数的要求,否则锚栓的安装强度就无法保证承力要求。

(1)打孔的深度要严格控制好。孔深过浅,螺杆预埋时,化学药剂将被挤出孔外,药剂量的减少将不能保证螺杆与孔壁的黏着强度;而孔距过深,螺杆在预埋时,孔过深部分就会被化学药剂占据,造成螺杆与隧道壁间化学黏着药剂的相对减少这样也不能保证杆件的黏着强度;

(2)清孔要干净。孔内的灰尘将直接影响黏着强度,所以在清理孔时,一定要清理干净;

(3)螺杆刚刚预埋后,不允许转动和震动螺杆;

(4)根据隧道温度,待化学药剂完全凝固后,螺杆方可受力。

4. 特殊情况与解决方案

(1)基材的多样性:岩石可能会是层状岩,可能还会遇到有水;隧道拱顶可能会遇到混凝土衬砌厚度较薄等。

(2)开孔工具建议选用标准免出力电锤钻。禁止使用风钻和凸轮工作的电锤,造成基材的振动破坏。桥上开孔时遇到钢筋,经设计允许可采用钻石钻孔机钻孔,具体操作规程参阅相关安装说明。

(3)标准埋入杆件要求外露部分热浸镀锌,埋入部分直径为 25 mm 要求制有螺纹,埋入深度 200 ~ 250 mm。

(4)在大直径螺栓施工中,考虑埋深较深,为延长胶体初凝时间,可在孔内加水后注胶。

(二)ANK EPCON C6 锚固剂安装

1. 施工工艺流程图释

如图 2.4.1 所示。

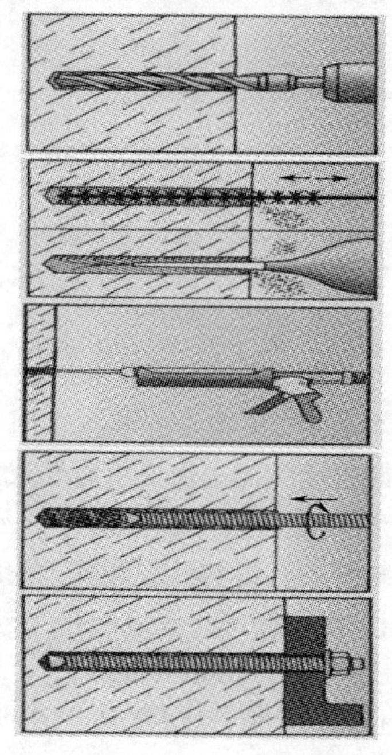

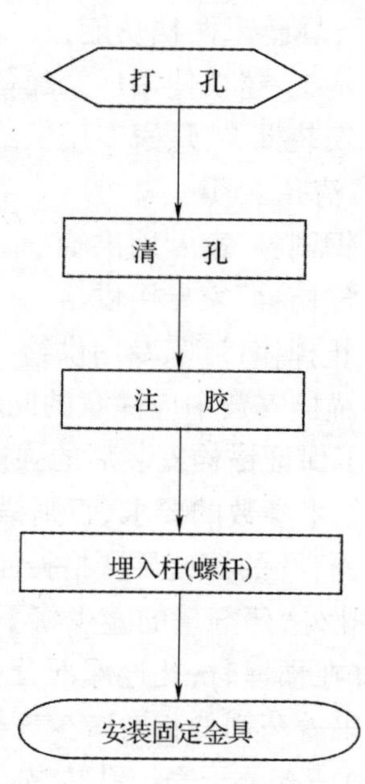

图 2.4.1　施工工艺流程图释

2. 安装步骤

钻孔:在确定位置按照技术参数表中资料打孔,确保孔径及孔深。

清孔:利用小型空压机或清孔设备清孔,用配套毛刷刷一遍后,吹一遍,反复吹刷三遍,确保孔壁无泥浆,吹出气体无粉尘。

注胶:将 C6 直接放入 E 系列手动胶枪中,将搅拌头旋紧于胶的头部,扣动胶枪直到胶流出搅拌头为止,前两次打出的胶排于孔外,待胶流出成均匀灰色方可使用,注胶时,将搅拌头插入到孔的底部开始注胶,注入孔内约 2/3 即可。每次扣动胶枪后，停顿 5 ~ 6 s，再扣动下一次胶枪，注射下一个孔时，按下胶枪后面的舌头，因为胶枪为自动加压，避免胶继续流出，造成浪费。更换新的胶时，按下胶枪后面的舌头，拉出拉杆，将胶取出。后换胶体应尽可能利用已注射胶体的搅拌管，这样一来可降低胶消耗。

用手将备好的标准埋入杆（螺杆）旋转着缓缓插入孔底，使得锚固剂均匀附着在埋入杆（螺杆）的表面及缝隙中，待其固化后再进行其他各项工作。考虑到埋入杆（螺杆）的自重，为防止位移，可采用木销塞住。

图 2. 4. 2　胶体和填充专用工具

3. 固化时间表（表 2. 4. 3）

表 2. 4. 3　固化时间表

环境温度	允许安装时间 min	允许拉力承载时间 h	允许拧紧安装时间 h	完全固化时间 h
32 ℃	5	1	3	24
20 ℃	7	1	3	24
16 ℃	10	1. 5	3. 5	24
10 ℃	20	2	4	36
4 ℃	45	3	5	48

4. 安装工具

打孔工具：电动气锤式冲击电锤每组 1 套（考虑需要备用 1 套），如图 2. 4. 3 所示。

胶体手动注射枪，每组 1 套，如图 2. 4. 4 所示。

完整的固剂填充工具一套，如图 2. 4. 5 所示。

搅拌头若干个，如图 2. 4. 6 所示。

发电机各 1 台；

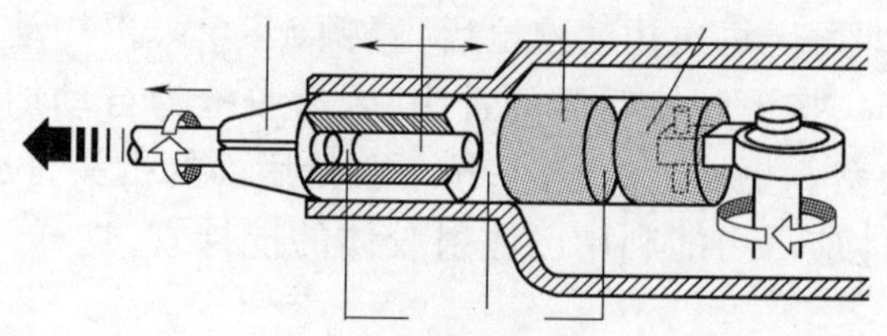

图 2.4.3　打孔工具

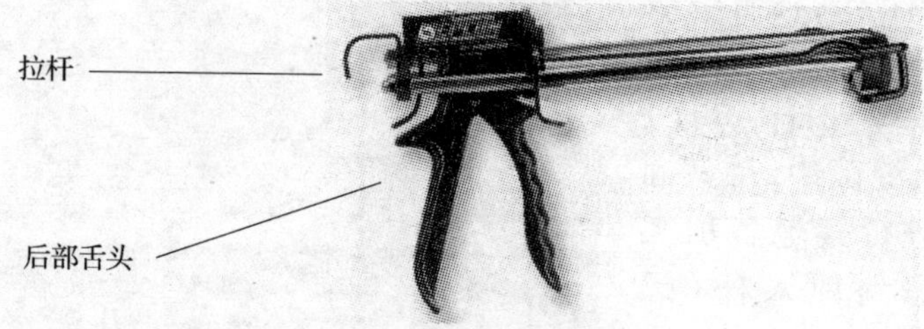

图 2.4.4　胶体手动注射枪

图 2.4.5　完整的固剂填充工具

图 2.4.6　拧在胶上的搅拌头

ϕ25 和 ϕ32 钻头　　各若干；

清洁工具：专用清孔器　　1 件；

清孔刷　　1 把；

预埋工具：利用打孔电锤，安装螺杆即可进行预埋；

其他工具：轨道作业平台。

5. 注意事项：

① 为避免对混凝土工作面产生过大震动，钻孔时应尽量避免使用依靠凸轮传动原理工作的电锤，应使用电动气锤原理工作的电锤；

② C6 锚固胶固化期内不要扰动钢筋；

③ 清孔时不仅要采用吹气筒或气泵等工具,同时也必须采用毛刷等设备清除附着在孔壁上的灰尘,尽量保持孔内干燥,如孔中潮湿应用棉丝或麻布等进行清理。

(三)桥、隧打孔、灌注

桥、隧打孔是用装有空压机的作业车完成的。

打孔时风枪应对准测量标记,从小到大逐渐给风,并注意按埋入杆要求方向调整风枪角度。桥墩侧面打孔需搭作业平台。隧道打孔需在接触网作业车的作业平台上完成,并需配照明设备,或用隧道打眼车完成。

桥、隧的孔洞灌注工作一般与打孔一并进行。

灌注操作方法如下:

1. 按设计要求复核孔位相对尺寸及孔径、孔深尺寸。

2. 用水清洗孔洞,用棉纱将洞壁擦拭干净。

3. 把水、细砂、水泥按配合比拌和。配合比为 1:2.5(水泥:细砂)。水灰比为 1:0.3 为宜。如为鸭嘴埋入杆,拌和后的砂浆以能搓成条状为宜。如为楔形埋入杆,拌和后的砂浆应较上述稀,以使楔子能将砂浆挤出来为宜。

4. 向孔内填水泥砂浆。安装鸭嘴形埋入杆时,将条状混凝土塞入孔内,至孔深的 2/3。安装楔形埋入杆时,孔内混凝土填至孔深的 1/4 ~1/3。

5. 安装埋入杆

安装鸭嘴形埋入杆时,按设计要求方向直接打入,使外露尺寸符合要求。

安装楔形埋入杆时,先将楔子卡到埋入杆开缝内,再将带有楔子的埋入杆件置入孔内,将螺母带上,用手锤将埋入杆打入孔内。手锤直接击打螺母,使外露尺寸符合要求。

6. 核对锚栓相对尺寸,埋入杆灌注达到标准后,再加灌混凝土,至孔内填满,并捣密实。将孔口抹平。

三、混凝土灌注的质量标准

1. 桥支架固定螺栓应呈水平状态,且垂直于线路。桥钢柱地脚螺栓应为垂直状态,螺栓间允许偏差为 ±2 mm,埋深允许偏差为 ±20 mm。

2. 隧道悬挂埋入杆在垂直线路方向允许施工偏差为 ±100 mm;横向

布置应与线路中心线垂直；跨距可视具体情况按 $^{+1}_{-2}$ m 进行调整。

3. 各种埋入杆的相对位置应符合设计要求，允许误差：弓型支架、锚臂、双线立柱为 ±20 mm，人型、V 型悬挂为 ±50 mm，水平悬挂为 $^{+50}_{-0}$ mm。

4. 钻孔的方向与深度应符合下列要求：

（1）水平悬挂埋入杆与水平面成 60°夹角。

（2）人字型、斜式 V 型双线立柱等形式的悬挂埋入杆与水平面垂直。

（3）弓型支架埋入杆与该处隧道面（切线方向）垂直。

（4）定位埋入杆应与该处的隧道面（切线方向）垂直。

（5）各种埋入杆的孔深应符合设计要求，允许误差士 20 mm。

（6）各种埋入杆件灌注前应除锈，锚栓应加楔子。

（7）各种埋入杆灌注完成后砂浆表面应平整，无裂纹、无脱落、无松散现象。

（8）各种埋入杆件灌注后，应养护 7 ~ 14 天。

四、安全注意事项

1. 打孔车应由专人负责统一指挥，严禁其他人员发出信号。

2. 打孔车运行途中，施工人员应停止作业，不得在车上走动，作业台上及平板车连接处不得坐人，车辆停稳后方可进行工作和上、下车，严禁抢上、抢下。

3. 作业台上放置的材料和工具，应有防止脱落的安全措施。

第三章　支 柱 安 装

第一节　立　杆

一、准备工作

1. 人员：8～20人。

2. 工具：工程列车组、钢丝绳套、人字杆、滑轮组（或手扳葫芦）、撬棍、铁锹、皮尺、钢管、大锤、手锤、450 mm 活口扳手、安全带、安全绳、梯子、安全防护工具等。

3. 材料：垫木、方木、晃绳、土篮、小绳、滑板、钢丝绳、地锚角钢等。

4. 资料：接触网平面布置图。

二、作业方法、步骤

（一）支柱的装卸

支柱的吊装方法一般采用平吊。平吊又分为单面两点平吊和一点平吊，前者适应于钢筋混凝土支柱，后者适用于钢柱。

钢筋混凝土支柱吊装时，将两个长度相等并套有橡皮的钢丝套子分别套在钢筋混凝土支柱根部的第一个腹孔和顶部的第二个腹孔处，杆子小面朝上，两侧绑好晃绳，然后起吊，如图 3.1.1 所示。

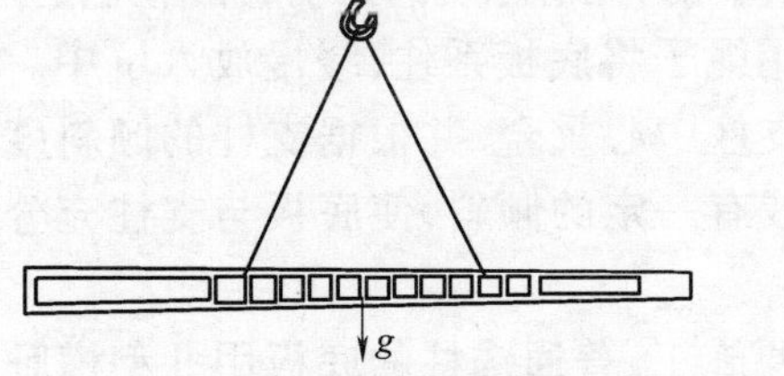

图 3.1.1　钢筋混凝土支柱的吊装

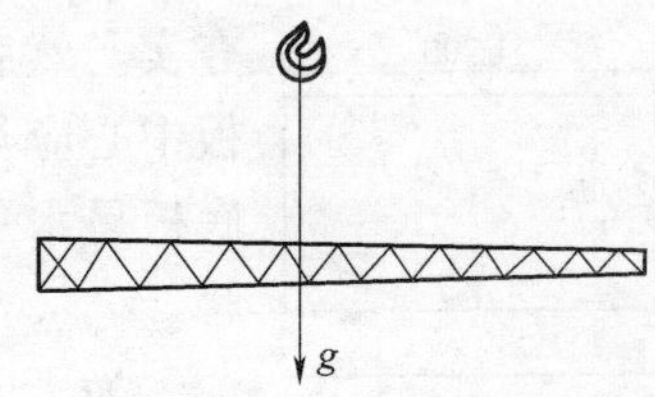

图 3.1.2　钢柱的吊装

为了方便立杆，在吊装混凝土软横跨支柱时，一般将主筋少的一侧放在上面。

钢柱起吊时，可用一个短钢丝套子直接套在支柱重心处的主角钢上，如图 3.1.2 所示。

往工程列车上装杆时，应按立杆顺序进行，即先立的后装，后立的先装。

起吊过程中，必须拉好晃绳。支柱起落及左右回转速度应均匀，动作要平稳，不准紧急制动。左右回转时，未停稳前不得做反向动作。司机要密切注视吊钩的上升高度，防止升到顶点由于限位器失灵而造成事故。

当支柱被吊至码放点或平板车上方，且离地面或车板 0.2 ~ 0.3 m 时，扶杆人员用撬棍接近被吊支柱，并与吊车司机配合，使支柱慢慢落至预先布置好的垫木上。

当钢丝绳松弛时，即可摘钩

（二）钢筋混凝土支柱的堆放

由于钢筋混凝土支柱易于损坏，在装卸杆作业过程中，要特别小心；堆放时，应用 150 mm × 200 mm 的方木垫起，根部应朝向一边，梢部统一在另一边；堆放不得超过三层，且层与层之间用方木垫在结点处，不得垫在腹孔中间，放置方式应是无腹孔侧（即杆子小面）朝上。其堆放方法见图 3.1.3。

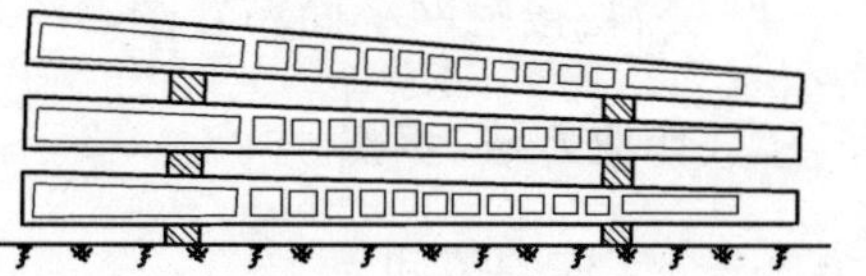

图 3.1.3　钢筋混凝土支柱的堆放

（三）立杆

1. 底板的安装

底板必须在立杆之前安装。安装前，先清除坑内杂物，并对坑底抄平夯实。然后用绳子将底板系住，缓慢放入坑中。底板中心应与支柱中心重合，并根据支柱的倾斜度使底板呈水平或有一定的倾斜，使底板与支柱充分接触。

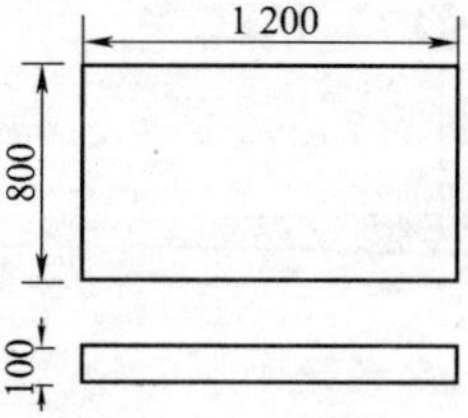

为了方便施工，普通锚柱的底板用Ⅱ型横卧板代替，见图 3.1.4。钢筋混凝土软横跨支柱的底板规格见图 2.1.4。

图 3.1.4　混凝土软横跨柱底板

2. 机械立钢筋混凝土支柱

在立杆前需对钢筋混凝土支柱进行外观检查。

(1)用吊车将支柱从平板车上平吊至地面。

(2)在距支柱全长2/3处(从大头算起)挂好钢丝绳套。

(3)起升吊钩,当支柱离开地面200 mm左右时,即可向基坑位置旋转吊臂,并在吊车工作范围内调整其仰角,使支柱对准基坑,然后垂直下落支柱。

当支柱落至基坑坑口时,由2～3名扶杆人员将支柱方向扭正、慢慢放入坑内,并注意不使支柱碰撞坑壁,当支柱已落至坑底时,扶杆人员与吊车司机配合,将支柱外缘倾靠于基坑的田野侧。支柱向田野侧的倾斜不可太大,以免压塌基坑。

当支柱位于两线间且两线间距较小时,为了不影响邻线行车,支柱可顺线路方向倾斜。

(4)当支柱立稳后,即可进行摘钩,摘钩工作也可由吊车司机控制,方法是:起吊前,将挂在吊钩的钢丝绳套一端(指套在吊钩里侧的一端)用铁线与吊钩绑死,摘钩时,司机操纵吊车,使吊钩下落,则钢丝绳套的另一端(指套在吊钩外侧的一端)脱开吊钩,然后吊臂回转,吊钩即带动钢丝绳套并将其从支柱腹孔中拉出,吊钩即完全脱离支柱。

摘钩工作完成后,吊臂随即回转降落至原位,移动工程列车至下一个立杆点。

(5)立混凝土软横跨柱时,一定要注意使主筋多的一侧靠于田野侧。

3. 人工立钢筋混凝土支柱

人工立钢筋混凝土支柱一般为H78、H60等型号支柱。采用人字杆搬到扶起的方法。立杆前应根据立杆方向开挖马道,马道的开挖宽度为支柱的根部宽度,与地面成30°～45°角,深度是支柱埋深的一半。见图3.1.5所示。

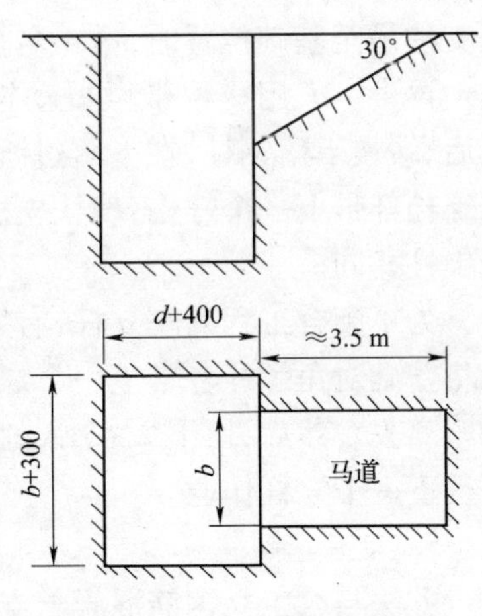

图3.1.5　人工立杆马道开挖

(1)将支柱大头移到坑边,底部到达坑中心。

(2)将钢丝绳(或双股大棕绳)和滑轮组(或手扳葫芦)固定在人字杆

上,在坑边立起人字杆,然后用钢丝绳(或双股大棕绳)的另一头固定在支柱上,位置在支柱的2/3处。

(3)在人字杆后侧合适位置打好地锚角钢,将滑轮组(或手扳葫芦)的另一头挂在地锚角钢上。

(4)在支柱顶部绑好三根晃绳。

(5)在坑内放入溜滑板。

(6)起吊支柱。起吊支柱时,安排人员拉住晃绳,看好人字杆,使人字杆脚不得抬起和移动,拉滑轮组(或摇手扳葫芦),稳住晃绳,慢慢起吊支柱。

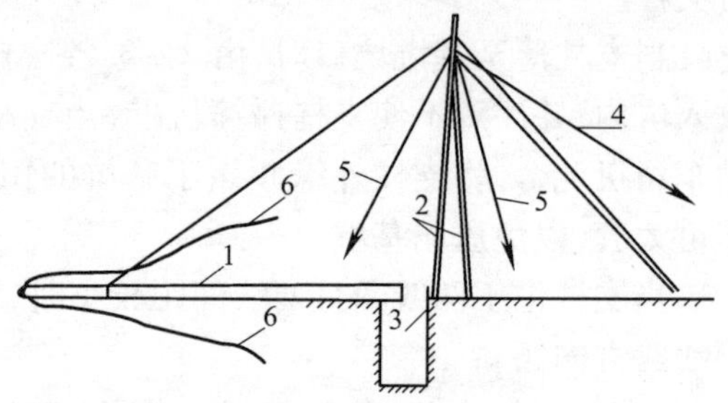

图3.1.6 人工立钢筋混凝土支柱示意图
1—支柱;2—人字杆;3—滑板;
4—滑轮组;5—拉绳;6—晃绳

(7)待支柱完全立起后,拉紧晃绳,整正支柱,安装横卧板,回填,立杆完毕。人工立钢筋混凝土支柱方法见图3.1.6所示。

4. 机械立钢柱

钢柱起吊时,可将钢丝绳套挂在钢柱全长3/4处的一根主角钢上。当支柱吊至基础位置时,由4名扶杆人员扭正方向,每人负责钢柱的一个角。再由一人用撬棍微微撬动钢柱底座,使各角螺孔都对准基础螺栓。然后,缓慢下落钢柱,在下落过程中,使钢柱尽量不碰撞螺栓螺纹。待每角螺栓都带上一个螺帽,确认支柱稳固后,吊车即可摘钩。摘钩方法与混凝土柱相同。

为了配合工程列车立杆,有效地利用线路封闭时间,立钢柱时,可暂先将基础对角螺栓各带上一个螺帽,并旋进30~50 mm后,即可摘钩,使列车离去。然后,留下2~3人,将其余螺栓螺帽配齐、拧紧,再追上列车进行下一个立杆作业。

5. 人工立钢柱

方法与人工立钢筋混凝土支柱相同,采用人字杆搬到扶起的方法。

(1) 在基础面上地脚螺栓外侧和中间放上方木,方木应稍高于地脚螺栓。

(2) 将钢柱根部移至地脚螺栓外侧的方木上,用 ϕ4.0 铁线将钢柱根部和方木大搂住,使钢柱根部能在方木上转动为止。

(3) 起吊钢柱。

(4) 钢柱立起后,拉紧晃绳,松开 ϕ4.0 铁线绑线,用撬杠移动钢柱根部,使底座孔眼对准地脚螺栓。

(5) 用晃绳及撬杠将钢柱的一边稍稍抬起,抽去一边方木,垫上垫木,用同样方法抽去另一方木。

(6) 拉动晃绳,一层一层抽去垫木,使钢柱座落在基础上,然后将螺帽旋好待整正。

(7) 人工立钢柱过程中必须对地脚螺栓进行必要保护,防止过程中地脚螺栓受到撞击,发生偏转现象。

三、质量标准

支柱外观检查标准

1. 钢筋混凝土支柱

(1)表面平整,弯曲度不得大于2‰。

(2)支柱翼缘破损局部露筋1~2根的,长度不大于400 mm,可修补使用,露筋3~4根的,可修补降一级使用。

(3)支柱翼缘与横腹板结合处裂纹宽度小于0.15 mm者可使用;裂纹宽度为0.15~0.3 mm者可修补后使用;裂纹宽度大于0.3 mm者,不得使用。

(4)腹板纵向裂纹、收缩性裂纹,其裂纹宽度小于0.15 mm者可以使用;裂纹宽度为0.15~0.3 mm者可修补使用。

(5)支柱翼缘不得有横向或斜向裂纹,但收缩性水纹不在此限。

(6)支柱腹板破损露筋的可修补使用。

(7)支柱仅混凝土破损的,可用水泥砂浆修补使用。

2. 钢柱

(1)钢柱的主角钢,不应有弯曲、扭转现象;表面油漆层须完整无脱落、无锈蚀。

(2)焊接处应无裂缝。

(3)基础螺栓孔距误差不得超过±2 mm。

(4)钢柱弯曲变形量不应超过钢柱全长的1‰。

四、安全注意事项

1. 必须严格遵守吊车操作细则及按吊车技术特性规定进行作业,严禁超载作业。

2. 作业前认真检查车上机械、绳套、吊钩和工具是否良好。

3. 起吊钢筋混凝土支柱的钢丝绳套应加套橡皮,确保在装卸过程中,支柱不受损伤。

4. 卸杆地点应进行清理平整,电杆堆放整齐、稳固,按规定位置设置垫木。

5. 在跨越或平行于电力线路进行立杆时,应设专人监护,确保吊臂和支柱与带电体的安全距离。如因施工条件所限不能满足规定要求时,应与施工技术人员及有关部门共同研究,采取必要的安全措施后方可作业。

6. 在复线区段或在车站施工时,吊车转向要注意防止配重侵入邻线建筑接近限界,并采取防护措施。

7. 基坑边有地下电缆的,立杆时,应检查防护措施的可靠性,一定要防止挫伤电缆。

8. 立杆时,坑内不许有人,并事先检查确认坑口的稳定性,防止扶杆人员滑入坑内。

9. 立钢筋混凝土柱时,支柱倾斜度不得过大,以防坑壁因受压力过大而塌陷,造成倒杆事故。

10. 立钢柱时应注意不要碰坏基础螺栓的螺纹。

11. 立杆时,杆子下方严禁站人。

第二节　支柱整正、回填

一、准备工作

1. 人员:6~9人。

2. 工具:反正扣整正器、线坠、丁字尺、水平尺、皮尺、撬杠、450 mm活扳手、手扳葫芦、捣固锤、铁锹、十字镐、大锤、安全带、安全防护工具等。

3. 材料:扭杆圆木、垫木、抬杠、棕绳等。

4. 资料:接触网平面布置图。

二、作业方法、步骤

(一)混凝土腕臂柱的整正

1. 整正器的安装

(1)首先将整正器的固定框架固定在支柱上,固定点不超过轨面以上 500 mm 处,以保证整正器安装好后,不致侵入基本建筑限界。

(2)将整正器的两个钢轨卡子分别固定在支柱两侧的钢轨上,钢轨卡子的安装位置应在整正器丝杠的活动范围内,一般各距离支柱 3 m 左右。

(3)根据钢轨卡子至框架间的距离,将整正器丝杠调至合适位置,丝杠两端露出的长度应相等。然后,将丝杠与钢轨卡子、框架进行连接,将销钉插好后,即可开始调整。如图 3. 2. 1 所示。

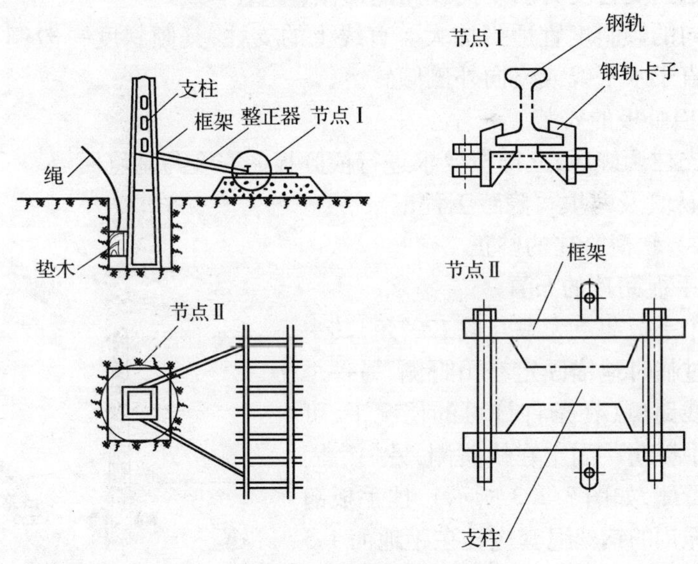

图 3. 2. 1　腕臂柱的整正

2. 限界的调整

扳动整正器手柄,调整丝杠长度,两整正器同时动作将支柱拉至直立,然后将丁字尺卡在钢轨上并使之水平后,测量此时的支柱侧面限界。

限界若小，将方垫木垫在支柱根部适当位置的内侧，操纵整正器使两调整丝杠同时拉动支柱，由于杠杆作用，根部向后移。再使支柱直立，检查支柱侧面限界是否符合要求，若不符，则继续进行调整。

限界若大，操作方法则相反。

3. 支柱扭斜的矫正

将丁字尺卡于钢轨内缘并用水平尺超平后，再将木杠插入杆子腹孔内进行拨动，直到支柱前后翼缘均贴于丁字尺为止，如图3.2.2所示。

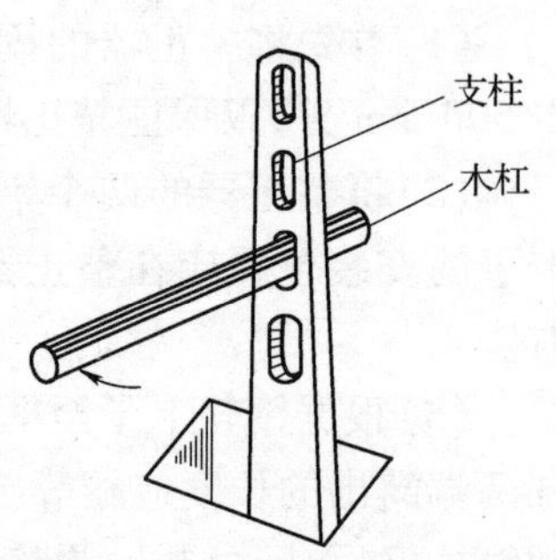

图3.2.2　支柱扭斜的矫正

4. 支柱倾斜度的调整

在支柱限界允许误差范围内，继续调整丝杠长度，使支柱在垂直线路方向及顺线路方向的倾斜度均符合要求。如不能同时满足支柱限界和倾斜度的要求时，应重新调整支柱侧面限界。

考虑到支柱受力后要向线路侧回倾，垂直线路方向的倾斜度宜适当加大。直线上的支柱，其倾斜度一般调至支柱外缘垂直于水平线或略向外侧倾斜。

5. 横卧板的安装

当支柱调好后，立即按要求进行横卧板的安装与基坑回填。

6. 认真及时填写隐蔽工程记录。

（二）软横跨柱的整正

1. 手扳葫芦的布置

三个手扳葫芦大致互成120°角，其中两个通过临时地锚固定在田野侧、另一个固定在线路侧（在条件许可的情况下，可将两个手扳葫芦固定在线路侧，另一个固定在田野侧，如图3.2.3所示），挂手扳葫芦牵引绳钩的钢丝绳套应挂在距地面1.5 m左右的支柱孔中（田野侧的可适当挂高一些），以不侵入限界为原则。

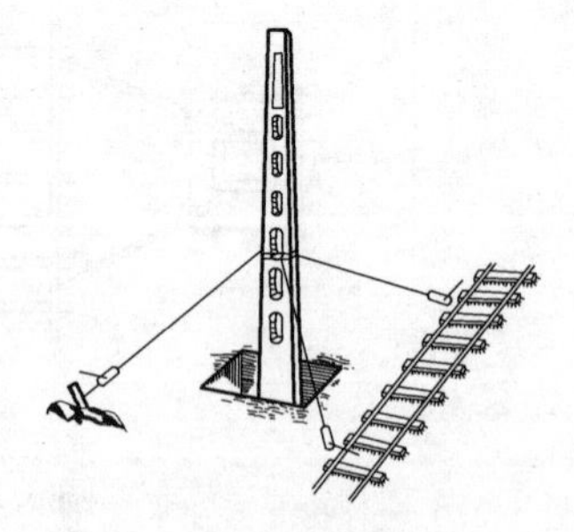
图3.2.3　混凝土软横跨柱的整正

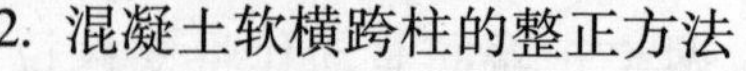
2. 混凝土软横跨柱的整正方法

混凝土软横跨柱整正工作是通过三个手扳葫芦的协调动作进行的。

当线路侧手扳葫芦拉紧时,田野侧手扳葫芦就要放松,反之亦然。限界的调整、支柱倾斜度的调整和支柱扭斜的矫正方法与腕臂柱类似。

3. 按规定进行横卧板安装与基坑回填,当回填至1/2坑深时,即可将手扳葫芦撤除。三个手扳葫芦必须同时撤,以防杆子变位。

4. 认真及时填写隐蔽工程记录。

(三)钢柱整正

首先拧松基础螺母,然后根据支柱倾斜情况,用撬棍伸入钢柱底部与基础之间的缝隙,将主角钢撬起,在主角钢下面塞入不同厚度的垫片,使倾斜度达到标准,然后均匀地紧固地脚螺栓。调整后,应再一次检查钢柱倾斜度是否符合要求。

整正注意事项

1. 每根主角钢加垫片数不宜过多,一般不超过3片,超过时,应用300级以上细石混凝土将钢柱底垫实。

2. 每块垫片的面积不宜小于50 mm×100 mm。垫片表面必须平整,厚度要均匀。

3. 整正时,四个角的地脚螺帽,只许拧松,不得卸下。

(四)横卧板的安装

钢筋混凝土腕臂柱横卧板分Ⅰ型和Ⅱ型两种,见图3.2.4所示。钢筋混凝土软横跨柱横卧板如图3.2.5所示。

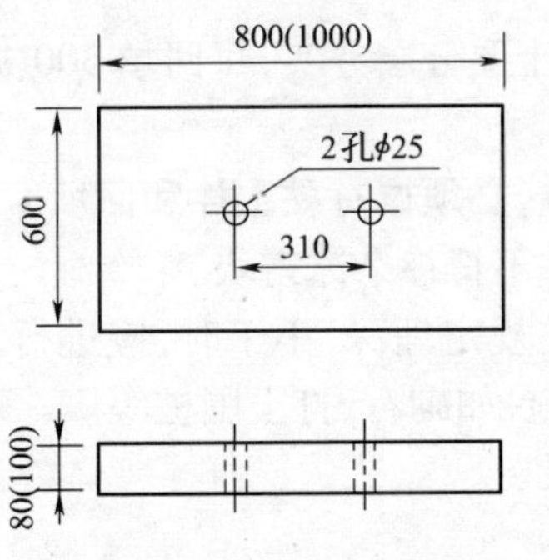

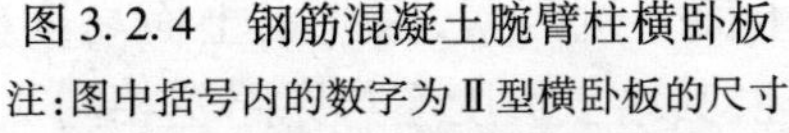

图3.2.4　钢筋混凝土腕臂柱横卧板

注:图中括号内的数字为Ⅱ型横卧板的尺寸

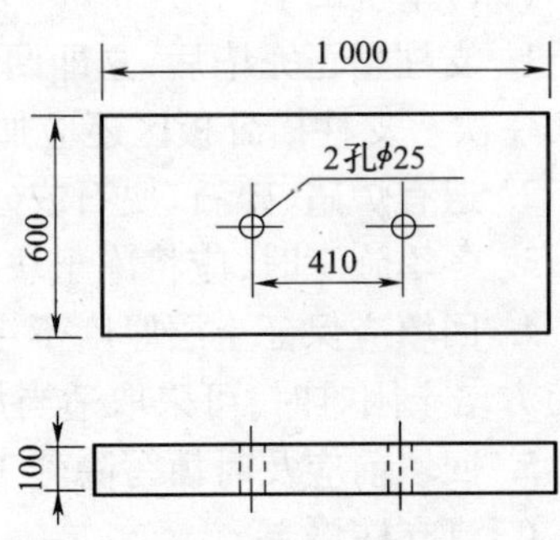

图3.2.5　钢筋混凝土软横跨柱横卧板

横卧板的安装位置如图3.2.6所示。安装时,可用绳子将横卧板系住,缓慢放入坑中,然后由工作人员下坑将横卧板与支柱密贴,并将Γ形螺栓上紧(图 3.2.7),下部横卧板与支柱底相齐。上部横卧板应低于地面 100 ~300 mm。

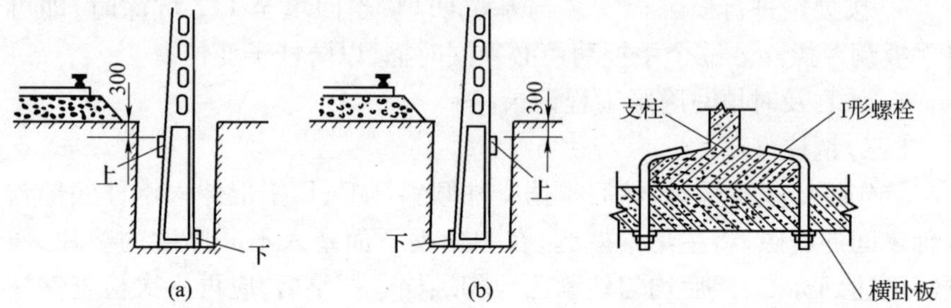

图 3.2.6 横卧板与支柱连接示意图

(a)直线和曲线外侧柱;(b)曲线内侧柱

图 3.2.7 横卧板的安装位置

(五)锚板埋设

1. 首先检查拉线坑的深度、坑口尺寸、马道方向等是否符合技术标准。

2. 把 U 型螺栓穿入锚杆中,再装到锚板上。此时要注意长短拉杆的位置。链形悬挂拉线应使短拉杆在上,长拉杆在下。

3. 用绳拉住锚板,慢慢放入坑内。检查锚杆对地角度是否达到 45°,不合适时,用钢钎、铁锹修整马道,使其达到标准。

(六)基坑回填

1. 支柱整正完毕后,立即回填。填土要分层夯实,每回填 300 mm 就夯实一次。支柱横卧板区还应加强夯实。

2. 遇有炉碴、碎石、块石或砂质土壤,必须掺有黏土拌和回填。

3. 冬季施工时,应将冻土块打碎,并不得掺杂冰雪块。

4. 回填应保证土层厚度不小于支柱规定埋深,小于时,应进行培土。高填方培土困难时,可采取适当加固措施,如砌石、打土围桩等。

5. 回填前应及时填写隐蔽工程记录。

(七)支柱培土

支柱培土应考虑到回填后遇雨水上面下沉因素,因此培土面高度应高于支柱规定埋深。位于填方处的支柱,其培土坡度应与原路基相同。

支柱位于路堤区段,其田野侧土层厚度应大于 0.5 m,宽度自支柱两翼缘向两侧各 0.5 m。

在高路堤区段为减少填方量，基础底面以下部分可埋设木桩。木桩直径为0.1~0.15 m。木桩间隔一般为1 m左右。护桩数量可根据实际需要设置，一般不宜超过7根，护桩间用木板作挡板。路堤区段支柱培土如图3.2.8所示。

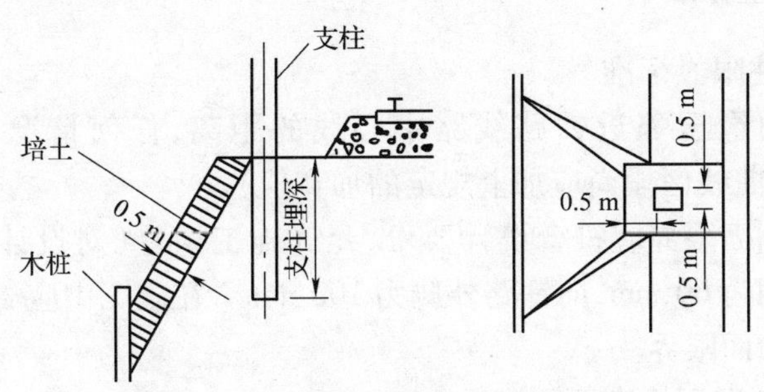

图3.2.8 路堤区段支柱培土示意图

（八）砌石

砌石方式有浆砌片石和干砌片石两种。高填方支柱、基础回填加固多采用浆砌片石。

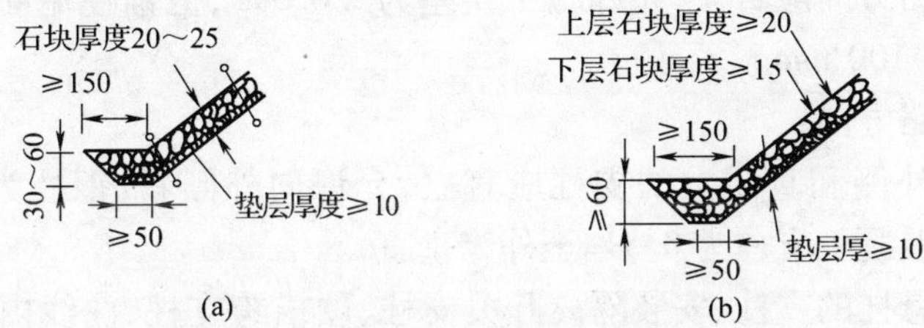

图3.2.9 护坡砌石示意图（单位：cm）
（a）单层铺砌图 （b）双层铺砌图

接触网施工中常遇到的砌石作业主要有砌筑护坡和砌筑片石垛等。护坡砌石分单层铺砌与双层铺砌。砌筑片石垛采用分行列砌筑或龟纹缝砌法。图3.2.9所示是护坡单层铺砌和双层铺砌实例。

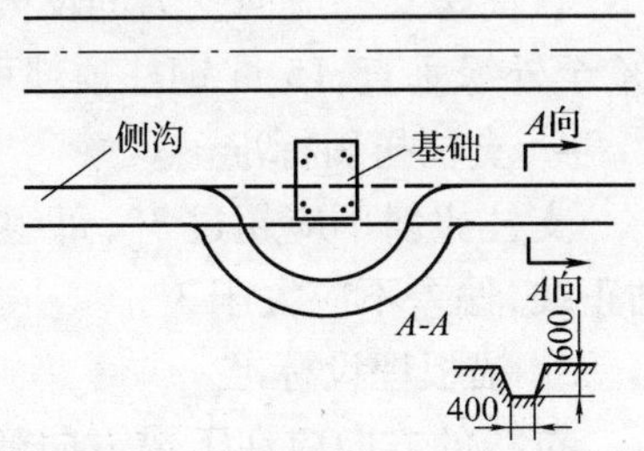

图3.2.10 侧沟改移示意图

（九）侧沟改移

接触网支柱、基础在回填过程中经

常和侧沟发生干扰，此时，应按原侧沟的断面形式、尺寸要求（侧沟一般底面宽度为0.4 m，深度为0.6 m）及加固方式进行侧沟改移，如图3.2.10所示。

三、质量标准

1. 支柱限界标准

支柱内缘至邻近铁路线路中心线的距离，任何情况下必须大于2 440 mm（曲线区段尚应加上规定的加宽值）。

支柱侧面限界应符合设计要求，允许施工误差（对设计位置而言）：向铁路内侧为60 mm，向铁路外侧为100 mm。在施工中应尽量避免小于设计支柱侧面限界。

2. 支柱埋深标准

钢筋混凝土支柱埋深的允许施工误差为±100 mm（从轨面算），入土部分的实际埋深不应小于设计值。

3. 支柱倾斜标准

顺线路方向应直立，允许施工误差为±0.5%，但锚柱端部应向拉线侧倾斜0～100 mm。

横线路方向：

曲线外侧和直线上的支柱应直立，允许向外倾斜：钢柱为0.5%～1%，钢筋混凝土支柱为0.5%至外缘垂直。

两侧悬挂的支柱、安装隔离开关支柱、硬横跨支柱、曲线内侧支柱和位于直线上并与相邻锚柱同侧的转换支柱，均应直立，允许施工误差为：向受力的反方向倾斜0.5%；无明显受力方向时为±0.5%。

软横跨支柱应向受力的反方向倾斜：钢筋混凝土支柱和13 m钢柱为1%至外缘垂直，15 m钢柱顶部可倾斜150～300 mm。

4. 支柱扭斜标准

支柱扭斜不应超过3°，每组软（硬）横跨支柱中心连线，应垂直于车站正线，偏差不应大于3°。

5. 锚板埋设标准

拉线的方向应在下锚方向的延长线上。其偏移误差以出土点计算，一般允许+150 mm（田野侧），-0 mm（线路侧）。

拉线的角度要求为45°困难情况下不得大于60°。

锚杆在使用前应将地下部分涂沥青防腐处理。

锚板埋深不少于2 m。

四、安全注意事项

1. 整正器安放后应保证其各部分不得侵入机车车辆限界。在整正过程中支柱各部也不得侵入基本建筑限界。

2. 操作整正器时,用力要均匀,不得猛拉猛推,以防支柱折断。

3. 整正器安装完毕后方可进入坑内工作,坑内有人时,严禁移动支柱。

4. 钢筋混凝土软横跨柱整正时应向车站办理临近线路封闭手续,当利用列车间隔整正时,所有工具、材料均不得侵入基本建筑限界。

5. 调整支柱限界时,应用方垫木垫在支柱底部内、外坑侧,严禁用石头等硬物代替垫木。

6. 由坑口往下放横卧板,坑内不得有人,应用绳索系住缓慢下放,放好后,方可下坑工作。

7. 拉线位于水沟或填方边坡地带应砌石加固,位于公路边时,应砌石保护。

8. 埋设锚板时,防止锚杆碰伤人。

9. 按规定设置行车防护。

第三节 既有混凝土支柱倾斜矫正

一、准备工作

1. 人员:2~5人。

2. 工具:皮尺、丁字尺、水平尺、卷尺、倾斜仪、大绳、铁锹、十字镐、紧线工具、钢丝套、羊角紧线器、地锚角钢、安全工具、防护工具等。

3. 材料:ϕ4.0 mm铁线、ϕ1.8 mm绑扎铁线、横卧板等。

4. 资料:接触网平面布置图、安装图、支柱侧面限界记录等。

二、作业方法、步骤

(一)检查、测量

1. 测量支柱侧面限界是否符合规定,并做好记录。

2. 检查拉线有无断股、锈蚀及防腐油。

3. 检查支柱基础状态,并测量支柱倾斜度。

(1)测量支柱横线路方向倾斜度:

一人手拿线坠,顺线路远离支柱,将线坠线放约1m长左右。手举线坠,将眼、线、杆顶中心看成一直线,保持位置不变,通过线坠线观察到支柱根部,若线在支柱根部中心,则支柱为直立;若线偏向线路侧,则支柱内倾;若线偏向田野侧,则支柱外倾。再将眼、线、杆顶外沿看成一直线,保持位置不变,通过线坠线观察到支柱根部,若线在支柱根部外沿以外,则支柱外倾超限。

(2)测量支柱顺线路方向倾斜度:

一人手拿线坠,站在田野侧远离支柱,将线坠线放约1 m长左右。手举线坠,将眼、线、杆顶中心看成一直线,保持位置不变,通过线坠线观察到支柱根部,若线在支柱根部中心,则支柱为直立;若线偏离支柱根部中心,则支柱顺线路方向倾斜,用卷尺测量出线与支柱根部中心的距离,根据支柱类型计算出支柱顺线路方向最大倾斜距离,二值进行比较确定倾斜是否超标。

例如:某支柱型号为H60/8.7+3.0,线与支柱根部中心的距离为60 mm。

计算支柱顺线路方向最大倾斜距离 $=8.7\times0.5\%=0.0435(\text{m})=43.5\text{ mm}$

$60>43.5$

则该支柱顺线路方向倾斜超标。

4. 检查支柱基础。

(二)调整处理

1. 在支柱顶端部位安装钢丝套,同时在支柱倾斜反方向打入地锚角钢(或利用其他固定物),并在两者间连接手扳葫芦。

2. 紧起手扳葫芦,开挖支柱根部(深度1.5 m左右),再紧手扳葫芦直到支柱倾斜符合要求,若支柱倾斜没有变化,应继续开挖支柱根部直至支柱倾斜有所变化达到要求,然后迅速回填夯实(必要时下横卧板),然后松开手扳葫芦,使支柱受力,并观察其受力情况。

3. 拆除所有的工具,清理现场。

三、质量标准

1. 支柱的侧面限界应符合规定,允许误差为 $\pm^{100}_{60}$ m,但侧面限界最小不得小于技规规定的限值。

2. 接触网各种支柱,均不得向线路侧和受力方向倾斜。

安装在曲线外侧及直线上的支柱在垂直线路方向要向受力的反向倾斜。腕臂柱的外倾斜率为0~0.5%。软横跨支柱的倾斜率:对13 m高的支柱为0.5%~1%;对15 m及以上高的支柱为1%~2%。

每组软横跨两支柱中心的连线应垂直于正线,偏角不大于3°。

曲线内侧的支柱、装设开关的支柱、双边悬挂的支柱、硬横跨支柱,均应直立,允许向受力的反向倾斜,其斜率不超过0.5%。

3. 支柱在顺线路方向应保持铅垂状态,其斜率不超过0.5%。锚柱应向拉线方向倾斜,其斜率不超过1%。

四、安全注意事项

1. 倾斜、受力较大的支柱应先卸载再调正。

2. 应在停电检修时间内进行。

3. 停电作业必须严格按程序要求进行,不得简化。特别要把好申请作业命令、验电接地、开工、行车防护、消除作业命令等关键环节。

4. V形“天窗”作业时,作业人员及所持材料、工具与邻线带电部分保持足够的安全距离,注意邻线来车。防止感应电伤人。

第四节 混凝土支柱破损修复

一、准备工作

1. 人员:2~5人。

2. 工具:皮尺、卷尺、灰抹子、铁锹、十字镐、钢丝刷、圆滚刷、除锈刀、防护工具等。

3. 材料:ϕ4.0 mm铁线、ϕ1.8 mm绑扎铁线、水泥、砂、包皮布、铁窗纱、等。

4. 资料:接触网平面布置图、支柱侧面限界记录等。

二、作业方法、步骤

(一)检查、测量

1. 观察支柱有无裂纹、破损、露筋、变形、锈蚀等情况。

2. 测量支柱侧面限界是否符合规定,并做好记录。

(二)修补处理

1. 横腹杆式预应力混凝土支柱

方法一:

(1)制作修补支柱用水泥砂浆,各种配料要拌和均匀。

(2)处理支柱破损部位。用凿子凿去支柱破损部位全部深度的薄弱和风化的混凝土和个别突出的石子,然后用钢丝刷清理表面并刷出需修补部位新碴。

(3)清理干净露筋,露筋表面不应有裂纹、油污和颗粒状或片状老锈。

(4)用清水冲去支柱需修补部位残碴并将其周围浇湿透。若需要,在需修补部位安装模型板。模型板及其固定金具不得有侵入限界可能。

(5)待破损面风干到表面无存水时,开始对需修补部位进行修补。浇灌水泥砂浆并用钢钎或其他工具捣实、压平。

(6)清理作业现场。

(7)在水泥砂浆灌注完毕后的10~12 h以内,应即注水养护。在炎热和有风的天气,应在灌注后的2~3 h内浇水养护。浇水次数以保持水泥砂浆表面经常湿润为原则。当气温低于+5 ℃时不得浇水。

(8)水泥砂浆强度能保证其表面及棱角不因拆除模型板而损坏时,即可拆除模型板。

方法二:

(1)裂纹修补

① 清除混凝土表面的浮浆层、粉尘、油污,然后用湿布擦干净。

② 按1∶0.8(PT胶∶PT粉)的重量比拌制PT水泥浆(稠度与油漆相近),并用铁窗纱过滤,除去团块杂物,然后采用圆滚刷涂刷一遍。干后再

按1∶1的重量比拌制PT水泥浆刷两遍,涂刷方向前后两次相互垂直。

(2)脱皮(破损深度小于5 mm)与蜂窝麻面的修补

① 用钢丝刷等工具清除浮浆,并清扫干净。

② 按1∶0.8的重量比拌制PT水泥浆进行涂刷,在其未干前,用PT胶和PT腻子粉配成腻子进行填补刮平。

③干后再按1∶1的重量比拌制PT水泥浆刷二遍。

(3)破损修补

① 将支柱破损处清除干净。

② 在支柱破损处涂刷一层PT胶。

③ 在PT胶初凝之前,将PT胶和PTC50粉配成半干硬性聚合物水泥砂浆,把半干硬性聚合物抹于缺陷处,修补处的聚合物形状应与支柱外形一致且平整。

④ 聚合物水泥砂浆干硬后,再用1∶1的PT粉与PT胶配制的油漆状聚合物水泥浆刷于修补处1~2遍。

2. 环形支柱(或圆杆)

纵向裂纹修补

(1)裂纹修补前对裂纹的分布、长度和宽度进行测量,对于大于0.2 mm的裂纹,采用压力注浆方法修补。

(2)清除圆杆裂纹表面的浮浆、粉尘及污物,然后用湿布擦干净。

(3)按200~300 mm间距用封缝浆沿裂纹粘贴注浆嘴,每条裂缝至少粘贴2个注浆嘴。

(4)用TF型封缝浆与封缝粉调成封缝浆,用窄毛刷刷于裂缝表面,使裂缝封闭,第二天进行注缝。

(5)TK型注缝胶分甲乙两组,使用时按甲∶乙(2∶1)重量比混合均匀,用注缝器由下而上注浆,待第二个嘴流出混合浆后用封头将第一个嘴封堵,由第二个嘴注浆,依次将裂缝注完。

(6)注浆第二天,铲除注浆嘴和封缝浆并清理干净。

(7)用ZV型修补胶及粉料按甲∶乙(1∶0.8)混合调成胶状物,均匀涂刷于支柱(或圆杆)表面,前后两次互相垂直,共涂4遍。

(8)用ZB型罩面胶涂刷一遍,干后涂刷两遍,涂刷方向前后两次互相垂直。

三、质量标准

1. 横腹杆式钢筋混凝土支柱表面应光洁、平整。横腹板破损应及时修补;翼缘破损和露筋不超过两根,长度不大于 400 mm 应及时修补;露筋达两根以上但不超过 4 根且长度不超过 400 mm 者可以修补后降级使用;露筋超过 4 根或者露筋长度超过 400 mm,均应及时更换。

支柱翼缘不得有横向、斜向和纵向裂纹。支柱翼缘与横腹板结合处裂纹及横腹板裂纹宽度不超过 0. 3 mm, 长度不超过 400 mm 时,要及时修补,大于 0. 3 mm 时应更换。

支柱混凝土破损不露筋者可以用水泥砂浆修补后使用。

2. 环形等径预应力混凝土支柱表面应光洁平整,合缝处不得漏浆,不应有混凝土剥落、露筋等缺陷。

横向裂纹宽度不超过 0. 2 mm,长度不超过 1/3 圆周长,纵向裂纹宽度大于0. 2 mm,不超过1 mm的支柱要及时修补;纵向裂纹宽度大于1 mm的支柱应更换。支柱弯曲度不大于 2‰,杆顶封堵严密。

3. 修补支柱破损部位的混凝土等级应比支柱本身混凝土高一级。

四、安全注意事项

修补时注意行车防护,防止工具、材料侵限。

第五节　既有混凝土支柱更换

一、准备工作

1. 人员:9 ~ 14 人。

2. 工具:工程列车组、钢丝绳套、人字杆、滑轮组(或手扳葫芦)、撬棍、铁锹、皮尺、钢管、大锤、手锤、捣固锤、450 mm 活口扳手、安全带、安全绳、梯子、安全防护工具等。

3. 材料:垫木、方木、晃绳、土篮、小绳、滑板、钢丝绳、地锚角钢等。

4. 资料:接触网平面布置图。

二、作业方法、步骤

(一)原位更换

1. 对需更换旧支柱卸载，即拆卸旧支柱上所有悬挂及其支持固定装置。当接触悬挂影响吊车作业时，可将其拉到相邻线路，或再取开若干个悬挂点后将悬挂拉到远离作业线路方向一定距离并固定。

2. 对支柱进行防护，即在支柱上部一定高度系 3 根棕绳，由地面人员从三个不同方向拉住，三个方向棕绳水平投影夹角为 120°左右。在支柱重心上部 0.5 ~ 1m 处套上吊车钢丝绳。吊车启动，将吊臂徐徐伸向支柱上的钢丝绳处。将钢丝绳套挂在吊钩上并用铁线将吊钩与挂在吊钩侧的钢丝绳绑死。徐徐启动吊车臂，使钢丝绳套受力，并且受力方向为支柱直立方向。

3. 对支柱的防护完毕后，即开挖支柱根部基础，深度为支柱埋深的 2/3 ~ 3/4，但不得大于 3/4。

4. 挖坑人员及其他人员均撤至安全地带后，启动[illegible]次做一定幅度的前、后、左、右摆动，使支柱的埋入土中部分充分松动后，直起吊车臂徐徐将支柱拔出坑内，将支柱倒放在指定位置。

5. 将人员分成三组。第一组 2 人在新支柱上套钢丝绳套并将其挂在吊车钩上，用铁线将吊钩与吊钩侧的钢丝绳套绑死；第二组 3 ~ 4 人修整支柱坑（即基坑），使其深度、轮廓尺寸符合立杆要求，测量支柱侧面限界位置并在支柱坑底或底板上做好标记；第三组 1 ~ 2 人地面预配、装配接触悬挂、附加悬挂支持固定装置。

6. 支柱坑修整至符合要求后立新支柱。

7. 支柱整正至要求后回填基坑土石并捣固。

8. 司机操作吊车，摘吊钩。

9. 安装接触悬挂及附加悬挂支持装置，恢复接触悬挂及附加悬挂的固定并调整至技术要求。

（二）错位更换

根据支柱跨距在不大于最大跨距的情况下，在原支柱一侧 1m 处开挖新基坑。人工立杆时开挖马道。

1. 人工立杆

（1）复测坑深，放好底板，用一整根木枕贴在马道对面的坑壁上。

（2）将支柱放平用撬杠撬入马道，支柱顶端用短枕木垫起。

（3）按图 3.5.1 的方法挂好滑轮、手扳葫芦，把钢丝绳通过滑轮穿入第4腹孔内大包住支柱,用卸甲把钢丝绳的回头同主钢丝绳连接牢靠。

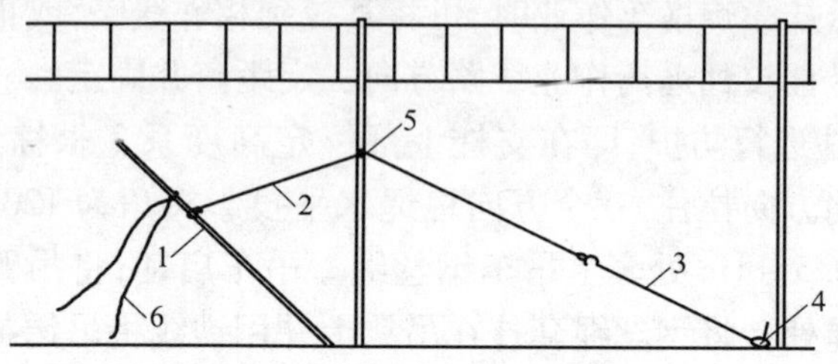

图3.5.1　人工立杆作业示意图

1—新支柱;2—牵引绳;3—手扳葫芦绳;4—手扳葫芦;5—油绳;6—晃绳

(4)摇手扳葫芦,稳住游绳,慢慢起吊支柱。

[illegible]拉紧游绳,整正支柱,安装好横卧板开始回[illegible]支柱悬挂。

(7)拆除工具,清理现场。

2. 机械立杆

与第三章第一节　立杆相同。

三、质量标准

与第三章第一节　立杆相同。

四、安全注意事项

1. 停电作业必须严格按程序要求进行,不得简化。特别要把好申请作业命令、验电接地、开工、行车防护、消除作业命令等关键环节。

2. V形"天窗" 停电作业时,作业人员及所持材料、工具与邻线带电部分保持足够的安全距离,注意邻线来车。防止感应电伤人。

3. 其他第三章第一节　立杆相同。

第四章　支 柱 装 配

第一节　腕臂柱装配

一、准备工作

1. 人员:12 人。

2. 工具:接触网作业车(轨道车、平板车、梯车)、单滑轮、手锤、小钢钎、安全带、安全防护工具等。

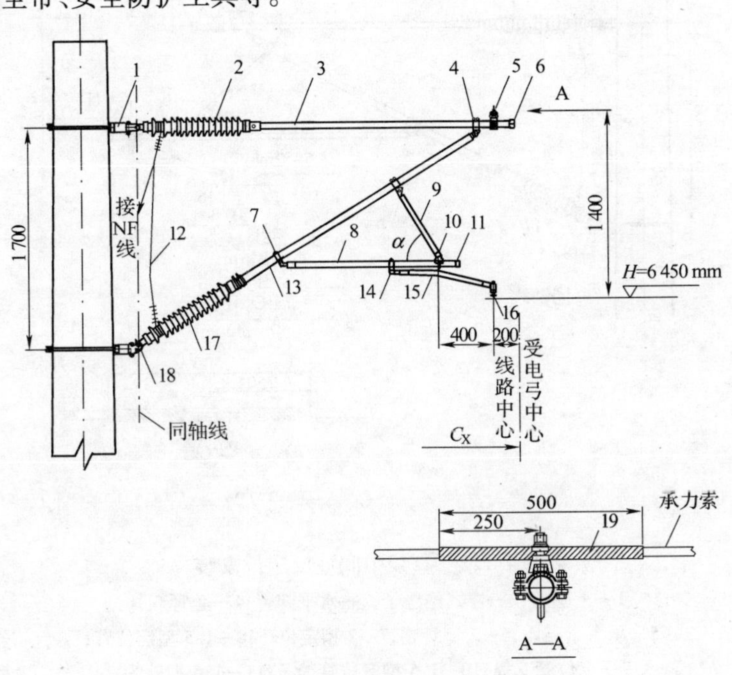

图 4.1.1　直线中间柱正定位安装

1—上底座;2—棒式绝缘子;3—水平腕臂;4—套管双耳;5—承力索支座;6—2 型管帽;7—2 型定位环;8—1 型定位管;9—定位管支撑;10—1 型定位管卡子;11—1 型管帽;12—接地跳线;13—腕臂;14—1 型定位环;15—定位器;16—定位线夹;17—棒式绝缘子;18—下底座

3. 材料：棕绳、小绳、镀锌铁线、毛笔、黑油漆等。

4. 资料：接触网平面布置图、支柱装配图。

二、作业方法、步骤

（一）腕臂柱的几种安装形式

1. 直线中间柱，

（1）直线中间柱正定位安装见图 4.1.1。

（2）直线中间柱反定位安装见图 4.1.2。

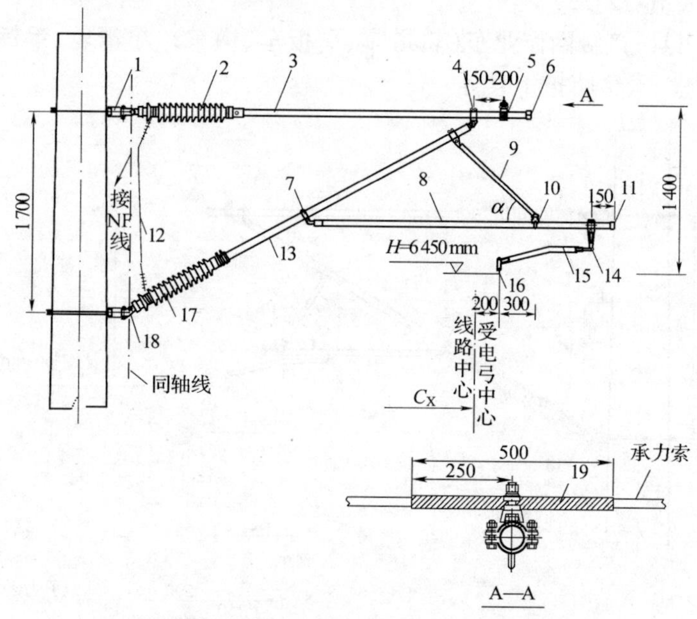

图 4.1.2 直线中间柱反定位安装

1—上底座；2—棒式绝缘子；3—水平腕臂；4—套管双耳；5—承力索支座；6—2 型管帽；7—2 型定位环；8—1.5 型定位管；9—定位管支撑；10—1.5 型定位管卡子；11—1.5 型管帽；12—接地跳线；13—斜腕臂；14—1.5 型长定位环；15—定位器；16—定位线夹；17—棒式绝缘子；18—下底座；19—预绞丝保护条

2. 直线非绝缘转换柱，见图 4.1.3。

3. 直线绝缘转换柱，见图 4.1.4。

4. 道岔柱，见图 4.1.5。

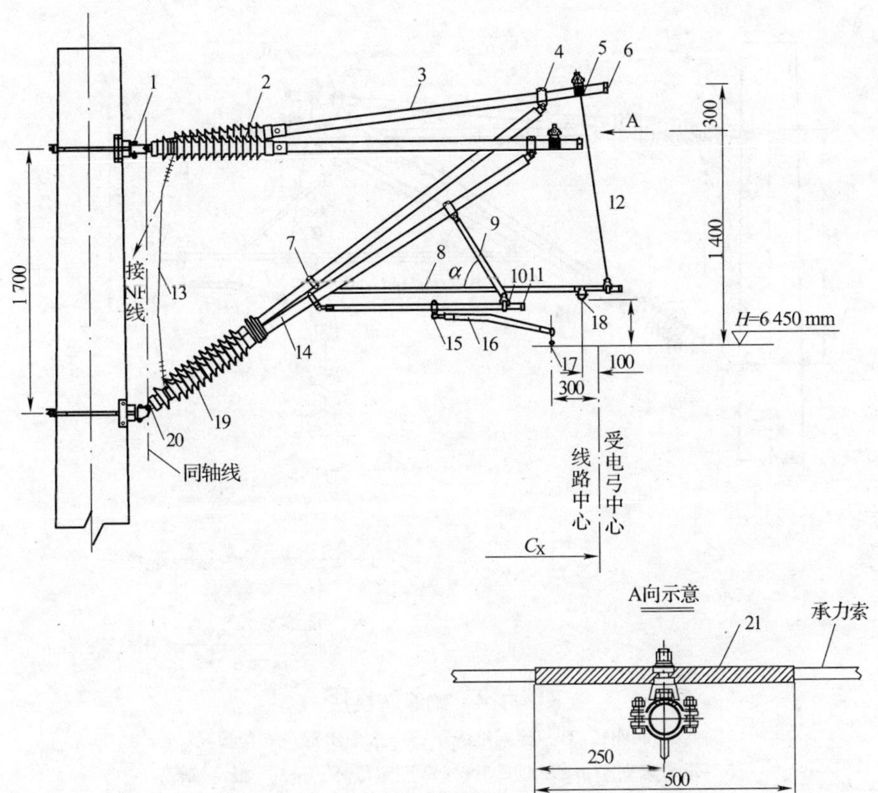

图 4.1.3　非绝缘转换柱

1—双上底座;2、19—棒式绝缘子;3—水平腕臂;4—套管双耳;
5—承力索支座、6—2 型管帽;7—2 型定位环;8—1.5 型定位管;
9—定位管支撑;10—1.5 型定位管卡子;11—1.5 型管帽;
12—拉线; 13—接地跳线;14—腕臂;15—1 型定位环;
16—定位器;17—定位线夹;18—锚支定位卡子;
20—双下底座;21—预绞丝保护条

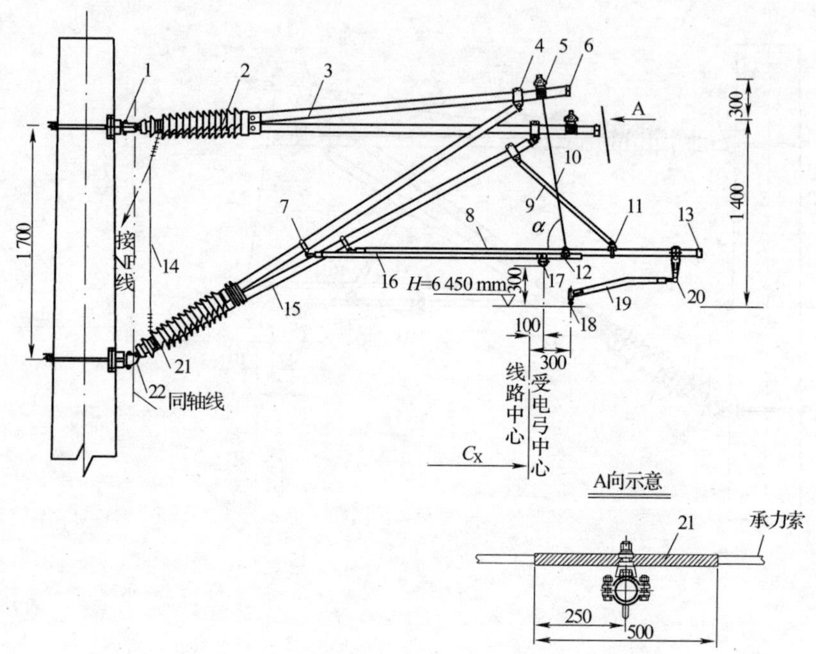

图 4.1.4 绝缘转换柱

1—双上底座;2、21—棒式绝缘子;3—水平腕臂;4—套管双耳;
5—承力索支座、6—2 型管帽;7—2 型定位环;8—1.5 型定位管;
9—定位管支撑;10—拉线;11.17—1.5 型定位管卡子;
12、18—1.5 型管帽;13—接地跳线;
14—锚支定位管卡子 1.5 型长定位环;15—腕臂定位器;
16—1.5 型定位管;19—定位线夹;20—组合定位装置;
22—双下底座;23—双耳楔形线夹;24—碗头挂板;
25—铁道悬式绝缘子;26—Z 型双耳楔形线夹;
27—整体吊弦;28—预绞丝保护条

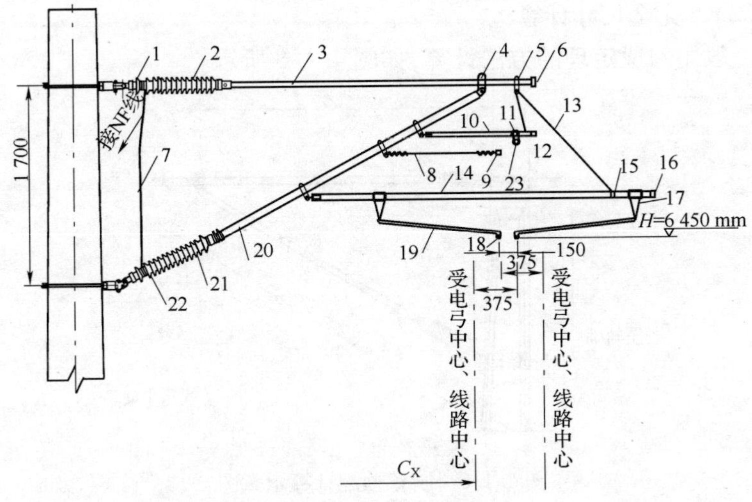

图 4.1.5 道岔柱

1—上底座;2—棒式绝缘子;3—水平腕臂;4—套管双耳;5—2 型定位环;6—ϕ60 腕臂管帽;7—接地跳线;8 和 13—不锈钢吊线;9—夹环;10—1 型定位管;11—1 型锚支卡子;12—1 型定位管卡子;14—2 型定位管;15—2 型定位管卡子;16—1.5 型管帽;17—长定位环;18—定位线夹;19—DC 定位器;20—单耳腕臂;21—棒式绝缘子;22—跳线卡固。

(二)腕臂预配

以水平腕臂结构为例:

腕臂预配是根据平面图和安装图的要求,将每套腕臂所用的零部件装配到一起。为了使腕臂安装后符合技术要求,减少高空调整工作量,预配前要进行现场测量和计算,以准确地确定承力索支座、套管双耳等零件在腕臂上的安装位置。

1. 腕臂预配计算

(1)数据测量

数据测量由现场实测而得,分杆号记录。

① 测量支柱侧面限界 C_x。

② 测量支柱内缘斜率 f。支柱内缘斜率为支柱内缘的倾斜度。

③ 支柱坑深。测量支柱坑深(即轨平面至支柱底部的距离)是为了确定腕臂下底座至轨面的距离 h,一般以支柱第一横腹孔与轨面比较,测量出差值后,通过计算确定。

(2)不完全尺寸计算

一般用勾股定理的方法计算,如图 4.1.6 所示。

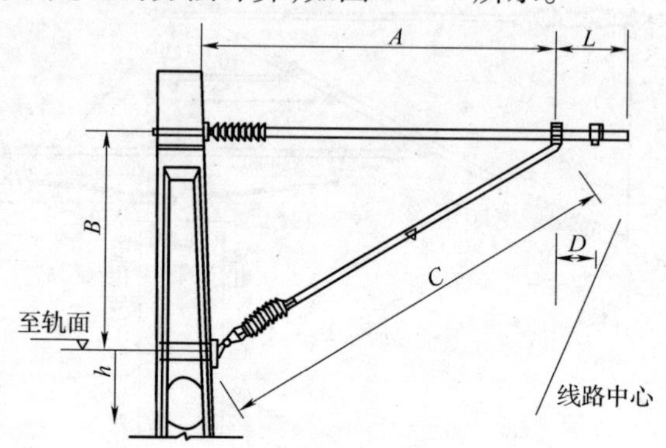

图 4.1.6 腕臂预配计算示意图

① 计算 A 值和 C 值

$$A = C_x - D + (h + B)f$$

$$C = \sqrt{(A - B \cdot f)^2 + B^2}$$

式中 h——腕臂下底座至轨平面的距离(m);

f——支柱内缘斜率;

C_x——支柱实测侧面限界(m);

A——三角腕臂结构的水平尺寸(m);

B——腕臂上、下底座的距离,由设计图给定;

C——套管双耳至腕臂下底座处支柱内缘的距离(m);

D——套管双耳与线路中心的水平距离,由设计图可以计算出(m)。

② 确定平、斜腕臂的长度,套管双耳及承力索支座的位置

平腕臂长度 $L_p = A + L$ - 腕臂上底座厚度 - 棒式绝缘子长度

斜腕臂长度 $L_x = C$ - 腕臂下底座厚度 - 棒式绝缘子长度

式中 L——套管双耳与平腕臂端头的距离,由设计图给定(m)。

套管双耳位置:距平腕臂端头 L

承力索支座位置:距平腕臂端头距离由设计给定。

(3)根据度 L_p 值和度 L_x 值列出腕臂预配表。如表 4.1.1 所示。

表 4.1.1 腕臂预配表

支柱号	实际限界(m)	安装图号	平腕臂长度 L_p(m)	斜腕臂长度 L_x(m)	套管双耳位置 L(m)	承力索座位置(距平腕臂端头)
1#	3.12	101-01	2.823	2.635	0.4	0.3
2#	3.15	101-02	2.855	2.656	0.4	0.3
3#	3.10	101-03	2.804	2.604	0.4	0.3
4#	3.16	101-04	2.862	2.673	0.4	0.3

2. 腕臂预配

(1)材料准备

根据腕臂预配表中所列零件的型号和数量,查看安装图,提出领料计划,把材料转运到预配场地,做好预配的准备工作。

(2)预配

按照预配表所列数据,对平、斜腕臂进行切割加工;然后根据安装图装配形式,将每套腕臂所用零件组装起来。如杵环杆腕臂的组装方法为:

① 将平棒式绝缘子、平腕臂、套管双耳、承力索支座、管帽依次组装在一起;

② 将斜棒式绝缘子、斜腕臂、2 寸定位环组装起来

③ 在腕臂上用漆标明区间和支柱号码,如果是双腕臂则需标明工作支和非工作支及安装在哪一侧。

(三)腕臂安装

腕臂安装有人工安装和作业车安装两种方法。人工安装不受封闭时间限制,但运输和安装劳动强度大,作业车安装劳动强度小、安全,但受封闭时间限制。

1. 人工安装

(1)2 人分别由支柱两侧上杆,杆下人员辅助,测量定位腕臂上下底座的安装位置并做好标记。

(2)杆上 2 人用绳将腕臂上、下底座吊至杆上,相互配合将底座安装到位,然后将底座双耳处的销钉取下备用;在腕臂上底座处挂一个单滑轮、滑轮上带有 ϕ16 mm 白棕绳 1 条。

(3)地面辅助人员将斜腕臂与套管双耳连接好,用白棕绳以管子扣

(如图 4.1.7)将平腕臂系好,同时用 3.0 铁线将平、斜腕臂绑扎在一起。系管子扣时应注意使白棕绳死扣与活扣之间距离要稍微大一些,这样在起吊时,不致使腕臂翻个、失衡或摇摆,而始终使棒式绝缘子侧在下方。另取一根 ϕ10 mm 的白棕绳系好棒式绝缘子(做晃绳用)。

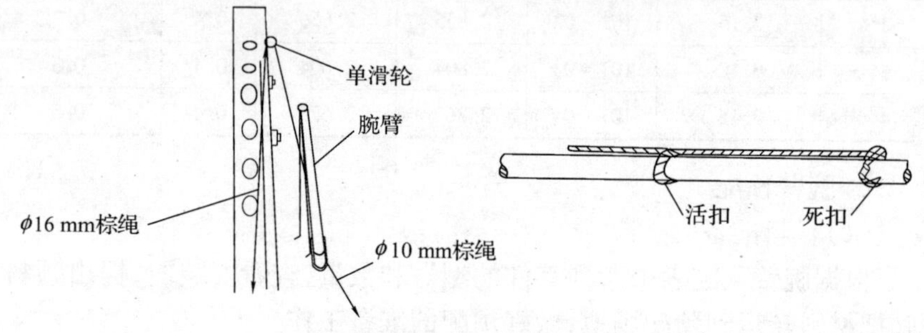

图 4.1.7 腕臂安装示意图

(4)将腕臂徐徐吊起,同时晃绳要有人拉住,防止碰坏棒式绝缘子。

(5)杆上位于上底座处的人员负责接住腕臂,旋转调整腕臂,协助安装。位于下底座处的人员负责将棒式绝缘子端部装在腕臂底座的旋转双耳上,插入销钉,解开绑扎平斜腕臂的铁线;此时拉绳人员继续拉绳,将平腕臂绝缘子提至上底座附近,杆上 2 人相互配合将绝缘子端部装入上底座的旋转双耳内,插入销钉即可。

2. 机械安装

(1)将腕臂安装配件依安装顺序吊装到接触网作业车作业台上。

(2)升作业台并旋转到腕臂下底座处,安装腕臂下底座及斜腕臂。

(3)2 人向上举着斜腕臂,升作业台到腕臂上底座处,安装腕臂上底座及平腕臂后,将斜腕臂与套管双耳连接。

三、质量标准

1. 绝缘子瓷釉表面光滑无裂纹、缺釉斑点、起泡等缺陷,瓷釉剥落总面积不大于 300 mm^2。

2. 棒式绝缘子弯曲不得超过 1%。

3. 腕臂必须插到棒式绝缘子铁帽的底部,螺栓紧固到位。

4. 定位环上的缺口(扁口)须朝受力的反方向安装。

5. 套管双耳的双耳和棒式绝缘子的耳环应在同一垂直面内。

6. 所有连接件应紧牢固,螺母、垫片齐全。

7. 开口销掰开角度不小于60°开口处不得有裂纹、折断现象。

8. 零件的活动部分应保证转动灵活。

四、安全注意事项

1. 安装作业人员应相互协调配合,起吊绝缘子串、腕臂时应平稳,并通过晃绳防止与支柱相碰。

2. 杆上2人应分两侧作业,传递料具应用绳子,严禁抛掷。

3. 所有参加作业人员必须配戴安全帽,高空作业扎好安全带。

4. 接触网作业车升降台升降时,严禁人员上下。

5. 按规定设置防护,保证行车及人身安全。

第二节 既有腕臂支持装置更换

一、准备工作

1. 人员:12人。

2. 工具:接触网作业车(轨道车、平板车、梯车)、棕绳、吊绳、杉木杆、单滑轮、手锤、测杆、线坠、卷尺、更换棒式绝缘子专用工具、钢丝套、安全带、安全防护工具等。

3. 材料:悬式绝缘子、棒式绝缘子、腕臂、拉杆、压管、套管铰环、镀锌铁线、销钉、开口销、弹簧销等。

4. 资料:接触网平面布置图、装配图。

二、作业方法、步骤

以水平拉杆、斜腕臂为例

(一)整体更腕臂支持装置

方法一:用梯车进行更换

1. 一人上梯车,将安全带挂在承力索上;另一人带吊绳上支柱至水平拉杆底座处;梯车上人员拆卸钩钉螺栓;支柱上人员用吊绳将第一根棕绳和单滑轮吊上后,在水平拉杆处挂单滑轮,棕绳的一端穿过滑轮后传给梯车上人员将承力索拉住,棕绳的另一头由地面辅助人员绑在支柱底部;支柱上人员用吊绳将第二根棕绳和单滑轮吊上,将单滑轮挂在水平拉杆处,棕绳穿过滑轮后两端传至地面备用。

如果在曲线处,水平拉杆处为压管,则第一根棕绳一头绑住承力索后由地面辅助人员向曲外拉。

2. 梯车上人员与辅助人员配合,对定位器卸载。

3. 地面辅助人员拉第一根棕绳、用杉木杆顶承力索,与梯车上人员相配合,将承力索顶出钩头鞍子。承力索出钩头鞍子后,一人上支柱至腕臂底座处。

4. 支柱上水平拉杆处人员与地面拉第一根绳人员相配合,将水平拉杆与悬式绝缘子串的连接取开。将腕臂管拉到距支柱合适的位置,用第二根棕绳将水平拉杆和棒式绝缘子及腕臂绑住。

5. 支柱上二人与地面拉第二根绳辅助人员相配合,卸掉棒式绝缘子与腕臂底座的连接销钉,然后将水平拉杆和绝缘子及腕臂徐徐吊放到地面,再将悬式绝缘子串吊下。

6. 吊装上新的悬式绝缘子串,将组装好的新支持装置用管子扣的形式系牢后徐徐吊起;支柱上人员与地面辅助拉绳人员相配合,将新棒式绝缘子装入腕臂底座内并插好销钉。然后,地面人员徐徐松动绑腕臂的绳子,梯车上人员配合支柱上水平拉杆处的人员将水平拉杆与悬式绝缘子串连接并安装好弹簧销。

水平拉杆处如果为压管,则梯车上人员将套管铰环连接压管和腕臂的销钉取掉,分别吊下压管和腕臂,安装时先安装腕臂,再安装压管。

7. 支柱上人员将腕臂管转到线路侧。

8. 梯车上人员与地面辅助人员相配合,将承力索装入钩头鞍子内。安装钩钉螺栓。

9. 安装定位器。

10. 调整接触线高度、拉出值。检查各部件受力状态。

方法二:用作业车进行更换

1. 将作业车平台旋转至支柱腕臂底座处。

2. 一人由平台上支柱至水平拉杆处挂钢丝套及单滑轮,将棕绳穿过滑轮后传到平台,将棕绳的一端系住承力索,另一端由人员拉住。(该项在曲线时用)

3. 将定位器卸;拆卸钩钉螺栓;平台上人员在平台上立起杉木杆,将承力索顶出钩头鞍子。

4. 拆卸旧的并安装新的腕臂支持装置。

5. 将承力索装入钩头鞍子内,安装钩钉螺栓。

6. 安装定位器。

7. 调整接触线高度、拉出值。检查各部件受力状态。

(二)更换腕臂

方法与本节(一)整体更腕臂支持装置相同。

(三) 更换腕臂棒式绝缘子

方法一:用梯车进行更换

1. 一人带吊绳上支柱至水平拉杆底座处,用吊绳将棕绳和单滑轮吊上,将单滑轮挂在水平拉杆底座处,棕绳的一端穿过滑轮后下至棒式绝缘子处,将棒式绝缘子绑住,地面辅助人员拉住棕绳的另一端,然后松开钢帽压板 U 形螺栓。

2. 梯车人员将导线定位卸载。

3. 地面辅助人员用杉木杆顶承力索,将腕臂从棒式绝缘子钢帽中抽出,杆上人员扶住腕臂,防止腕臂摆动,必要时用绳拉住。

4. 另一人上至腕臂底座处,将棒式绝缘子与腕臂底座的连接销钉拆卸。

5. 地面辅助人员拉棕绳将旧棒式绝缘子吊下,换上新棒式绝缘子吊上。

6. 支柱上人员将新棒式绝缘子装入腕臂底座内并插好销钉,托住棒式绝缘子,地面用杉木杆顶承力索的人员回撤杉木杆,配合将腕臂装入棒式绝缘子钢帽内。

7. 支柱上人员紧固棒式绝缘子钢帽 U 形螺栓。

8. 梯车人员安装定位器。

9. 检查各部件受力状态。

方法二:用作业车进行更换

1. 将作业车平台旋转至支柱腕臂底座处下方。

2. 平台人员松动棒式绝缘子的钢帽压板 U 形螺栓,拔出销钉开口销。

3. 在平台上立起杉木杆,在钩头鞍子处顶住承力索,将腕臂从棒式绝缘子钢帽内抽出。同时派人扶住腕臂,防止腕臂摆动,必要时可将导线定位卸载。

4. 卸下旧棒式绝缘子,换上新的棒式绝缘子,将腕臂插入棒式绝缘子钢帽内,紧固棒式绝缘子的钢帽压板U形螺栓。

5. 安装定位器。

6. 调整接触线高度、拉出值。确认各部件受力状态良好。

方法三:用专用工具进行更换

1. 将钢丝套子挂在水平拉杆处,用单滑轮吊上专用工具。

2. 安装专用工具,并将专用工具的一端头固定于腕臂管上,见图4.2.1所示。

3. 松开钢帽压板U形螺栓。

4. 用绳子系住棒式绝缘子。摇动专用工具手柄,使旧绝缘子卸载,并将腕臂从旧绝缘子钢帽内抽出。

5. 拆卸腕臂底座上的连接销钉螺栓,将旧绝缘子卸下。吊上新绝缘子并进行安装。

6. 新绝缘子安装完毕后,使其钢帽口与腕臂管相对。徐徐松开专用工具使腕臂管进入绝缘子钢帽内。

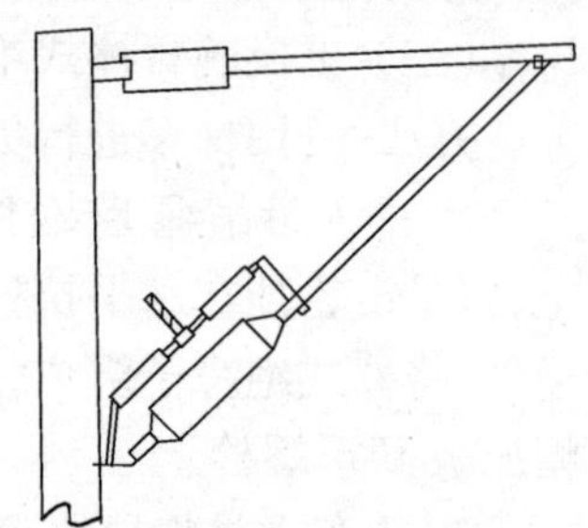

图4.2.1 专用工具更换棒式绝缘子示意图

7. 安装钢帽压板,拆卸专用工具及钢丝套子。

8. 用中性凡士林封闭钢帽压板及螺栓。

(四)更换悬式绝缘子串

方法一:用梯车进行更换

1. 在支柱水平拉杆底座处挂单滑轮,穿过棕绳后一端拉住承力索,一端由地面辅助人员拉紧,使悬式绝缘子串、水平拉杆、调节板松弛卸载。

2. 一人上网与支柱上人员配合将悬式绝缘子串卸下,用吊绳将其系住后通过单滑轮徐徐放至地面,吊上新的悬式绝缘子串,网上人员与支柱上人员配合将悬式绝缘子串、水平拉杆、调节板安装。

3. 慢慢松开棕绳,使部件受力,确认各部件受力状态良好。

方法二:用作业车进行更换

1. 将作业车平台合适位置。

2. 平台人员将腕臂向支柱侧抬推,使悬式绝缘子串、水平拉杆、调节板松弛卸载。

3. 人员上杆更换悬式绝缘子串。

4. 将悬式绝缘子串、水平拉杆、调节板安装。

(五)更换水平拉杆、调整套管铰环位置

方法一:用梯车进行更换、调整

1. 一人上梯车,将安全带挂在承力索上;另一人带吊绳上支柱至水平拉杆底座处;梯车上人员拆卸钩钉螺栓;支柱上人员用吊绳将第一根棕绳和单滑轮吊上后,在水平拉杆处挂单滑轮,棕绳的一端穿过滑轮后传给梯车上人员将承力索拉住,棕绳的另一头由地面辅助人员绑在支柱底部;支柱上人员用吊绳将第二根棕绳和单滑轮吊上,将单滑轮挂在水平拉杆处,棕绳穿过滑轮后一端绑住腕臂一端传至地面拉住。

2. 梯车上人员与辅助人员配合,对定位器卸载。

3. 地面辅助人员拉第一根棕绳、用杉木杆顶承力索,与梯车上人员相配合,将承力索顶出钩头鞍子。

4. 取掉调节板销钉,将腕臂担在承力索上,调整套管铰环;支柱上人员同时更换水平拉杆。

5. 支柱上人员将腕臂管转到线路侧。

6. 梯车上人员与地面辅助人员相配合,将承力索装入钩头鞍子内。安装钩钉螺栓。

7. 安装定位器。

8. 调整接触线高度、拉出值。检查各部件受力状态。

方法二:用作业车进行更换、调整

1. 一人上支柱至水平拉杆处挂钢丝套及单滑轮,将棕绳穿过滑轮后传到平台,将棕绳的一端系住承力索,另一端由人员拉住。(该项在曲线时用)。

2. 将定位器卸载;拆卸钩钉螺栓;平台上人员在平台上立起杉木杆,将承力索顶出钩头鞍子。

3. 取掉调节板销钉,将腕臂担在承力索上,调整套管铰环;支柱上人员同时更换水平拉杆。

4. 将承力索装入钩头鞍子内,安装钩钉螺栓。

5. 安装定位器。

6. 调整接触线高度、拉出值。检查各部件受力状态。

(六) 更换压管、调整套管铰环位置

1. 人员上网，将棕绳一头绑住承力索后由地面辅助人员向曲外拉。

2. 将定位器卸载；拆卸钩钉螺栓；立起杉木杆，将承力索顶出钩头鞍子。其余方法与本节（五）更换水平拉杆、调整套管绞环位置相同。

（七）更换压管棒式绝缘子

方法一：用梯车进行

1. 人员上支柱顶部，扎好安全带后挂滑轮，将一条绳子的一端由滑轮穿至地面，另一端绑好棒式绝缘子。另用一条绳子绑压管，防止拆卸后压管坠落，也可由1名支柱上操作人员直接用手托住。

2. 地面辅助人员将杉木杆立起，从曲线内侧向外侧顶起承力索。在该悬挂点处绑一条绳子拉向曲线外侧以消除压管的水平作用力，同时保持杉木杆的稳定。

3. 操作人员卸下钢帽压板，地面人员向曲线外侧拉绳，相互配合，将压管由棒式绝缘子中抽出。注意不使压管落下。取下旧绝缘子并吊放至地面。

4. 吊上新绝缘子。一人托起绝缘子，另一人托压管使其对住瓷瓶套筒口，地面人员慢慢放绳，相互配合，使压管落入瓷瓶套筒内。安装好钢帽压管并检查压管压力情况。

方法二：用作业车进行更换

1. 将作业车平台旋转至支柱侧面合适位置。

2. 人员上网，将棕绳一头绑住承力索后由地面辅助人员向曲外拉。

3. 松开钢帽压板U形螺栓及顶丝。

4. 平台人员及拉绳人员合力将压管由棒式绝缘子中抽出。

5. 更换、安装，相互配合，使压管落入瓷瓶套筒内。安装好钢帽压管并检查压管压力情况。

三、质量标准

1. 腕臂底座、拉杆底座、压管底座、简单悬挂下底座及定位肩架应与支柱密贴、平整，底座角钢（槽钢）应水平安装。

2. 半补偿链形悬挂腕臂要垂直于线路中心线，其顺线路方向的偏移不得超过100 mm。全补偿链形悬挂及简单悬挂腕臂在无温度偏移时应垂直于线路，温度变化时腕臂顶部的偏移要和该处承力索伸缩值相对应，在极限温度时其偏移值不应超过腕臂水平投影长度的1/3。

3. 双线路腕臂应保持水平状态，其允许仰高不超过 100 mm。定位立柱应保持铅垂状态，无永久弯曲变形。

4. 拉杆(压管)、腕臂的安装位置应满足承力索悬挂点距轨面的距离(即导线高度加结构高度)，允许误差 ±20 mm；悬挂点距线路中心线的水平距离符合规定。

5. 腕臂的各部件均应组装正确，腕臂上的各部件(不包括定位装置)应与腕臂在同一垂直面内，铰接处要转动灵活。腕臂不得弯曲且无永久性变形，顶部非受力部分长度为 100 ~ 200 mm，顶端管口封堵良好。

6. 腕臂应用耐腐蚀材料做成，使之在规定的寿命期内，不需除锈涂漆等防腐处理也能保证安全运行。

四、安全注意事项

1. 停电作业必须严格按程序要求进行，不得简化。特别要把好申请作业命令、验电接地、开工、行车防护、消除作业命令等关键环节。

2. V 形“天窗”作业时，作业人员及所持材料、工具与邻线带电部分保持足够的安全距离，注意邻线来车。防止感应电伤人。

3. 防止杉木杆倒向有电线路。

4. 高空作业防止高空掉物伤人。

5. 作业车移动，作业平台升、降及转动时，严禁人员上、下平台。

6. 严格执行呼唤应答制度。

第三节 锚柱装配

一、准备工作

1. 人员：3 ~ 5 人。

2. 工具：单滑轮、大锤、手锤、皮尺、300 mm 活扳手、断线钳、鬼爪紧线器、扭矩扳手、安全带等。

3. 材料：镀锌铁线、毛笔、棕绳、黑油漆等。

4. 资料：接触网平面布置图、支柱安装图。

二、作业方法、步骤

(一) 锚柱的几种安装形式

1. 钢筋混凝土柱无补偿下锚，见图4.3.1。

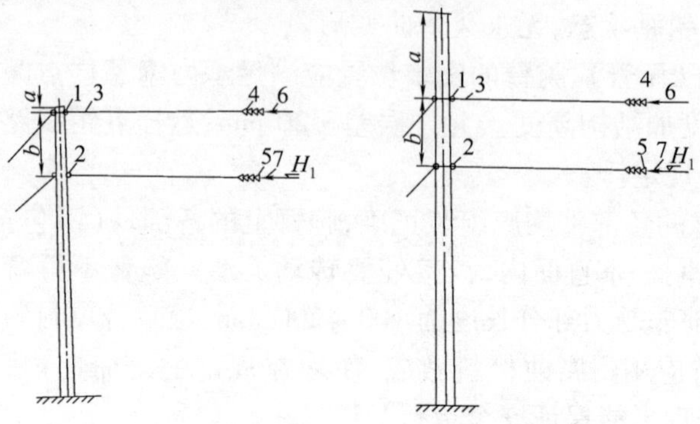

图4.3.1　钢筋混凝土柱无补偿下锚示意图

1、2—承锚角钢；3—杵环杆；4、5—悬式绝缘子；

6—杵座楔形线夹；7—终端锚固线夹

2. 钢筋混凝土柱滑轮式全补偿下锚，见图4.3.2、图4.3.3。

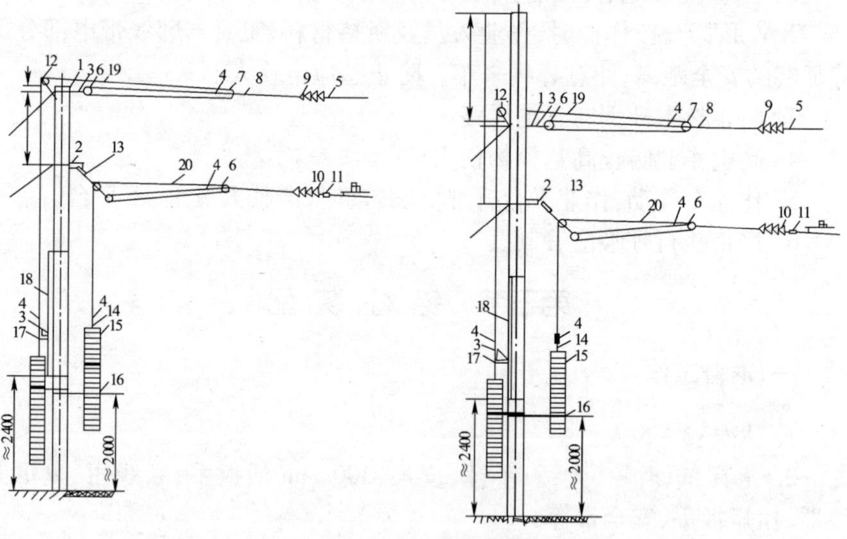

图4.3.2　钢筋混凝土柱滑轮式全补偿两侧下锚示意图

1—承锚角钢；2—线锚角钢；3—连接板；4—双耳楔形线夹；5—杵座楔形线夹；6—补偿滑轮；

7—D型补偿滑轮；8—杵环杆；9、10—悬式绝缘子；11—终端锚固线夹；

12—定滑轮装置；13—双环杆；14—坠砣杆；15—坠砣；16—限界架；

17—补偿制动角块；18—补偿制动框架；19—承力索补偿绳；20—接触线补偿绳

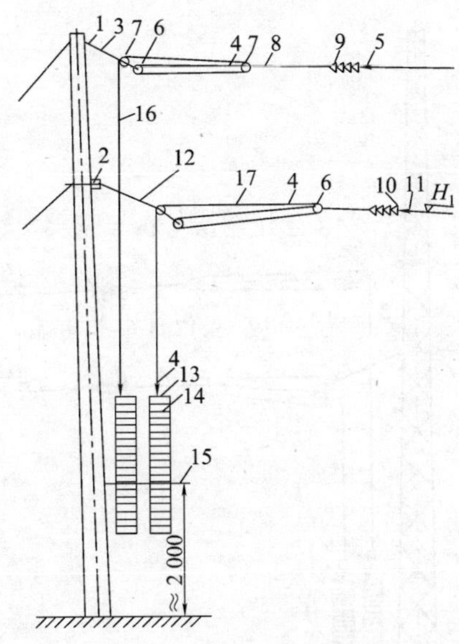

图 4. 3. 3　钢筋混凝土柱滑轮式全补偿单侧下锚示意图

1—承锚角钢；2—线锚角钢；3、12—双环杆；4—双耳楔形线夹；5—杵座楔形线夹；6—补偿滑轮；7—D 型补偿滑轮；8—杵环杆；9、10—悬式绝缘子；11—终端锚固线夹；13—坠砣杆；14—坠砣；15—限界架；16—承力索补偿绳；17—接触线补偿绳

3. 钢柱滑轮式全补偿下锚，见图 4. 3. 4。

4. 钢柱双棘轮全补偿下锚，见图 4. 3. 5。

5. 液压补偿器补偿下锚，见图 4. 3. 6、图 4. 3. 7。

（二）拉线安装

1. 安装拉线固定角钢

（1）钢筋混凝土支柱下锚固定角钢的安装：2 人上杆，并携带 1 条棕绳，上杆后分别站在支柱的下锚侧和拉线侧，用棕绳将拉线固定角钢吊上去，1 人将夹环角钢（或线锚角钢本体）扶稳，并通过预留孔穿上螺栓，螺栓应由夹环角钢或线锚角钢本体穿向单环角钢侧。对于外包式线锚角钢

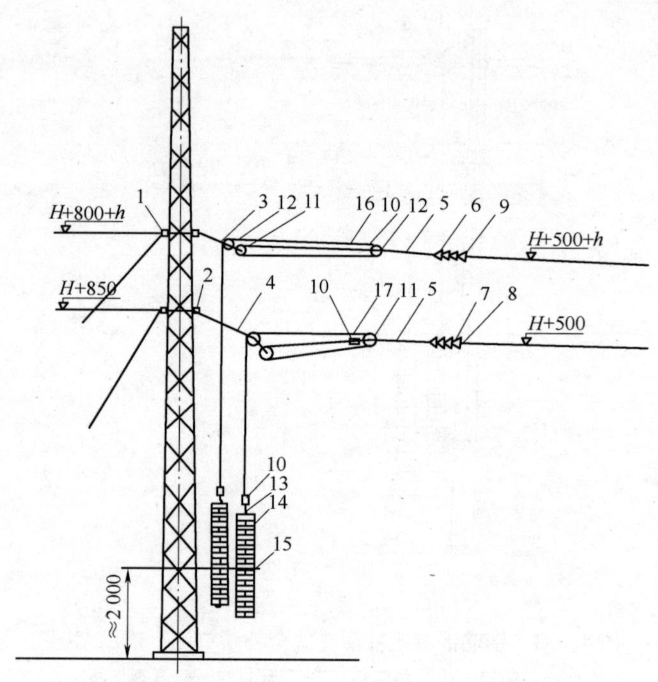

图 4.3.4 钢柱滑轮式全补偿下锚示意图

1、2—金属柱下锚固定角钢;3—连接板;4—双环杆;5—杵环杆;
6、7—悬式绝缘子;8—终端锚固线夹;9—杵座楔形线夹;
10—双耳楔形线夹;11—补偿滑轮;12—D 型补偿滑轮;13—坠砣杆;
14—坠砣;15—限界架;16—承力索补偿绳;17—接触线补偿绳

安装完毕后,需将线锚角钢本体,单环角钢顶紧螺栓拧紧,顶住紧固两角钢的螺栓,防止线锚角钢向下滑移。

(2)钢柱下锚固定角钢的安装:1 人或 2 人上杆,并携带 1 条棕绳和一盒皮尺,上杆后先确定安装高度,然后用棕绳将下锚固定角钢吊上去,安装在确定好的位置上。

2. 安装拉线

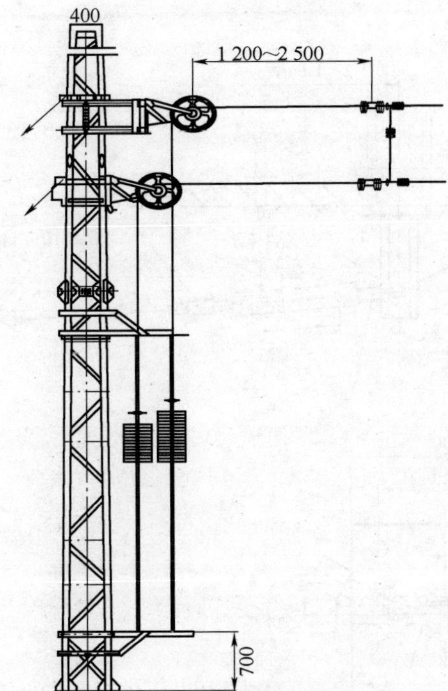

图 4.3.5 钢柱双棘轮全补偿下锚

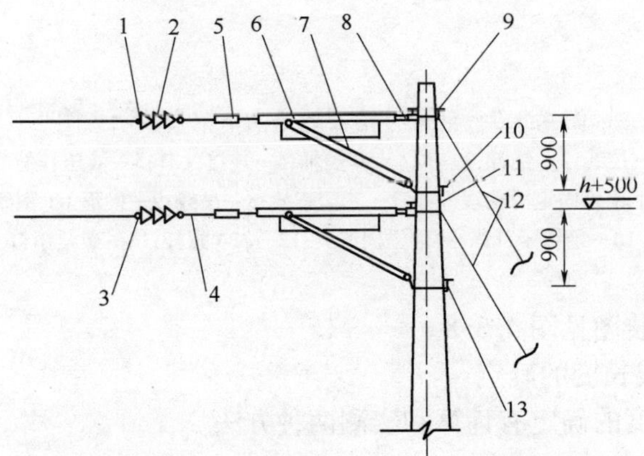

图 4.3.6 液压补偿器钢筋混凝土柱下锚安装示意图

1—承力索终端锚固线夹;2—绝缘子;3—接触线终端锚固线夹;4—钢绞线
5—楔形 UT 型线夹;6—液压补偿器;7—支撑杆;8—连接关节;
9—承锚角钢;10—承补支撑杆架;11—线锚角钢;12—拉线;13—线补支撑杆架

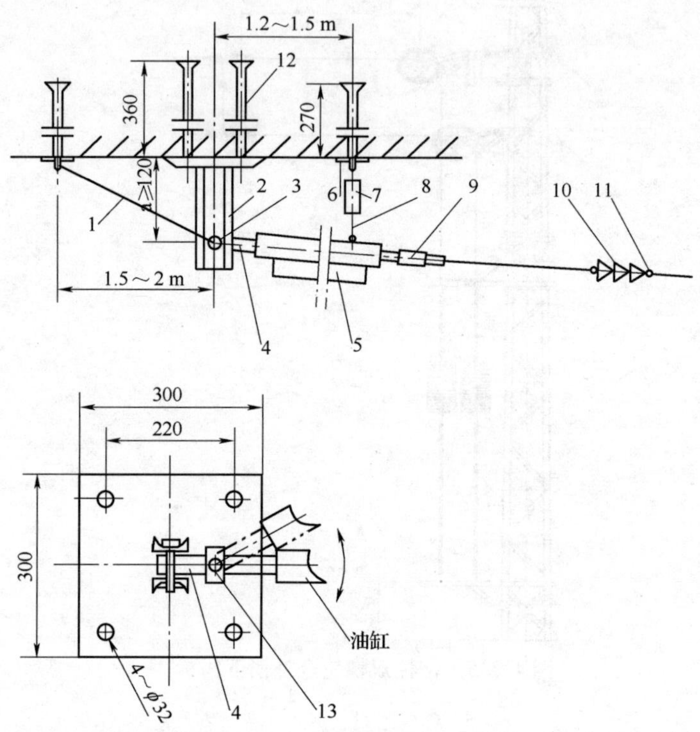

图 4.3.7 液压补偿器隧道内下锚安装示意图

1—拉线；2—锚臂；3—φ22×50 销轴；4—连接关节；5—液压补偿器；6—下锚处固定滑轮埋入杆；7—花篮螺栓；8—吊线；9—楔形 UT 型线夹；10—绝缘子；11—终端锚固线夹；12—φ24 螺杆；13—螺栓销钉

拉线安装图见图 4.3.8。

(1)拉线长度的确定

拉线长度的确定有计算和实测两种方法。

① 计算法

拉线长度可由下式计算：

$$L = H / \sin 45°$$

$$L_{钢绞线} = L + 2 \times 0.5 - 0.43 - 0.3(或0.7) - 0.7$$

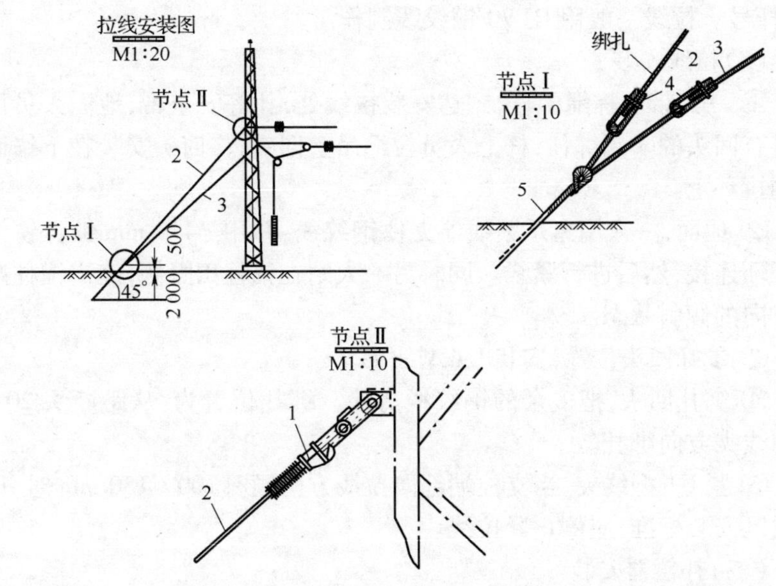

图 4.3.8 拉线安装图

1—楔形拉线线夹;2、3—镀锌钢绞线;4—可调式 UT 型线夹;5—锚板拉杆

式中 L——拉线出土点至支柱安装位置的距离(m);

H——地面到下锚角钢的安装高度(m);

45°——拉线与地面的夹角;

$L_{钢绞线}$——钢绞线长度(m);

2 × 0.5——两个回头长度(m);

0.3(或 0.7)——锚杆上拉杆或下拉杆长度(m);

0.7——锚杆外露长度(m)。

② 实测法

实测法即在拉线安装位置进行实际测量。两人分别上杆和在锚杆位置,用皮尺测量下锚角钢处至锚板拉杆环的距离,然后加回头、减去 UT 型线夹长度确定拉线钢绞线长度。

(2)拉线预制

按拉线长度截取钢绞线,并做拉线上端回头。用油漆作标记,写明区间、杆号。拉线一般用 GJ-70 钢绞线制作。

(3)拉线安装

① 一人带上棕绳上杆,到达安装拉线处,扎好安全带,地面人员用棕绳将有回头的一端绑住,杆上人员拉绳吊上回头,将回头安装在下锚固定角钢拉环上。

② 地面,一人用鬼爪紧线器夹住钢绞线,并用 ϕ4.0 mm 镀锌铁线与拉杆环连接,然后进行紧线。同时另一人站在锚柱田野侧,确定锚柱顺线路方向的倾斜状态。

③ 量好回头位置,安装 UT 型线夹。

④ 绑扎回头,把多余的钢绞线剪除。绑扎位置为:从距断头 20 mm 处向线夹方向绑扎。

⑤ 紧 UT 型线夹,当支柱端部向拉线方向倾斜 100 ~ 150 mm 时,证明拉线已安装标准,应停止紧拉线。

(三)补偿器安装

1. 补偿器预配

根据平面布置图和安装设计图,选配好下锚装配所需的零件,在地面预制补偿绳。

(1)滑轮式补偿装置

补偿绳采用 19 股的 GJ-50 镀锌钢绞线或不锈钢钢丝绳,按顺序穿好补偿滑轮组,滑轮组传动比为 1∶2的补偿绳长约 10 m,传动比为 1∶3的补偿绳长约 15 m。滑轮组穿好后,用铁线将补偿绳固定在滑轮上,防止补偿绳从滑轮中脱槽。

(2)双棘轮式补偿装置

补偿绳采用不锈钢钢丝绳,传动比为 1∶3。大轮不锈钢丝绳沿逆时针方向缠绕 3 ~4 圈,小轮不锈钢丝绳沿顺时针方向缠绕 3 ~4 圈,注意缠绕时各圈之间不得叠压,然后将绳头楔紧。

液压式补偿装置

根据安装设计图,选配好下锚装配所需的零件,在地面进行预装。

2. 补偿器安装

(1)滑轮式补偿器安装

① 安装承力索下锚补偿装置

对于 H60-250 支柱,1 人上杆,在拉杆底座处挂一单滑轮,用白棕绳将定滑轮装置徐徐吊上去,安在柱顶,定滑轮轮子顶沿要高出支柱 100 mm,为避免补偿绳与锚柱拉线磨碰,安装时应调整叉子装置及上底座。用白棕绳将预配好的补偿滑轮组吊上,按照正确方向将补偿滑轮组与承锚角钢相连,然后把补偿绳的一头放入定滑轮装置中的滑轮槽内,并拉下来穿上坠砣杆,回头不做死,固定在支柱上。对于 H170-250 支柱,2 人上杆,在安装定滑轮装置位置的上方 0.5 m 处挂上单滑轮,用白棕绳将定滑轮装置徐徐吊上,安装在合适位置上,以补偿绳穿过支柱孔时不磨孔壁为原则。如因下锚偏角大,无法避免与孔壁相磨时,需另加一转角轮。其余方法与 H60-250 支柱相同。

② 安装接触线下锚补偿装置

安装完承力索下锚补偿装置后,用白棕绳将预制好的接触线下锚补偿装置吊上去,按照正确方向将补偿滑轮组与线锚角钢相连,然后把补偿绳的一头穿上坠砣杆,回头不做死,用铁线固定在支柱上。

③ 限界架的安装

为防止风吹及其他原因使坠砣摆动而侵入限界,按要求高度安装坠砣限制架。

(2)双棘轮式补偿器安装

① 分别将棘轮承锚底座框架及棘轮线锚底座框架预装在支柱安装代号指定的高度。

② 将棘轮本体上的框架挂在棘轮连接架的挂钩上,同时通过螺栓将棘轮本体安装在棘轮承锚底座框架或棘轮线锚底座框架上,拧紧长螺栓下部螺母,并穿上开口销。

③ 棘轮水平不锈钢丝绳通过平衡轮与杵头杆、绝缘子、接地跳线固定板、单联碗头挂板、终端锚固线夹、承力索或接触线相连。

④ 按要求高度安装坠砣限制架。

⑤ 棘轮垂直不锈钢丝绳通过双耳楔型线夹相连,调整双耳楔型线夹使坠砣杆达到坠砣安装曲线的位置,同时双耳楔型线夹的楔子,在靠近外壳端头部将线头夹子压扁,将多余的不锈钢丝绳盘圈后用铁丝绑上,以不影响坠砣移动为准。

⑥ 按安装代号要求的高度，对棘轮承锚底座框架、棘轮线锚底座框架进行调整，并紧固各螺栓，保证棘轮连接架转动灵活，保证棘轮中心平面与连接架在同一铅垂面内。

⑦ 安装坠砣及坠砣抱箍。

⑧ 调整棘轮连接架上的卡板，使其与棘轮本体齿尖切线距离为 8 ~ 10 mm。

⑨ 在水平上调整棘轮固定支架的位置，使承力索棘轮与接触线棘轮的水平距离为 100 ~ 120 mm。

⑩ 调整抱箍、导管、调节板，使导管处于垂直状态，并在抱箍耳环中心位置，保证坠砣串及抱箍在导管上的移动自如、灵活。在张力状态下，对所有连接螺栓再次紧固，保证达到紧固力矩要求。

(3) 液压式补偿装置

液压式补偿装置的安装应在线、索已经展放完毕并带有一定张力的情况下进行。

① 首先用紧线器、手扳葫芦将线索拉紧（略大于额定张力）并留有松弛的线、索头 1.2 ~ 1.5 m。

② 将油缸尾端用销钉与锚臂或线（承）锚角钢连接。

③ 测量安装时的实际环境温度，对照安装曲线查出活塞杆应伸出的距离并将活塞拉出至该长度（以安装曲线上的 L 值为准）。考虑到线、索的弹性伸长，活塞杆实际拉出的长度应略大于 L 值。

④ 用配好的接头与活塞伸出端连接好并打开截止阀，使油缸带有压力，将线、索拉紧。

⑤ 检查各部分状态正常后，松开手扳葫芦，安装完成。

三、质量标准

(一) 拉线

1. 拉线固定角钢应与支柱密贴，拉线应绷紧，不得松弛。

2. 拉线安装完毕后，锚柱端部应向拉线侧倾斜 50 ~ 100 mm。

3. UT 型线夹螺栓外露不得小于 20 mm，不得大于螺栓可调部分全长的 1/2。

4. 钢绞线回头长度为 500 mm，误差为 ±50 mm；回头绑扎 100 mm，误差为±10 mm。

5. 拉线不得有断股、松散、接头和锈蚀。

(二)补偿器

1. 滑轮式补偿器

(1)滑轮式补偿器补偿滑轮状态必须符合设计并应完整无损,滑轮油槽内应灌注黄油,使滑轮转动灵活。

(2)补偿绳不得有松股、断股等缺陷,不得有接头。

(3)承力索和接触线在补偿器处的额定张力应符合设计规定,补偿器重量的偏差为额定重量的±2%(坠砣串重量包括坠砣杆、坠砣抱箍及连接的楔形线夹重量)。

(4)各部螺栓紧固力矩分别为:

M12 螺母的紧固力矩为44 N·m

M16 螺母的紧固力矩为70 N·m

M20 螺母的紧固力矩为130 N·m

2. 液压式补偿器

(1)补偿器不得有明显的漏油现象(油缸过滤嘴漏油,但压力表数值正常,属正常现象)。

(2)线、索不得有明显的松弛或过紧现象。

(3)若压力表的数值超过额定值(压力表的数值与额定张力值的对应关系见表4.3.1)的±8%时,应注意该装置的使用情况并分析原因,严重时应整机更换。

表4.3.1 压力表的数值与额定张力值的对应关系

额定张力值(t)	1.3	1.7	2
压力表读数(MPa)	11.2	14.7	

四、安全注意事项

1. 高空作业必须扎好安全带,全体人员戴好安全帽。

2. 手锤应安装牢固,禁止戴手套使用手锤。

3. 安装补偿装置后,未与线索连接前,应用铁线将坠砣杆临时绑在支柱上,防止因风吹侵入限界而影响行车。

第四节 既有下锚拉线更换

一、准备工作

1. 人员:3 ~ 5 人。

2. 工具:手扳葫芦、羊角紧线器、钢丝套、吊绳、手锤、皮尺、300 mm 活扳手、断线钳、扭矩扳手、安全带等。

3. 材料:GJ-70 钢绞线、楔形线夹、UT 型楔形线夹、ϕ4.0 mm 铁线、ϕ1.8 mm 绑扎铁线等。

4. 资料:接触网平面布置图、支柱安装图。

二、作业方法、步骤

受力下锚拉线更换安装如图 4.4.1 所示。

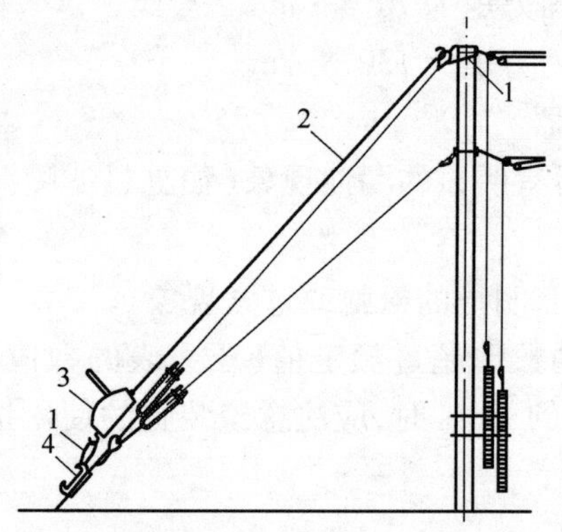

图 4.4.1 更换拉线示意图

1—钢丝套;2—手扳葫芦绳;3—手扳葫芦;4—羊角紧线器

(一)更换承力索下锚拉线

1. 松开手扳葫芦绳且绳长略大于拉线长度;把钢丝套从承力索下锚角钢上面套在支柱上(不得影响卸、装拉线)。

2. 用吊绳把手扳葫芦绳拉到钢丝套位置挂在钢丝套上,高空作业人员离开支柱。

3. 把羊角紧线器安装在下锚拉杆上,挂上钢丝套、手扳葫芦(摇把应避开 UT 型线夹)。

4. 紧手扳葫芦,并同步紧导线下锚拉线的 UT 型线夹。

5. 待手扳葫芦受力后使承力索下锚拉线不受力时,拆去旧拉线换上新拉线。

6. 紧承力索下锚新拉线使其受力,松手扳葫芦,同时松导线下锚拉线的 UT 型线夹,使两条拉线同时受力。

7. 调整拉线使锚柱回到标准位置。

8. 拆除工具。

(二)更换导线下锚拉线

方法与更换承力索下锚拉线相同。

三、质量标准

与锚柱装配相同。

四、安全注意事项

1. 紧手扳葫芦时注意支柱根部,防止支柱裂纹或断裂。

2. 严禁戴手套使用手锤。

3. 高空作业扎好安全带。

4. 注意保持与带电体的安全距离。

第五节 软横跨装配

一、准备工作

1. 人员:4 ~12 人。

2. 工具:接触网作业车、(轨道车、平板车、梯车)、手锤、紧线器、钢丝绳套子、U 形挂环、断线钳、手扳葫芦、单滑轮、钢卷尺、安全带、梯子、安全防护工具等。

3. 材料:镀锌铁线、白油漆、毛笔、棕绳、钢丝绳等。

4. 资料:接触网平面布置图、软横跨安装图等。

二、作业方法、步骤

(一)链形悬挂软横跨几种装配形式

1. 半补偿链形悬挂软横跨装配形式及节点类型图见图 4.5.1。

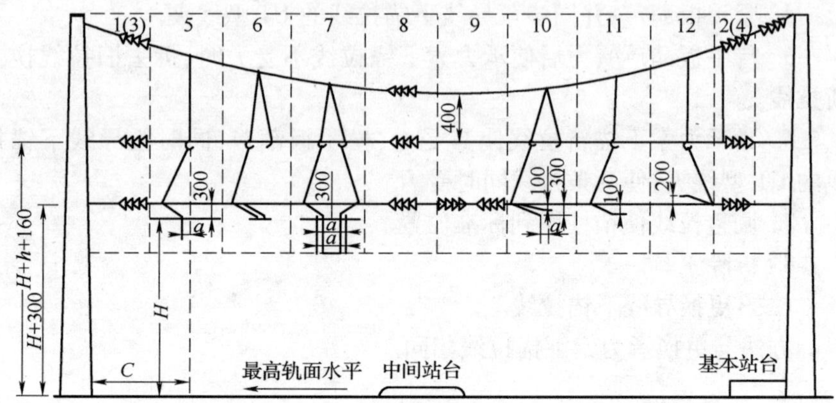

图 4.5.1　半补偿软横跨装配形式及节点类型图

注：节点 1、2 是软横跨在钢筋混凝土上的装配形式，节点 3、4 是软横跨在钢柱上的装配形式。

2. 全补偿链形悬挂软横跨装配形式及节点类型图见图 4.5.2。

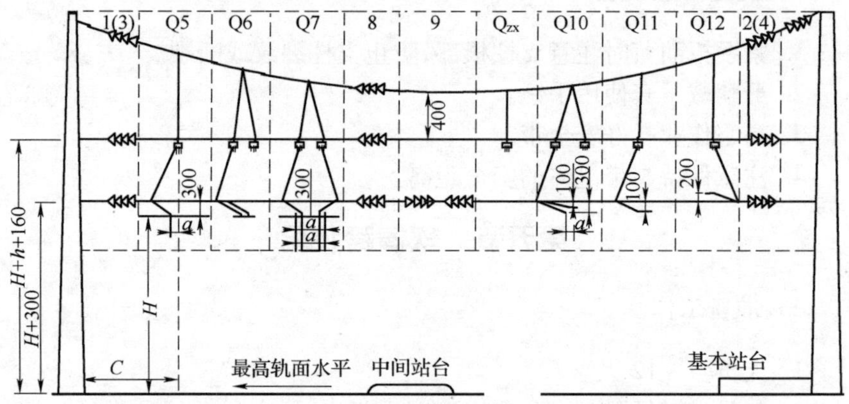

图 4.5.2　全补偿链形悬挂软横跨装配形式及节点类型图

注：节点 1、2 是软横跨在钢筋混凝土上的装配形式，节点 3、4 是软横跨在钢柱上的装配形式。

（二）软横跨计算

1. 绘制软横跨布置示意图

根据接触网施工平面布置图标示的节点类型号、线间距、拉出值等绘制节点安装示意图，见图 4.5.3 示例。

2. 软横跨测量内容

（1）最高轨面与钢柱底面及各股道轨面高差 h_A、h_1、h_2、……h_B 或最高轨面与混凝土软横跨柱地线孔位及各股道轨面高差 h_A、h_1、h_2、……h_B。

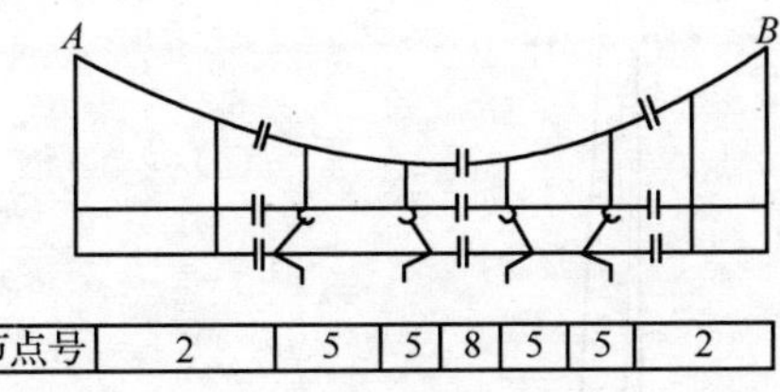

图 4.5.3　软横跨布置示意图

钢柱底面或混凝土柱地线孔位线高于最高轨面时，h 取正值，低于最高轨面时取负值。

(2)钢柱外缘顶端垂线与钢柱外缘底部基点的距离 d(为便于测量，底部基点取钢柱底面以上 1 m 处，站台上钢柱取底面以上 0.3 m 处)或混凝土柱内缘顶端悬挂孔位垂线与外缘地线孔位的距离 d(若垂线偏于钢柱外缘内侧 d 取正值，反之取负值)。

(3)支柱外缘上述基点处至相邻线路中心距离 $C_{x'}$ 及各线间距 a_2、a_3……a_n(按承力索在线路中的投影位置测量)。

3. 测量方法

(1)按平面图、现场支柱及股道实际状况绘制测量示意图，见图 4.5.4、图 4.5.5。

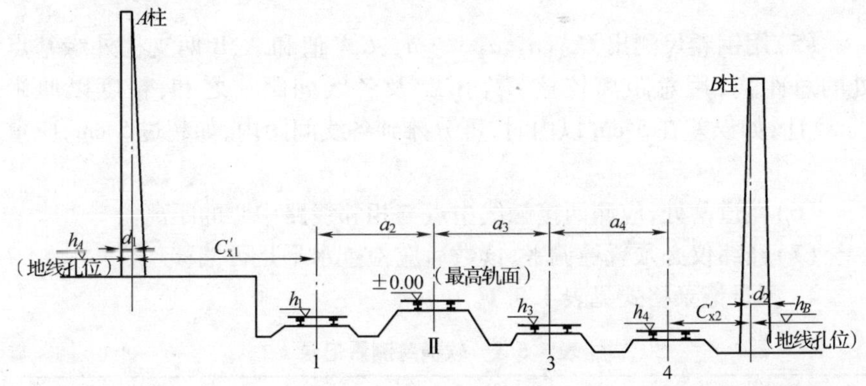

图 4.5.4　混凝土柱软横跨测量示意图

(2)置经纬仪于 A 柱与相邻柱连线适当地点，调平仪器，将望远镜十字线瞄准柱顶位置(钢柱顶外端，混凝土柱顶内端)，然后慢慢将望远镜向下转到支柱下部测量基点标高处(钢柱底以上 1 m 或 0.3 m 处；混凝土柱地线孔)做好标记，用钢卷尺量取 d_1 值。

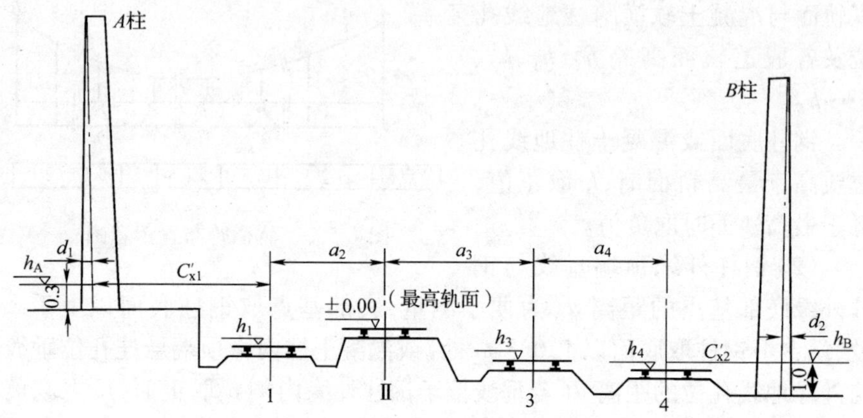

图 4.5.5　钢柱软横跨测量示意图

(3)将望远镜调平，将水平尺（塔尺）分别置于同一组软横跨钢柱底（混凝土柱为地线孔）标高处和各股道轨顶上，测出 h_1、h_2、……h_n 值（曲线处，h 值取低轨轨面标高加 1/2 超高）。

(4)移镜于 B 柱与相邻柱之间连线的适当地点，调平仪器，测出 d_2 值。

(5)用钢卷尺测出 $C_x{}'_1$、a_2、a_3……a_n、$C_x{}'_2$ 值和 A、B 两支柱外缘基点处的总距离，用总距离校核 $C_x{}'_1$、$C_x{}'_2$ 及各线间距 a 之和，精度以厘米（cm）计，如误差在 5 cm 以内时，可分摊到各线间距内，如超过 5 cm，应重测。

(6)在道岔处，应测两接触线中点与相邻线路中心的距离。

(7)经纬仪必须置稳调平，读数后应检查水平是否偏移。

4. 测量记录格式见表 4.5.1。

表 4.5.1　软横跨测量记录

杆　　号	A							B
支柱类型	G250/15							G350/15
股道编号			3	Ⅰ	Ⅱ	4	6	
d (cm)	d_1							d_2
h (cm)	h_A		h_1	h_2	h_3	h_4	h_5	h_B
$C_x{}'$、a (cm)		$C_x{}'_1$	a_2	a_3	a_4	a_5	Cx'_2	

5. 软横跨横向承力索长度、横向承力索直吊弦长度、软横跨上、下部定位绳长度计算现在已有计算软横跨软件,将有关实测数据在计算机软件中输入,即可得到软横跨横向承力索长度、横向承力索直吊弦长度、软横跨上、下部定位绳长度。

(三)软横跨预制

根据软横跨计算结果,按照安装图的软横跨安装结构要求,进行预制工作。

1. 领取软横跨预制零件、材料。

2. 支钢绞线线盘,展放钢绞线。通过紧线工具将钢绞线拉紧。

3. 按各段长度依次测量并用油漆作出标记。应注意各分段两侧要加回头长度。

4. 经复测无误后,安装线夹做直吊弦、斜拉线,直吊弦、斜拉线由两股 ϕ4.0 镀锌铁线绞合而成。

5. 断线做回头,用油漆作标记,写明车站、支柱号。

(四)软横跨安装

软横跨安装是分两次完成的。即先将横向承力索和上部固定绳通过直吊弦连在一起进行安装,下部固定绳待承力索架设完毕后再安装。

1. 测量固定角钢(钢柱)或固定底座(混凝土柱)安装位置并进行安装。

2. 在柱顶和上部固定绳位置分别挂滑轮和棕绳,将横向承力索和上部固定绳同时拉上去安装。

3. 在另一侧支柱顶挂滑轮、棕绳,在上部固定绳位置挂滑轮和手扳葫芦钢丝绳。

4. 经与防护员联络并确认无列车通过后,将软横跨搬运过股道,迅速拉上去。先将横向承力索固定,然后通过手扳葫芦紧线安装上部固定绳。

5. 待承力索架设完后,通过手扳葫芦紧线安装下部固定绳。

三、质量标准

1. 固定角钢安装高度、安装位置应符合设计规定,施工偏差为 ±20 mm;

2. 横向承力索至上部固定绳最短吊弦处距离宜为 400 ~ 600 mm;

3. 横向承力索和上、下部固定绳的电分段绝缘子宜在同一垂直面内,位于站台上方的上、下部固定绳绝缘子带电侧裙边宜与站台边缘相齐,股道间横向电分段绝缘子位于股道中间。

4. 双横向承力索应使两根张力相等,V 形联板不应偏斜;上、下部固定绳承载后允许微向上弯曲。

5. 横向承力索和上、下部固定绳调整完毕后,杵头杆在螺帽处外露 20 ~ 100 mm。

6. 预应力钢筋混凝土软横跨柱,调整螺栓螺杆外露长度应为 20 mm 至螺纹全长的 1/2。

7. 横向承力索和上、下部固定绳不得有接头;钢绞线在楔型线夹内回头长度为 300 ~ 500 mm,端部用 ϕ1. 6 ~ 2. 0 mm 铁线密扎 3 圈,回头与本线用 ϕ1. 6 ~ 2. 0 mm 铁线密扎 100 mm,施工偏差为 ± 10 mm。

8. 软横跨各吊线用两股 ϕ4. 0 mm 铁线拧制,上端应作永久性固定,下端做临时性固定,回头为 200 ~ 300 mm。

四、安全注意事项

1. 高空作业必须扎好安全带,全体人员戴牢安全帽。
2. 手锤应安装牢固,禁止戴手套使用手锤。
3. 按规定设置行车防护,保证行车及人身安全。
4. 测量及安装软横跨时不得短接轨道电路。
5. 杆上 2 人应分两侧作业,传递料具应用绳子,严禁抛掷。

第六节　软横跨调整

一、准备工作

1. 人员:12 ~ 15 人。

2. 工具:接触网作业车(轨道车、平板车、梯车)、绝缘硬梯、吊绳、滑轮组、紧线器、卷尺、测杆、线坠、小油桶、油刷、钢丝刷、管子钳、大活动扳手、油漆、兆欧表、安全带、工具包、安全防护工具等。

3. 材料:ϕ4. 0 mm 铁线、ϕ1. 8 mm 绑扎铁线、横向承力索线夹、U 形线夹、杵座鞍子、悬吊滑轮、钢线卡子、黄油等。

4. 资料:接触网平面布置图、安装图。

二、作业方法、步骤

(一)检查、测量

1. 检查横向承力索、上、下部定位绳及各受力件状态是否良好。

2. 检测上、下部定位绳的张力,弛度以及横向承力索与上部固定绳在最短吊线处的距离。

3. 横向承力索、上、下部定位绳及各部零件涂防腐油。

4. 检查各吊线是否符合要求(截面损耗、斜吊线无松弛)。

(二)调整处理

1. 更换直吊线

(1)将硬梯挂至需换直吊线的上方(短直吊线不用硬梯)。

(2)用滑轮组将直吊线卸载(短直吊线可用紧线器)。

(3)拆除旧吊线,安装新吊线。

(4)松开滑轮组并复查调整符合要求,然后拆除各种工具。

2. 调整直吊线布置位置

(1)将硬梯挂至需调整直吊线的上方(短直吊线不用硬梯)。为防止硬梯移动,应在挂硬梯的地方安装一线夹或钢线卡子。

(2)用滑轮组将直吊线卸载(短直吊线可用紧线器)。

(3)调整横向承力索线夹或U型线夹至要求位置。卸掉防止硬梯移动的线夹或钢线卡子。

(4)调整直吊线长度,钢筋混凝土支柱调整开式螺旋扣,钢柱调整杵头杆螺栓,保证上部定位绳呈水平状态。

3. 上、下部定位绳松弛

(1)钢筋混凝土支柱调整开式螺旋扣,钢柱调整杵头杆螺栓,调整直吊线和斜吊线长度,使上、下部定位绳呈水平状态。

(2)只调整钢筋混凝土支柱开式螺旋扣或钢柱杵头杆螺栓仍不能达到要求,则说明定位绳太长,需要重做回头。

三、质量标准

1. 软横跨横向承力索(双横承力索为其中心线)和上、下部定位绳应布置在同一个铅垂面内。横向承力索的弛度应符合规定。吊弦应保持铅垂状态,其截面积和长度要符合规定,最短吊弦长度的误差不超过50 mm。

2. 横向承力索和上、下部定位索均不得有接头、断股和补强,其机械强度安全系数符合下列规定:

(1)软横跨横向承力索中的钢绞线安全系数不应小于4。

(2)上、下部定位绳中的钢绞线安全系数不应小于3。

3. 横向承力索两条线的张力应相等,横承线夹应垂直于横向承力索。

4. 上、下部定位绳应水平,允许有平缓的负弛度,5股道及以下者不超过100 mm,5股道及以上者不超过200 mm。下部定位绳距接触线的垂直距离不得小于250 mm。

四、安全注意事项

1. 高空作业必须扎好安全带,全体人员戴好安全帽。

2. 按规定设置行车防护,保证行车及人身安全。

3. V形"天窗"停电作业时,作业人员及所持材料、工具与邻线带电部分保持足够的安全距离,注意邻线来车。防止感应电伤人。

4. 上、下部定位绳不应紧得太紧,以防止支柱向内侧倾斜。上、下部定位绳水平或平缓的负弛度用直吊线或斜吊线来调整。

5. 其他同第三章第五节　软横跨装配。

第七节　硬横跨装配

一、准备工作

1. 人员:8~12人。

2. 工具:接触网作业车、16 t(或25 t)轨道吊、钢丝绳、安全带、安全防护工具等。

3. 材料:棕绳等。

4. 资料:接触网平面布置图、硬横跨安装图等。

二、作业方法、步骤

(一)硬横跨的组成

硬横跨由横梁和两侧的支柱组成,如图 4.7.1 及图 4.7.2 所示。

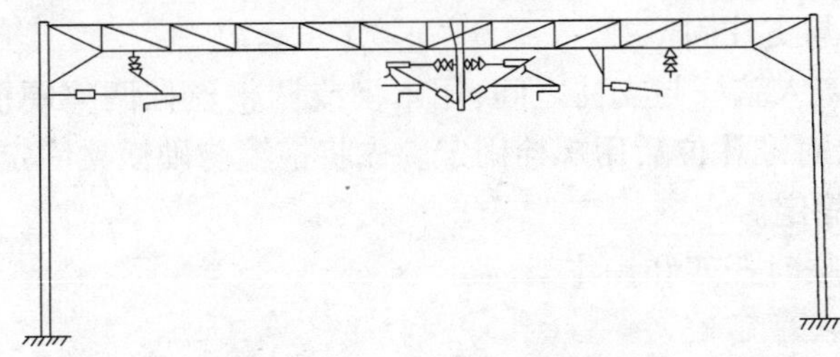

图 4.7.1 硬横跨结构示意图

硬横跨横梁(简称硬横梁)是由若干个梁段用螺栓连接而成。硬横梁端头部分梁段称为“硬横梁端头段”,用“YHT”表示。硬横梁中间部分各梁段称为“硬横梁中间段”,用“YHZ”表示。硬横梁用“YHL”表示。

根据跨度和悬挂负载选用不同长度和不同型号的梁段组成硬横梁,如:

YHL—29.5(A)表示为 29.5 m 长 A 型硬横梁。

YHL—29.5(A)型硬横梁的组成为:

$$YHT(A) + YHZ - 1(A) + YHZ - 1(A) + YHT(A)$$

表示为自左端至右端组成 29.5(A)型硬横梁的梁段是:(A)型 YHT 梁段、1(A)型 YHZ 梁段、1(A)型 YHZ 梁段和(A)型 YHT 梁段。

通过 A、B、C 型可以表示硬横梁采用不同型号的角钢。通过 1、2、3……编号可表示硬横梁采用不同的长度。

硬横跨支柱多采用圆形预应力混凝土支柱、钢柱,埋入地下部分用杯形基础固定。

(二)硬横跨安装

硬横跨安装是通过吊车完成的,主要有以下工作内容:

1. 地面组装

按设计给定的长度及横梁型号,将横梁各段组装在一起。

2. 安装临时托架及操作架

临时托架的顶部应为硬横梁抱箍的底面位置,操作架的安装高度应视安装抱箍作业方便而定。

3. 吊装横梁

在梁的两侧端部各绑一根晃绳,吊车吊起横梁使其下弦杆超过支柱顶,通过晃绳调节使横梁对准支柱,由柱顶套下放置在临时托架上。

4. 横梁与支柱固定

将抱箍塞入弦杆与支柱之间,用木楔或调整丝杠调整硬横梁与支柱的相对位置,对准孔位后用螺栓固定。先将抱箍与硬横梁固定,然后再将两相对抱箍固定。

5. 拆除临时托架和操作架。

图 4.7.2　过渡改造的硬横跨

三、复杂环境下的超长硬横梁架设

在既有线架设硬横梁施工时,往往遇到硬横梁与既有软横跨之间的距离太近,无法进行硬横梁转体作业。这就必须要求电气化轨道吊车,在与既有软横跨保持足够距离的起吊点,起吊硬横梁,使硬横梁空中旋转90°后,再由轨道吊车水平运行到安装位置,再进行架设作业。

1. 作业流程图

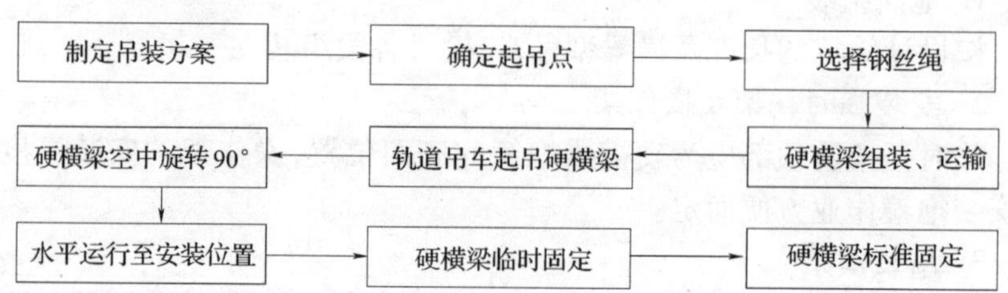

2. 技术措施

项目技术人员应根据作业现场具体情况，编制合理的吊装方案，特别是起吊点的确定，钢丝绳的选择、安全系数的要求，吊车性能的调查，临时加固措施等卡控重点，均要进行科学合理计算后，方可进行实施。

硬横梁吊装之前，要对技术数据进一步核定，硬横梁支柱中心跨距、支柱倾斜率、硬横梁有效长度等卡控重点，进行精密测量，测量误差要控制在设计规范标准之内。

硬横梁吊起旋转90°后，轨道吊车在运行过程中务必保持匀速，速度限制宜控制在3 km/h之内，且四周溜绳随同吊车移动，硬横梁在空中保持相对稳定。

为提高硬横梁在支柱上安装位置准确度，降低对位、固定时间，吊装前应在硬横梁支柱上安装临时托架，托架位置先期测定、标明，安装要牢固。硬横梁安装后，必须采取稳固的临时处理措施，为封闭点后的正式加固措施做好准备。

四、质量标准

1. 硬横梁组装时，各梁段要连接密贴，其间隙可用垫片（厚3～5 mm，面积与角钢相同）调整，各部螺栓要对角循环紧固。中段横梁有上、下方向性，不得装反。如图4.7.3所示。

图4.7.3　复杂环境下的硬横梁吊装

2. 硬横梁组装应顺直,并应预留拱度。

3. 硬横梁安装应呈水平状态,其梁底面距最高轨面的距离应符合设计规定,允许偏差 0 ~ 100 mm。

4. 两支柱距离要符合设计要求;两支柱中心连线应垂直于车站正线;支柱应垂直。

5. 临时端横隔是防止端头段的上、下弦杆碰撞变形加装的,硬横跨安装完毕后才能拆下。

五、安全注意事项

1. 高空作业必须扎好安全带,全体人员戴好安全帽。

2. 按技规规定设置行车防护,保证行车及人身安全。

3. 传递料具应用绳子,严禁抛掷。

4. 必须严格遵守吊车操作细则及按吊车技术特性规定进行作业,严禁超载作业。

5. 作业前认真检查车上机械、绳套、吊钩和工具是否良好。

6. 作业人员进行安装构件时或人员上下时,作业台禁止做升、降、旋转动作。

第八节　隧道悬挂定位装配

一、准备工作

1. 人员:6 ~ 10 人。

2. 工具:接触网作业车(轨道车、平板车、梯车)、发电机、照明设备、单滑轮、安全带、安全防护工具等。

3. 材料:镀锌铁线、棕绳等。

4. 资料:接触网隧道平面布置图、隧道悬挂定位安装图等。

二、安装几何结构、装配

(一)隧道悬挂定位安装结构的几种形式

1. 单线隧道弓形腕臂安装结构见图 4. 8. 1。

2. 单线隧道水平腕臂安装结构见图 4. 8. 2。

3. 双线隧道腕臂安装结构见图 4. 8. 3。

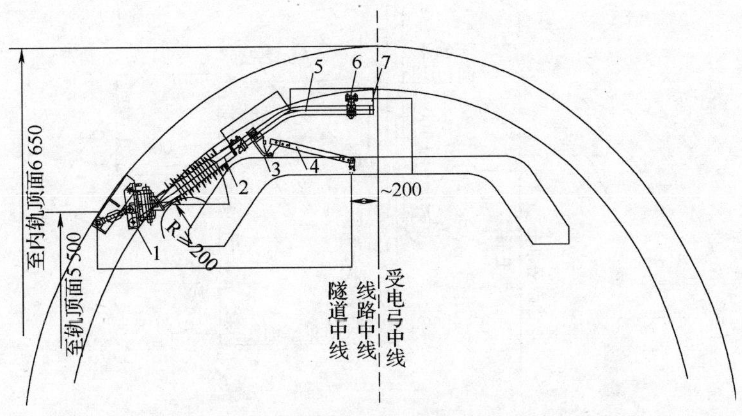

图 4.8.1　单线隧道弓形腕臂安装结构示意图

1—隧道腕臂调整底座;2—绝缘子;3—隧道定位环;
4—矩形定位器;5—弓形腕臂;6—承力索座;7—管帽

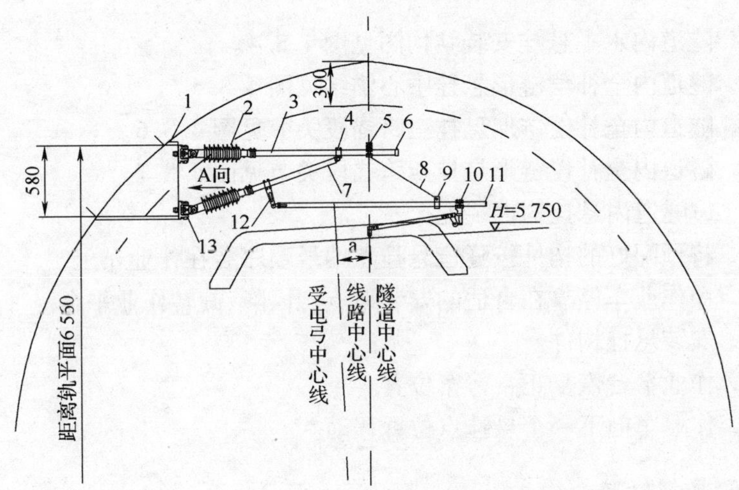

图 4.8.2　单线隧道水平腕臂安装结构示意图

1—隧道内底座框架;2—腕臂复合绝缘子;3—平腕臂;4—套管双耳;
5—承力索座;6—2 型管帽;7—斜腕臂;8—定位管斜拉线;9—定位管卡子;
10—矩形定位器;11—1.5 型定位管;12—长定位环;13—下底座

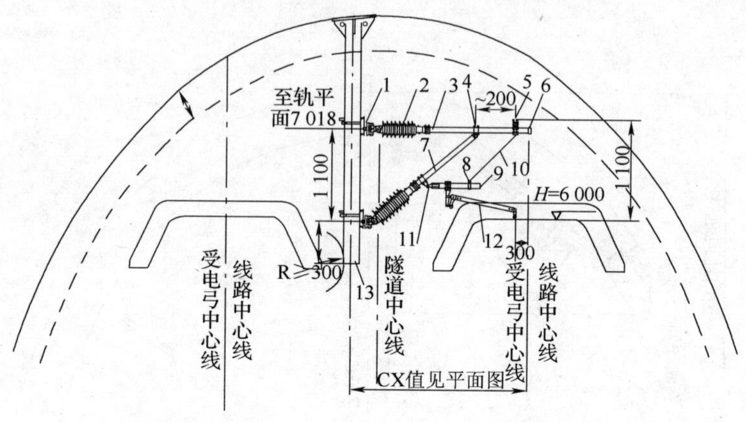

图 4. 8. 3 双线隧道腕臂安装结构示意图

1—矩形吊柱单腕臂底座;2—腕臂复合绝缘子;3—平腕臂;4—套管双耳;5—承力索座;6—2 型管帽;7—斜腕臂;8—定位管卡子;9—1. 5 型定位管;10—定位管斜拉线;11—定位环;12—矩形定位器;13—矩形吊柱

4. 隧道内水平悬挂安装结构图见图 4. 8. 4。

5. 隧道内全补偿链形悬挂中心锚结见图 4. 8. 5。

6. 隧道内全补偿链形悬挂三跨锚段关节见图 4. 8. 6。

7. 隧道内全补偿链形悬挂四跨锚段关节见图 4. 8. 7。

(二)隧道内悬挂构件装配

1. 将预配好的构件按隧道悬挂点编号顺序装在作业车上。

2. 令作业车停靠在合适的安装地点,升、降、旋转作业平台。

3. 安装悬挂构件。

4. 作业平台恢复正常行车位置。

5. 作业车向下一个悬挂点位置移动。

三、质量标准

1. 隧道内悬挂装配应符合设计要求,各部件连接牢固可靠,可调部件应有调节余地。

2. 带电体至固定接地体的绝缘间隙应大于 300 mm。

3. 绝缘子接地侧裙边至固定接地体的距离大于 150 mm。

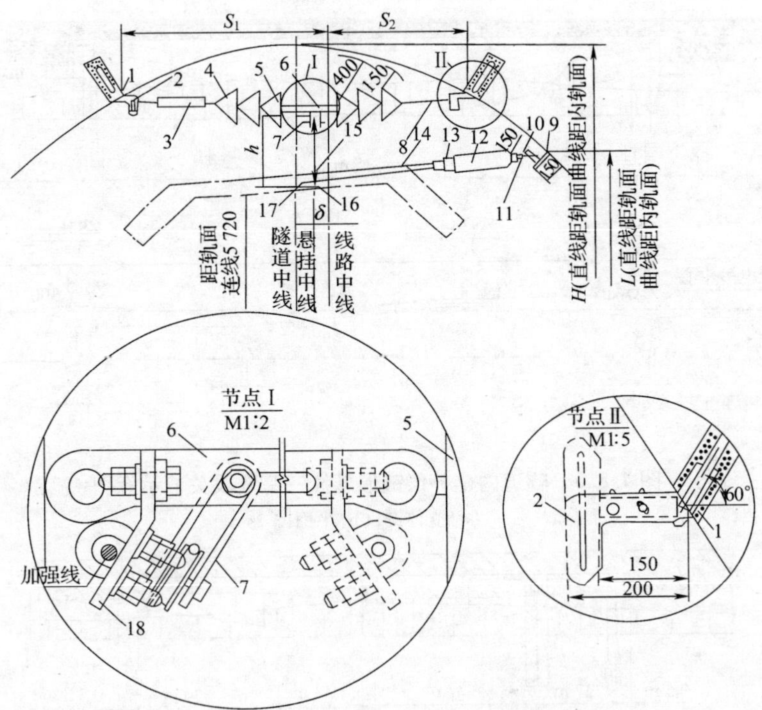

图 4.8.4 隧道内水平悬挂安装示意图

1—水平悬挂埋入杆；2—角鸭嘴；3—调整螺栓；4、5—悬式绝缘子；6—带耳滑轮支架；7—滑轮；8—杵环杆；9—定位埋入杆；10—定位齿座；11—定位套环；12—棒式绝缘子；13—定位连接头；14—定位管；15—支持器；16—定位线夹管帽；17—管帽；18—加强线夹

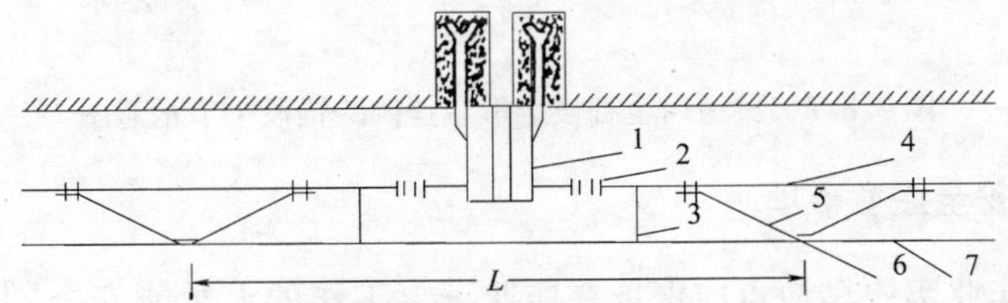

图 4.8.5 隧道内全补偿链形悬挂中心锚结示意图

1—丁字悬臂；2—悬式绝缘子串；3—吊弦；4—承力索；5—中心锚结；6—中心锚结线夹；7—接触线

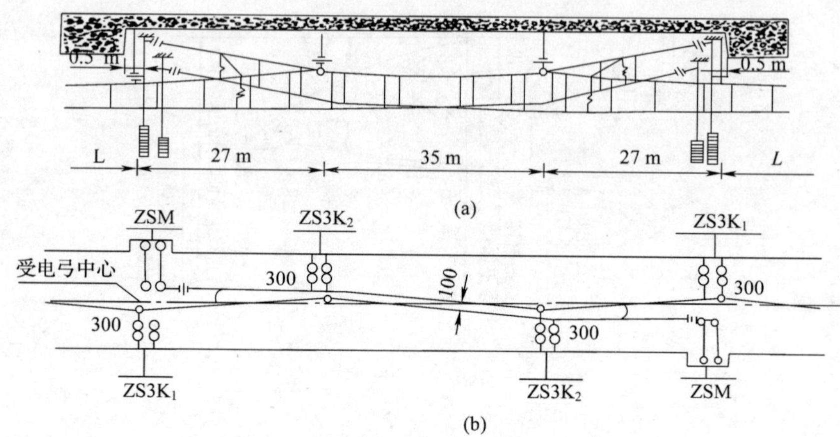

图 4.8.6 隧道内全补偿链形悬挂三跨锚段关节示意图
(a)立体图;(b)平面图

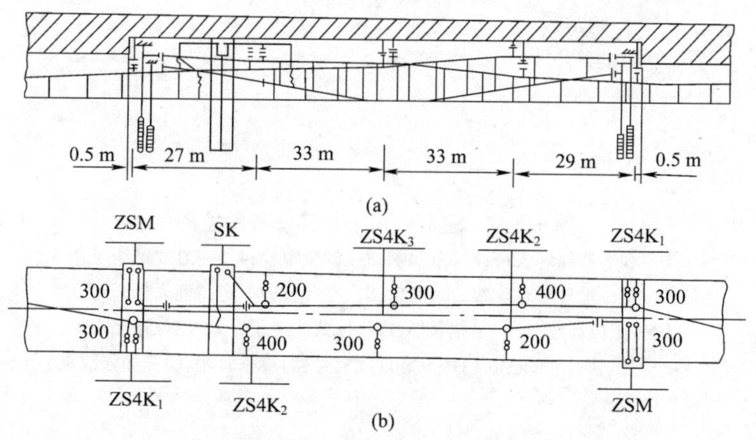

图 4.8.7 隧道内全补偿链形悬挂四跨锚段关节示意图

四、安全注意事项

1. 作业车停靠地点应保证在作业车上工作的人员能安全、方便地操作。

2. 作业车移动时,作业台不可进行升、降、旋转动作;作业台非正常定位时,作业车只可以 5 km/h 的速度引导移动。

3. 作业人员进行安装构件时,作业台禁止做升、降、旋转动作。

4. 构件安装前，应检查埋入件灌注质量是否达到强度要求，如发现松动、辐射性裂纹现象，需经处理合格后，方可安装。

5. 所有构件安装前，均需进行外观检查，如发现裂纹不得安装；表面防腐处理不良者需进行再处理。

6. 安装过程中，应注意保护电瓷件、绝缘子等不受损伤，安装完毕应对各类绝缘子进行临时防污包扎。

第五章　承力索、接触线架设

第一节　承力索架设

一、准备工作

1. 人员:15~30人。

2. 工具:接触网作业车、架线车、平板车、梯车、断线钳、手锤、钢卷尺、楔形紧线器、羊角紧线器、长钩子、测杆、对讲机、温度计、开口放线滑轮、棕绳滑轮组、钢丝绳滑轮组、单滑轮、钢丝套子、双钩紧线器、手扳葫芦、梯子、线坠、发电机、照明设备、工具袋、安全带、安全防护工具等。

3. 材料:超拉肩架、铁坠砣、镀锌铁线、棕绳等。

4. 资料:接触网平面布置图、承力索弛度曲线表。

二、作业方法、步骤

以架设GJ钢绞线承力索为例:

(一)对架线区段的检查

1. 与接触网交叉或平行的电力线、通信线等拆迁、改建工作应于架线前完成,如不能完成时,必须制定安全措施,保证人员及料具的最小安全距离。见表5.1.1。

表5.1.1　架线应能保证的最小安全距离

输电线电压(kV)	1及以下	35及以下	110及以下	220及以下
水平接近距离(m)	1	2	4	6
垂直接近距离(m)	1	2	2.5	3

2. 架线区段接触网支柱埋设完毕,限界、埋深、倾斜均符合技术标准;支持装置、软横跨、隧道悬挂结构和锚柱已安装并且符合质量要求。

3. 曲线内侧的旋转腕臂应采取固定措施,以防止腕臂在紧线过程中由于旋转角度过大而损坏棒式绝缘子。

4. 架线区段的限界门应安装完毕,以防止超高车辆挂线。

5. 所有支柱号码牌应已编好。

对于以上检查内容有不合格的处所时,应进行处理后才能放线。

(二)办理架线申请手续

办理架线申请手续应由架线施工部门在架线前一个月向铁路分局(新建铁路为临管处)提出书面申请,并抄报沿线各车站及工务、车务和电务等有关部门,其主要有下列几项内容:

1. 架线区段、日期、地点及架线进度。

2. 架线后接触线所能保证的最低高度,要求有关部门对机车车辆严格检查和管理,严防扩大货物列车刮线。

3. 凡在线路横、纵断面作业的,如工务起、落、拨道等,应事先与施工单位协商,并采取安全防护措施后方可进行。

4. 当架线区段有爆破作业时,应与施工单位协商,采取防护措施后方可进行。

5. 向行车调度提供架线作业计划,并在每日指定时间内(一般在18点以前)报告次日架线计划。

(三)编制架线方案

1. 确定放线区间、站场锚段号。

2. 确定放线起锚、落锚支柱号,穿线地点及特殊处理要求等。

3. 确定放线人员数量,根据放线要求,将放线人员进行分组。

4. 确定放线机具数量,根据放线要求,对车辆进行分组排列。

5. 确定放线主要工具、材料。

(四)架线方案技术交底

放线施工负责人组织工程技术人员、安全质量检查人员、各小组组长、主要骨干及相关人员到放线现场进行放线方案技术交底,将起锚、放线、穿线、翻线、做接头、安装绝缘、紧线、终锚等任务落实到各小组。

(五)区间全补偿链形悬挂承力索的架设

1. 补偿器的安装:

架线前应将起锚、终锚处补偿器安装完毕。

(1)起锚补偿器的安装

安装时先缠绕补偿器滑轮组,动定滑轮之间的距离保持在2.5 m为宜(施工经验),然后将起锚补偿器用三个钢线卡子按图5.1.1的位置卡住补偿绳，将补偿器安装在下锚角钢上；在杵环杆上挂上下锚悬式绝缘子串。

用滑轮组将坠砣杆吊至 b 值高度后，在坠砣杆上码放坠砣，数量为事先确定的块数。

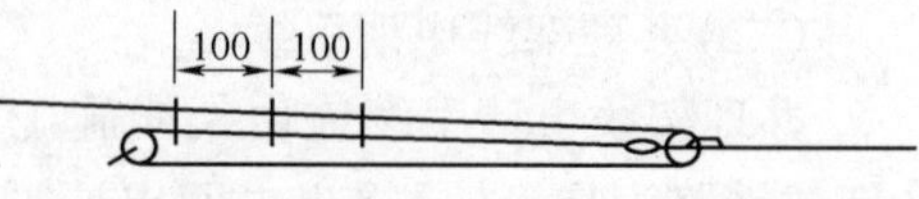

图 5.1.1 三个钢线卡子卡住补偿绳

待紧线、落锚完成后，将坠砣杆与补偿绳相连，拆除补偿绳上的三个钢线卡子。

检查测量 b 值，如不符，应调整。

(2) b 值计算

承力索没有超拉时 b 值：

$$b_X = b_{min} + nL\alpha(t_{max} - t_X) + 0.0003L$$

承力索已超拉时 b 值：

$$b_X = b_{min} + nL\alpha(t_{max} - t_X)$$

以上式中 b_X——任意温度下的 b 值；

b_{min}——b 值的最小值 200 mm；

n——滑轮组传动系数；

L——下锚处至中心锚结的距离；

α——承力索（或接触线）的线胀系数；

t_X——安装或调整时的温度；

t_{max}——设计采用的最高温度；

$0.0003L$——新线延伸量（传动比为 1∶3）；

如果坠砣数量没有加够时，b 值应适当加大。

(3) 终锚补偿器的安装

终锚补偿器的安装方法见本节（五）11. 终锚。

2. 将配好的线盘吊入架线车的放线架上，做好起锚回头，线索从架线车拉倒作业车上面，临时固定在作业平台前端，并在架线车上准备一定数量的接头零件。

3. 将补偿坠砣事先运至起锚、终锚地点。

4. 放线当天，列队由施工总负责人宣布架线施工方案，安排坐台、两端防护人员，确定通讯联络办法，确定车辆解列、运行、连接地点，确定安全、质量巡检人员，各小组分工明确、责任到人。

5. 根据分工要求，各小组准备工具、材料装车。

6. 车辆类型、数量及排列顺序：

直线多、曲线少的区段：接触网放线车 1 辆，接触网作业车 2 辆。

直线少、曲线多的区段：接触网放线车 1 辆，接触网作业车 2 ~ 3 辆。

排列顺序（从起锚到落锚）：接触网作业车 2 ~ 3 辆、接触网架线车 1 辆。

7. 执行安全技术措施。

8. 起锚：

当架线车到达起锚位置时，车组解列。架线车上线盘制动人员松开转动线盘，作业台人员将事先做好的下锚接头下放，并传递给起锚人员，起锚人员迅速将承力索与下锚悬式绝缘子连接好。架线指挥人确认起锚工作妥当后，指挥架线车缓慢起步开始放线。

如果有穿线需要，架线车应停在穿线处，由作业车上人员穿线，地面辅助人员拉线，并传递给起锚人员。

由于在放线过程中，线索抖动性大，为防止起锚后绝缘子同支柱发生碰撞而损坏，起锚人员应用绳索将绝缘子拉开，远离支柱。

起锚之后，注意观察坠砣及附近跨距的承力索动向，并随时与架线作业车、下锚紧线人员联系。

9. 架线：

起锚之后，架线车以 5 km/h 的均匀速度前进，当架线车到达承力索悬挂点时，指挥员显示停车信号，线盘制动人员根据情况进行制动，架线作业台人员一人将偏斜的腕臂用长钩子钩正，并把准备好的开口滑轮挂在钩头鞍子吊线孔中或相应的零件上，另两人将承力索抬起，置放于开口滑轮中（也可先将线索装入放线滑轮后，再将滑轮挂入零件吊线孔中）。作业台工作人员动作尽量要快，配合要密切、协调。放线示意图见图 5.1.2。

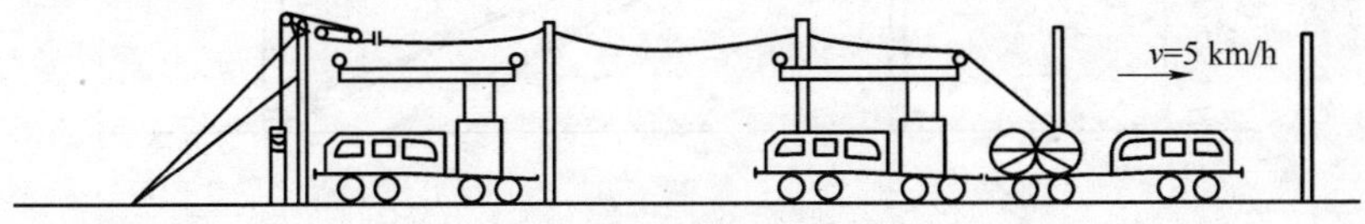

图 5.1.2　承力索架设示意图

架线车起动、运行、停车要平稳，不得急停急开，司机注意指挥信号，坚持呼唤应答，并根据作业台的工作情况，主动减速或停车，兼顾架线车作业人员的安全。副司机应注意瞭望架线车运行前方信号及行人或其他影响行车的障碍物，确保架线车的行车安全。

线盘制动人员在放线过程中，应使线盘转速与车速相适应，以保持适当的放线张力，一般约为 1.5 ~3 kN。在线盘轴上随时加润滑油，以保证线盘转动灵活。

承力索展放过程中，由线盘制动人员及作业台上人员共同观察承力索外表质量，如发现有破股、损伤、腐蚀现象，应立即通知停车，按规定进行处理或作出明显标记及记录，待稍候处理。

当线放到最后几圈时，为防止线头弹出伤人，应及时发出停车信号，停车后人工放开最后几圈，立即做好回头，装好双耳楔形线夹，用连接板与另一盘事先做好回头的承力索连接接头，承力索接头见图 5.1.3。

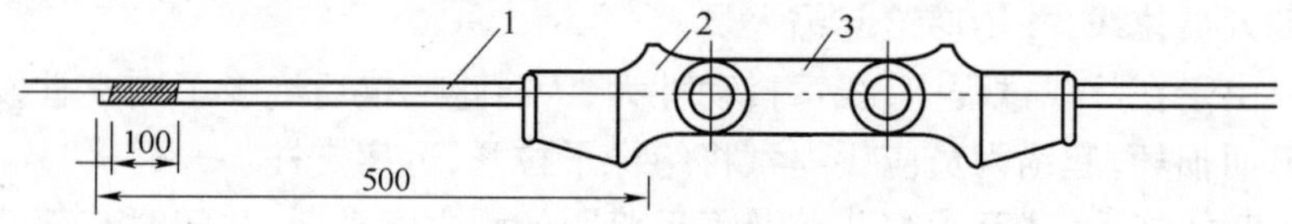

图 5.1.3　承力索接头图

当架线车离下锚支柱有半个跨距时，架线车减速停车；线盘制动员对放线线盘施加制动力，防止线盘转动。根据各跨距承力索弛度情况，确定架线车停车地点，以架线车紧线刚过下锚支柱为宜。

通知各小组及有关人员开始紧线。

如果在下锚前的几个跨距内有穿线要求时，应按图 5.1.4 所示在穿线前一跨距内将承力索临时固定，并设专人看护。

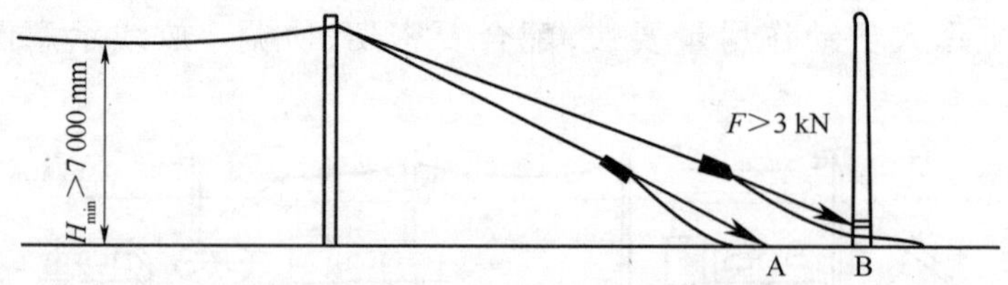

图 5.1.4　承力索临时固定示意图

A—钢轨临时固定点方式；B—支柱临时固定点方式

承力索临时固定后，架线车继续放线，将承力索放在股道内，直到锚柱的下一个跨距时停车(根据承力索弛度情况，距离可适当缩短)，断掉承力索，地面人员拿着断头回到穿线处，由作业车人员穿线直至下锚处，在承力索合适位置打上楔形紧线器，将楔形紧线器固定在作业车平台上，通知各小组及有关人员开始紧线。紧线过程中承力索临时固定点松弛后应解掉。紧线完毕后停车，连接手扳葫芦，下面作业与11. 终锚相同。

10. 紧线：

当线盘被制动后，架线车缓缓向下锚支柱开动，直至承力索弛度达到要求时，停止紧线。

承力索弛度的测量：

(1)计算放线锚段的当量跨距

$$L_D = \sqrt{\sum L_i^3 / \sum L_i}$$

式中　L_D——当量跨距；

$\sum L_i^3$——锚段内各跨距立方和；

$\sum L_i$——锚段内各跨距和。

(2)在起锚附近、锚段中部、终锚附近各选择一个跨距作为实际弛度观测点。

(3) 测量弛度观测点的弛度

① 测量两相邻悬挂点承力索至轨面的高度值 A 和 C(mm)。

② 测量跨距中承力索最低点至轨面的高度值 B(mm)。

③ 根据公式计算承力索的实际弛度值

$$f(x) = (A + C) / 2 - B \text{ (mm)}$$

④ 根据计算的当量跨距值，查相对应的承力索无负载弛度曲线表。然后按测量所在的跨距 L 值和测量时的温度 t 值，从无负载弛度曲线表中查出承力索弛度。

⑤ 将表中查出的弛度与实际弛度值进行比较是否一致，若不一致即没达到张力要求。

各小组及有关人员在紧线时，要随时检查承力索、支柱、补偿器状态，尾部的接触网作业车应来回巡查，发现问题应及时通知架线车人员及施工负责人，采取相应的安全措施。

11. 终锚：

在放线、紧线的过程中，终锚人员应调整、安装补偿器。动静滑轮之间的距离保持在2.5 m为宜(施工经验)，将补偿器安装在下锚角钢处，补偿绳头绕过滑轮后与坠砣杆相连，坠砣杆底部应落地，坠砣杆上码上事先确定的坠砣块数，并始终保持坠砣串稳固，不得歪倒。挂上绝缘子串，在绝缘子串后的杵环杆上安装好羊角紧线器。

架线车紧完线后，作业车上人员在承力索合适位置处打上楔形紧线器，将手扳葫芦本体上的挂钩挂在楔形紧线器钢丝套上，将手扳葫芦上的钢丝绳挂钩挂在羊角紧线器上的钢丝套上，紧手扳葫芦，直至承力索张力全部倒到手扳葫芦上，在合适的位置上断掉承力索。紧手扳葫芦的同时架线车缓慢后退。

当紧线时坠砣杆底部达到施工高度后，停止紧线。托起绝缘子串，然后测量绝缘子杵头在承力索上的位置，并在承力索上作上标记，作承力索回头，用承力索回头与绝缘子相连，慢慢松开手扳葫芦，则张力完全倒到承力索上。

待落锚完成后，两处下锚同时将剩余坠砣码上坠砣杆，检查测量b值，如不符，应调整。

在起锚和终锚时要注意防止补偿绳从滑轮槽中脱出。

至此，架线施工全部完成，连挂车辆，返回车站。

12. 倒鞍子：

倒鞍子就是将放线滑轮中的承力索倒入接触网悬挂零件中，即钩头鞍子、杵座鞍子或悬吊滑轮中。

(1)在接触网作业车上倒鞍子作业方法：直线区段时一人卸下鞍子钩钉，二人将承力索从开口滑轮中移出，置放于鞍子中，然后装上钩钉，摘去放线滑轮，当在曲线地段倒鞍子，承力索曲线张力较大时，应适当增加作业人员。

(2)用梯子、滑轮人工倒鞍子作业方法：到达作业地点，在梯子上绑好梯绳，绑绳的位置应能保证梯子立好后高于承力索。然后一人用脚踩住梯子根部，防止滑动，两人支梯子，并使梯子侧放，见图5.1.5，另一人拉梯绳配合起立。梯子上部靠住腕臂立稳，上下约有75°的倾斜。梯子立好后，拉紧梯绳，其余人扶住梯子，这时开始上人换梯绳。当梯绳扣解开后，一定要一手抓住水平拉杆，另一手将绳头从水平拉杆倒过，并重新绑在梯撑上。

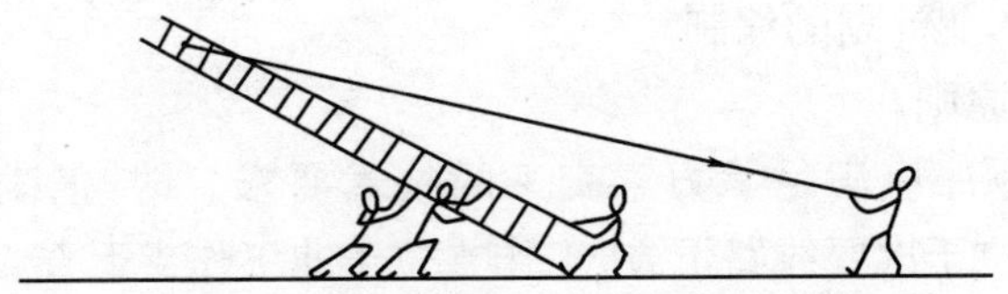

图 5.1.5 梯子的起立方法示意图

作业时,梯上人员一腿跨在上边的梯撑上,并用脚别在下边的一个梯撑上,另一腿站稳,首先卸掉鞍子钩钉,然后用一胳膊夹住腕臂与水平拉杆,两手抓起承力索从开口放线滑轮中移出,倒入鞍子。

在小曲线半径区段,由于承力索曲线张力较大,倒鞍子时,应由地面人员通过绳子与挂在腕臂上的单滑轮配合,将承力索倒入鞍子,见图5.1.6。曲线地段倒鞍子应注意梯子必须立在线条曲线外侧,且作业过程中,梯上人员要牢牢挟住腕臂,以防发生意外。

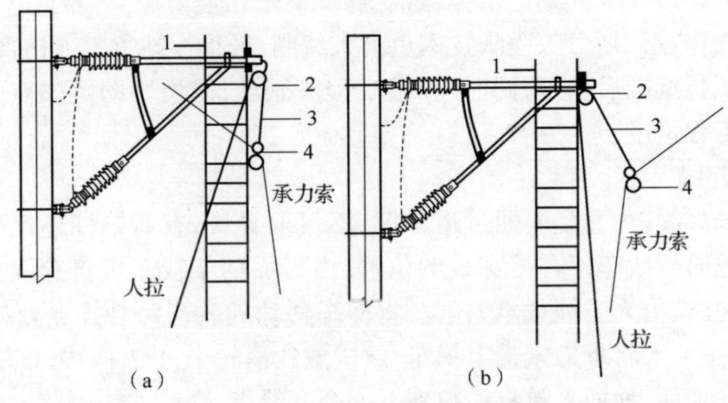

图 5.1.6 曲线区段倒鞍子示意图

(a)支柱在曲线内侧时;(b)支柱在曲线外侧时

1—梯子;2—单滑轮;3—绳子;4—放线滑轮

作业完毕,将滑轮等工具卸掉,梯上人员下梯,然后抬起梯子根部,缓缓松动梯绳将梯子放下,所有工具撤出线路。

(六)站场全补偿链形悬挂承力索的架设

站场承力索的架设方法步骤与区间基本相同,由于站场股道较多,道岔多,线路比较复杂,同时,又要考虑站场列车运行及股道空闲情况,以便争取有效作业时间,因此,架线前必须编制详细的架线作业计划,架线时,应保持与站方密切联系，加强安全防护措施，确保运输、施工安全。

1. 架线作业计划的编制

(1) 编制原则

① 架线顺序应满足承力索交叉的技术要求。即：正线位于侧线下方；重要线路位于次要线路下方，工作支位于非工作支下方。

② 尽量减少穿线次数，节约穿线时间。

③ 根据站场股道作业特点，考虑调整计划的灵活性。

(2) 架线作业计划内容

架线作业计划内容包括十三项。锚段号；锚段长度 m；线盘材质及编号；起锚杆号；放线走向；起锚端经过道岔号及跨越股道号；起锚端穿线情况（包括节点 12）；临时紧线位置；跨越（接近）电线路电压等级、高度（距离）和防护措施；终锚端穿线情况；终锚端经过道岔号及跨越股道号；终锚杆号；附注。

(3) 架线作业计划的申报与审批。

架线作业计划由工程队技术负责人编制，征得车站负责人协商同意，经工程队长批准后执行，同时，抄报工程段调度，以便协助解决有关问题及掌握工程进度。

2. 起锚

站场放线时，总是要通过道岔区，不仅要穿线，有些锚柱还远离本股道。放线时架线车停在需穿线的位置，由后面的架线车负责穿线。当承力索转向时，由人工展放承力索。将梯车移动到软横跨悬挂点处，2 人上梯车，其中 1 人将承力索带上梯车，放进放线滑轮中，1 人送线，1 人拉线，将线送到地面，地面人员将线拉到下一个穿线点，穿线方法同前。最后将承力索拉到起锚处，将承力索与下锚悬式绝缘子连接好。其他同区间放线相同。

3. 架线

起锚之后，架线车以 5 km/h 的均匀速度前进，将人工穿的承力索拉起，使承力索的最低点高于 6 m，然后用图 5.1.4 所示方法临时固定住承力索，设专人看护，以保证非放线股道的行车。

承力索被临时固定后，架线车即可继续放线。当架线车到达承力索悬挂点时，指挥员显示停车信号，线盘制动人员根据情况进行制动，架线作业台人员把准备好的开口滑轮挂在悬吊滑轮吊线孔中或相应的零件上,另两人将承力索抬起,置放于开口滑轮中(也可先将线索装入放线滑轮后,再将滑轮挂入零件吊线孔中)。作业台工作人员动作尽量要快,配合要密切、协调。

架线车到达终锚侧穿线区段时不再挂线,架线车继续放线至终锚锚柱后一跨支柱处(根据承力索弛度情况,距离可适当缩短),停车,将线索剪断。地面人员拿着断头回到穿线处,按照起锚穿线方法直至终锚处。

4. 紧线

当架线车车组能够到达终锚锚柱时,紧线方法与区间紧线方法相同。

当终锚锚柱远离架线车车组时,在线头到达终锚锚柱时,将钢丝绳滑轮组放到最长,一头挂在锚柱下锚拉线角钢处,将钢丝绳滑轮组(或棕绳滑轮组)沿承力索方向展开,在承力索与钢丝绳滑轮组另一头相接触的地方(承力索已被人工拉紧)打上楔形紧线器,挂上钢丝绳滑轮组另一头。通知各小组及有关人员开始紧线。人工拉绳紧线,紧到一定程度后,将拉绳固定在支柱或钢轨上。

5. 终锚

(1)作业车可以到达终锚锚柱时方法与区间紧线方法相同。

(2)作业车无法到达终锚锚柱时。

下锚人员立好梯子,一人上梯,在承力索合适位置打上楔形紧线器,在楔形紧线器和羊角紧线器之间挂上手扳葫芦,梯上人员摇手扳葫芦紧线,使终锚处坠砣 b 值 b_X满足要求为止。

紧线时,终锚人员也可用棕绳滑轮组将坠砣串提升,协助紧线,钢丝绳滑轮组缓慢松绳。

梯上人员测量绝缘子杵头在承力索上的位置,并在承力索上作上标记,作承力索回头,用承力索回头与绝缘子相连,慢慢松开手扳葫芦,则张力完全倒到承力索上。

复测 b 值 b_X,如不符应调整。

至此,架线施工全部完成,连挂车辆,结束施工。

(七)架线后的其他工作

1. 对于全补偿链形悬挂,为防止承力索和坠砣向一侧偏移,承力索架设完毕应立即进行承力索中心锚结安装或采取其他措施。

2. 线索超拉

为了减小新线延伸对接触悬挂的影响，在承力索和导线架设后，对其进行张力超拉。超拉方法有利用坠砣进行超拉和两台作业车超拉两种。用坠砣超拉方法如下：

(1)加固

为了使接触网设备在超拉过程中不受损坏，超拉前必须对拉线和曲线上的腕臂进行临时加固。

① 拉线坑上放置重物(如坠砣等)不小于400 kg。拉线角度大子45°时，应增设一条临时拉线。如图5.1.7所示。

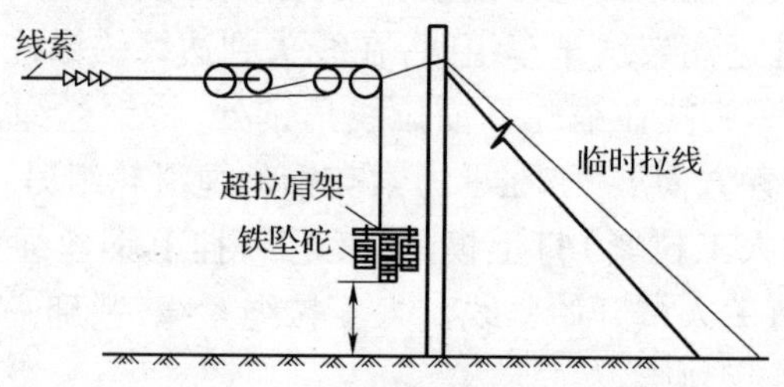

图5.1.7　线索超拉示意图

② 在接触线超拉时，曲线外侧支柱应将接触线通过双股ϕ4.0 mm铁线拉到支柱上；曲线内侧支柱、Y型道岔定位柱通过装在支柱上的角钢支撑腕臂。

(2)承力索超拉

① 在承力索坠砣杆上安装超拉肩架。

② 在两侧下锚处同时加坠砣，每隔5 min加4块。承力索超拉标准为：

$$超拉张力=额定张力\times 1.6$$

超拉张力保持时间5 h。

③ 对超拉时的温度、b值、加载次数、时间等进行记录。

④ 超拉时间符合要求后，两侧同时卸载。

(3) 接触线超拉

① 在接触线坠砣杆上安装超拉肩架。

② 在两侧每隔10 min同时加四块坠砣。接触线超拉标准为：

$$超拉张力=额定张力\times 2$$

超拉张力保持时间为3 h。其余同承力索超拉。

3. 按图纸要求安装普通吊弦。

三、恒张力架设

恒张力架设施工如图5.1.8所示。

承力索、接触线的规格、型号、机械电气性能应符合设计要求。

图5.1.8　恒张力架设施工

承力索、接触线应由生产厂家定盘生产供应，现场对号架设。承力索、接触线不允许有接头。并符合下列规定：

1. 安装线盘并确认线盘卡盘装置无异常，线盘未发生变形，承力索或接触线出头方向正确。并把线头在张力轮上按要求缠绕后固定在作业架上。

2. 起锚时，将架线车停在起锚支柱对应位置，使架线车处于作业位，升起作业围栏。将导向柱升至合适高度，旋转线盘张力架对应起锚方向，并检查张力轮上的承力索或接触线状态是否正常。旋转作业架以使承力索或接触线接头与补偿相连。

3. 架线车在行驶中要密切注意架线车张力变化。架设过程中，若线盘承力索或接触线预留长度不足，可将带网套连接器的备用钢丝绳与线盘上承力索或接触线的端头连接，保证承力索或接触线在张力盘上不少于5圈。

4. 下锚时,用倒链、紧线器、钢丝套子将承力索或接触线与下锚柱的补偿相连。紧倒链以使倒链带上一定张力后,缓慢释放线盘的张力,以使承力索或接触线的张力由下锚坠砣串提供。

5. 安装承力索或接触线终端,升降坠砣串并将承力索或接触线终端与下锚补偿连接。

6. 对于200 km/h速度目标值以上的区段,承力索宜采用恒张力架线、接触线应采用恒张力架线,架线张力应根据线材材质、额定张力等因素选取,且不应小于线盘绕线张力,架线张力偏差不得大于8%。但银铜导线最小架线张力不宜小于8 kN,镁铜、锡铜导线最小架线张力不宜小于工作张力的70%。放线速度宜为3～5 km/h并应保持匀速恒定。

7. 承力索、接触线架设应用专用放线滑轮,接触线架设应在每个跨距内均匀悬挂不少于3个S钩滑轮。

8. 张力架设接触线时,在曲线区段、转换柱处的支柱装配应采取临时加固措施。

四、质量标准

1. 铜、钢承力索19股中断一股,用同材质线扎紧使用;断2股及以上应截断重接。

2. 绞线有交叉、松散、硬弯、折叠时应修复使用,已成为无法修复的永久变形时应截断重接,有轻微松散但受力后能复原的可不作处理。

3. 坠砣串排列要整齐,缺口上下错开180°。

4. 承力索接头线夹螺栓坚固力矩应符合有关标准的要求;120 km/h以上区段正线不允许有接头;站线在一个锚段内允许有一个接头,接头距悬挂点距离不应小于2 m。弹性简单悬挂接头应安装在吊索范围外,宜靠近吊索线夹2 m内。

5. 接头距悬挂点应不小于2 m,两接头之间的距离不得小于80 m(不包括锚支线上的接头)。

五、安全注意事项

1. 架设承力索安全注意事项

(1)放线前应对线盘进行详细检查加固,线末端应固定在放线盘上,以防放线时线条脱出伤人，线盘应有制动设施。

(2)架线车作业台升、降时，不得上下人。

(3) 架线作业台上有人作业时，行车应平稳且速度不得大于5 km/h。

(4)架线时，放出的承力索下面不得有人。在铁路道口或行人较多的地方应派人防护。

(5)在高压线下放线时，其两端支柱的放线滑轮开口应封死，防止导线跳出触电。

(6)紧线时，在楔型紧线器前端的承力索上安装钢线卡子，防止紧线器滑脱。

(7)架设承力索应用放线滑轮，遇有接头应设人防护。

(8)高空作业扎好安全带，全体人员带好安全帽。

(9)架线完成后，必须沿架线区段巡回检查一遍，内容应包括：

① 确认架线区段接触网无侵入铁路基本建筑限界情况及其他不良状态。

② 接触网各部连接牢固可靠。

③ 线路上无遗留工具及其他妨碍行车物件。

经检查确认符合要求后，架线车方可返回车站。

(10)架线完成后，接触网线路两端进行临时接地。

(11)在时速 160 km/h 列车运行区段，线间距小于 6 m 时，进行架线或拆除时，应将相邻线路列车运行速度限制在 160 km/h 以内。

2. 线索超拉安全注意事项

(1)超拉应在昼间进行，超拉全过程要有人进行安全监护。

(2)承力索与接触线超拉，应在其中心锚接安装后进行。超拉前必须按要求进行加固。

(3) 必须严格执行超拉操作程序，承力索与接触线必须分别进行超拉。

(4)超拉过程中，应设防护员对超拉区段进行巡视检查，发现异常情况立即向施工负责人报告。超拉完成后，对超拉区段进行一次安全检查，确认无误后方可撤人。

第二节　接触线架设

一、准备工作

1. 人员:15～30人。

2. 工具:接触网作业车、架线车、平板车、梯车、断线钳、手锤、木手锤、导线正面器、钢卷尺、楔形紧线器、羊角紧线器、测杆、对讲机、温度计、开口放线滑轮、棕绳滑轮组、钢丝绳滑轮组、单滑轮、钢丝套子、双钩紧线器、手扳葫芦、梯子、线坠、工具袋、安全带、安全防护工具等。

3. 材料:镀锌铁线、S钩、棕绳等。

4. 资料:接触网平面布置图。

二、作业方法、步骤

(一)架设接触线应具备的条件(全补偿链形悬挂)

1. 承力索架设后,已按图纸规定位置安装好吊弦;

2. 承力索中心锚结按技术要求架设完毕;

3. 软横跨下部固定绳已安装好;

4. 锚柱已预装接触线补偿装置。

(二)办理架线申请手续

与承力索的架设相同。

(三)编制架线方案

与承力索的架设相同。

(四)放线方案技术交底

与承力索的架设相同。

(五)制作S钩

S钩是一种简易放线工具。使用S钩作临时悬挂,其一端挂在承力索上,另一端挂放导线。当S钩用作曲线临时定位时,其一端挂于定位环内;另一端钩住放线滑轮。

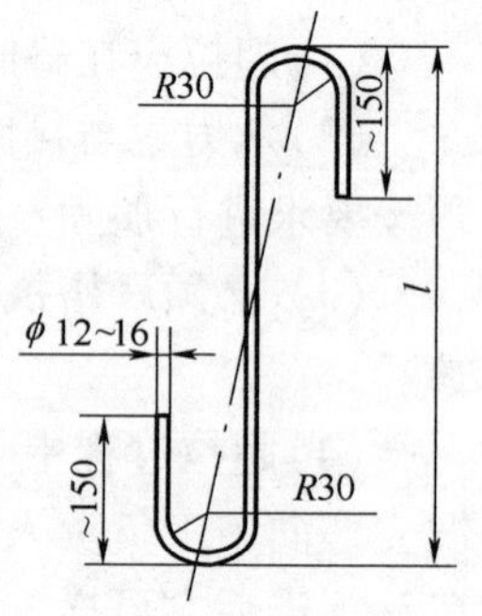

图5.2.1　S钩

S钩一般用圆钢制成,其规格见图5.2.1。

S钩的长度可根据需要制成0.6～1.2 m不等的尺寸。

(六)区间全补偿链形悬挂接触线的架设

1. 补偿器安装

架线前应将起锚、终锚处补偿器安装完毕。

(1)起锚补偿器的安装

架线前滑轮组动定滑轮之间的距离以接触线下锚绝缘子串对准承力索下锚绝缘子串为标准。确定动定滑轮之间的距离后,补偿绳头与坠砣杆相连并使 b 值达到要求,将坠砣杆用铁线或其他方法固定住然后码放坠砣,数量为事先确定的块数;或在地面将坠砣码放在坠砣杆后,用滑轮组吊上并固定。

待落锚完成后,取掉固定物并松开滑轮组绳,然后起锚、终锚两处同时将剩余坠砣码上坠砣杆,检查测量 b 值,如不符,应调整。

(2)b 值计算

施工高度计算(接触线没有超拉):

$$b_X = b_{min} + nL\alpha(t_{max} - t_X) + 0.001\ 2L$$

施工高度计算(接触线已超拉):

$$b_X = b_{min} + nL\alpha(t_{max} - t_X)$$

以上式中　b_X——任意温度下的 b 值;

b_{min}——b 值的最小值 200 mm;

n——滑轮组传动系数;

L——下锚处至中心锚结的距离;

α——承力索(或接触线)的线胀系数;

t_X——安装或调整时的温度;

t_{max}——设计采用的最高温度;

$0.001\ 1L$——新线延伸量(传动比为 1∶2)。

如果坠砣数量没有加够时,b 值应适当加大。

(3) 终锚补偿器的安装

终锚补偿器的安装方法见本节(六)4. 终锚。

后面作业与承力索的架设相同。

2. 架线

起锚之后,架线车以 5 km/h 的均匀速度前进,在架线车运行中,作业台上人员在锚柱与转换柱之间根据承力索弛度选用 S 钩将接触线挂上承力索，之后按每跨距定位点1个、跨中2个开口放线滑轮的布置方式架线，放线滑轮用吊弦悬挂。当架线车到达悬挂接触线位置时，指挥员显示停车信号，线盘制动人员根据情况进行制动，作业台人员一人将开口放线滑轮用吊弦悬挂到合适高度，另两人将接触线抬起，置放于开口滑轮中（也可先将线索装入放线滑轮后，再将滑轮用吊弦悬挂到合适高度）。作业台工作人员动作尽量要快，配合要密切、协调。接触线架设见图5.2.2。

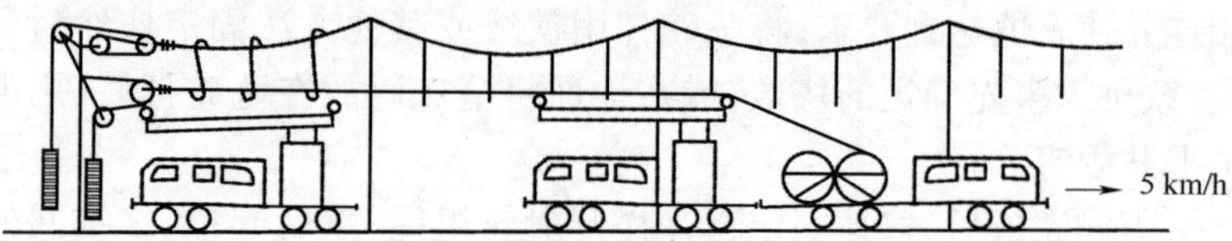

图5.2.2　接触线架设示意图

当在小半径曲线地段或站场道岔区放线时，为了以后调整方便，使接触线在定位点处的实际位置与设计拉出值相近，这就需要对接触线进行临时定位。具体方法是：将S钩的一端固定在腕臂定位环或软横跨的定位线夹内；另一端与开口滑轮连接，在放线过程中，将接触线置放于滑轮槽内，将其拉住，见图5.2.3(a)、(b)。当支柱位于曲线内侧时，应事先安装反定位管，S钩挂在反定位管上的长定位环内，如图5.2.3(c)所示。

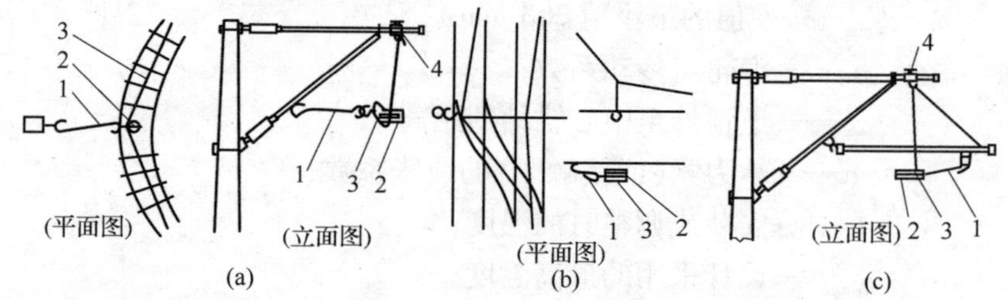

图5.2.3　接触线临时定位示意图

(a)支柱位于曲线外侧时；(b)站场道岔区接触线转向时；(c)支柱位于曲线内侧时

1—S钩；2—开口铝放线滑轮；3—接触线

架线车起动、运行、停车要平稳，不得急停急开，司机注意指挥信号，并根据作业台的工作情况，主动减速或停车，兼顾架线车作业人员的安全。副司机应注意瞭望架线车运行前方信号及行人或其他影响行车的障碍物，确保架线车的行车安全。

线盘制动人员在放线过程中，应使线盘转速与车速相适应，以保持适当的放线张力，一般约为 1.5～3 kN。在线盘轴上随时加润滑油，以保证线盘转动灵活。

接触线展放过程中，由线盘制动人员及作业台上人员共同观察接触线外表质量，如发现有损伤、腐蚀严重等现象，应立即通知停车，按规定进行处理或作出明显标记及记录，待稍候处理。

当线放到最后几圈时，为防止线头弹出伤人，应及时发出停车信号，停车后人工放开最后几圈，将线头与新线用图 5.2.4 显示的方式作临时接头，正式接头由后续作业车人员完成或以后再作。

图 5.2.4　接触线临时接头示意图

当架线车离下锚支柱有半个跨距时，架线车减速停车；线盘制动员对放线线盘施加制动力，防止线盘转动。根据各跨距接触线弛度情况，确定架线车停车地点，以架线车紧线刚过下锚支柱为宜。

通知各小组及有关人员开始紧线。

如果在下锚前的几个跨距内有穿线要求时，应在穿线前一跨距内将接触线临时固定，并设专人看护。

接触线临时固定后，架线车继续放线，将接触线放在股道内，直到锚柱的下一个跨距时停车（根据接触线弛度情况，距离可适当缩短），断掉接触线，地面人员拿着断头回到穿线处，由作业车人员穿线直至下锚处。在接触线合适位置打上楔形紧线器，将楔形紧线器固定在作业车平台上，通知各小组及有关人员开始紧线。紧线过程中接触线临时固定点松弛后应解掉。紧线完毕后停车，连接手板葫芦，下面作业与(5)终锚相同。

3. 紧线

当线盘被制动后，架线车缓缓向下锚支柱开动，直至起锚处坠砣杆底部略有抬高时，停止紧线。

各小组及有关人员在紧线时，要随时检查接触线、支柱、补偿器状态，尾部的接触网作业车应来回巡查，发现问题应及时通知架线车人员及施工负责人，采取相应的安全措施。

4. 终锚

在放线、紧线的过程中，终锚人员应调整、安装补偿器。补偿器滑轮组动定滑轮之间的距离以接触线下锚绝缘子串对准承力索下锚绝缘子串为标准。确定动定滑轮之间的距离后，确定坠砣杆 b 值，安装坠砣杆，码放坠砣。挂上绝缘子串，在绝缘子串后的杵环杆上安装好羊角紧线器。

在导线合适位置处打上楔形紧线器，将手扳葫芦本体上的挂钩挂在楔形紧线器钢丝套上，将手扳葫芦上的钢丝绳挂钩挂在羊角紧线器上的钢丝套上，紧手扳葫芦，直至导线张力全部倒到手扳葫芦上，继续紧手扳葫芦，直至导线下锚绝缘子串与承力索下锚绝缘子串对齐为止。托起绝缘子串，然后测量绝缘子杵头在导线上的位置，并在导线上作上标记，作导线回头，用导线回头与绝缘子相连，慢慢松开手扳葫芦，则张力完全倒到导线上。

起锚、终锚两处同时将剩余坠砣码上坠砣杆，检查测量 b 值，如不符，应调整。

至此，架线施工全部完成，连挂车辆，返回车站。

（七）站场全补偿链形悬挂接触线的架设

站场接触线的架设方法步骤与区间基本相同，由于站场股道较多，道岔多，线路比较复杂，同时，又要考虑站场列车运行及股道空闲情况，以便争取有效作业时间，因此，架线前必须编制详细的架线作业计划，架线时，应保持与站方密切联系，加强安全防护措施，确保运输、施工双安全。

1. 架线作业计划的编制

（1）编制原则

① 架线顺序应满足接触线交叉的技术要求。即：正线位于侧线下方；重要线路位于次要线路下方，工作支位于非工作支下方。

② 尽量减少穿线次数，节约穿线时间。

③ 根据站场股道作业特点，考虑调整计划的灵活性。

（2）架线作业计划内容

架线作业计划内容包括十三项。锚段号；锚段长度 m；线盘材质及编号；起锚杆号；放线走向；起锚端经过道岔号及跨越股道号；起锚端穿线情况；临时紧线位置；跨越（接近）电线路电压等级，高度（距离）和防护措施；终锚端穿线情况；终锚端经过道岔号及跨越股道号；终锚杆号；附注。

（3）架线作业计划的申报与审批。

架线作业计划由工程队技术负责人编制，征得车站负责人协商同意，经工程队长批准后执行，同时，抄报工程段调度，以便协助解决有关问题及掌握工程进度。

2. 起锚

站场放线时，总是要通过道岔区，不仅要穿线，有些锚柱还远离本股道。放线时架线车停在需穿线的位置，由后面的架线车负责穿线。当接触线转向时，由人工展放接触线。将梯车移动到软横跨悬挂点处，2 人上梯车，其中 1 人将接触线带上梯车，放进放线滑轮中，1 人送线，1 人拉线，将线送到地面，地面人员将线拉到下一个穿线点，穿线方法同前。最后将接触线拉到起锚处，将接触线与下锚悬式绝缘子连接好。其他同区间放线相同。

3. 架线

起锚之后，架线车以 5 km/h 的均匀速度前进，将人工穿的接触线拉起，使接触线的最低点高于 5. 5 m，然后用本章第一节图 5. 1. 4 所示方法临时固定住接触线，设专人看护，以保证非放线股道的行车。

接触线被临时固定后，架线车即可继续放线。当架线车到达接触线悬挂点时，指挥员显示停车信号，线盘制动人员根据情况进行制动，架线作业台人员把准备好的开口滑轮挂在悬吊滑轮吊线孔中或相应的零件上，另两人将接触线抬起，置放于开口滑轮中（也可先将线索装入放线滑轮，再将滑轮挂入零件吊线孔中）。作业台工作人员动作尽量要快，配合要密切、协调。

架线车到达终锚穿线区段时不再挂线，架线车继续放线至终锚锚柱后一跨支柱处（根据接触线弛度情况，距离可适当缩短），停车，将线索剪断。地面人员拿着断头回到穿线处，按照起锚穿线方法直至终锚处。

4. 紧线

当架线车车组能够到达终锚锚柱时，紧线方法与区间紧线方法相同。

当终锚锚柱远离架线车车组时，在线头到达终锚锚柱时，将钢丝绳滑轮组放到最长，一头挂在锚柱下锚拉线角钢处，将钢丝绳滑轮组沿接触线方向展开，在接触线与钢丝绳滑轮组另一头相接触的地方（接触线已被人工拉紧）打上楔形紧线器，挂上钢丝绳滑轮组另一头。通知各小组及有关人员开始紧线。人工拉绳紧线，紧到一定程度后，将拉绳固定在支柱或钢轨上。

5. 终锚

(1)作业车可以到达终锚锚柱时方法与区间紧线方法相同。

(2)作业车无法到达终锚锚柱时。

下锚人员立好梯子,一人上梯,在导线合适位置打上楔形紧线器,在楔形紧线器和羊角紧线器之间挂上手扳葫芦,梯上人员摇手扳葫芦紧线,使终锚处坠砣 b 值 b_X 满足要求为止。

紧线时,终锚人员也可用棕绳滑轮组将坠砣串提升,协助紧线,钢丝绳滑轮组缓慢松绳。

梯上人员测量绝缘子杵头在导线上的位置,并在导线上作上标记,作导线回头,用导线回头与绝缘子相连,慢慢松开手扳葫芦,则张力完全倒到导线上。

复测 b 值 b_X,如不符应调整。

至此,架线施工全部完成,连挂车辆,结束施工。

(八)接触线的超拉

接触线的超拉方法见第四章第一节承力索架设。

三、恒张力架设接触导线

恒张力架设接触导线如图 5.2.5 所示。

图 5.2.5 恒张力架设接触导线

1. 操作要领

安装线盘并确认线盘的卡盘装置无异常,线盘未发生变形,承力索或接触线出头方向正确。并把线头在张力轮上按要求缠绕后固定在作业架上。

起锚时，将架线车停在起锚支柱对应位置，使架线车处于作业位，升起作业围栏。将导向柱升至合适高度，旋转线盘张力架对应起锚方向，并检查张力轮上的承力索或接触线状态是否正常。旋转作业架以使承力索或接触线接头与补偿相连。

架线车在行驶中要密切注意架线车张力变化。架设过程中，若线盘承力索或接触线预留长度不足，可将带网套连接器的备用钢丝绳与线盘上承力索或接触线的端头连接，保证承力索或接触线在张力盘上不少于5圈。

下锚时，用倒链、紧线器、钢丝套子将承力索或接触线与下锚柱的补偿相连。紧倒链以使倒链带上一定张力后，缓慢释放线盘的张力，以使承力索或接触线的张力由下锚坠砣串提供。

安装承力索或接触线终端，升降坠砣串并将承力索或接触线终端与下锚补偿连接。

2 其他注意事项

放线时出现导线不平顺及控制运行中出现波状磨耗的应对措施 - 恒张力放线要求新架设的锡铜合金接触导线的架设应采用小张力（根据导线生产绕盘张力确定）的恒张力放线工艺，严格根据现场技术督导的要求进行，确保导线放线的平顺。放线速度控制在时速 5 公里以内（匀速）。

施工时应遵循接触导线不平顺度控制在8‰以内的标准。

接触线更换时，在同一个封闭点内完成旧线拆除、新线换上，并将接触网调整到位，到达运营条件，一次成型。避免接触线临时悬挂和二次调整产生的硬点。

接触线高度应调整至恒定，所有调整作业严禁踩踏接触线。

四、质量标准

1. 铜及铜合金接触线在同一截面处损伤超过其截面 10% 时，应截断重接。

2. 接触线接头线夹处应平滑不打弓，螺栓坚固力矩应符合有关标准的要求；120 km/h 以上区段正线接触线不允许有接头；站线接触线在一个锚段内允许有一个接头,接头距悬挂点距离不应小于 2 m。弹性简单悬挂接触线接头应安装在吊索范围外,宜靠近吊索线夹 2 m 内。

3. 接头距悬挂点应不小于 2 m,两接头之间的距离不得小于 80 m(不包括锚支线上的接头)。

4. 坠砣串排列要整齐,缺口上下错开 180°。

五、安全注意事项

1. 放线前应对线盘进行详细检查加固,线末端应固定在放线盘上,以防放线时线条脱出伤人,线盘应有制动设施。

2. 架线车作业台升、降时,不得上下人。

3. 架线作业台上有人作业时,行车应平稳且速度不得大于 5 km/h。

4. 架线时,放出的接触线下面不得有人。在铁路道口或行人较多的地方应派人防护。

5. 在高压线下放线时,其两端支柱的放线滑轮开口应封死,防止导线跳出触电。

6. 紧线时,在楔型紧线器前端的接触线上安装钢线卡子,防止紧线器滑脱。

7. 架设接触线应用铝放线滑轮,遇有接头应设人防护。

8. 高空作业扎好安全带,全体人员戴好安全帽。

9. 架线完成后,必须沿架线区段巡回检查一遍,内容应包括:(1)确认架线区段接触网无侵入铁路基本建筑限界情况及其他不良状态。(2)接触网各部连接牢固可靠。(3)线路上无遗留工具及其他妨碍行车物件。

经检查确认符合要求后,架线车方可返回车站。

10. 架线完成后,接触网线路两端进行临时接地。

第六章　悬挂安装、调整

第一节　中心锚结安装、调整

一、准备工作

1. 人员:7 ~ 15 人。

2. 工具:接触网作业车(轨道车、平板车、梯车)、楔形紧线器、手锤、导线正面器、测杆、放线滑轮、吊绳、卷尺、测杆、线坠、温度计、断线钳、安全带、安全防护工具等。

3. 材料:ϕ4.0 mm 镀锌铁线、棕绳、ϕ1.8 mm 绑扎铁线等。

4. 资料:接触网平面布置图、安装图、安装曲线、当量跨距表等。

二、作业方法、步骤

在两端装有补偿器的锚段里,必须加设中心锚结。在锚段中部,接触线对于承力索、承力索与锚柱(或固定绳)进行锚固的方式称为中心锚结。

承力索中心锚结一般有三跨式中心锚结,二跨式中心锚结,防窜动中心锚结,隧道内中心锚结等几种。接触线中心锚结有“人”型和“V”型中心锚结。

(一)中心锚结结构

1. 全补偿链形悬挂三跨式中心锚结结构见图 6.1.1。

2. 全补偿链形悬挂二跨式中心锚结结构见图 6.1.2。

3. 防窜动中心锚结见图 6.1.3。

(二)三跨式中心锚结安装

1. 承力索中心锚结安装

(1)承力索中心锚结绳规格

全补偿链形悬挂承力索中心锚结绳的选择符合设计要求,其长度根据所在实际跨距长度而定。

(2)预制:按实际测量的长度下料,并作好锚结绳一端的回头。

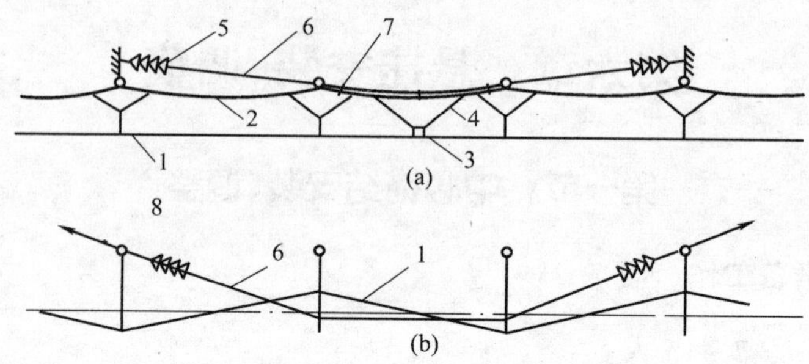

图 6.1.1　全补偿链形悬挂三跨式中心锚结

(a)立面图;(b)平面图

1—接触线;2—承力索;3—中心锚结线夹;4—接触线中心锚结绳;

5—悬式绝缘子串;6—承力索中心锚结绳;7—钢线卡子;8—拉线

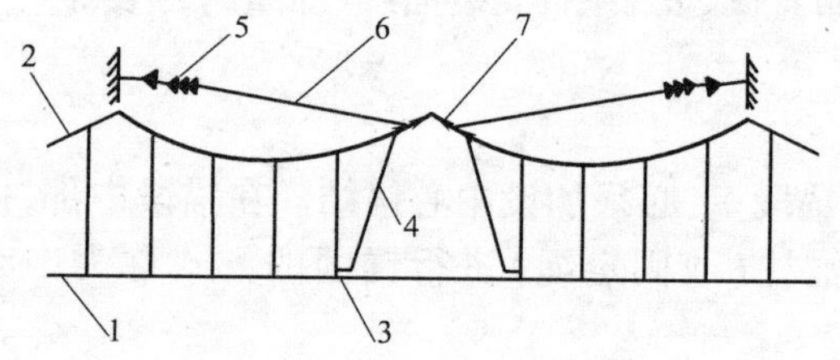

1—接触线;
2—承力索;
3—中心锚结线夹;
4—接触线中心锚结绳;
5—悬式绝缘子串;
6—承力索中心锚结绳;
7—钢线卡子

图 6.1.2　全补偿链形悬挂二跨式中心锚结立面图

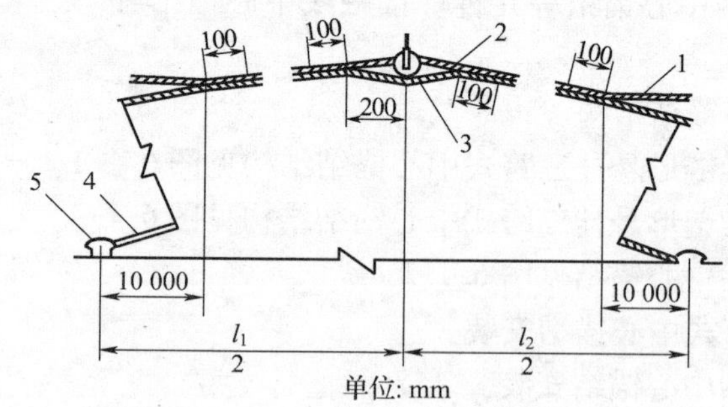

图 6.1.3　防窜动中心锚结示意图

1—承力索;2—钢线卡子;3—承力索中心锚结绳;

4—接触线中心锚结绳;5—中心锚结线夹

(3)在中心锚结转换柱悬挂点各挂一个开口滑轮。

(4)将锚结绳组装好的一端与中心锚结的锚柱连接好(即起锚)。

(5)由作业车作业人员将锚结绳放入中心锚结转换柱的滑轮内。

(6)用滑轮组和手扳葫芦在中心锚结的锚柱杆处紧线(既终锚),其松紧程度应保证跨中承力索中心锚结绳的最低点等于或略高于该处承力索的最低点,中心锚结绳的锚固方法与承力索硬性下锚相同。

(7)在中心锚结转换柱悬挂点两侧各用 2 个 GQ－4 的钢线卡子,在跨中用 3 个 GQ－4 的钢线卡子将承力索中心锚结绳与承力索固定,钢线卡子间距均为 100 mm,见图 6.1.4。

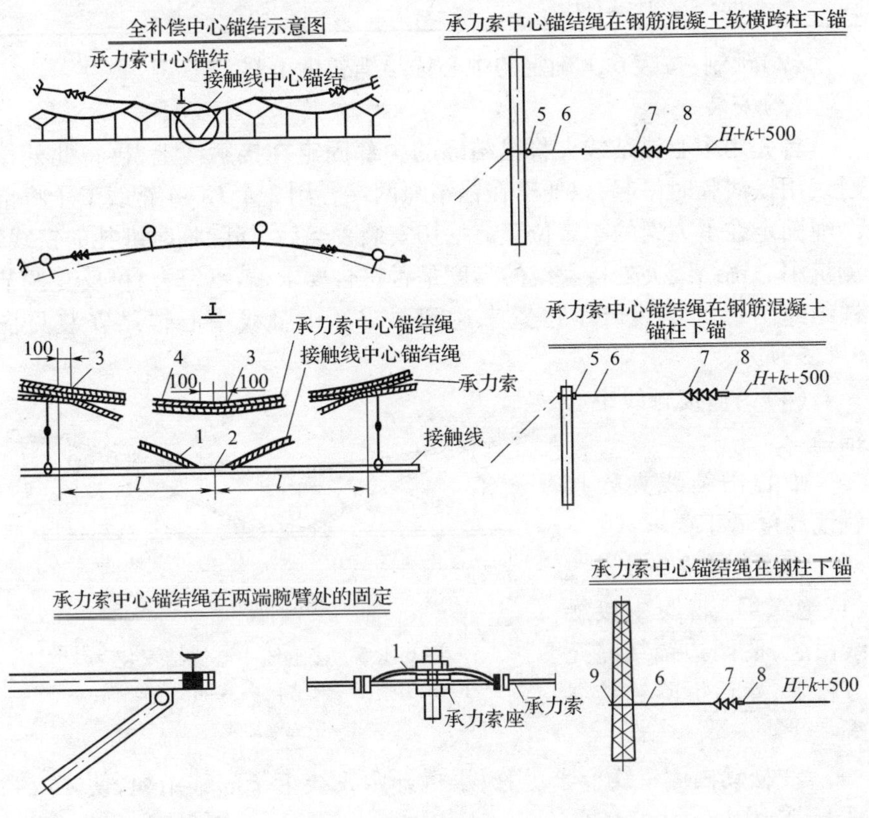

图 6.1.4　区间承力索中心锚结安装

1—接触线中心锚结绳;2—中心锚结线夹;3—钢线卡子;4—承力索中心锚结绳;5—承锚角钢;6—杵环杆;7—悬式绝缘子;8—杵座楔形线夹;9—金属柱下锚固定角钢

2. 接触线中心锚结安装

(1)接触线中心锚结绳规格

全补偿链形悬挂区间接触线中心锚结绳为 GJ-50 的镀锌钢绞线，其长度可参考表 6.1.1。

表 6.1.1　全补偿链形悬挂区间接触线中心锚结绳长度表

链形悬挂结构高度 h(mm)	1 700	1 500	1 300
接触线中心锚结绳距 l(m)	12.5	11.5	10
接触线中心锚结绳长度(m)	≈28.5	≈25.5	≈22

(2)预制：按表 6.1 确定的中心锚结绳长度下料。

(3)安装

首先用中心锚结线夹将锚结绳的中部固定在接触线上，再将此处接触线用铁线临时吊起，以便于在锚结绳两端各用 2 个 GQ-4 钢线卡子将锚结绳固定在承力索的一定位置。一切安装妥当后，撤除临时绑扎的铁线，测量中心锚结线夹处接触线的高度是否符合要求，若不符合，可反复调节锚结绳两端的钢线卡子位置来达到要求。接触线中心锚结安装见图 6.1.5 所示。

(4)调整接触线中心锚结

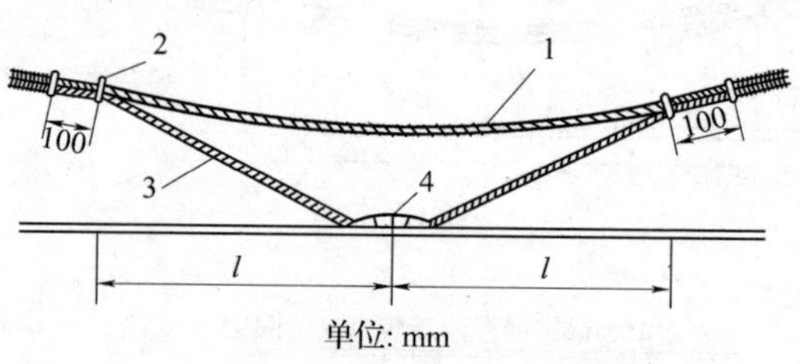

单位：mm

图 6.1.5　接触线中心锚结安装

1—承力索；2—钢线卡子；3—中心锚结绳；4—中心锚结线夹

中心锚结线夹处接触线高度低于要求：

① 用 ϕ4.0 mm 铁线(或绝缘绳)将跨中接触线吊起，使两边锚结绳充分松弛，然后拆除锚结绳绑扎线。

② 松动内侧钢线卡子，用扳手撬开两钢线卡子间锚结绳，使之成大垂弯，紧固内侧钢线卡子。

③ 松开外侧钢线卡子，使锚结绳向外窜动一定距离，然后紧固外侧钢线卡子。

④ 反复进行②、③项步骤直至符合要求，最后拆除跨中铁线(或绝缘绳)，并绑扎露头。

中心锚结线夹处接触线高度高于要求时：

① 用 ϕ4.0 mm 铁线（或绝缘绳）将跨中接触线吊起，使两边锚结绳充分松弛，然后拆除锚结绳绑扎线。

② 松动外侧钢线卡子，撬开两钢线卡子间锚结绳使之成一大垂弯，紧固外侧钢线卡子。

③ 松动内侧钢线卡子，使锚结绳向内窜动一定距离，然后紧固内侧钢线卡子。

④ 反复②、③项步骤直至达到要求。

⑤ 拆除跨中铁线（或绝缘绳）并绑扎露头。

（三）防窜动中心锚结安装

防窜动中心锚结一般安装在软横跨处，将承力索中心锚结绳在悬挂点处与承力索固定，依靠上部固定绳对承力索起到防窜动作用。

承力索中心锚结绳用 GJ-70 钢绞线（长约 1 m）在悬挂点处通过钢线卡子与承力索固定，在两侧的跨距中心位置安装接触线中心锚结线夹，并将锚结绳（每根长约 11 m）向承力索中心锚结方向通过钢线卡子与承力索固定。

三、质量标准

1. 半补偿链形悬挂的中心锚结应装在设计指定跨距的中间位置上。中心锚结线夹两端锚结绳的张力与长度应力求相等，线夹处接触线的高度应比相邻吊弦点高出 20 ~ 100 mm；中心锚结绳的两端应分别用两个相互倒置的钢线卡子固定，卡子间的距离为 100 mm，绳头距卡子为 100 ~ 150 mm，绳头应用铁绑线缠绕绑固。

2. 全补偿链形悬挂接触线中心锚结的安装要求及标准与半补偿相同。全补偿承力索的中心锚结绳应在该跨距中部及相邻两悬挂点处与承力索用钢线卡子固定，跨距中部为三个，悬挂点两侧各为两个，相互倒置，间距为 100 mm，中心锚结绳的弛度略小于或等于该跨距的承力索弛度，锚结绳的两端应分别固定在设计指定的支柱上。

3. 中心锚结绳不得侵入弹性吊弦范围内，当中心锚结旁的吊弦与弹性吊弦旁的吊弦间距离小于 2 m 时，应合并成一根，安装在中间位置。中心锚结范围内及隧道中心锚结所在跨距不得装设环节吊弦。

4. 接触线中心锚结所在的跨距内不得有接触线接头和补强。接触线中心锚结范围内不得安装吊弦和电连接器。

四、安全注意事项

1. 同一支柱上、下部不应同时有两人作业,如由于操作需要两人在同一支柱上、下同时工作时,应有安全措施。

2. 当列车通过时,在支柱上作业的人员应停止工作,并躲到安全地点。

3. 在线路上使用梯车作业时,每辆梯车出车时不得少于7人。梯车上的作业人员不得超过2人。

4. 梯车未放稳前不得登梯作业。梯车行进时不得上、下梯车。梯车作业台上不得放置零散工具、材料。

5. 推扶梯车人员应听从梯车上作业人员的指挥,推行速度不得大于5 km/h,也不得发生冲击等现象。

6. 在梯车上不得进行有倾倒危险的作业。梯车走到小半径曲线区段时,应在曲线外侧设置拉绳人员,以防梯车倾倒。在曲线区段作业时,梯车上作业人员站在导线的曲线外侧作业。

7. 梯车在线路附近长时间停放时,应将梯车放倒。

8. 高空作业系好安全带,戴好安全帽。

9. 防护人员要穿好防护服、佩带相应标志,按规定进行行车防护。

10. 高空作业防止高空掉物伤人。

11. 作业车移动,作业平台升、降及转动时,严禁人员上、下平台。

12. 严格执行呼唤应答制度。

13. 严禁戴手套打手锤。

14. 停电作业必须严格按程序要求进行,不得简化。特别要把好申请作业命令、验电接地、开工、行车防护、消除作业命令等关键环节。

15. V型"天窗"停电作业时,作业人员及所持材料、工具与邻线带电部分保持足够的安全距离,注意邻线来车。防止感应电伤人。

第二节 吊弦安装

一、准备工作

1. 人员:7~15人。

2. 工具：接触网作业车（轨道车、平板车、梯车）、吊篮、卷尺、安全带、导线正面器、测杆、线坠、温度计、小油桶、油刷、等位线、兆欧表、安全带、安全防护工具等。

3. 材料：镀锌铁线、棕绳、吊弦线夹、夹环、整体吊弦、钢绞线等。

4. 资料：接触网平面布置图、安装曲线表等。

二、作业方法、步骤

（一）吊弦的类型

吊弦一般分为环节吊弦、弹性吊弦、滑动吊弦和整体吊弦四种类型。

1. 环节吊弦

环节吊弦一般由二节或三节连在一起，根据吊弦在跨距中所处位置及悬挂结构高度的不同，环节吊弦可分为四种类型，其规格型号如表 6.2.1 所列，其结构形式见图 6.2.1 所示。

表 6.2.1　环节吊弦表

类　型	长度（mm）	组合情况	类　型	长度（mm）	组合情况
Ⅰ	1 450 ~ 1 650	A + A + C	Ⅲ	900 ~ 1 150	A + B
Ⅱ	1 150 ~ 1 450	A + C + B	Ⅳ	700 ~ 900	C + B

注：本表适用的结构高度为 1.5 ~ 1.7 m。

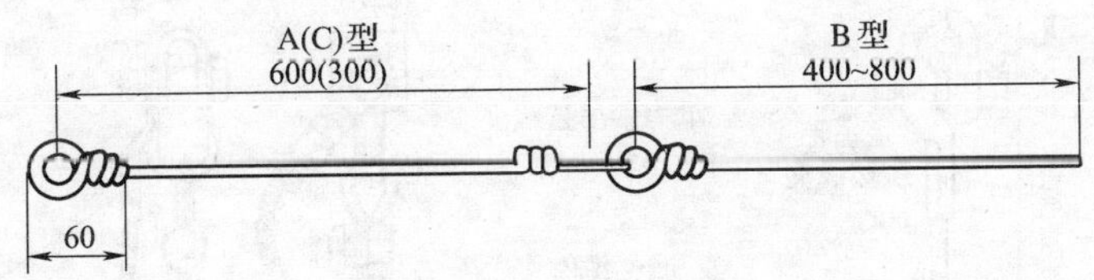

图 6.2.1　环节吊弦的结构图

2. 弹性吊索

弹性吊索安装在支柱定位点处。它是通过一根长约 15 m 的 GJ－10（7 股）镀锌钢绞线制成的辅助绳和 1 根（或 2 根）环节吊弦组合而成的。如图 6.2.2 所示。

3. 滑动吊弦

当安装环节吊弦在极限温度下其偏移超过允许范围时，就要采用滑

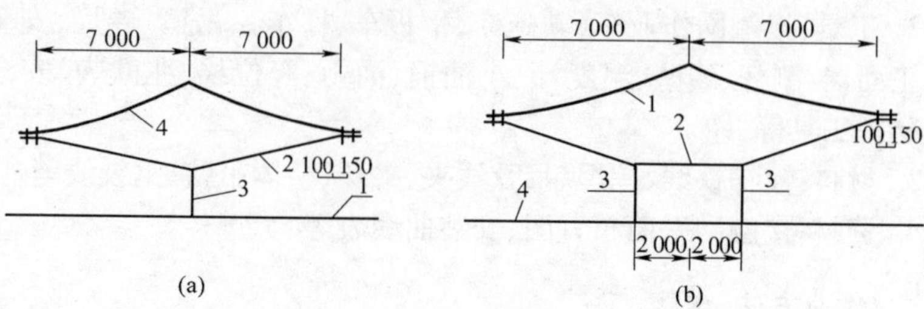

图 6.2.2　弹性吊索安设图

(a)Y 型结构；　(b)П型结构。

1—承力索;2—辅助绳;3—环节吊弦;4—接触线

动吊弦。一般用于隧道内接触悬挂。如图 6.2.3 所示。

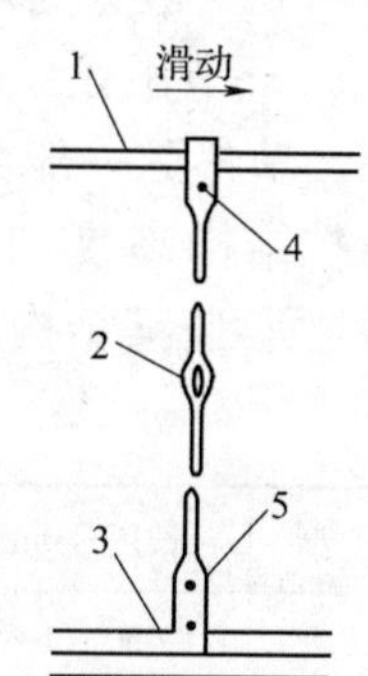

图 6.2.3　滑动吊弦结构示意图

1—承力索;2—吊弦;3—接触线;4—夹环;5—吊弦线夹

4. 整体吊弦

(1)不可调式整体吊弦,如图 6.2.4 所示。

(2)可调式整体吊弦如图 6.2.5 所示。

(3)带导流环可调式整体吊弦如图 6.2.6 所示。

(4)带导流环不可调式整体吊弦如图 6.2.7 所示。

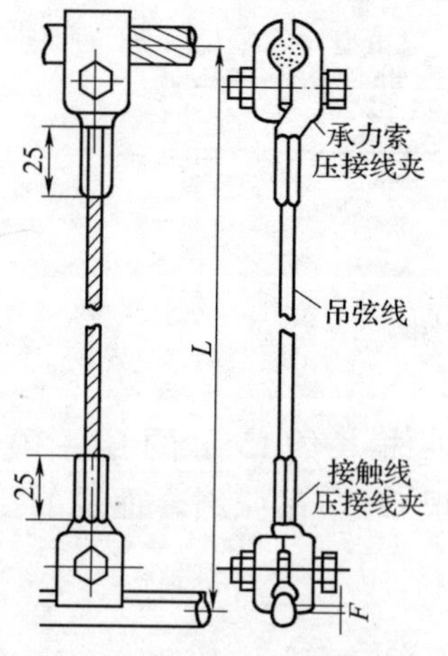

图 6.2.4　整体吊弦示意图

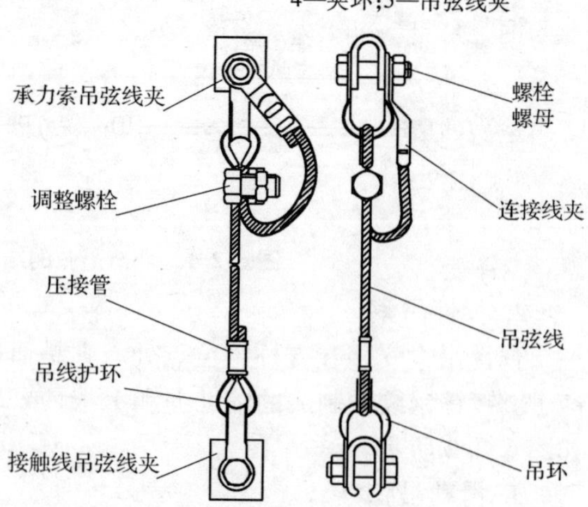

图 6.2.5　可调式整体吊弦示意图

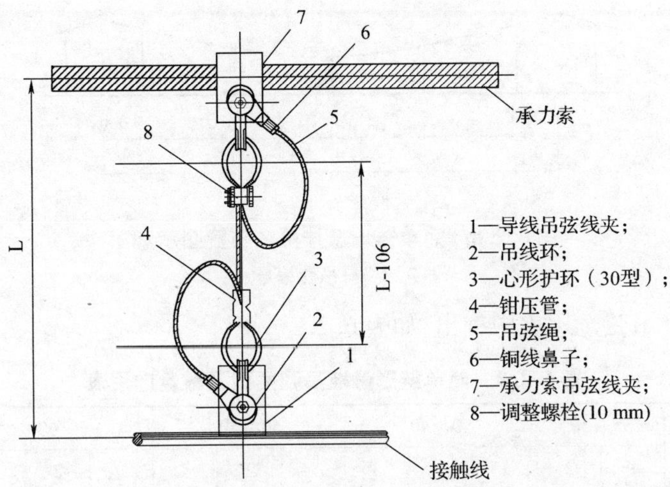

图 6.2.6　带导流环可调式整体吊弦示意图

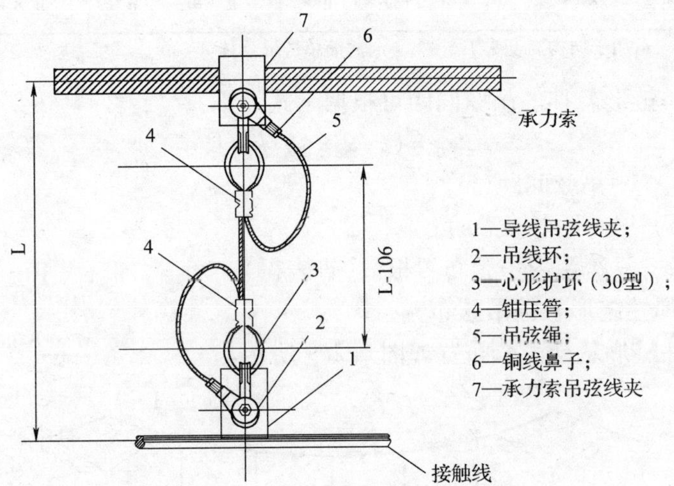

图 6.2.7　带导流环不可调式整体吊弦示意图

(二)吊弦的布置

1. 简单链形悬挂吊弦布置

简单链形悬挂吊弦布置如图 6.2.8 所示。

第一根吊弦距悬挂点的距离为 4 m,跨中吊弦数量、类型根据跨距长

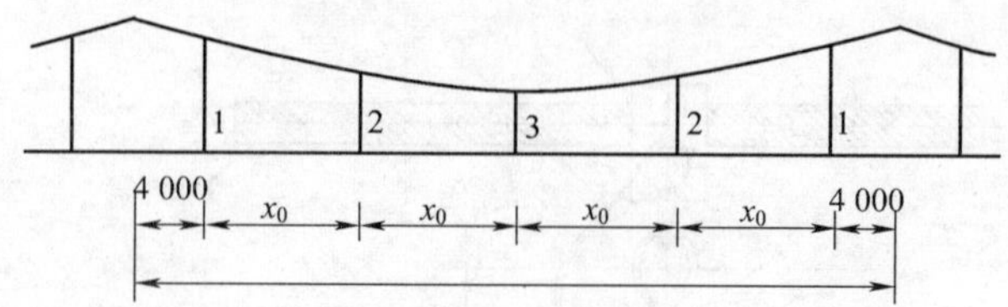

图 6.2.8　简单链形悬挂吊弦布置图示意图

1、2、3—吊弦编号

度从设计吊弦选用表中查出，如表 6.2.2 所示。

表 6.2.2　简单链形悬挂吊弦类型及数量选用表

跨　距	35 ~ 39		40 ~ 49			50 ~ 59			60 ~ 65			
吊弦编号	1	2	1	2	3	1	2	3	1	2	3	4
长度(mm)	1 650	1 500	1 600	1 450	1 400	1 600	1 350	1 250	1 550	1 300	1 200	1 100
类型及数　量	Ⅰ ×4		Ⅰ ×4		Ⅲ ×1	Ⅱ ×2	Ⅱ ×4		Ⅰ ×2	Ⅱ ×4		Ⅲ ×1

注：本表适用于结构高度为 1.5 ~ 1.7 m 的简单链形悬挂。

简单链形悬挂的吊弦间距可根据下式计算：

$$x_0 = (l - 2 \times 4)/k - 1$$

式中　x_0——吊弦间距(m)；

l——跨距长度(m)；

k——跨距内吊弦布置根数(查表得)。

2. 弹性链形悬挂吊弦布置

弹性链形悬挂吊弦布置如图 6.2.9 所示。

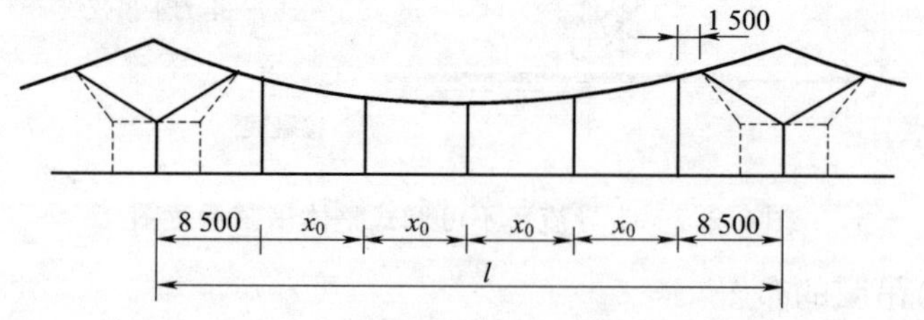

图 6.2.9　弹性链形悬挂吊弦布置图示意图

第一根吊弦至悬挂点为 8.5 m，跨距中吊弦布置与简单链形悬挂相同。选用表如表 6.2.3 所示。

表 6.2.3　弹性链形悬挂吊弦选用表

跨　距　l(m)		35～39		40～49		50～59			60～65		
编　　号		1	2	1	2	1	2	3	1	2	3
h=1 300 (mm)	长度(mm)	1 130	1 050	1 100	1 100	1 050	950	950	1 050	900	750
	类型及数量	Ⅲ×3		Ⅲ×4		Ⅲ×5			Ⅲ×4		Ⅳ×2
h=1 500 (mm)	长度(mm)	1 400	1 300	1 350	1 250	1 300	100	1 100	1 250	1 100	1 000
	类型及数量	Ⅲ×3		Ⅲ×4		Ⅲ×4			Ⅲ×1	Ⅱ×2	Ⅲ×4
h=1 700 (mm)	长度(mm)	1 600	1 500	1 550	1 450	1 500	1 350	1 300	1 450	1 300	1 250
	类型及数量	Ⅰ×3		Ⅰ×4		Ⅰ×2	Ⅱ×3		Ⅰ×2	Ⅱ×4	

注：h——结构高度。

弹性链形悬挂吊弦间距可根据下式计算：

$$x_0=(l-2\times 8.5)/k-1$$

3. 隧道内链形悬挂吊弦布置

隧道内半补偿链形悬挂的跨距 l 通常 18～25 m，一般每跨布置两根吊弦，吊弦与悬挂点间的距离为 $l/4$，吊弦间距为 $l/2$。

隧道内全补偿链形悬挂跨距 l 通常为 35～40 m，一般布置 4 根吊弦，吊弦与悬挂点距离为 $l/8$。吊弦间距为 $l/4$。其布置如图 6.2.10 所示。

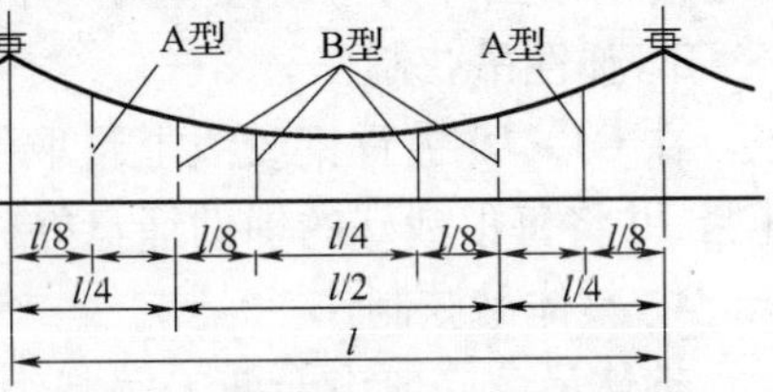

图 6.2.10　隧道链形悬挂吊弦布置（虚线部分为半补偿悬挂）示意图

（三）吊弦偏移的计算

全补偿链形悬挂吊弦偏移计算公式为：

$$E=L(\alpha_j-\alpha_c)(t_x-t_p)$$

式中　E——吊弦在接触线上的位移；

L——安装点至中心锚结的距离；

α_j——接触线的线胀系数；

α_c——承力索的线胀系数。

t_x——安装（或调整）时的温度；

t_p——设计所采用的平均温度，其值为：

$$t_p = (t_{max} + t_{min}) \div 2$$

上式中，当 E 为正值时，吊弦应向下锚方向偏移；当 E 为负值时，吊弦应向中心锚结方向偏移；当 E > 1/3 吊弦长度时，吊弦应改为滑动吊弦。

（四）吊弦制作

1. 环节吊弦制作

环节吊弦一般用 ϕ4.0 镀锌铁线，使用吊弦制作器制成环节状，每根吊弦不得少于两节，两端环孔的形状做成水滴状，直径为线径的 5 ~ 10 倍，环孔收口处缠绕两圈半，多余的铁线头截掉。吊弦保持顺直，每节吊弦两端的环孔应呈互相垂直状。

制作环节吊弦前，应将 ϕ4.0 镀锌铁线拉伸后再下料，下料尺寸（括号内为制成后的长度）：

A 型——880（600）mm

B 型——740 ~ 940（600 ~ 800）mm

C 型——540（400）mm

2. 滑动吊弦制作

滑动吊弦即为一个夹环与一个长度可调的环节吊弦连接组成。

3. 弹性吊弦制作

在 GJ - 10 镀锌钢绞线上量取约 15 m 制作弹性吊弦，绳头用细绑线扎紧，并将每根裁好的辅助绳盘好。

4. 整体吊弦制作

整体吊弦一般由专业工厂制作。

（五）吊弦安装

环节吊弦、滑动吊弦和整体吊弦的安装：

1. 吊弦位置的测量

吊弦安装应事先测量好吊弦位置。首先根据跨距大小和悬挂类型查表 15 和表 16 确定出本跨距内吊弦数量 k 及其类型，由公式 $x_0 = (l - 2 \times 4)/k - 1$ 和 $x_0 = (l - 2 \times 8.5)/k - 1$ 计算出吊弦间距 x_0。然后用皮尺在钢轨上测出各吊弦安装位置，并作出标记。测量吊弦位置有 3 人即可，其中 2 人测量，1 人防护。

2. 吊弦安装

(1)承力索吊弦安装

安装时,用线坠对准钢轨上所作出的吊弦位置标记,找出吊弦在承力索上的位置,按要求用吊弦线夹将吊弦固定在承力索上。当承力索为钢铝绞线时,应在承力索悬挂点处用厚0.1 mm、宽36 mm的铝箔缠绕四圈,铝箔缠绕在线索上应紧密,不能松散。

(2)接触线吊弦安装

吊弦安装应从中心锚结向两侧下锚方向进行,并将接触线导线面找正确,防止导线面扭转。

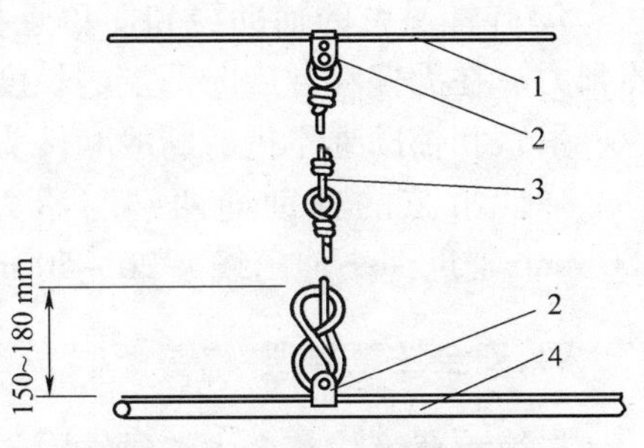

图6.2.11　吊弦的安装
1—承力索;2—吊弦线夹;3—吊弦;4—接触线

吊弦与接触线的固定是在接触线高度调整时进行的。作业时,解开并顺直架设接触线时临时系住的吊弦,另一人根据温度变化偏移值 E,在接触线上安装吊弦线夹。为适应多次调整的需要,吊弦与接触线作临时性的固定,将吊弦铁线打弯回头均匀迂回,呈"8"字形,见图6.2.11,回头高度以150~180 mm为宜。

三、质量标准

1. 吊弦的长度要能适应在极限温度范围内接触线的伸缩和弛度的变化。吊弦在无偏移温度时,应保持铅垂状态。吊弦在垂直于线路方向的倾斜率不得大于1/10。顺线路方向吊弦下部的偏移值应与该点承力索和接触线伸缩值之差相适应,对半补偿链形悬挂就是接触线的伸缩值,在极限温度范围内,吊弦顺线路方向的偏移值不得大于吊弦长度的1/3,否则应采用滑动吊弦。

2. 吊弦线夹在直线处应保持铅垂状态,曲线处应与接触线的倾斜度一致。

3. 吊弦之间的距离符合设计,设计无规定者一般应不大于12 m,区间和车站相邻线路和吊弦位置应相互对应。

4. 若采用环节吊弦,应符合下列要求:

(1)吊弦至少应由 2 节组成,每节的长度以不超过 600 mm 为宜,吊弦回头应均匀迂回,长度为 150 ~ 180 mm。

(2)吊弦环直径应为其线径的 5 ~ 10 倍。吊弦磨损减少的截面积不准超过原面积的 50% 。

(3)在大电流区段(指 500A 及以上),吊弦应采取绝缘措施或采用载流吊弦,防止环节烧损。

5. 弹性吊弦的辅助绳和简单悬挂的吊索须用绞线制成并保持一定的张力。在无偏移温度时两端的长度应相等,允许相差不超过 400 mm。

吊索和辅助绳不得有断股和接头。

弹性吊弦的辅助绳两端与承力索各用 2 个线夹连接,线夹间距 100 mm,辅助绳头伸出线夹 20 ~ 50 mm。

四、安全注意事项

与第六章第一节　中心锚结安装相同。

第三节　定位装置及弹性吊索安装

一、准备工作

1. 人员:12 ~ 15 人。

2. 工具:接触网作业车(轨道车、平板车、梯车)、安全带、滑轮组、单轮组、导线整正器、扭矩扳手、手锤、卷尺、钢丝套、吊绳、测杆、线坠、水平尺、道尺、温度计、小油桶、油刷、棕绳、工具包、安全防护工具等。

3. 材料:ϕ4.0 mm 铁线。

4. 资料:接触网平面布置图、支柱安装图。

二、作业方法、步骤

(一)定位装置的组成

定位装置由定位管、定位器、定位线夹和连接零件组成。

1. 定位管

定位管的作用是固定定位器并且使其在水平方向便于调节。

定位管有普通定位管和 T 型定位管两种类型,如图 6.3.1 所示。

普通定位管是用镀锌钢管加工制成,尾部焊有定位钩。根据不同定

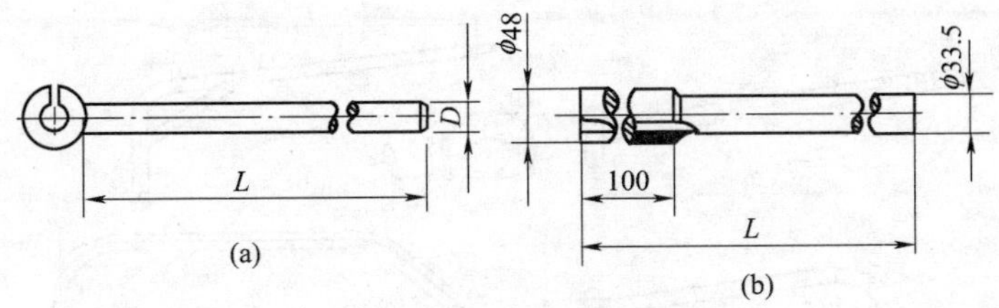

图 6.3.1　定位管结构图

(a)普通定位管；(b)T 型定位管

位形式的需要，其管径和长度也有不同的型号。其管径主要有：1/2、3/4、1、1.5(英寸)。其长度主要有 700、900、960、1 150、1 500、1 850、3 200(mm)等。其代号用管径和长度表示，如：1－1 500 表示管径为 1 英寸，长度为 1 500 mm 的定位管。

T 型定位管由 1 英寸钢管加焊 1.5 英寸钢管而制成的，主要是为了便于和棒式绝缘子配合使用。一般用于隧道、多线路腕臂等处。T 型定位管主要有 960、1 500、2 350(mm)等不同的长度，其代号用 T 和长度表示，如 T—2 350 表示：T 型定位管，长度为 2 350 mm。

2. 定位器

定位器的作用是将接触线按要求固定到一定位置上。

定位器的型号分为 1/2(960)、3/4A(960)、3/4B(1150)、T 型定位器、软定位器、T 型软定位器，如图 6.3.2 所示。

在新建的电气化铁路线上，定位器已使用下列型号：

L_1(745)　L_2(1000)　L_3(1200)

A_1(745)　A_2(1000)　A_3(1200)

DC(1000)(括号内数字为其长度，单位：mm)。

L 型为硬铝合金(LY12)制成，A 型为钢管(A3)制成，DC(道岔用)型以上两种材质均有。L_1、A_1 为 1/2 英寸，其余均为 3/4 英寸。其结构如图 6.3.3 所示。

在隧道内及非绝缘腕臂支柱上的定位装置，是由 T 型定位管、支持器和棒式绝缘子构成的，如图 6.3.4 所示。棒式绝缘子直接安装在支柱肩架或隧道埋入杆上。

为了防止导线抬高造成打碰弓，在高速铁路区段安装了限位定位器，

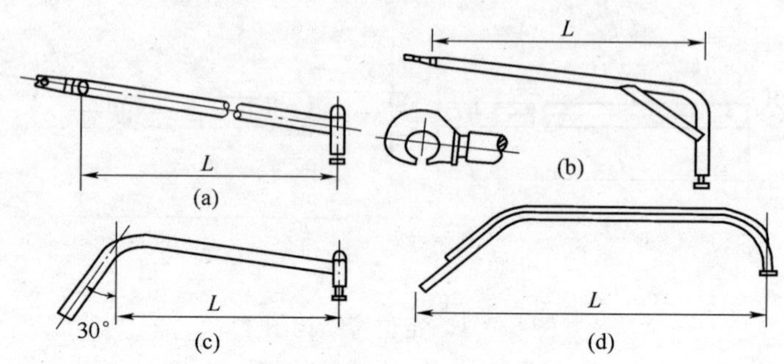

图 6. 3. 2　各型定位器

(a)直管定位器;(b)T 型定位器;(c)软定位器;(d)T 型软定位器

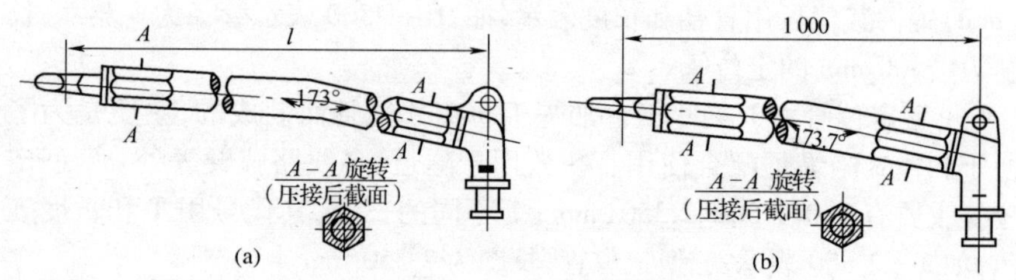

图 6. 3. 3　定位器(新)示意图

(a)L、A 型定位器;(b)DC 型定位器

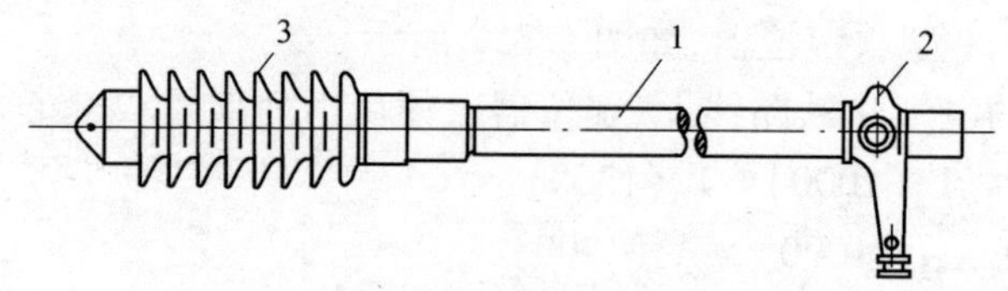

图 6. 3. 4　带支持器的定位器

1—T 型定位管;2—长支持器(或支持器);3—QB 型棒式绝缘子

腕臂用限位定位器如图 6. 3. 5 所示,软横跨用限位定位器如图 6. 3. 6 所示。

(二)定位方式

支柱所在的位置不同,其定位方式也不相同。定位方式大体分为以下几种:

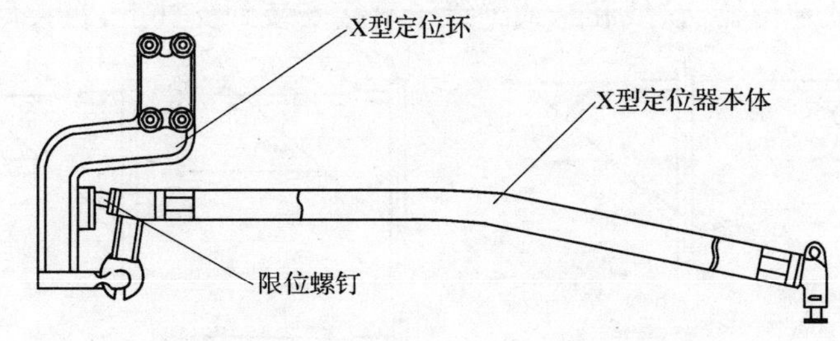

图 6.3.5　腕臂用 X 型限位定位器

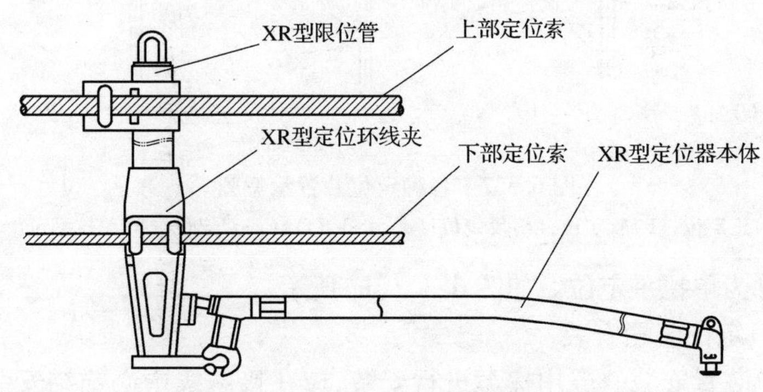

图 6.3.6　软横跨用 XR 型限位定位器

1. 正定位

通过定位管和定位器将接触线拉向支柱侧的定位方式称为正定位。如图 6.3.7(a)所示。

2. 反定位

通过定位管和定位器将接触线拉向支柱反侧的定位方式称为反定位。如图 6.3.7(c)所示。

3. 软定位

通过铁线和软定位器将接触线定位的方式称为软定位,如图 6.3.7(b)所示。

4. 双定位

两支接触线在同一支柱上定位的方式称为双定位,如图 6.3.7(d)、(e)、(f)、(g)所示。

5. 单拉手定位

通过软定位器、铁线和悬式绝缘子直接安装到支柱上，将接触线定位

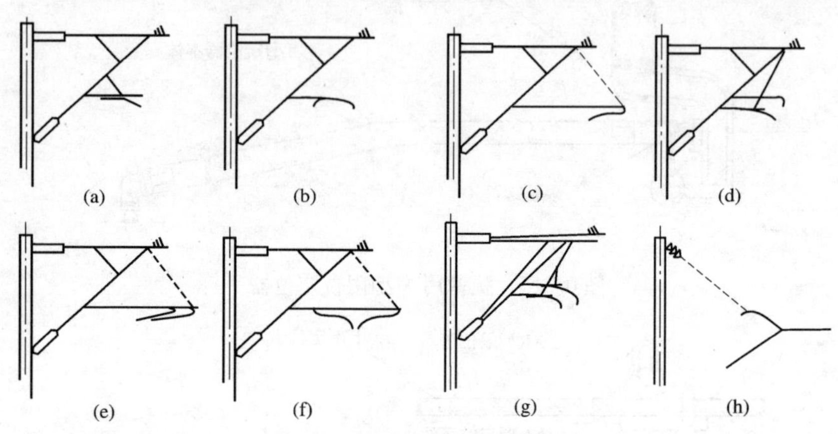

图 6.3.7　各种定位装置示意图

(a)正定位;(b)软定位;(c)反定位;(d)、(e)、(f)、(g)双定位;(h)单拉手定位

的方式称为单拉手定位。如图 6.3.7(h)所示。

(三)定位装置安装

定位装置安装一般用梯车进行安装，应在接触线中心锚结安装完毕或从中心锚结处向两侧下锚方向进行，并将接触线导线面找正确，防止导线面扭转。

1. 预配

事先根据平面图和安装图，按杆号配齐零配件，并组装在一起。

2. 测量腕臂定位环的高度

为了避免定位器碰撞受电弓，定位器必须有标准的倾斜度。一般情况下，正定位定位环高 $H_0 + 227$ mm；反定位时为 $H_0 + 379$ mm(H_0 为接触线工作高度)。

3. 安装斜拉线、定位管

由梯车上作业人员将定位管与腕臂上的定位环连接，并通过其端部的定位管卡子用斜吊线吊起，调整斜吊线的长度，使主定位管呈水平状态，斜吊线回头长度以 200 ~ 300 mm 为宜。

一般正定位定位管卡子距定位管头约 100 mm，反定位定位管卡子距长定位环 150 mm，定位管卡子距定位管头不宜大于 300 mm。

正定位定位管的斜拉线为单股 ϕ4.0 mm 的镀锌铁线，反定位为双股，小半径曲线内侧支柱采用 V 形斜拉线。斜拉线的上端做成永久固定，下端（定位管侧）做成活端。

4. 安装定位器

（1）松动定位管上定位环螺母，使定位器或支持器能来回移动，便于安装。然后扭正线面，根据定位线夹在接触线上的安装位置相对于支柱中心偏移距离（无论是半补偿还是全补偿，其偏移计算方法与吊弦偏移计算方法相同，半补偿腕臂无偏移，全补偿腕臂也应按计算偏移调整相对于支柱中心的位置），将定位线夹卡在接触线上，并拧紧定位线夹螺母。

（2）根据接触线拉出值的大小，调整接触线，将定位环固定在主定位管的适当位置上，从而确定了接触线的位置，定位器安装好后，检查其倾斜度，并调整有关零件，使之符合规定。

在曲线地段接触线曲线张力较大时，应采用绳拉的办法，以防梯车受力过大而发生倾倒。作业时，作业人员站在导线的曲线外侧，将绳子拴在接触线上，通过滑轮，由地面人员拉绳（见图 6.3.8）。当拉到接触线拉出值位置时，梯车作业人员立即固定好主定位管上的定位环。

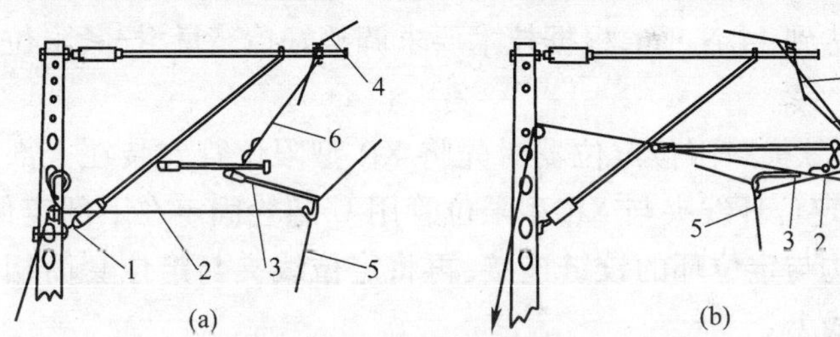

图 6.3.8　曲线地段定位器的安装

（a）支柱位于曲线外侧时；（b）支柱位于曲线内侧时

1—单滑轮；2—棕绳；3—定位器；4—承力索；5—接触线；6—斜吊线

（3）安装软定位器时，应先在距其根部 50 mm 处安装定位环，将定位拉线与定位环做活固定。利用上述方法，用绳拉动接触线，调整定位拉线长短，从而确定了接触线位置。软定位器的连接如图 6.3.9 所示。

软定位器活端在定位管侧，死端在腕臂侧，拉线由 3 股 ϕ4.0 mm 镀锌铁线拧成，死端自绑扎长度为 100 mm，先绑 60 mm，断下一股后，再绑 40 mm。

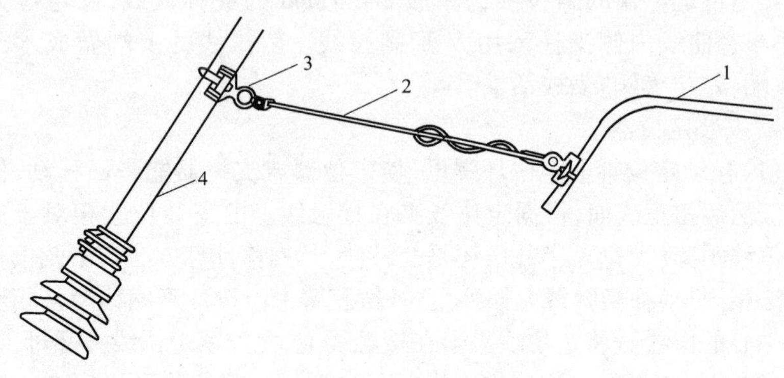

图 6.3.9 软定位器的连接

1—软定位器;2—铁线(ϕ4.0,3 股拧成);3—定位环;4—腕臂

(4)安装腕臂限位定位器时先将 X 型定位环安装在相应的定位管上,后将定位器钩与定位环的铰链连接,再将定位线夹与定位套筒相连接后固定在接触线上。

调整 X 型定位环的位置,使接触线拉出值符合设计要求,用扭矩扳手紧固螺栓达到 44 N · m,根据技术要求调整好抬高量,拧紧限位螺钉及背母。

(5)安装软横跨限位定位器时先将 XR 型限位管安装在上部定位索上,将 XR 型定位环线夹与 XR 型限位管用 U 螺栓固定在下部定位索上,后将定位器钩与定位环的铰链连接,再将定位线夹与定位套筒相连接后固定在接触线上。

其余步骤与安装腕臂限位定位器相同。

(四)弹性吊索安装

1. 施工准备

中心锚结、整体吊弦安装完成后,根据定位装置的标识,将材料准备好,装上作业车。作业车在封闭点内运行至作业地点。

2. 安装定位装置

首先根据腕臂偏移表调整腕臂偏移。

一人将作业台凳(以下简称台凳)在作业平台上立好,2 人站上台凳在套管铰环下的钩中(有弹性吊索时在弹性吊索上)拴一根 ϕ2.0 铁线。

2 人配合将定位管与腕臂上的定位环相连接。（定位器已和定位管预配好）。然后将定位管用 $\phi2.0$ 铁线吊起来。

松开定位线夹的螺栓，3 人配合扶住接触线，安装定位线夹。用 M17 梅花扳手紧固螺母。

装弹吊直吊弦。依据设计位置在接触线上测量定位点至弹吊直吊弦的距离，装接触线端直吊弦。直吊弦在弹吊上暂不固定，内衬也暂不安装。

安装定位装置操作技术标准：

① 正定位装置在腕臂安装时已装好。

② 定位器、定位管与腕臂应在同一垂直面内。

③ 定位线夹的本体置于定位器安装的反方向，定位线夹的螺栓由定位器方向穿入。使螺母在受压侧。

④ 定位装置调整与弹性吊索调整同步、协调进行。

3. 弹性吊索调整

在承力索补偿侧安装弹性吊索拉力计。

松开临时固定的 25 - 70 弹性吊索线夹的二个螺栓。

调整弹性吊索操作技术标准：

① 正定位弹性吊索张力为 2.3 kN；反定位弹性吊索张力为 1.7 kN。

② 以接触线顶面距定位管底面的距离为主要检查标准，标准为：270 ~ 300 mm。同时检查定位管坡度，定位管坡度安装标准：正定位管抬头 2% ~ 5%，反定位管低头 2% ~ 5%。

③ 调整弹吊张力时，作业车体和操作人员不得与线索接触，以免增加外力，影响调整精度。

4. 调整定位管坡度

定位管坡度调整：用角度仪（TaJima SLT - 100）测定定位管坡度，调整吊线长度，使定位管坡度符合技术要求。

定位器角度调整：根据设计要求，将拉出值调整到位，把角度仪（TaJima SLT - 100）调成 9°，放到定位器上调整定位器的角度。调整定位器角度的顺序为：调整定位管位置——调整第一吊弦间距——调整拉出值。如定位器角度调整困难，角度可在 8 ~ 13°范围内调整，但不能小于 8°，困难是不得超过 15°。

5. 弹性吊索紧固

检查调整弹性吊索张力符合技术标准后，分别紧固 25－70 弹性吊索的四个螺栓。

先在弹性吊索上薄薄涂一层电力脂，再将弹吊直吊弦的内衬、吊弦线夹安装好，用 M13 梅花扳手紧固螺栓。

卸下弹性吊索拉力计。

三、质量标准

1. 定位器必须保持接触线之字值、拉出值的正确性，保证接触线工作面平行于轨面连线。

定位装置的结构及安装状态应保证定位点处接触线的弹性符合规定。当温度变化时，接触线能自由伸缩，使受电弓有良好的取流状态。

2. 定位器的形状和坡度应能保证电力机车受电弓安全通过。

3. 定位器管在平均温度时应垂直于线路中心线，温度变化时沿接触线纵向偏移应与接触线该点的伸缩相适应，允许偏差 10%，极限温度时其偏移值最大应不超过定位器管长度的 1/3。

定位器应转动灵活，转换支柱处两定位器能自由转动，不得卡滞；非工作支接触线和工作支接触线定位器、管之间的间隙不小于 50 mm。

4. 定位器应处于受拉状态，支持器安装方向要正确。

5. 反定位器主管、定位肩架及组合定位器的定位管均应保持水平，靠接触线侧的端部允许仰高不超过 30 mm。反定位器主管两侧拉线的长度和张力应相等，定位管卡子距定位环应保持 100～150 mm 的距离。

6. 软定位器的定位拉线活固定端在定位管侧，死固定端在腕臂侧。

7. 定位环应沿线路方向垂直安装。定位管上定位环的安装位置距定位管根部不小于 40 mm。

定位装置各部件之间应连接可靠，定位钩与定位环的铰接状态良好。

8. 山口、谷口、高路堤（一般指高出地面或在森林地带高出林木 5 m 以上）、高架桥等“风口”地段，必要时应有防风措施。

9. 定位器、定位管均应用耐腐蚀材料做成，使之在规定的寿命期内，不需进行防腐处理也能保证安全运行。

10. 定位器管坡度当列车运行速度≤120 km/h 时，应保持在 1/10～

1/3 的范围内；当列车运行速度 > 120 km/h 时，应保持在 1/7 ~ 1/3 的范围内；对于限位定位器，其限位止钉间隙应符合产品说明书的要求。

11. 定位装置各管口要封堵良好。各定位拉线要受力适当且不应有严重锈蚀。

12. 拉出值符合设计要求，允许误差 30 mm。

13. 定位管在支持器外露长度应为 50 ~ 100 mm；

四、安全注意事项

与第六章第一节　中心锚结安装相同。

第四节　锚段关节调整

一、准备工作

1. 人员：12 ~ 15 人。

2. 工具：接触网作业车（轨道车、平板车、梯车）、单滑轮、铁丝套子、断线钳、导线整正器、皮尺、卷尺、木道尺、水平尺、测杆、线坠、吊绳、滑轮组、楔形紧线器、双钩紧线器、橡胶榔头、木垫板、温度计、小油桶、油刷、兆欧表、棕绳、安全带、工具包、安全防护工具等。

3. 材料：ϕ4.0 mm 铁线、ϕ1.8 mm 绑扎铁线等。

4. 资料：接触网平面布置图、支柱安装图、安装曲线表等。

二、作业方法、步骤

（一）锚段关节

锚段关节按其用途分为绝缘锚段关节和非绝缘锚段关节。

1. 链形悬挂绝缘锚段关节

链形悬挂绝缘锚段关节有三跨、四跨和五跨的结构，四跨的结构如图 6.4.1 所示。

从四跨绝缘锚段关节结构图中可以看出，两支接触悬挂在两转换柱内侧通过加设悬式绝缘子串相互绝缘，两支接触线的工作转换是在中心柱处实现的。

2. 链形悬挂非绝缘锚段关节

链形悬挂非绝缘锚段关节结构如图 6.4.2 所示。

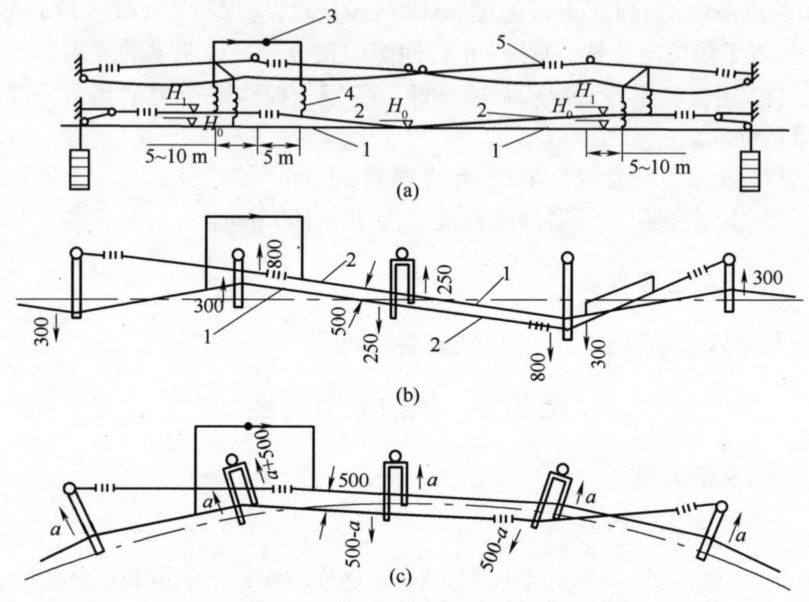

图 6.4.1 链形悬挂四跨绝缘锚段关节结构图

(a)立面图;(b)直线区段平面布置;(c)曲线区段平面布置

1—工作支接触线;2—非工作支接触线;3—隔离开关;4—电连接;5—悬式绝缘子串

从非绝缘锚段关节结构图可以看出,两支接触悬挂在两转换柱之间的跨距中部实现工作转换。

(二)锚段关节调整

1. 四跨绝缘锚段关节调整

(1)根据平面图和安装图的要求,在锚柱、转换柱和中心柱处安装定位管、定位器(支持器),调整两承力索和两接触线的水平距离,使两支悬挂在水平面的间距符合设计要求。一般先将工作支定位后再调非工作支。在中心柱处,远离支柱悬挂的定位管根部可适当抬高,以保证两支悬挂间的绝缘距离。

(2)在工作支接触线上安装吊弦线夹,调节吊弦长度,确定两支接触线的垂直位置。在转换柱处非工作支高于工作支的垂直距离应符合设计要求,中心柱处两接触线应与轨面等高,等高区段的长度为中心柱两侧跨距之和的1/3。

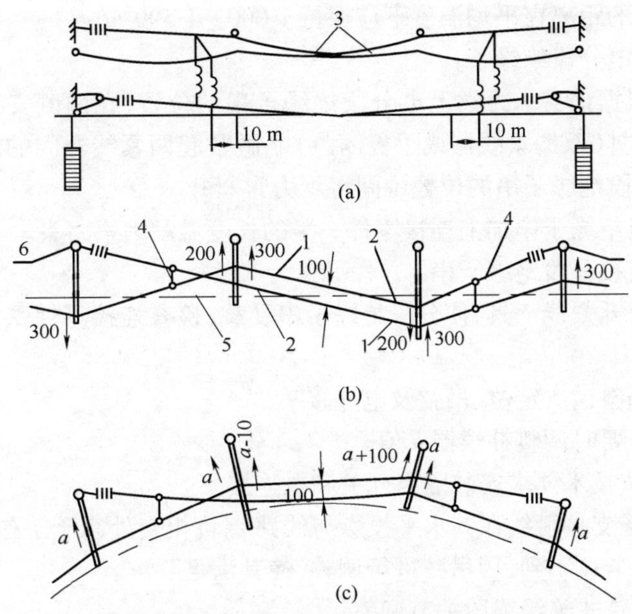

图 6.4.2 链形悬挂非绝缘锚段关节结构图

(a)立面图;(b)直线区段平面布置;(c)曲线区段平面布置

1—工作支接触线;2—非工作支接触线;3—承力索;

4—电连接;5—受电弓中心;6—锚柱

曲线四跨中心柱两工作支导线为保证与轨面等高,曲线外侧接触线应比曲内接触线有相对高差,相对高差根据计算确定:

$$A = b \times h/L \approx h/3$$

式中 A——中心柱处两工作支导线相对高差(mm);

b——中心柱处工作支导线间的水平距离(mm);

h——外轨超高(mm);

L——两钢轨中心距(1 450 mm)。

根据计算结果调整吊弦使中心柱处两接触线等高。

(3)中心柱处,靠近支柱悬挂的承力索,必须保证对另一支悬挂杆环杆的垂直绝缘距离,可适当将腕臂升降。当弹性吊弦影响绝缘距离时应拆除,适当增设环节吊弦。

(4)当绝缘距离和拉出值都满足要求时,在非工作支接触线和下锚支承力索的转换柱内侧(即中心柱侧),安装电分段绝缘子,分段绝缘子距悬挂点的距离在平均温度下应保持1 000~1 500 m。

安装电分段绝缘子:

① 根据锚支承力索上电分段绝缘子串的位置,在两侧安装紧线器,用紧线工具(双钩紧线器或手板葫芦)略微紧起两紧线器间的承力索,在安装电分段绝缘子串的位置中间将承力索断开。

② 以绝缘子串加上连接零件一半的长度做承力索回头。

③ 连接分段绝缘子串。

④ 松开紧线工具,使分段绝缘子串受载,检查连接零件受力情况,拆除紧线工具。

⑤ 调整锚支定位、吊弦及电连接。

⑥ 必要时调整补偿器 b 值。

(5)按技术要求安装隔离开关和电连接。

(6)锚支接触线在其水平投影与线路钢轨相交处高于工作支接触线300 mm。若达不到,用吊弦进行调整,使其满足要求。

2. 三跨非绝缘锚段关节调整

(1)安装转换柱处的定位装置,确定锚段关节内两支接触线间的水平距离。在两转换柱处接触线水平面间的距离为100 mm。

(2)在接触线上安装吊弦线夹,调节吊弦长度,确定两支接触线在转换柱处的垂直距离。在转换柱处非工作支比工作支接触线高200~250 mm,在转换跨距的中部,1/3 跨距范围内两支接触线等高。

(3)在转换柱的锚柱侧,距转换柱10 m处安装电连接。

(三)锚段关节转换柱处两支接触线垂直、水平距离测量

1. 地面测量

(1)在转换柱非工作支定位点处挂上测杆、线坠(使线坠的尖部略高于地面),钢轨上放上木道尺并找平,用钢卷尺测量线坠到线路中心的距离、测量测杆底部到木道尺上沿的距离。

(2)摘掉测杆、线坠,挂在转换柱工作支定位点处,用钢卷尺重复上述测量步骤。

(3)水平距离计算:当线坠在线路中心的同一侧时,将两次测量的线坠到线路中心的距离相减;当线坠在线路中心的两侧时。将两次测量的线坠到线路中心的距离相加。

(4)垂直距离计算:将两次测量的测杆底部到木道尺上沿的距离相减。

2. 作业车或梯车上测量

(1)在转换柱非工作支定位点处挂上线坠,用钢卷尺测量线坠到工作支导线的距离即为水平距离。

(2)在转换柱工作支定位点处导线上放上水平尺并找平,用钢卷尺测量非工作支导线到水平尺下沿的距离即为垂直距离。

三、质量标准

1. 锚段关节内各支柱支持装置受力合理。

2. 锚段关节内两支悬挂的吊弦应各自分开悬吊。

3. 电分段锚段关节两悬挂间的有效绝缘距离须大于400 mm。转换柱处两悬挂的垂直距离:采用悬式绝缘子分段时应保持400~500 mm,采用绝缘杆件(直径150 mm及以下)分段时应保持350~400 mm。接触线分段绝缘子或绝缘杆的下裙边应高于工作支接触线100 mm以上。两接触线工作转换点的高度应尽量一致,允许误差20 mm。两接触线的水平距离应保持400~500 mm。

对安装吸流变压器的三跨电分段锚段关节的转换柱两悬挂的垂直距离若保持400 mm有困难时可以适当缩短,但不应少于300 mm。

4. 电分段直线绝缘转换柱,当两悬挂共用一个腕臂时,承力索分段绝缘子距腕臂上的悬吊轮在平均温度下应保持1 000~1 500 mm。

5. 机械分段锚段关节转换柱之间两接触线的水平距离应为100 mm,允许误差30 mm。转换柱处非工作支接触线应高于工作支接触线200~250 mm;锚支接触线在其水平投影与线路钢轨相交处高于工作支接触线300 mm。

6. 机械分段锚段关节内两悬挂各部分(包括零部件)之间的距离在设计极限温度下应保持50 mm以上。

四、安全注意事项

与第六章第一节　中心锚结安装相同。

第五节　线岔安装、调整

一、准备工作

1. 人员:7 ~ 12 人。

2. 工具:接触网作业车(轨道车、平板车、梯车)、滑轮组、铁丝套子、导线整正器、皮尺、卷尺、水平尺、测杆、线坠、温度计、小油桶、油刷、钢丝刷、吊绳、棕绳、导线整弯器、橡胶榔头、木垫板、安全带、工具包、安全防护工具等。

3. 材料:ϕ4. 0 mm 铁线、ϕ1. 8 mm 绑扎铁线、黄油等。

4. 资料:接触网平面布置图、安装图。

二、作业方法、步骤

线岔的布置形式有交叉线岔和无交叉线岔。它的主要作用是保证受电弓能由一支悬挂顺利地过渡到另一支悬挂。

(一)线岔的组成

1. 接触网交叉线岔由限制管、定位线夹和固定螺栓组成。如图 6. 5. 1 所示。

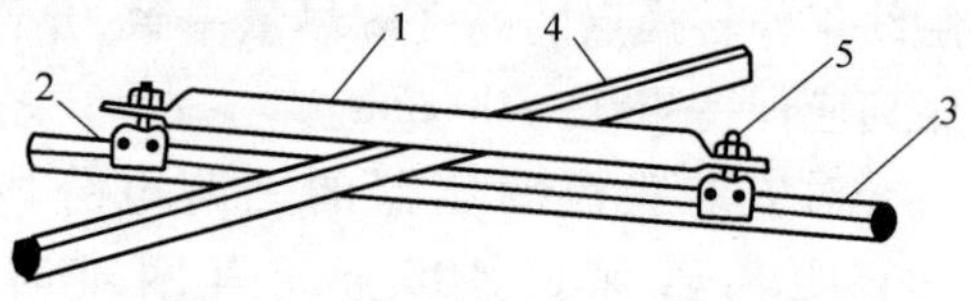

图 6. 5. 1　接触网交叉线岔示意图

1—限制管;2—定位线夹;3—正线接触线;4—渡线接触线;5—螺栓

线岔有 500 型和 700 型两种型号。安装位置距中心锚结的距离为 500 m 及以下时,采用 500 型线岔,超过 500 m 时用 700 型线岔。

2. 接触网无交叉线岔形式如图 6. 5. 2 所示。

(二)交叉线岔安装

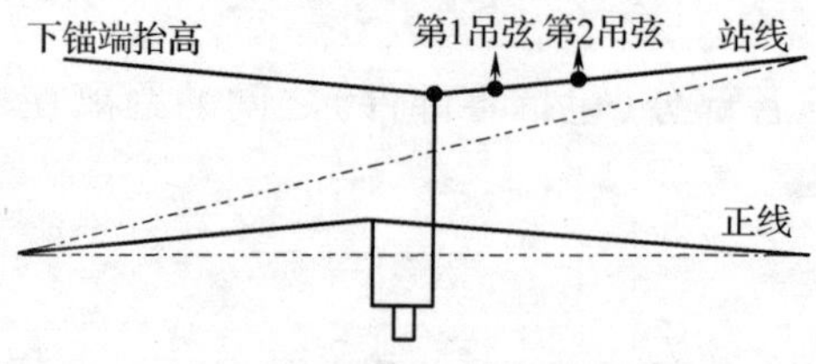

图 6. 5. 2　接触网无交叉线岔示意图

交叉线岔安装主要有以下工作内容:

1. 选择适当的线岔型号,检测两接触线交叉点位置。

2. 计算线岔中心相对于交叉点的偏移位置(用吊弦偏移计算

方法)。

3. 根据偏移位置将线坠挂在下面接触线交叉点的位置上。

4. 调整线岔两根导线拉出值,使线岔交叉点符合要求。

5. 将线岔限制管固定在下面接触线上,接触线与限制管应保持1~3 mm的间隙。

6. 在线岔始触区(即当机车受电弓直线工作部分宽度为:1 250 mm 时两工作支中任一工作支的水平投影距另一股道线路中心 400~850 mm)以外接触线上安装吊弦。调整吊弦长度,使两工作支接触线在间距 500 mm 处符合标准要求;非工作支接触线在距工作支接触线间距 500 mm 处应高于 50~100 mm。

7. 在线岔相对于悬挂点的反侧线岔始触区以外安装电连接。

(三)线岔数据测量

1. 线岔始触区的测量

(1)列车在直股线路上通过,测量位置见图 6.5.3 所示。

① 确定 A、B 点

用测杆将线坠挂在侧股导线上,测量线坠与直股线路中心的距离,当线坠与直股线路中心的距离为 400 mm 时,则挂线坠处即为 A 点;当线坠与直股线路中心的距离为 850 mm 时,则挂线坠处即为 B 点。

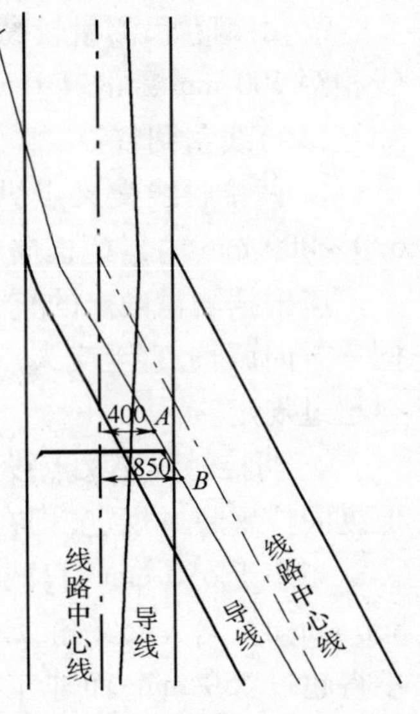

图 6.5.3　线岔始触区测量位置示意图(mm)

② 始触区的范围

A、B 两点间的距离即为始触区,在此范围内侧股导线上不得安装任何线夹。

(2)列车在侧股线路上通过:

① 确定 A、B 点

用测杆将线坠挂在直股导线上,测量线坠与侧股线路中心的距离,当线坠与侧股线路中心的距离为 400 mm 时,则挂线坠处即为 A 点;当线坠与侧股线路中心的距离为 850 mm 时,则挂线坠处即为 B 点。

② 其他同上。

2. 交叉点位置的测量

(1)将线坠挂于两接触线交叉点,使线坠尖部略高于地面或轨平面。

(2)在线坠处用钢卷尺测量道岔导曲线两内轨间距及线坠的位置。线坠应在道岔导曲线两内轨间距630~800 mm的中心位置。

3. 两接触线相距500 mm处的高差和锚支500 mm处的抬高量的测量

(1)地面测杆测量

① 在两接触线相距500 mm处,将测杆挂在一支导线上,钢轨上放上木道尺,测量测杆底部到木道尺上沿的距离。

② 摘下测杆,挂在另一支导线上,测量测杆底部到木道尺上沿的距离。

③ 两接触线相距500 mm处的高差或抬高值的计算:将两次测量的数据相减即可。

(2)作业车或梯车上测量

① 用水平尺找出两线500 mm处,将水平尺放在较低的导线下方并找平。

② 用钢卷尺测量较高导线到水平尺上沿的距离,该距离即为两接触线相距500 mm处的高差或抬高值。

(四)线岔调整

1. 两接触线交叉点纵向位置符合要求(即在道岔导曲线两内轨距630~800 mm内),但横向中心偏差超过规定(即超过50 mm)

应根据测量确定的交叉投影所偏移的方向及偏移值,将两根导线向同一方向调整,直至交叉点投影位置符合要求。注意定位点的拉出值不得超过规定。

2. 两接触线交叉点投影的位置符合要求(位于两内轨横向中心上),但纵向位置超过规定(即在两内轨相距630~800 mm之外)

当小于630 mm时,减小交叉角,即相应调整两定位拉出值;当大于800 mm时,增大交叉角,即相应调整两定位点拉出值(工作支拉出值一般不得超过450 mm,而非工作支不受其限制,交叉角为两工作导线的夹角)。注意将两根导线反向等距离调整。

3. 两接触线纵横向位置均超过规定

(1)根据线岔的实际情况,可将限制管两端固定线夹松动调至需要位置(必要时拆除)。

(2)将线坠挂于正线接触线并位于两内轨相距 630 ~ 800 mm 内,然后调整该线(线岔定位)拉出值,直至符合 630 ~ 800 mm 的横向中心处。

(3)调整侧线或下锚支定位拉出值,直至该线交于线坠处,则该点就是两接触线的交叉点。

4. 当两交叉接触线相距 500 mm 处高差或抬高超过规定

(1)由正线与侧线组成道岔时,在保证正线接触线高度的情况下,调整侧线邻近吊弦的长度直至达到要求为止。

(2)由侧线与侧线组成线岔时,调整邻近吊弦的长度直至达到要求为止。

5. 确定限制管安装的位置(即限制管中心相对交叉点的位置)

在平均温度时限制管中心与交叉点重合,高于平均温度时向下锚方向偏移,反之,向中心锚结方向偏移,其偏移值可查偏移曲线或计算得出。

偏移值 E 的计算公式:$E = L\alpha(t_x - t_p)$

式中 E——限制管中心相对交叉点的偏移值(m);

L——线岔到中心锚结或硬锚的距离(m);

α——线胀系数(1/℃);

t_x——检调时的温度(℃);

t_p——平均温度(℃)。

6. 交叉点处活动间隙不符合要求

调整限制管间隙使导线伸缩自如。

7. 线岔始触区内有线夹

将线夹移至始触区之外。

三、质量标准

1. 接触线交叉线岔

(1)应根据两接触线交叉点至中心锚结的距离选用线岔型号,在平均温度时,线岔的中点应位于接触线的交叉点。

(2)对单开道岔的标准定位线岔,两接触线应相交于道岔导曲线两内轨距为 630 ~ 800 mm 的横向中间位置,允许偏差为 ±50 mm,非标准定位按设计施工。

(3)由正线与侧线组成道岔时,正线接触线应设于侧线接触线的下方,两支相距 500 mm 处侧线接触线应高于正线接触线 10 ~ 30 mm;两工作支相距 500 mm 处非工作支接触线应高于工作支接触线 50 ~ 100 mm。

(4)由侧线与侧线组成线岔时,两工作支在相距 500 mm 处应等高,允许误差 20 mm,非工作支应高于工作支 50 ~ 100 mm。

(5)对于复式交分道岔,两接触线应相交于中轴支距的中点;对于交叉渡线,两接触线的交点应位于两渡线中心线的交点处。上述两种线岔允许横向和纵向偏差均为 50 mm,两接触线相距 500 mm 处应等高,允许高差 20 mm。

(6)限制管应安装牢固,并使两接触线有一定的活动间隙,以确保接触线伸缩自如。

(7)线岔始触区内(即当机车受电弓直线工作部分宽度为 1250 mm 时两工作支中任一工作支的水平投影距另一股道线路中心 400 ~ 850 mm)不得装任何线夹。

(8)定位点处工作支拉出值标准定位为 350 ~ 400 mm,非标准定位一般不得大于 450 mm。

(9)线岔的编号应以其所在的道岔编号命名。

2. 接触线无交叉线岔

(1)技术标准

无交叉线岔的道岔柱位于正线和侧线的两线间距 660 mm 处,悬挂点处站线、正线拉出值均为 333 mm,则在悬挂点处正线线路中心距站线导线投影为 999 mm;距侧线线路中心为 333 mm,侧线接触线在过线岔后抬高下锚,悬挂点处站线比正线导线抬高 90 ~ 110 mm。无交叉线岔如图 6. 5. 4 所示。

定位器坡度按定位器最佳工作状态的 10°调整,困难情况下不允许超过 13°,定位器限位间隙应满足接触线动态抬升 200 mm 时限位的要求。

岔区腕臂垂直线路中心的偏移量应符合设计要求,施工允许偏差为 ±20 mm。

吊弦安装值应符合设计要求,施工允许偏差 ±50 mm,吊弦应垂直安装，施工允许偏差为20 mm。吊弦应顺直，不应有松股现象。

电连接应顺直，连接螺栓紧固力矩应符合设计或产品说明书的要求，应预留满足变化的伸缩量，且不应有散股现象与线索连接面应涂电力复合脂。

调整结束后用包络线检查尺进行检查，保证支持装置各部位均在包络线以外。

模拟冷滑沿正侧线正反方向在岔区范围内各滑两遍，正线通过时，受电弓不应接触侧线接触线，进出侧线应转换平稳不得有脱钻弓及硬点现象。

(2)调整技术控制点：

在施工安装过程中，除了遵循设计要求以外，无交叉线岔在进行调整时还应注意以下几点：

图6.5.4　无交叉线线岔

在道岔定位点与下一跨定位点的拉出值要保证在线间距350～1 500 mm在道岔定位点范围内，两支接触线在受电弓的同一侧；将正线或侧线线路两侧600～1 050 mm在道岔定位点的区域内设置为无线夹区，以保证受电弓限界范围内与接触网零部件无碰撞，实现平滑过渡；两导线间距550～600 mm处采用交叉吊弦悬挂，以保证正线通过或侧线驶入正线时在该点两支接触线等高。

由于无交叉线岔的特点是对侧线的接触线高度要求严格，在交叉区除了要求两组接触线处在受电弓的同一侧以外，还要求侧线接触线在该区段的高度应有相应变化，具有高差的设置，因此在施工安装中，要严格按照定位及各吊弦要求的数据抬高，并根据运行速度、受电弓的横向摆动量等计算条件确定受电弓与站线接触悬挂的始触区，正确调整接触线的抬高量。

四、安全注意事项

1. 测量时不得把两根钢轨短接。

2. 与第六章第一节　中心锚结安装相同。

第六节　补偿器调整

一、准备工作

1. 人员:3 人以上。

2. 工具:接触网作业车(轨道车、平板车、梯车)、手扳葫芦、单滑轮、楔形紧线器、双钩紧线器、羊角紧线器、断线钳、手锤、温度计、铁丝套子、卷尺、钢丝套、吊绳、棕绳、管钳、油桶、棉纱、安全带等。

3. 材料:ϕ4.0 mm 铁线、ϕ1.8 mm 绑扎铁线、双耳楔形线夹、补偿绳、坠砣、补偿滑轮、钢线卡子、防腐油等。

4. 资料:接触网平面布置图、安装图、导线磨耗记录、补偿器安装曲线等。

二、作业方法、步骤

(一)确定 b 值

确定 b 值(即坠砣距地面或基础面的高度),可根据锚段长度及调整时的气温,分别查承力索和接触线补偿器安装曲线图(根据承力索、接触线的材质、滑轮组的变比确定的安装曲线),例如图 6.6.1(a)及图 6.6.1(b)。

(二)测量实际 b 值

测量实际补偿坠砣高度,根据以上确定的 b 值,找出补偿绳的回头位置。

(三)补偿器调整

1. b 值小

(1)在补偿绳上安装羊角(或楔形)紧线器,坠砣杆环口下方扎一环形钢丝套。

(2)双钩紧线器(或手扳葫芦)连于羊角(或楔形)紧线器与环形钢丝套之间。

(3)紧起双钩紧线器(或手扳葫芦),取下连接销钉,按 b 值的要求重做补偿绳回头。

(4)将做好的补偿绳回头与坠砣杆连接，拆除所有工具，复查 b 值，绑扎回头。

2. 更换补偿绳及补偿器

(1)在下锚杵环杆处安装羊角紧线器，在支柱上（下锚角钢上方）安装钢丝套，同时将坠砣串固定在支柱上。

(2)将手扳葫芦连于羊角紧线器与钢丝套间。

(3)紧起手扳葫芦使补偿绳卸载。

(4)拆除旧补偿绳或补偿器，安装预制好的新补偿绳或补偿器。

(5)松开手扳葫芦，解开坠砣串，使补偿绳受力，观察受力情况无误后，拆除所有受力工具，复查 b 值，补偿绳涂防腐油。

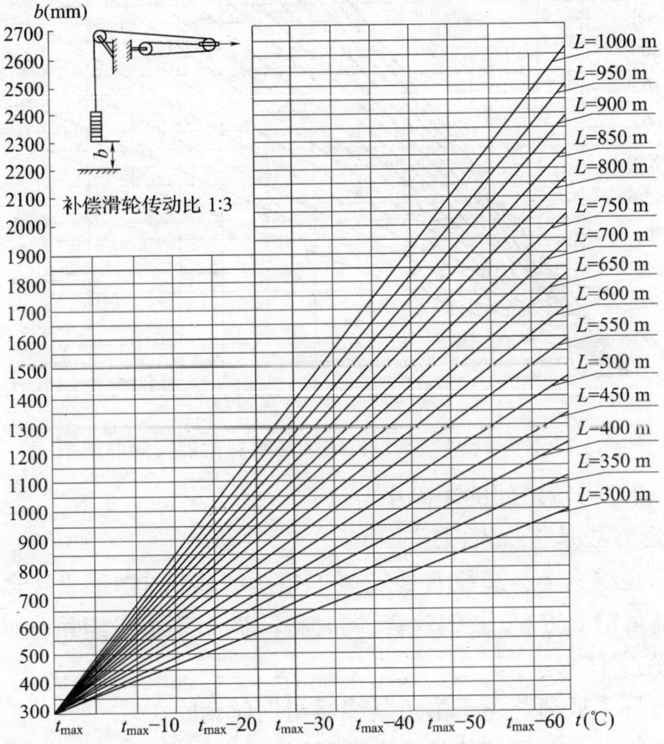

图 6.6.1(a)　某种材质承力索补偿器安装曲线图

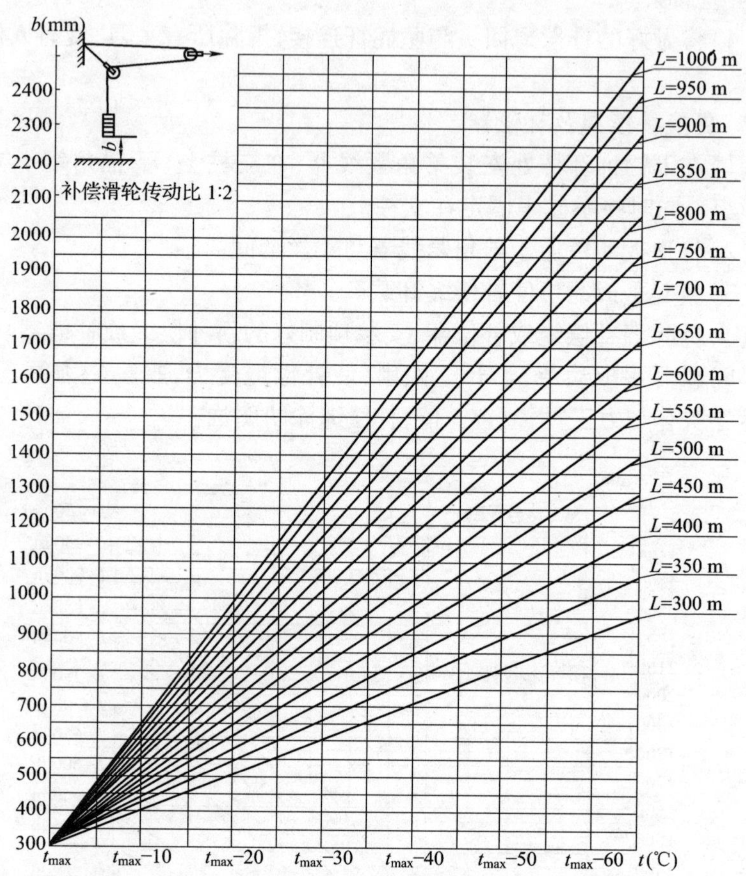

图 6.6.1(b) 某种材质接触线补偿器安装曲线图

3. 动定滑轮之间的距离小

处理方法是将线索截短一节。

(1)在线索上合适位置处安装羊角紧线器(或楔形紧线器),在支柱上(下锚角钢上方)安装钢丝套,同时将坠砣串用滑轮组吊住或用其他方法固定在支柱上。

(2)将手扳葫芦连于羊角紧线器与钢丝套间。

(3)紧起手扳葫芦使补偿绳卸载,拆除旧补偿绳,根据动定滑轮之间的距离截取一段线索,重做回头。

(4)安装预制好的新补偿绳(补偿滑轮传动比为1:2时,新补偿绳长度是旧补偿绳长度加上2倍的截取线索长度;如传动比为1:3时,则新补偿绳长度是旧补偿绳长度加上3倍的截取线索长度)。

(5)松开手扳葫芦,解开坠砣串,使补偿绳受力,观察受力情况无误后,拆除所有受力工具,复查 b 值,补偿绳涂防腐油。

此方法也可调整 b 值。

三、质量标准

1. 补偿装置的 b 值(坠砣底部距地面的距离)要符合安装曲线的要求,允许误差200 mm,b 值最小不得小于200 mm。在最低温度下的 a 值(补偿绳回头末端至定滑轮或制动部件的距离)不得小于200 mm。

2. 坠砣应完整,砣块叠码整齐其缺口相互错开180°。

3. 坠砣应能升降自如、不被卡滞,坠砣串的总重量(包括坠砣杆的重量)符合规定,误差不超过2%。

4. 坠砣应有限制器,限制坠砣的左右摆动,但不能妨碍坠砣的升降。

5. 补偿滑轮完整无损、转动灵活,油槽内灌注润滑油;定滑轮槽应保持铅垂状态,动滑轮槽偏转角度不得大于45°。

6. 补偿绳不得有松股、断股和接头,不得与下锚拉线相摩擦。

7. 制动装置应安装正确、作用良好。卡块式制动装置的制动角块在温度变化时,能在制动框架内上下自由移动;顶块式制动装置的制动顶块与大滑轮盘保持3~5 mm的间隙。

8. 各部件受力良好,螺栓紧固、有油。

四、安全注意事项

1. 作业前检查所用工具、材料是否良好。

2. 应严格保证安全距离,安全带系于可靠部位。

3. 操作过程中不得用力过猛。

4. 安装楔形线夹时,应注意楔形线夹的受力面,不得装反。

5. 坠砣下严禁有人作业。

6. 注意来往列车,使用工具、材料不得影响行车。

7. 其他与第六章第一节　中心锚结安装相同。

第七节 电连接安装

一、准备工作

1. 人员:7～15 人。

2. 工具:接触网作业车(轨道车、平板车、梯车)、断线钳、铁丝套子、导线整正器、皮尺、卷尺、小油桶、油刷、钢丝刷、钢管、吊绳、棕绳、砂布、工具包、安全带、安全防护工具等。

3. 材料:ϕ4.0 mm 铁线、ϕ1.8 mm 绑扎铁线、中性凡士林、发热变色贴片等。

4. 资料:接触网平面布置图、安装图。

二、作业方法、步骤

电连接的作用是保证接触网各导线、各分段或各股道悬挂之间的电流畅通。

在架设铜接触线的区段,电连接采用 TRJ—95 或 TRJ—127 型软铜线。电连接应做成弹簧状,这样既增加了弹性,又可以在烧损时放开几圈继续使用。

(一)电连接的类型

电连接根据安装位置可分为横向电连接、股道电连接、道岔电连接、锚段关节电连接、隔离开关电连接、避雷器电连接等类型。

1. 横向电连接

横向电连接如图 6.7.1 所示。

2. 股道电连接

股道电连接如图 6.7.2 所示。

3. 道岔及锚段关节电连接

道岔及锚段关节电连接安装方式相同,如图 6.7.3 所示。

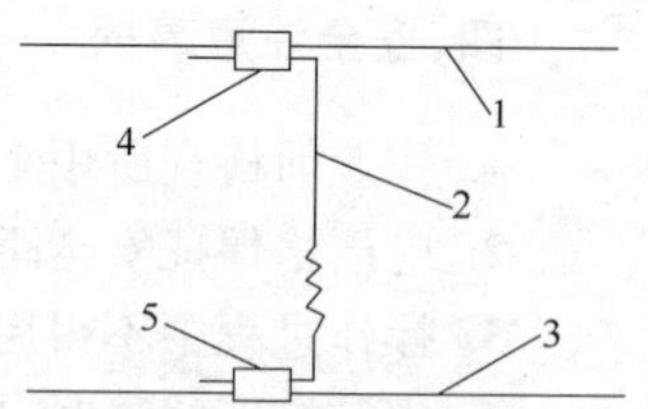

图 6.7.1 横向电连接

1—承力索;2—电连接线;3—接触线;4—承力索电连接线夹;5—接触线电连接线夹

凡道岔上方,两工作支接触线相交处,均应安装电连接线(交叉渡线的菱形交叉处,不装电连接)。锚段关节的电连接安装在转换柱的锚柱侧距转换柱 10 m 处。

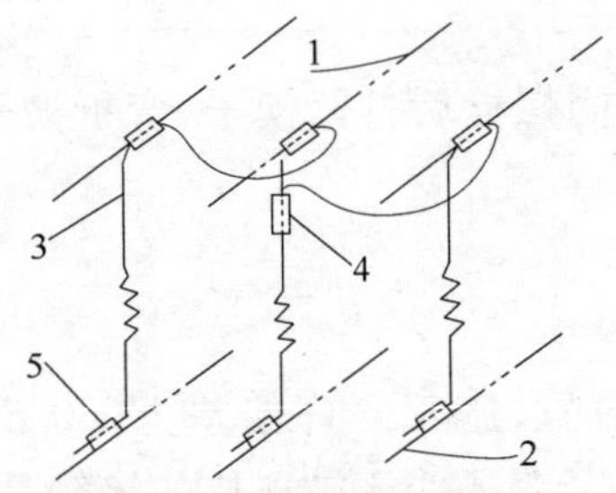

图 6.7.2　股道电连接

1—承力索;2—接触线;3—电连接线;

4—承力索电连接线夹;

5—接触线电连接线夹

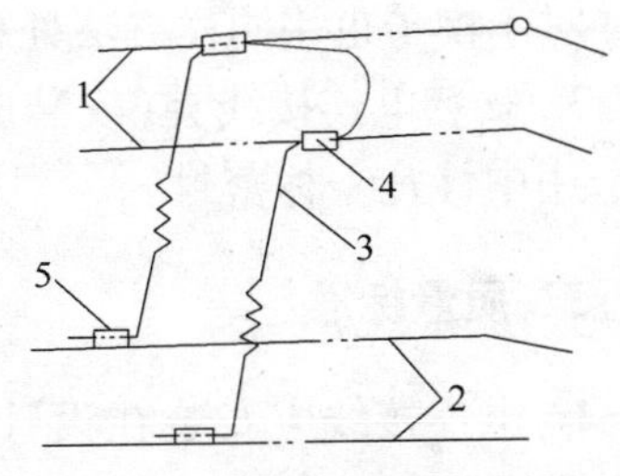

图 6.7.3　道岔及锚段关节电连接

1—承力索;2—接触线;3—电连接线(TRJ－95);

4—承力索电连接线夹;

5—接触线电连接线夹

4. 隔离开关电连接

安装于接触悬挂与隔离开关之间。

5. 避雷器电连接

安装于避雷器与接触悬挂之间。

(二)电连接安装

电连接安装主要有以下工作内容:

1. 测量。根据安装位置,实测电连接长度,并应考虑余量。

2. 预制。按长度截取电连接线,预制弹簧圈。弹簧圈以三圈为宜,圈的直径为 60 ~ 100 mm,圈距保持 50 mm,预制时,底圈距线头间留有一定的调整余量,一般为 400 ~ 500 mm,使之安装好后,底圈距接触线保持在 200 ~ 300 mm 左右。弹簧圈一般是将铜绞线在 51 mm 钢管上缠绕或手工盘制而成,为防止弹簧圈预制时松散,应用绑扎线扎紧。

3. 安装。根据具体位置,使用接触网作业车、梯车或大梯子安装。测定安装位置,将电连接与接触线相连后,再与承力索相连。

4. 电连接线夹安装完毕,在线夹本体上贴上发热变色贴片。

(三)电连接的检修

1. 拆下电连接线夹。

2. 在线夹和线索需要打磨的地方先涂一层中性凡士林,然后用钢丝刷子或砂布打磨线夹接触面或线索被夹持位置,去掉接触面油污和氧化物。打磨时用力适中,不要过猛,防止伤及接触面或出现磨坑。打磨后用抹布擦去污秽的中性凡士林后立即再涂一层新的。

对于楔子也用同样方法处理。

3. 安装电连接线夹(安装时应先紧固螺栓后打紧楔子、弯折楔子叉口),用中性凡士林密封。

三、质量标准

1. 电连接线应安装在设计规定的位置,施工允许偏差为 ±0.5 m。电连接线均要用多股软线做成,其额定载流量不小于被连接的接触悬挂、供电线的额定载流量,且不得有接头。若铜接触线与铝绞线连接时,应采用铜铝过渡设备线夹。

2. 电连接线的长度应根据实测确定,电连接器应安装正确,确保主导电回路畅通,同时应考虑因温度变化接触线、承力索伸缩造成的偏移。

3. 平均温度时,多股道的电连接线水平投影应呈一直线并垂直于正线,若无正线时应垂直于较重要的一条线路。

4. 电连接器与接触线、承力索及供电线之间的连接必须牢固,保证电接触良好,线夹内无杂物,线夹与被连接导线的接触面光洁无氧化膜并涂导电介质。

5. 全补偿链形悬挂锚段关节处,由于两接触悬挂随温度向不同方向发生较大的相对偏移,安装电连接线时应留有足够的活动余量。

6. 电连接线夹及直线处接触线电连接线夹应保持铅垂状态,曲线处接触线电连接线夹应与接触线的倾斜度一致。

7. 对载流承力索区段,载流承力索与接触线之间应装设足够数量的电连接器。

8. 在锚段关节处装设两组、线岔处装设一组电连接器;在链形悬挂与简单悬挂的衔接处要装设电连接器,车站电力机车经常起动之处,股道之间应装设电连接器。

9. 电连接线应留有一定的裕度,适应接触线和承力索因温度变化伸缩的要求。

四、安全注意事项

与第六章第一节　中心锚结安装相同。

第八节　承力索、接触线接头、终端锚固线夹制作

一、准备工作

1. 人员:5 ~10 人。

2. 工具:接触网作业车(轨道车、平板车、梯车)、楔形紧线器、手锤、铁丝套子、双钩紧线器、手扳葫芦、导线整正器、扭矩扳手、大扳手、卷尺、弧形断线钳、钢锯、平锉、卷尺、测杆、线坠、橡胶锤、钢丝刷、安全带、安全防护工具等。

3. 材料:各种线夹、接头、铜接触线、钢锯条、铁线、砂纸、吊弦线夹、中性凡士林、棕绳等。

4. 资料:接触网平面布置图、安装图。

二、作业方法、步骤

(一)楔形线夹回头

用于以截面积为 50 ~70 mm^2 的镀锌钢绞线终端。

楔形线夹回头安装尺寸见图 6. 8. 1 所示。

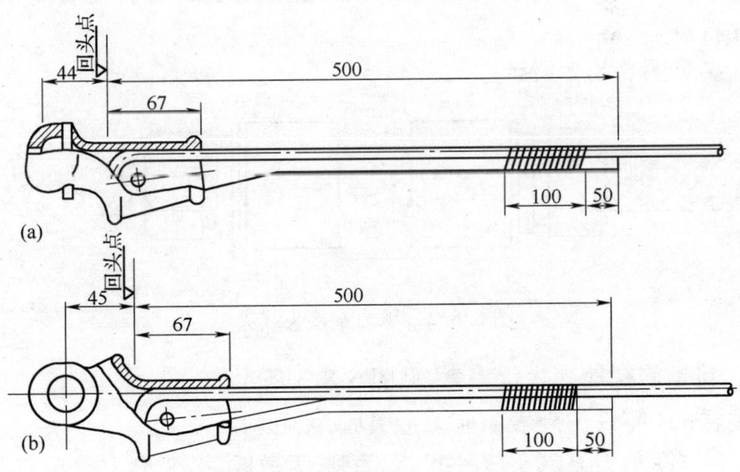

图 6. 8. 1　楔形线夹回头安装尺寸

(a)杵座楔形线夹;(b)双耳楔形线夹

1. 用 ϕ1. 6 ~ 2 mm 铁线在线索上绑扎 2 ~ 3，然后用断线钳切断线索。

2. 根据回头长度，量出回头点。

3. 将线索穿入线夹内。穿线时，线夹的耳环（或杵座）部分必须在回头端部方向。

4. 一脚踏踩住线索，一手抓住线索回头点的本线侧，一手抓住回头部分端部侧合适部位，相互配合，用力将回头部分与本线交叉，制作回头点。回头部分与本线部分在回头点处的永久性弯曲弧度应与线夹楔子的沟槽相吻合。

5. 将回头部分穿入线夹内（注意，本线必须在线夹的受力面侧）。用力将回头点拉到线夹的合适位置，在回头点处卡入楔子。再用力使回头点与楔子同步进入线夹内。回头部分与本线不得拧劲。

6. 用手锤击打线夹大边，使线索与线夹、楔子挤压密贴。

7. 将回头部分与本线绑扎。

注意：零件中楔子的型号应与所用线型相同。

（二）承力索接头线夹

用于 GLJC－120/35 型承力索对接接头，对载流承力索还起到电连接作用。使用时零件中所有配件的型号标记应相同，零件型号与所用线型应相符。

线夹见图 6. 8. 2 所示。

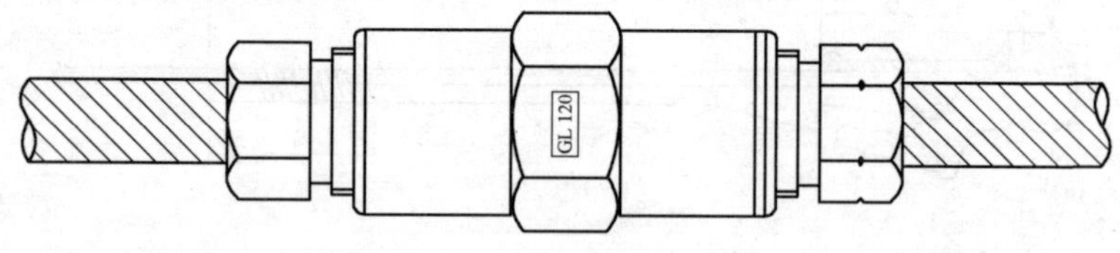

图 6. 8. 2 承力索接头线夹

1. 将锥筒螺栓套入承力索，见图 6. 8. 3 所示。

注意：① 零件内外表面应无金属屑、无毛刺。

② 承力索端头应平齐、无毛刺、无散股、无变形。

2. 将承力索外层 50 mm 长的铝线散开，使楔子插入内外层绞线之间，并保证承力索端头与楔子平齐，外层 12 股铝线均匀分布在楔子外围，再将锥筒螺栓推向楔子，见图6.8.4所示。

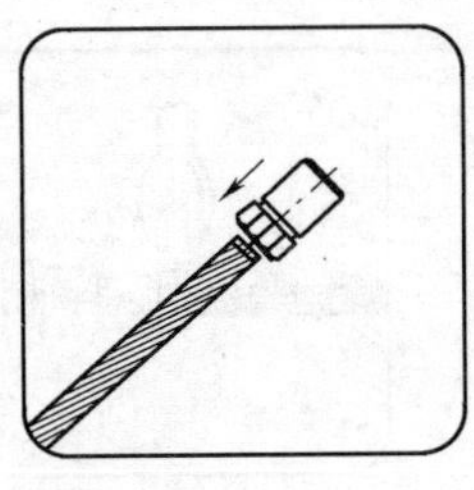

图　6.8.3

注意：① 楔子四个开槽应均匀合拢。

② 开槽尺寸不大于2 mm，且不能夹有绞线。

3. 将锥筒螺栓与楔子轴向压紧，并在锥筒螺栓六方端头的承力索上做好标记，见图6.8.5所示。

注意：① 楔子及绞线之间不能相对滑动。

② 严禁使用铁器或手锤击打零件。

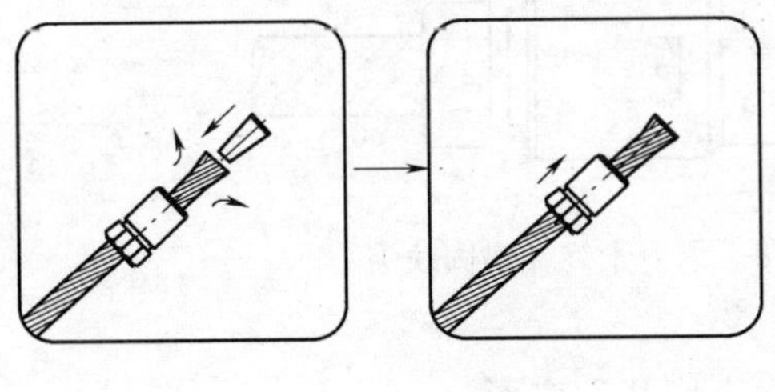

图　6.8.4

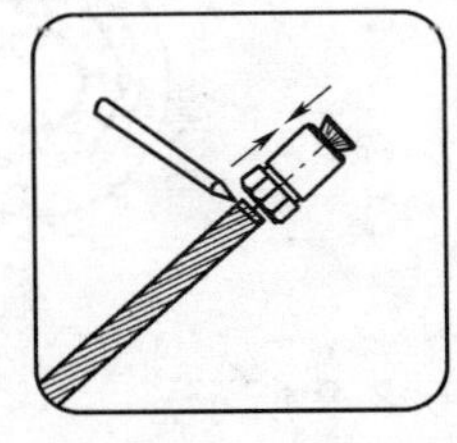

图　6.8.5

4. 分别卡住左旋、右旋锥筒螺栓六方，旋紧接头本体（左旋、右旋锥筒螺栓安装方法相同），见图6.8.6所示。

注意：① 紧固时，锥筒螺栓、楔子以及承力索之间不能相对转动。

② 紧固力矩应为80～100 N·m。

③ 标记线位置不能有明显变化。

5. 检查锥筒螺栓六方内端面与接头本体螺口端面之间的距离不大于9 mm，见图6.8.7所示。

注意：若锥筒六方内端面与本体螺口端面之间的距离不大于9 mm，应拆开检查绞线单丝是否进入楔子槽内，正确处理后重新安装。

6. 在工作张力状态下，再次查看标记线位置，若有所变化应拆开检查，进行二次紧固，之后做好记录。

（三）承力索终端锚固线夹

用于GLJC－120/35型承力索的终端锚固，使用时零件中所有配件的型号标记应相同，零件型号与所用线型应相符。

线夹见图6.8.8所示。

1. 将承力索扎紧后裁剪，并将端头20 mm长的外层12股铝线锯掉，

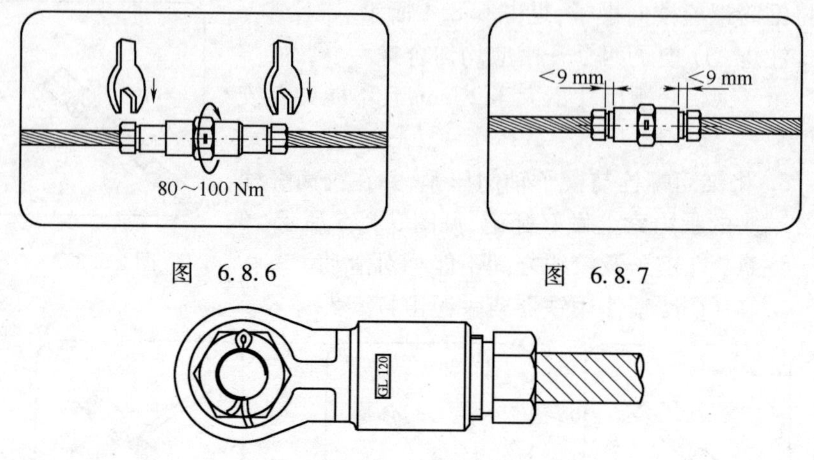

图 6.8.6　　图 6.8.7

图 6.8.8　承力索终端锚固线夹

见图 6.8.9 所示。

注意:① 裁线时不要使线头炸开和变形。

② 防止损伤内层铝包钢绞线。

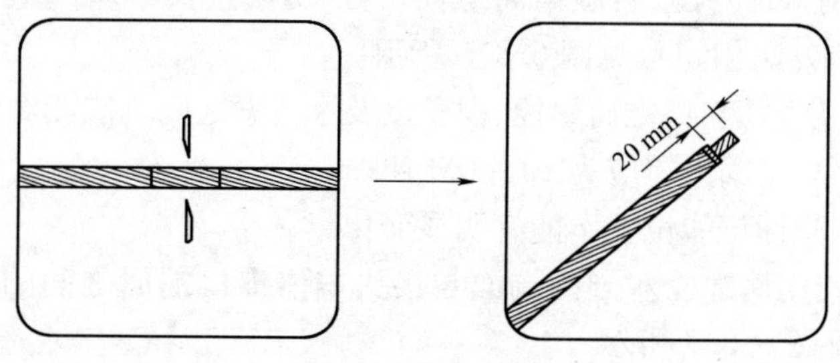

图 6.8.9

2. 将锥筒螺栓套入承力索,将楔子套在锯掉外层铝线的内 7 股铝包钢绞线上,见图 6.8.10 所示。

注意:① 零件内外表面应无金属屑、无毛刺。

② 承力索端头应平齐、无毛刺、无散股、无变形。

3. 将承力索外层 50 mm 长的铝线散开,使楔子插入内外层绞线之间,并保证外层铝线端头与楔子大端平齐并均匀分布在楔子外围,再将锥筒螺栓推向楔子,见图 6.8.11 所示。

注意:① 楔子四个开槽应均匀合拢。

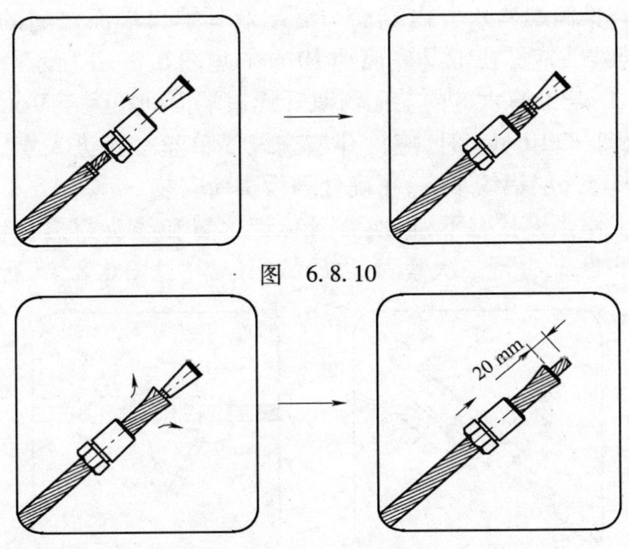

图　6. 8. 10

图　6. 8. 11

② 开槽尺寸不大于 2 mm。

③ 开槽内不能有线夹。

4. 将锥筒螺栓与楔子轴向压紧，并在锥筒螺栓六方端头的承力索上做好标记，见图 6. 8. 12 所示。

注意：① 楔子及绞线之间不能相对滑动。

② 严禁使用铁器或手锤击打零件。

5. 卡住锥筒螺栓六方，旋紧终端双耳，见图 6. 8. 13 所示。

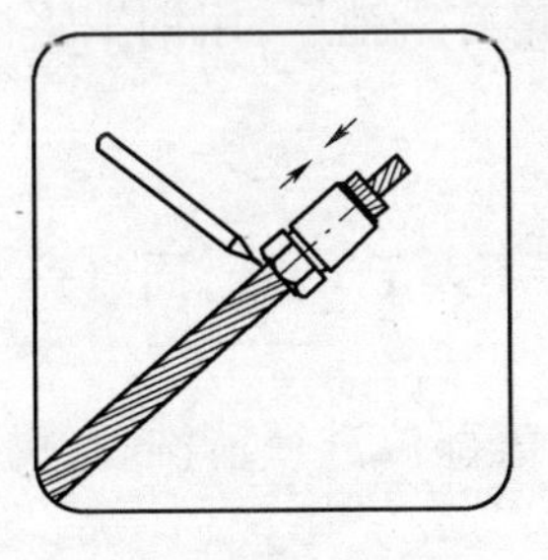

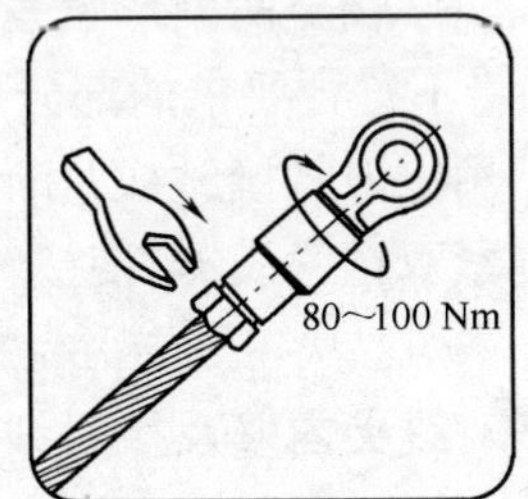

图　6. 8. 12　　　　图　6. 8. 13

注意：① 紧固时，锥筒螺栓、楔子以及承力索之间不能相对转动。

② 紧固力矩应为 80 ~ 100N · m。

6. 检查锥筒螺栓六方内端面与终端双耳螺口端面之间的距离不大于9 mm；且线头应露出双耳底面约10 mm，见图6.8.14所示。

注意：① 若锥筒六方内端面与双耳螺口端面间距大于9 mm，或露出的线头明显小于10 mm时，应拆开检查绞线单丝是否进入楔子槽内，或楔子大端未与外层铝线平齐，正确处理后重新安装。

7. 在工作张力状态下，再次查看标记位置和线头露出长度，若有所变化应拆开检查，进行二次紧固，之后做好记录，见图6.8.15所示。

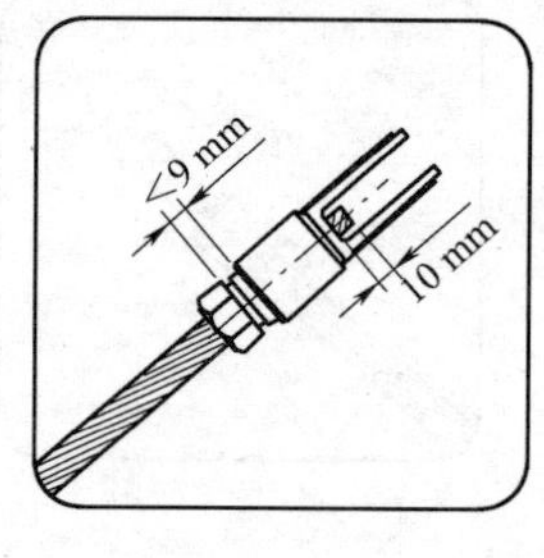

图 6.8.14

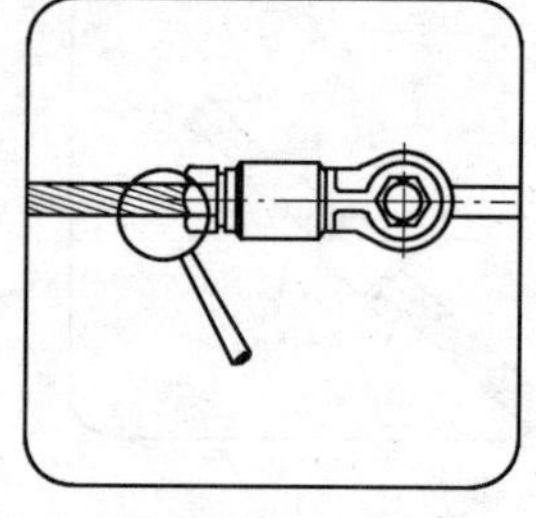

图 6.8.15

（四）铜接触线接头线夹

1. 在距接触线需切断部位两侧合适位置，安装楔形紧线器，在楔形紧线器前方20～50 mm位置安上一个吊弦线夹，以防紧线器滑动。

2. 用双钩紧线器（或手扳葫芦）通过铁丝套子与楔形紧线器相连。

3. 摇动双钩紧线器（或手扳葫芦）紧线。紧线时注意观察楔形紧线器是否滑动，若有滑动，应用手锤将楔形紧线器打紧。

4. 当紧线至两楔形紧线器间的接触线略有松弛后，用钢锯将接触线锯断并将不符合要求的部分一并锯掉。

5. 用锉刀将接触线两断头的端头打磨平。

6. 紧双钩紧线器，使接触线两断头间距不大于1 mm，同时一人预制附加线。

7. 对线夹内壁及接触线与线夹接触载流部位进行清洗、打磨、涂中性凡士林。

8. 将接触线接头线夹带螺纹侧安在断头的一侧，同时在接头线夹无螺纹侧安装附加线，上紧螺栓。螺栓上紧的程度以用橡胶锤打击下能移动为止。

9. 用导线整正器将两断头的接触线面对正,用橡胶锤打击接头线夹,使接头线夹向另一侧断头移动,直至断头在接头线夹的中部。

10. 按图 6. 8. 16 所标注的顺序用扭矩扳手紧固各螺栓,最少交替三次,最终紧固力矩为 44N · m,再拧紧螺母至 44N · m。

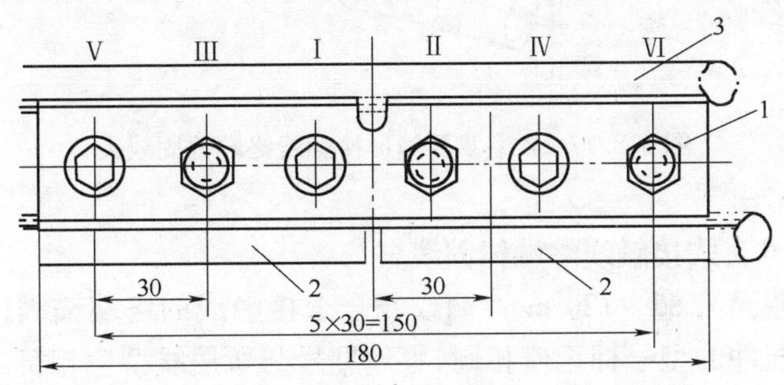

图 6. 8. 16 铜接触线接头线夹接头

1—接头线夹;2—接触线;3—附加线

11. 稍松一下双钩紧线器使接头受力。如果线夹不端正或过渡不平滑,则用导线整正器整正并用平锉打磨,或紧线重新制作。确定线夹无异状、无滑动且接触状态良好后,完全松开并撤除所有紧线工具。整正接触线线面。

12. 再次紧固线夹各部螺母。安装接头线夹上的环节吊弦并调整接触线高度。接头处接触线高度比两侧吊弦接触线高度略高。

注意:① 零件中所有配件的型号标记应相同。

② 零件型号与所用线型应相符。

(五)Z 型双耳楔形接触线终端锚固线夹

用于以截面为 85 ~ 120 mm^2 铜或铜合金接触线的终端锚固。

线夹见图 6. 8. 17 所示。

1. 卸下开口销及销钉,将接触线从外壳口侧沿 a - a 轴线穿入,并留有一定的余量。

2. 放入楔子(齿朝向接触线)并楔紧。

3. 将外露的线头部分沿着楔子大端圆弧弯折 90°,弯折长度 100 mm 以上。

4. 将连接零件的单耳放在双耳中间用销钉连接,最后用开口销锁住

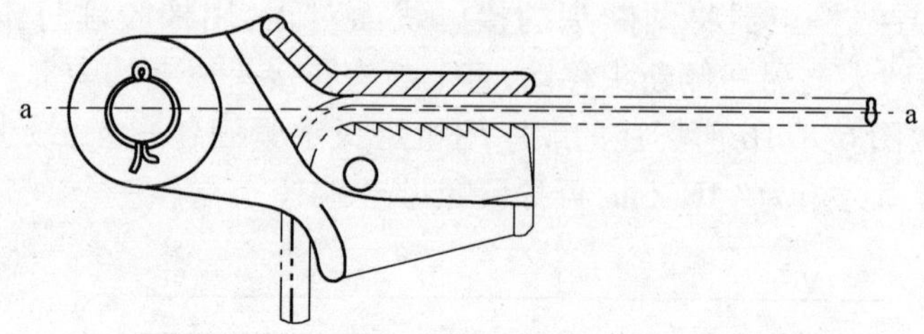

图 6.8.17　Z 型双耳楔形接触线终端锚固线夹

销钉防止滑出。

（六）锥套式接触线终端锚固线夹

用于截面为 85 ~ 120 mm^2 铜或铜合金接触线的终端锚固，使用时零件中所有配件的型号标记应相同，零件型号与所用线型应相符。

线夹见图 6.8.18 所示。

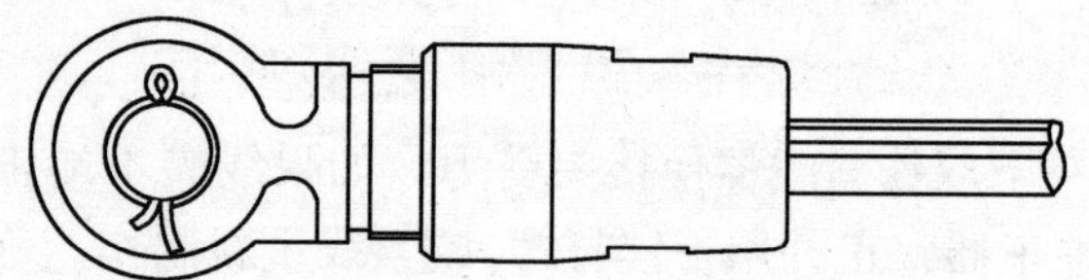

图 6.8.18　锥套式接触线终端锚固线夹

1. 将外壳、锥套和楔子分别套入接触线。

注意：①零件内外表面应无金属屑、无毛刺。

② 接触线端头应平齐、无毛刺、无变形。

2. 使接触线端头露出楔子大端 37 mm，将锥套推向楔子，见图 6.8.19 所示。

注意：① 楔子四个开槽应均匀合拢。

② 开槽尺寸不大于 2 mm。

③ 开槽内不能有异物。

3. 将锥套与楔子轴向压紧，再将外壳上移与终端双耳相连，见图 6.8.20 所示。

注意：①接触线与楔子之间不能相对滑动。

② 严禁使用铁器或手锤击打零件。

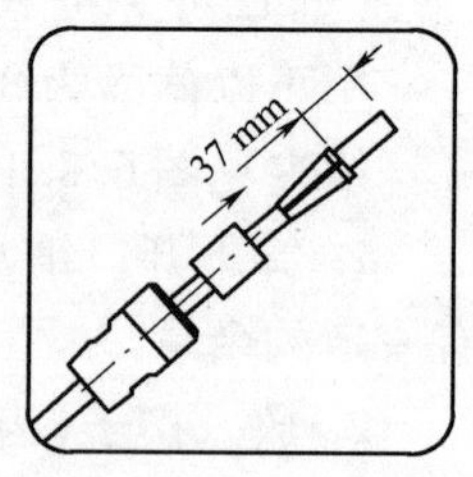

图　6.8.19

4. 卡住外壳两侧平面，用专用扭矩扳手卡住

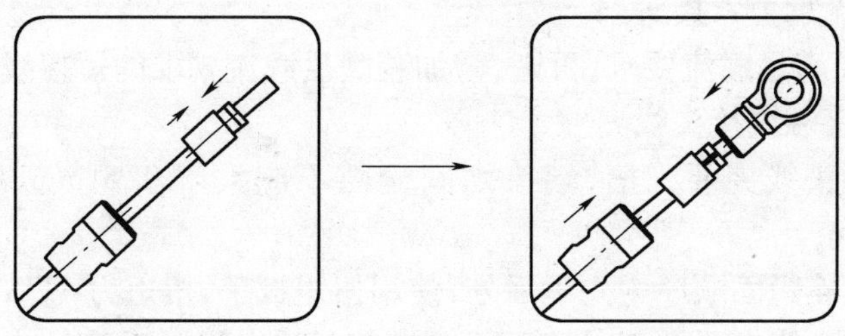

图　6.8.20

双耳四方，旋紧，见图 6.8.21 所示。

注意：① 紧固时，接触线、楔子以及锥套间不能相对转动。

② 紧固力矩应为 80～100N · m。

③ 禁止利用双耳孔紧固。

5. 检查外壳螺口端面与双耳四方体端面之间的距离小于 12 mm，线头露出双耳底面的距离 2 mm，见图 6.8.22 所示。

注意：若锥筒六方内端面与双耳螺口端面间距大于 12 mm，应拆开检查重新安装。

6. 在工作张力状态下，再次查看接触线头露出长度，若有所变化应拆开检查，进行二次紧固，之后做好记录，见图 6.8.23 所示。

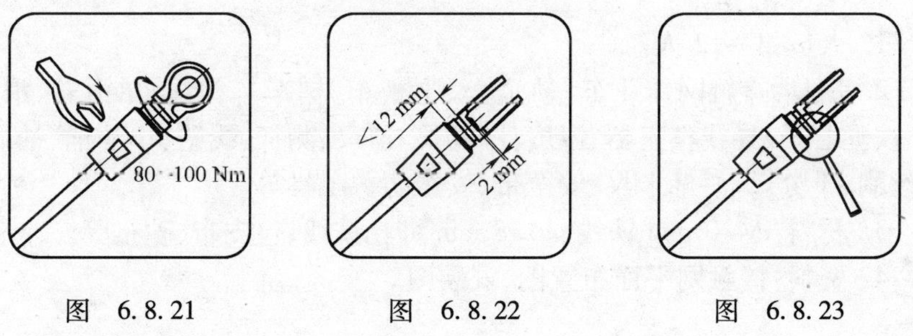

图　6.8.21　　图　6.8.22　　图　6.8.23

三、质量标准

1. 楔形线夹

（1）主线与连接件应在一条直线上。

（2）回头长度 500 mm ± 20 mm。

（3）距断头 50 mm ± 5 mm 处用细绑线绑扎 100 mm ± 10 mm。

2. 载流承力索接头

接头要满足载流要求，否则，需加装满足载流要求的短接线。

3. 铜接触线接头线夹

(1)接头线夹要入槽，端头之间缝隙不应大于 0.5 mm，线面要一致。

(2)螺栓紧固顺序为先里后外，使用扭矩扳手，扭矩为 44 N·m。

(3)接头线夹要端正，过渡要平滑，其对受电弓的垂直冲击力应小于 30 g；水平冲击力应小于 40 g。

4. Z 型双耳楔形接触线终端锚固线夹

(1)穿线时应注意接触线与受电弓接触面的朝向。

(2)受力端应在 a-a 轴线上。

(3)楔子要楔紧，连接应可靠。

四、安全注意事项

与第六章第一节　中心锚结安装相同。

第九节　承力索和接触线测量、调整

一、准备工作

1. 人员：4～12 人。

2. 工具：接触网作业车（轨道车、平板车、梯车）、棕绳、单滑轮、滑轮组、铁丝套子、导线整正器、温度计、卷尺、道尺、测杆、线坠、小油桶、油刷、钢丝刷、千分尺、游标卡尺、安全带、安全防护工具等。

3. 材料：ϕ4.0 mm 铁线、ϕ1.8 mm 绑扎铁线、包皮布、砂布等。

4. 资料：接触网平面布置图、安装图。

二、作业方法、步骤

（一）检查、测量

1. 检查承力索有无交叉磨损、松散、硬弯、折叠现象。

2. 检查承力索锈蚀、断股情况。

3. 检查承力索电连接线夹处及附近、钩头鞍子处、接头处和吊弦线夹等处是否有断股情况。

4. 检查、测量承力索在线路上方的位置。

(1)直链形接触悬挂直线地段的检查测量方法：

定位点处，在承力索上挂上线坠，测量承力索的 m 值，m 值在 150 mm 范围内即合格。

(2)直链形接触悬挂曲线地段的检查测量方法：

定位点处，在承力索上挂上测杆，测量承力索的高度 m_c 值和承力索到线路中心的 m_c 值，再在接触线上挂上测杆，测量接触线的高度 m_j 值和接触线到线路中心的 m_j 值，计算 m_c 与 m_j 的差值 Δm，即

$$\Delta m - m_c - m_j$$

计算出承力索相对于接触线的偏移值 Δc，即

$$\Delta c = \Delta m \times h/d$$

承力索的标准位置 Δm 应为接触线 m_j 值加上 Δc，即

$$\Delta m = m_j + \Delta c$$

若 $\Delta m > m_c > \Delta m - 100$ mm，则承力索满足标准要求，否则，即超出标准。

上式中 h 为钢轨超高，d 为轨距。

5. 检查各锚段承力索、接触线接头数量。

6. 检查、测量承力索、接触线张力。

7. 检查接触线扭斜、偏磨情况，硬点、平滑过度情况。

8. 检查、测量接触线在水平面内改变方向的角度。

9. 测量接触线磨耗：

(1)在接触线的定位线夹两侧处、跨中、中心锚结线夹、分段、分相、接头线夹处以及目视观察磨耗比较明显的地方。平均磨耗为各点磨耗的平均值。

(2)用精度为 0.02 mm 的游标卡尺卡住导线，见图 6.9.1。

(3)拧紧卡尺固定螺栓，使卡口固定，保证读数准确。

(4)游标卡尺的读法

① 先看副尺 0 位在主尺上的位置，读出整数，如图 6.9.2，$A = 11$ mm。

② 找出主尺上刻度线与副尺刻度线对得最齐的一线，如图 6.9.2，读数为 $X = 0.20$。

③ 两次读数相加，既为测量读数值 N。

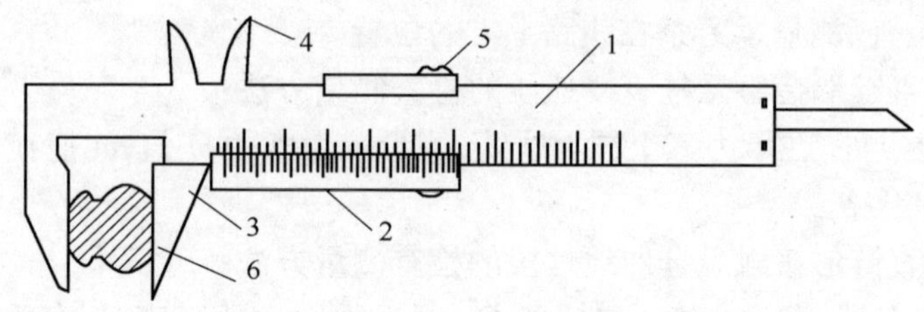

图 6.9.1 游标卡尺测量导线示意图

1—主尺;2—副尺;3—外径卡脚;4—内径卡脚;5—固动螺丝;6—导线

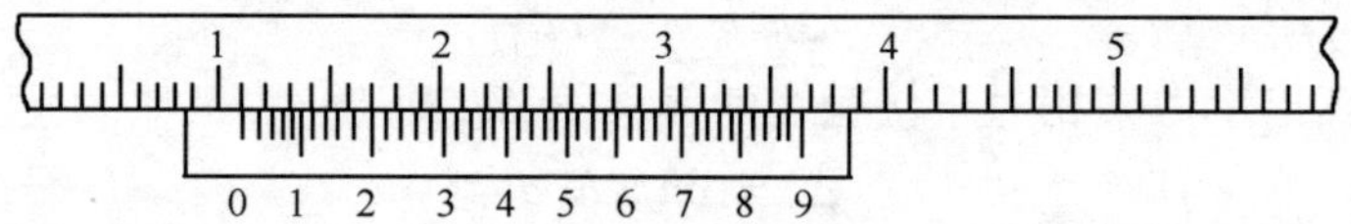

图 6.9.2 游标卡尺刻线原理及读法

$$N = A + X = 11 + 0.20 = 11.20(\mathrm{mm})$$

(5)根据 N 值查接触线磨耗换算表,即可得该处测量点接触线磨耗值。

(6)计算一个锚段的平均面积。

(7)测量结果均记载在"接触线磨耗测量记录"本内。

(二)调整处理

1. 承力索磨损、锈蚀、断股超标时,截断做接头。

2. 接触线扭斜、偏磨,使用导线整正器进行整正。

3. 当接触线损伤、磨耗严重不能满足载流及机械强度的要求时,截断做接头。

4. 承力索偏移超标。

直线地段斜腕臂,若偏向腕臂一侧,则应将腕臂套管铰环向上移动,调长拉杆,使承力索满足标准要求;若远离腕臂,则应将腕臂套管铰环向下移动,调短拉杆,使承力索满足标准要求。

曲线地段曲外支柱,若 $m_c > \Delta m$,则说明承力索偏向曲线外侧,则应将腕臂套管铰环向上移动,调长拉杆,使承力索满足标准要求;若 $m_c < \Delta m - 100$ mm,则说明承力索偏向曲线内侧超标,则应将腕臂套管铰环向下移动,调短拉杆,使承力索满足标准要求。

若为平腕臂时，则应将腕臂套管铰环横线路方向左右移动调整，使承力索满足标准要求。

三、质量标准

1. 承力索和接触线的材质与截面积须满足下列要求：

(1)容许载流量大于该区段的最大电流。

(2)铜或铜合金接触线机械强度安全系数符合下列要求：

① 当磨耗面积小于或等于15%时，安全系数不应小于2.5。

② 当磨耗面积大于15%且小于25%时，安全系数不应小于2.2。

(3)钢铝接触线安全系数不应小于2.5。

(4)各种绞线：

① 承力索钢绞线安全系数不应小于3。

② 承力索硬铜绞线安全系数不应小于2。

③ 承力索铝绞线、钢芯铝绞线、铝包钢芯铝绞线安全系数不应小于2.5。

(5)繁忙干线或腐蚀严重的电气化区段应采用铜线或铜合金线。

(6)同一个机车交路内接触线材质应相同。

(7)承力索应采用防腐性能好的材质，在规定的寿命期内至少在大修以前，不需进行涂油等防腐处理也能保证安全运行，以减少维修工作量。

2. 承力索和接触线的张力和弛度符合安装曲线的规定。弛度允许误差：

半补偿链形和简单悬挂为15%。

全补偿链形悬挂为10%。

弛度误差不足15 mm者按15 mm掌握。

3. 承力索和接触线中心锚结处与补偿器端的张力差不得超过下列规定：

半补偿链形悬挂15%。

全补偿链形和弹性简单悬挂10%。

4. 承力索在直线地段应位于线路中心线的正上方，允许误差150 mm。在曲线地段承力索与接触线之间的连线应垂直于轨面连线，允许向曲线内侧偏差不超过 100 mm,但不得偏向曲线外侧。

5. 接触线在水平面内改变方向时,其偏角一般不应大于 6°,困难情况下不得超过 12°。

6. 接触线、承力索的磨耗和损伤按下列规定整修或更换:

(1)承力索、接触线磨耗和损伤后不能满足该线通过的最大电流时,若系局部磨耗和损伤,可以加电气补强线,若系普遍磨耗和损伤则应更换。

(2)承力索、接触线磨耗和损伤后不能满足规定的机械强度安全系数时,若系局部磨耗和损伤,可以加补强线或切除损坏部分重新接续,若系普遍磨耗和损伤则应更换。

(3)承力索用钢芯铝绞线或铝包钢线时,其钢芯若断股,必须切断重接。

7. 一个锚段内接触线和承力索接头,补强和断股的总数应符合下列规定(不包括分段、分相和下锚接头):

锚段长度在 800 m 及以下时不超过 4 个;

锚段长度超过 800 m 时,铜合金及铜线不超过 8 个,钢线、铝线、钢铝复合线(包括铝包钢承力索、钢芯铝绞线、钢铝接触线等钢、铝两种材质复合的线种)不超过 6 个。

接头距悬挂点应不小于 2 m,两接头之间的距离应不小于 80 m。

8. 钢铝接触线的钢铝结合应良好,不得开裂。

9. 接触线接头、分段和分相绝缘器、线夹等零部件应保证受电弓平滑过渡,其对受电弓的垂直冲击力应小于 30 g;水平冲击力应小于 40 g。

四、安全注意事项

与第六章第一节　中心锚结安装相同。

第十节　接触线高度、拉出值调整

一、准备工作

1. 人员:12 ~ 15 人。

2. 工具:接触网作业车(轨道车、平板车、梯车)、单滑轮、铁丝套子、导线整正器、皮尺、卷尺、水平尺、测杆(TR 型测距器)、线坠、木榔头、道尺(木道尺)、温度计、小油桶、油刷、钢丝刷、安全带、安全防护工具等。

3. 材料:铁线、棕绳等。

4. 资料:接触网平面布置图、安装图。

二、作业方法、步骤

(一)接触线高度调整

接触线高度是指接触线至轨面连线的垂直距离。接触线高度是通过调节吊弦长度实现的。若为不可调整体吊弦,则严格按照设计计算安装吊弦,接触线高度既已满足要求。下面是悬挂为可调吊弦的接触线高度调整方法:

接触线高度从中心锚结依次向下锚方向调整。

1. 设专人计算调整温度 t_x 时跨距两侧支柱定位点、跨距内各吊弦点接触线高度值及定位器、吊弦沿线路方向偏移。

2. 调整支柱定位点、支柱旁第一吊弦点接触线高度及定位器沿线路方向偏移。调整时可先调整定位点和支柱旁第一根吊弦,若不能满足定位器坡度要求,则调整腕臂上定位环的安装位置,达到调整定位点接触线高度目的。调整时,注意必须使相邻吊弦起一定辅助作用。

3. 调整接触线各吊弦点接触线高度、吊弦偏移。

调整接触线各吊弦点接触线高度时同时要满足接触线坡度的要求。

(1)满足接触线3‰坡度时两点长度与高差的最大值见表6.10.1。

表6.10.1　3‰坡度时两点长度与高差的最大值

两点长度(m)	10	20	30	40	50	60	70
高　差(mm)	30	60	90	120	150	180	210

(2)困难情况下满足接触线5‰坡度时两点长度与高差的最大值见表6.10.2。

表6.10.2　5‰坡度时两点长度与高差的最大值

两点长度(m)	10	20	30	40	50	60	70
高　差(mm)	50	100	150	200	250	300	350

4. 曲线地段,计算、调整接触线高度值时,需一并计算、调整各调整

点接触线与线路中心距离 m 值(即计算定位点处接触线拉出值及跨中接触线偏移值)。

5. 用测杆复查接触线的高度,如不符应重新调整。

(1)测杆测量接触线的高度:

① 将测杆挂在接触线上。

② 将木道尺放在两根轨面上。

③ 将测杆垂直于木道尺,用卷尺测量出测杆底部到木道尺轨平面处的距离,此距离加上测杆长度既为接触线高度。

(2)TR 型测距器测量接触线的高度:

见本节二(二)5.(2)TR 型测距器测量。

6. 校正接触线线面。

(二)接触线拉出值测量、调整

1. 接触线、线路中心线、受电弓中心线三者的关系

为了使受电弓摩擦均匀和使受电弓不超出受电弓的工作范围,需要将接触线固定在相对于受电弓中心一定位置上。在定位点处,接触线偏移受电弓中心的距离称为拉出值,在直线区段也称为"之"字值,用符号 a 表示。

另外规定,接触线相对于线路中心线的距离称为 m 值。在曲线区段,接触线在线路中心线外轨一侧的 m 值为 +,在线路中心线内轨一侧的 m 值为 -。在曲线区段,由于外轨超高,机车受电弓中心线与线路中心线有一偏移值,即受电弓中心到线路中心的距离,此距离称为 c 值。见图 6.10.1 所示。

从图 6.10.1(a)中可以看出 $a=m$;从图 6.10.1(b)中可以看出曲线区段 $a=m+c$,

而 $$c=h\times H/d$$

式中 h——外轨超高值;

H——接触线至轨面的高度;

d——轨距。

在实际工作中为了计算方便,把轨距取 1 440 mm,根据接触线的设计高度即可确定 c 值与外轨超高值 h 之间的倍数关系,只要知道外轨超高值就能快速计算出 c 值,表 6.10.3 是不同接触线高度时 c 值与 h 值的

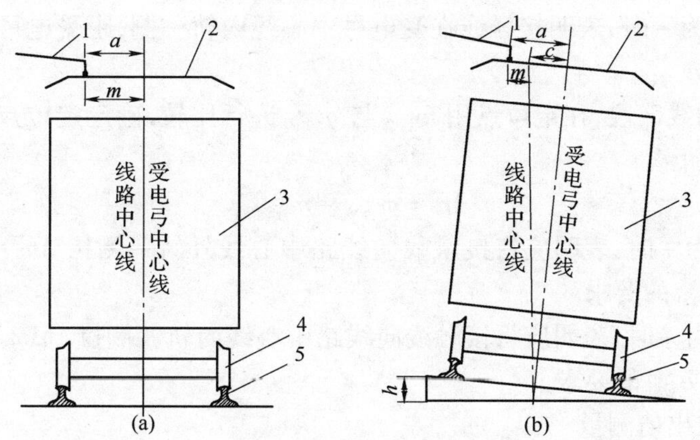

图 6.10.1　接触线、线路中心线、受电弓中心线的关系

(a)直线区段;(b)曲线区段

1—定位器;2—受电弓;3—电力机车体;4—车轮;5—钢轨

关系。

表 6.10.3　*c* 值与 *h* 值的关系

序	接触线高度(mm)	*c* 值	序	接触线高度(mm)	*c* 值
1	5 330	3.70 *h*	3	6 000	4.20 *h*
2	5 760	4.00 *h*	4	6 500	4.50 *h*

在现场计算时,H/d 通常取 4。

2. 已知设计曲线定位点拉出值,确定定位点接触线的位置

计算 m 值　　　　$m_{计算} = a_{设计} - c$

$m_{计算}$值为 + 时,表明接触线应放在线路中心线外轨一侧,距线路中心线的距离为 $m_{计算}$。

$m_{计算}$值为 - 时,表明接触线应放在线路中心线内轨一侧,距线路中心线的距离为 $|m_{计算}|$。

3. 曲线区段,已知定位点实测 m 值,计算确定定位点接触线实际拉出值 a

实际拉出值 a　　　　$a_{实际} = m_{实测} + c$

$a_{实际}$为 + 时,表明接触线在受电弓中心线外轨一侧,距受电弓中心线距离为 $a_{实际}$。

$a_{实际}$为 - 时,表明接触线在受电弓中心线内轨一侧,距受电弓中心线距离为 $|a_{实际}|$。

4. 曲线区段,在定位点用 $m_{计算}$与 $m_{实测}$进行比较,确定定位点接触线拉或放的距离

$$\Delta m = m_{计算} - m_{实测}$$

Δm 为 + 时,表明应将接触线向线路中心线外轨一侧拉 Δm 距离,即可满足 $a_{设计}$的要求。

Δm 为 - 时,表明应将接触线向线路中心线内轨一侧拉 $|\Delta m|$ 距离,即可满足 $a_{设计}$的要求。

5. 拉出值测量

(1)绝缘测杆测量

① 用道尺测出外轨超高。

② 用测杆绑妥线坠,挂于接近定位线夹 A 点或 A'点。注意:不要挂在定位线夹上,如图 6.10.2(a)所示。

③ 使线坠垂下,离地面少许,线坠上端介于轨面之下。

④ 钢卷尺拉出 720 mm(轨距之半)与轨内缘对齐,线坠绳在钢卷尺上的数值,在直线上即为之字值,在曲线区段即为实测 m 值,经计算可得出拉出值 a。注意:拉出卷尺应垂直于线路中心且平行两轨面,如图 6.10.2(b)所示。

⑤ 为保证测量数值准确,测量人应正对线坠读数。

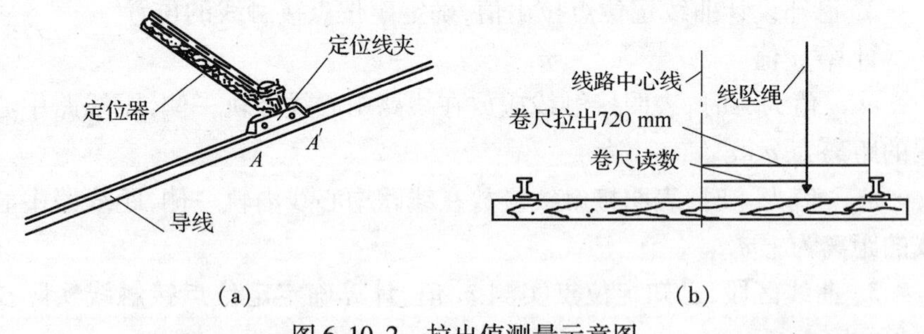

图 6.10.2 拉出值测量示意图

(2)TR 型测距器测量

TR 型测距器是一种新型的用于测量接触线高度、拉出值、线岔位置、定位管坡度等多种用途的便携式地面检测装置、由带有标尺的绝缘测杆

测出所测点至钢轨内侧面的距离，输入可编程序专用电子计算器计算出测量结果。它的特点是把三角法测量原理和现代化的计算工具结合在一起，使得测量效率和精度较传统的测量方式有显著提高。

① 测杆和计算器的形状见图6.10.3所示。

② 将绝缘测杆依次连接牢固，悬挂在接触线所测点上。

③ 拧出端头，拉出刻度尺，使端头密贴钢轨内侧面，读刻度值到毫米级，此值为接触线至钢轨内侧面的距离。

④ 再将测杆移至另一钢轨内侧面，读取另一刻度值。

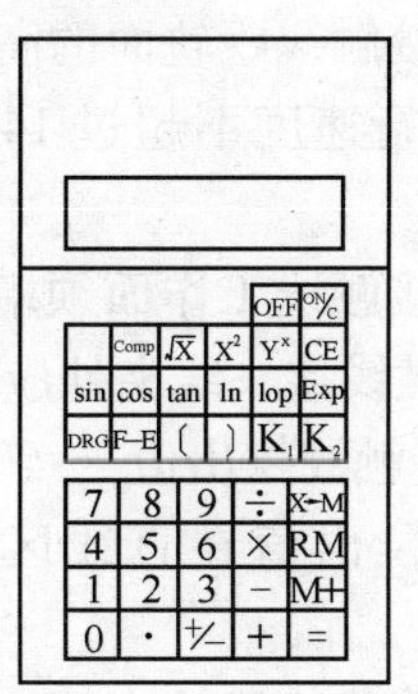

图6.10.3　TR型测距器计算器、测杆

⑤ 按Comp键，显示器的右边显示〔1〕，按相应的数字键，将所测的一个距离值输入给计算器。

⑥ 按Comp键，显示器的右边显示〔2〕，将1 440 mm输入给计算器（为操作方便用1 440 mm代替轨距平均值1 450 mm）。

⑦ 按Comp键，显示器的右边显示〔3〕，将所测的另一距离输入给计算器。

⑧ 按Comp键，3 s后，显示接触线高度值。

⑨ 按Comp键，3 s后，显示接触线的拉出值。

6. 拉出值调整

将线坠挂在接触线上，待线坠稳定后，线坠尖端即为接触线的投影位置，然后由梯车上作业人员将绳子拴在接触线上、通过滑轮由地面人员拉绳。这时梯车上人员调整定位环的位置或软定位器拉线的长度，调至线坠尖部指向接触线 $m_{计算}$ 位置。

三、质量标准

1. 接触线高度

(1)接触导线最大弛度距钢轨顶面的高度不超过6 500 mm；在区间和中间站，不少于5 700 mm(旧线改造不少于5 330 mm)；在编组站、区段站和个别较大的中间站站场,不少于 6 200 mm。

(2)接触线弛度应符合安装曲线的规定,接触线悬挂点高度施工允许偏差为 ±30 mm,弛度偏差为 ±15% 。

(3)接触线距轨面的高度变化时,其工作支的坡度应符合下列规定:当列车运行速度不超过 140 km/h 时一般不超过 3‰,困难情况下不超过 5‰。

(4)接触线工作面须端正,工作部分不得扭转、弯曲,各种线夹均应端正,接触线接头线夹处应专设一根环节吊弦。

2. 接触线拉出值

(1)拉出值在直线区段一般为 200 ~ 300 mm。允许施工误差为 ±30 mm。

(2)曲线区段拉出值一般为 400 mm,允许施工误差为 ±30 mm;电力机车受电弓工作宽度为 1 250 mm 时,距中点接触导线距受电弓中心的偏移值不得超过 450 mm。否则,应改变相邻定位点处的拉出值。

(3)道岔柱拉出值应保证两接触线在定位点间的距离为 100 ~ 150 mm,标准定位时,拉出值约为 375 mm,非标准定位时,应保证两接触线交点(线岔)位于线间距 500 ~ 700 mm 范围内。

四、安全注意事项

与第六章第一节　中心锚结安装相同。

第七章　接触网设备安装、调整

第一节　隔离开关安装、调整

一、准备工作

1. 人员:3 ~5 人。

2. 工具:滑轮组、单滑轮、台钻、管刀、台虎钳、隔离开关吊架、手锤、钢锯、钢锯条、铁丝套子、皮尺、卷尺、吊绳、水平尺、线坠、温度计、小油桶、油刷、钢丝刷、除锈刀、塞尺、锉刀、大梯子、棕绳、开关钥匙、接地线、安全带、安全防护工具等。

3. 材料:ϕ4.0 mm 铁线、ϕ1.8 mm 绑扎铁线、棉纱、砂布、油漆、红丹、中性凡士林、黄油、毛巾、汽油、毛笔等。

4. 资料:接触网平面布置图、安装图。

二、作业方法、步骤

隔离开关安装在电分段处,它与分段绝缘器、分相绝缘器、绝缘锚段关节配合实现接触网电分段的断开或连通,从而提高了整个牵引供电系统的可靠性与灵活性。

(一)常用隔离开关的型号及构造

单极隔离开关:有带接地刀闸($GW_4-27.5DT$)和不带接地刀闸($GW_4-27.5T$)两种型号。

双极隔离开关:由两组单极开关组成,通过连杆使两组开关同步开合。

单极隔离负荷开关:FW□ $-27.5/{}^{630}_{1250}$。

双极隔离负荷开关:FW□ $-55/27.5/{}^{630}_{1250}$,(AT 供电方式使用)。

1. 单极隔离开关构造见图 7.1.1。

2. 单极隔离负荷开关构造见图 7.1.2。

(二)安装图

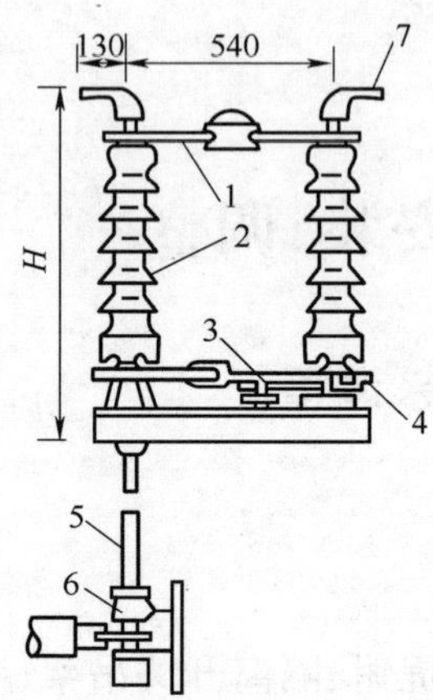

图 7.1.1　单极隔离开关构造示意图
1—导电刀闸；2—瓷柱；3—交叉连杆；
4—底座；5—传动杆；6—操动机构；
7—4 孔 O#设备线夹

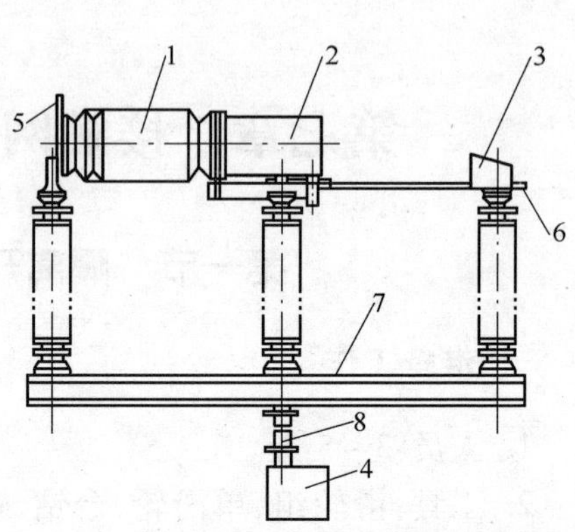

图 7.1.2　单极隔离负荷开关构造示意图
1—真空灭弧部分；2—开断机构；3—隔离外埠；
4—操动机构；5—上出线端；6—下出线端；
7—底架；8—中间传动轴

1. 隔离开关在混凝土腕臂柱上的安装

隔离开关在混凝土腕臂柱上的安装如图 7.1.3 所示。

2. 隔离开关在软横跨柱上的安装

隔离开关在软横跨柱上的安装见图 7.1.4 所示。

（三）安装前的准备工作

1. 隔离开关的外观检查

（1）绝缘瓷柱应光洁、无裂纹、破损等缺陷，铁件防腐层完好，无锈蚀现象，零配件齐全。

（2）合闸角度应符合要求，合闸时闸刀水平，两闸刀中心线相吻合；分闸时角度为

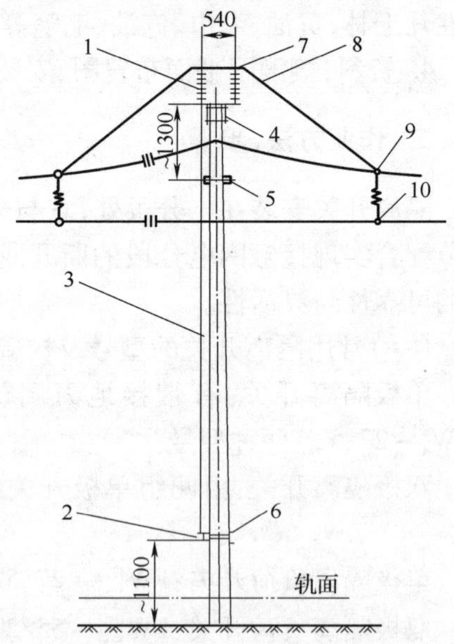

图 7.1.3　混凝土腕臂柱隔离开关安装图
1—隔离开关；2—操作机构；3—传动杆；4—开关托架；
5—踏脚底座；6—操作机构托架；7—设备线夹；
8—电连接线；9—电连接线夹；10—供电线夹

90°，允许误差为+1°，止钉间隙为1～3 mm。

(3)触头接触良好，接触压力符合要求，瓷柱转动灵活。

(4)接地闸刀合闸角度符合要求，连锁可靠，转动灵活。

(5)操作机构配套，操作灵活、省力。

2. 电气性能试验

由试验部门对隔离开关进行电气性能试验，试验报告移交安装单位。

3. 测量隔离开关传动杆长度

(1)确定操动机构托架安装位置(距地面约为1.1 m)，用白漆作上标记，混凝土腕臂柱应位于杆孔中部。

(2)腕臂柱，由杆顶量至操动机构托架安装位置，量得尺寸加上托架槽钢、隔离开关底座角钢的厚度，可得传动杆长度。

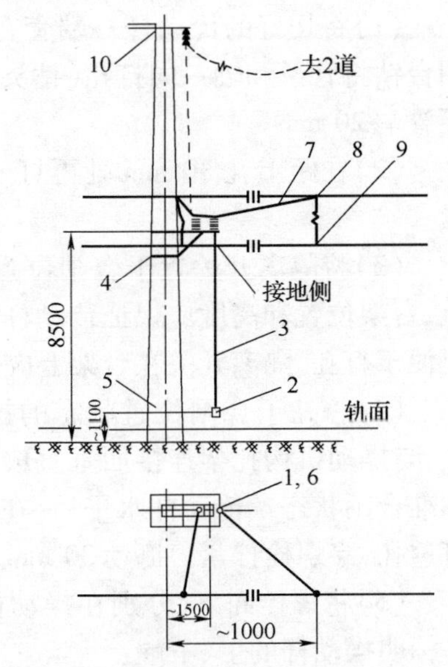

图7.1.4　软横跨柱隔离开关安装图

1—隔离开关；2—操作机构；3—传动杆；4—开关支架；5—操作机构支架；6—设备线夹；7—电连接线；8—连接线夹；9—供电线夹；10—跳线肩架

(3)软横跨柱，由操动机构托架位置向上量出7.4 m，作出标记，即隔离开关托架安装位置，传动杆长度等于7.4 m加上隔离开关托架角钢厚度。

4. 检查各零配件的配套情况

检查隔离开关和托架的安装配合、操动机构和托架的安装配合、操动机构托架和支柱孔(混凝土柱)的安装配合情况。

(四)预配

1. 按杆号、杆型及隔离开关安装图，将本组配件预配成套，标明杆号。

2. 按传动杆测量长度切钢管。

3. 传动杆打孔。

(1)将切好的传动杆一端套在处于合闸状态的隔离开关操动轴上,用台钻将管子和轴一同打孔(钻头应穿透),穿螺栓将螺帽拧紧。孔中心距管端 20 mm。

(2)在距上孔 30 mm 处再打一孔,两孔方向互成 90°角,并穿螺栓拧紧。

(3)将隔离开关置于合闸位置,并连同传动杆搬到事先搭好的台架上,台架位置和高度应保证传动杆处于水平状态和传动杆另一端在台钻上便于打孔,隔离开关在台架上应垫平稳。

(4)将处于合闸位置状态的操动机构的操动轴套入传动杆的另一端,与操动机构托架连接面垂直放在台钻工作台上。确认隔离开关处于标准合闸状态及传动杆水平后,在距管端 20 mm 处,将管子连同操动轴打透孔,穿螺栓拧紧。挪动 30 mm,再打透一孔。

(5)将螺栓卸下,分别在操动机构、隔离开关及传动杆上标明杆号,并标明操动杆的上、下端。

(6)设备线夹与隔离开关配套打孔。

(7)隔离开关轴及操动机构轴加润滑剂(凡土林油)。

(五)隔离开关的安装

1. 腕臂柱隔离开关安装

图 7.1.5 为隔离开关吊架示意图,图 7.1.6 为腕臂柱隔离开关吊装示意图。

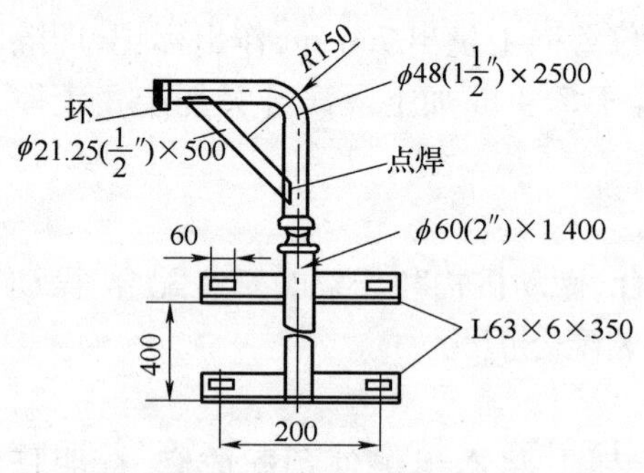

图 7.1.5 隔离开关吊架示意图(单位: mm)

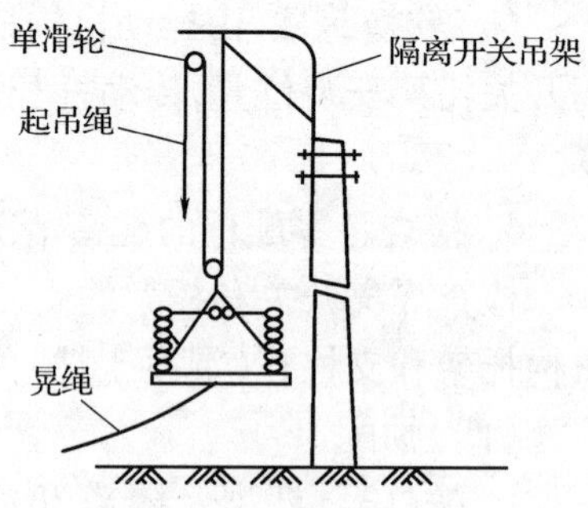

图 7.1.6 腕臂柱隔离开关吊装示意图

(1)用皮尺测量确定踏脚底座位置,安装踏脚底座。

(2)在杆顶安装开关托架。

(3)在杆顶田野侧固定隔离开关吊架架座,并将架臂插入架座管中,转向田野侧。

(4)在吊臂端挂滑轮,绑好隔离开关并绑好晃绳。

(5)起吊隔离开关,吊至超过开关托架高度时,转动吊架架臂,使开关位于杆顶正上方,然后慢松吊绳,对准安装孔穿螺栓固定隔离开关。

(6)将传动杆与隔离开关操动轴用螺栓连接起来,拧紧螺帽,然后用钢锯将螺栓多余丝扣部分锯掉,再用手锤打击将螺帽封死。

(7) 撤除单滑轮、开关吊架等工具。

(8)安装操动机构托架。

(9)将操动机构与传动杆连接起来[同步骤(6)],并固定操动机构。

(10)将操动机构加锁。

2. 软横跨柱隔离开关的安装

软横跨柱隔离开关安装如图 7.1.7 所示。

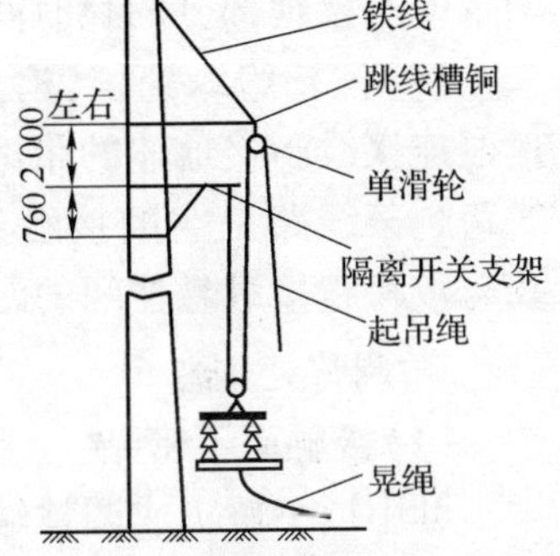

图 7.1.7　软横跨柱隔离开关安装示意图

(1)安装隔离开关支架。

(2)在开关支架上方 2 m 左右处,将跳线槽钢临时固定在支柱上,杆顶至槽钢端部用铁线拉紧。

(3)在跳线槽钢端部挂滑轮,用置放于滑轮中的起吊拉绳绑好隔离开关,并绑好晃绳。

(4)起吊隔离开关,吊至支架上方时,杆上人员将隔离开关推拉至开关支架中部,然后慢松起吊拉绳,将隔离开关置稳并安装固定好。

以下步骤同腕臂柱上隔离开关安装操作步骤(6)、(7)、(8)、(9)、(10)。

隔离开关安装好后,操作操动机构反复动作,观察隔离开关开合闸角度。闸刀触头接触情况;接地闸刀动作及接触情况;操作灵活程度等,发现问题,立即进行调整。

（六）隔离开关的调整

1. 检查、测量

（1）将开关倒至分闸位置，测量分闸角度、分闸止钉间隙及触头接触情况。带接地刀闸的隔离开关应检查接地刀闸接触情况。

分闸角度的测量和计算：

$$S = D + 0.0349L \quad (\text{mm})$$

式中 S——距主刀闸根部为 L 处的刀闸间距离（mm）；

D——主刀闸根部间距离（mm）；

L——D 与 S 之间距离（mm）。

分闸角度必须满足 $D \leqslant S \leqslant D + 0.0349L$，见图 7.1.8 所示。

（2）开关倒至合闸位置，检查合闸是否呈直线，合闸止钉间隙及触头密贴情况。

（3）测量一次操作隔离开关在分合过程中带电与接地部分的瞬时间隙。

（4）清扫绝缘瓷柱，检查其绝缘状态，测量电连接线与接地体的距离。当隔离开关引线跨越某线路上空的接触悬挂时，测量该引线与被跨越接触悬挂间的距离。

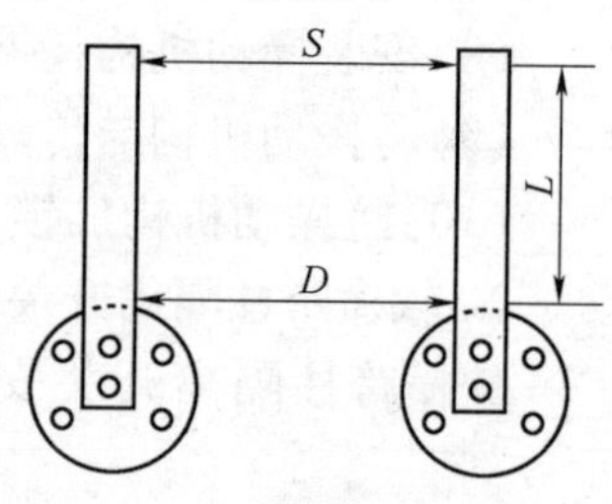

图 7.1.8 分闸角度测量示意图

2. 调整处理

（1）接触面不密贴

可用扳手矫正或调整触头弹簧压力。

（2）合闸不呈直线

先将开关倒至合闸的位置，卸下交叉连杆，使刀片合闸呈直线，然后调合闸止钉间隙，最后调好交叉连杆的长度并与转动连板连接。

（3）触头与刀片（高差造成）旁击

可略扳动刀片直至合适，必要时可在瓷瓶与底座间加垫片。

（4）分闸角度不合格

将开关倒至分闸位置后，先调整分闸止钉的间隙，然后再调交叉连杆的长度，直至分闸角度符合要求。

（5）合闸呈直线而分闸角度不符合要求，或分闸符合要求而合闸不呈直线主要是操作机构联锁止孔的位置不对，这种情况只有重新改变止孔的位置，才能满足要求。除此之外就是转动关节旷动大，则只有设法消除，方能解决。

(6)操作机构不灵活

如果是由于传动杆弯曲，应进行矫正；如果是活动关节缺润滑油，应涂油；如果是上下托架歪斜，应矫正或更换托架。

(7)接地刀闸合闸后不到位或合后过头

可调整接地刀闸传动拐臂的角度及接地连杆的长度，使其接地符合要求。刀闸接触不密贴或过紧，可调整触头弹簧片的压力。

(8)双极隔离开关分、合闸动作不同步，角度不一致

可调节双极联动杆，使两极分、合闸动作同步，角度一致。

(七)隔离负荷开关安装

隔离负荷开关为电气化铁道户外、户内专用，配有 CJ□型电动操动机构，可由盘上或远方控制，同时配有手柄，可以进行手动操作。

1. 本体安装

用吊车将本体吊起之后正确对准安装台架上的安装孔，确认绝缘子的垂直度，双极还要确认平行度、极间距。

2. 中间传动轴安装

自上而下在吊起时用螺栓连接紧固。

3. 安装操动机构

在安装完固定架后，把操动机构固定上，然后根据中间传动轴下垂的高度及轴心位置调整操动机构的安装位置，最后紧固安装螺栓。

4. 双极开关拉杆连接

双极开关要连接中间拉杆及连接槽钢。

5. 调整

隔离外断口及真空灭弧室合、分工作正常到位，双极同期合分。操动机构的辅助开关切换时间正确。通过手动关合，确认是否转动轻快，通过电动操作（现场及远方控制）确认电动正常。

(1)首先手动检查开关是否合、分到位及隔离刀闸打开绝缘距离$\nless$400 mm，并且操动机构辅助开关转换到位，如正常可电动检

查。

(2)当上述要求不合格时,可调节操动机构中辅助开关与机构输出传动轴之间的调节环,以便调整辅助开关的切换时间达到上述目的。

(3)调节环可简单分成内、外两圈,可以左右搓动,从而改变调节环的缺口尺寸来改变辅助开关的切换时间。

6. 维护和检查

隔离负荷开关在规定的寿命范围内为不检修开关,应定期对开关做维护和检查。

(1)擦去绝缘瓷柱、瓷套上的污垢。

(2)检查压力表是否在规定值内。

(3)合、分闸位置及刀闸打开距离。

(4)螺栓是否有松动,特别是操作机构内的辅助调节环顶丝是否松动。

(5)检查是否有人为破坏及损伤现象。

三、质量标准

1. 传动杆与操动轴应配合密贴,连接可靠,不得晃动。

2. 打孔钻头直径应比螺栓直径小 0.1 ~0.2 mm。

3. 设备线夹与隔离开关接触面应精加工并找平。

4. 开关托架或开关支架安装应稳固、水平,杆顶不平者可预先用混凝土找平。

5. 隔离开关两瓷柱应直立,并相互平行,施工误差不得超过 2°,底座应水平,不平者可用垫片垫平,但垫片不宜超过三片。

6. 隔离开关应动作可靠、转动灵活,合闸时触头接触良好,引线和连接线的截面与开关的额定电流及所连接的接触网当量截面相适应,引线不得有接头。

7. 隔离开关的触头接触面应平整、光洁无损伤,并涂以导电介质。隔离开关合闸时触头接触紧密、接触压力均匀无回弹现象。用 0.05 mm ×10 mm 的塞尺检查触头接触时,对于线接触者应塞不进去,对于面接触者的塞入深度,当接触表面宽度为 50 mm 及以下时,不应超过 4 mm，当接触表面宽度为 60 mm 及以上时不应超过 6 mm。

8. 隔离开关的分闸角度及合闸状态应符合产品的技术要求。

GW4 型隔离开关合闸时，刀闸呈水平状态，两刀闸中心线相吻合；分闸时刀闸角度为 90°，允许误差 +1°；止钉间隙 1 ~ 3 mm。

9. 引线无松散、断股、扭转现象，不得有接头。

10. 引线及连接线应连接牢固接触良好，无破损和烧伤。引线距接地体的距离应不小于 330 mm。引线的长度应保证当接触悬挂温度变化时有一定的活动余量但还应使之不侵入限界，引线摆动到极限位置对接地体的距离符合规定。

11. 电动操作的隔离开关电动机应转向正确，机械系统润滑良好，分合闸指示器与开关的实际位置相符。

12. 双极隔离开关触头接触的不同期值应符合产品的技术条件，无明确规定者应不超过 5 mm。

13. 手动操动机构安装高度以距地面 1.0 ~ 1.1 m 为宜，操作场地地面不平者，应整平。

14. 隔离开关操作机构应完好无损并加锁，转动部分注润滑油，操作时平稳正确无卡阻和冲击。带接地刀闸的隔离开关，其主刀闸和接地刀闸之间应有闭锁装置，保证主刀闸断开后才能合接地刀闸，接地刀闸断开后才能合主刀闸。

15. 隔离开关支持绝缘子应清洁无破损和放电痕迹，瓷釉剥落面积不超过 300 mm^2。

16. 新安装的隔离开关在投入运行前应做交流耐压试验，运行中每年用 2 500 V 的兆欧表测量一次绝缘电阻，与前一次测量结果相比不应有显著降低。

四、安全注意事项

1. 隔离开关起吊过程中，应注意防止瓷件与支柱碰撞。

2. 作业时应遵守登高作业安全规程的有关规定。

3. 在调整隔离开关时，地面配合打开、闭合开关人员要听从上边调整人的指挥，呼唤应答。

4. 开关调整后要恢复原状。

5. 其他与第六章第一节　中心锚结安装、调整相同。

第二节　分段、分相绝缘器安装

一、准备工作

1. 人员:12～16 人。

2. 工具:接触网作业车(轨道车、平板车、梯车)、滑轮组、铁丝套子、导线整正器、双钩紧线器(手扳葫芦)、断线钳、钢锯、楔形紧线器、手锤、锉刀、皮尺、卷尺、水平尺、测杆、线坠、木榔头、小油桶、油刷、钢丝刷、安全带、工具袋、安全防护工具等。

3. 材料:铁线、棕绳、钢锯条、绑线、吊弦线夹等。

4. 资料:接触网平面布置图、安装图。

二、作业方法、步骤

(一)分段绝缘器

1. 分段绝缘器的类型及结构。

(1)环氧树脂分段绝缘器,见图 7.2.1 所示。

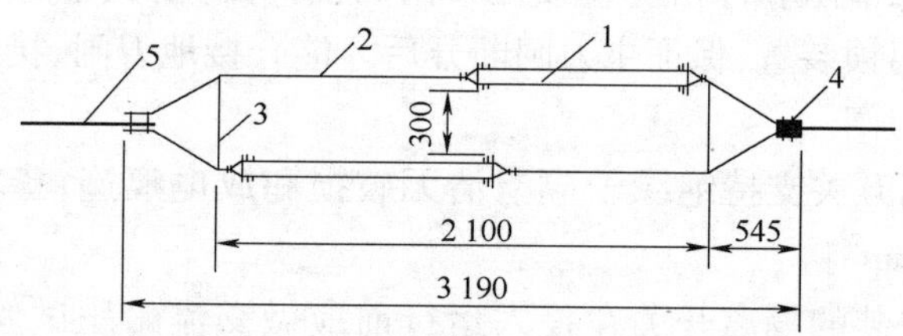

图 7.2.1　环氧树脂分段绝缘器结构图

1—主绝缘;2—导流板;3—横撑;4—线夹;5—接触线

(2)FHC－1.2 型分段绝缘器,见图 7.2.2 所示。

(3)菱形分段绝缘器,见图 7.2.3 所示。

(4)XTK 分段绝缘器,见图 7.2.4 所示。

2. 分段绝缘器的安装形式

分段绝缘器的安装形式,承力索是用悬式绝缘子(或其他绝缘部件)绝缘,接触线用分段绝缘器绝缘,安装形式见图 7.2.5 所示。

3. 菱形分段绝缘器的安装

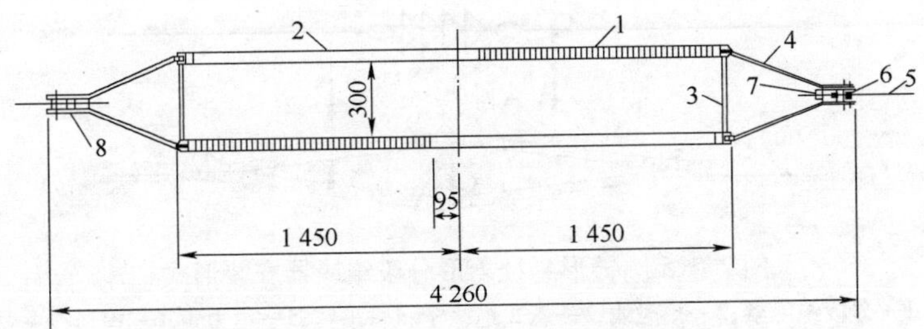

图 7.2.2　FHC－1.2 型分段绝缘器结构图

1—绝缘元件；2—导电元件；3—横撑管；4—导流框架；
5—接触线；6—线夹；7—锥形楔子；8—楔套

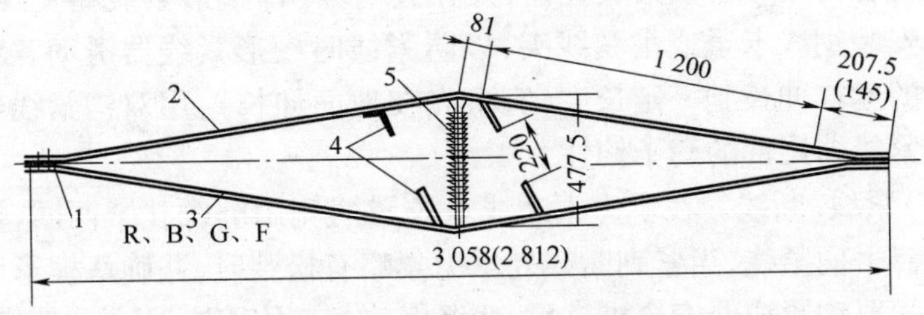

图 7.2.3　菱形钢铝导线(括号内为铜导线)分段绝缘器结构图

1—接头线夹；2—导流板；3—R、B、G、F 绝缘元件；
4—不锈钢防闪络角隙；5—硅橡胶桥绝缘子

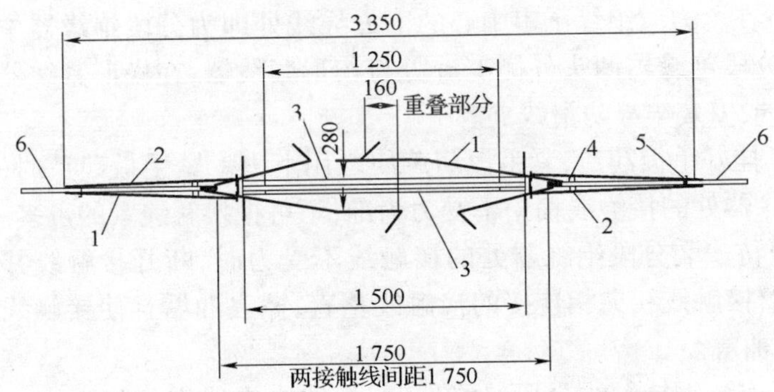

图 7.2.4　XTK 分段绝缘器结构图

1—长滑板；2—短滑板；3—聚四氟乙烯绝缘棒；
4—接头终端紧固线夹；5—接头过渡线夹；6—接触线

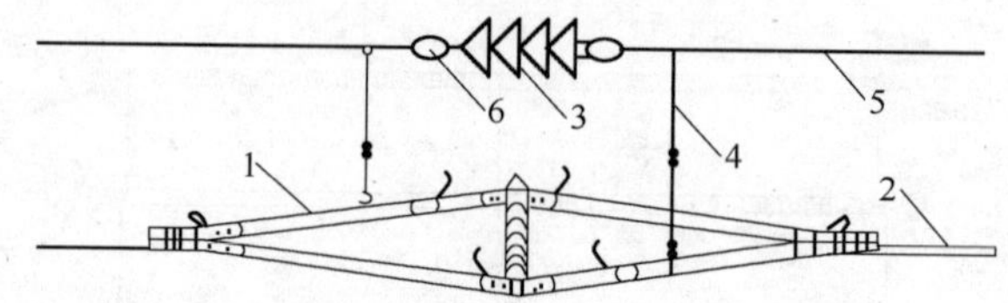

图 7.2.5 链形悬挂菱形分段绝缘器安装形式

1—分段绝缘器;2—接触线;3—悬式绝缘子;4—吊弦;5—承力索;6—楔形线夹

分段绝缘器安装一般采用梯车(或作业车)以及双钩紧线器(或手板葫芦)等进行。先安装承力索上绝缘子串,后安装接触线上分段绝缘器。

(1)按照设计安装位置及装配图的安装形式,在承力索断线处两侧适当位置各打紧一个楔形紧线器,并在其前面(即楔形紧线器受拉侧)承力索上安装钢线卡子或吊弦线夹,以防紧线时楔形紧线器滑动。将双钩紧线器的丝杠伸长到一定长度(宜事先在地面伸长),用双钩紧线器将两个楔形紧线器尾部的套子钩住。

(2)紧线、断线。在承力索断线点位置两侧用绑线扎紧两圈,操动双钩紧线器手柄紧线,当紧到断线处承力索略有松弛时,并确认楔形紧线器及套子和双钩紧线器安全可靠后,用断线钳(或用钢锯)将承力索断开。

(3)安装绝缘子串。断线后分别用楔形线夹做好两个回头,为了不改变承力索的张力和补偿坠砣高度,每个回头长度为绝缘子串长度与连接零件长度之和的一半,然后安装好悬式绝缘子串(四片绝缘子)。

(4)在承力索绝缘子串中心的下方导线处即为分段绝缘器中心。分别在距分段绝缘器两头外侧 1 m 处打楔形紧线器,在楔形紧线器的受力方向前端,安装牢靠防滑线夹。

(5)挂好手扳葫芦,紧手扳葫芦使之用上力。紧手扳葫芦时,以安装分段绝缘器处的接触线稍松不受力为准,不可把接触线紧的过多。

(6)待安装分段绝缘器处的接触线不受力时,断开接触线并把与分段绝缘器接触线线夹相连接的接触线整直,擦去油垢且使接触线不得有损伤、扭曲等。

(7)安装铜接触线分段绝缘器时、把线夹夹线部位齿尖嵌入接触线燕尾槽内,上牢紧固螺栓。接触线尾端留出 80 ~ 100 mm。

(8)在紧固螺栓时,应循环紧固、保证受力均匀。

(9)逐步松手扳葫芦,使分段绝缘器慢慢受力,等分段绝缘器无异样时，退去手板葫芦及楔形紧线器，用吊弦调平分段绝缘器。调整使分段绝缘器所在位置的拉出值达到标准。

(10)撤除所有工具，并用塑料布将绝缘子串及分段绝缘器包扎好，以防污染。

4. 菱形分段绝缘器的调整

分段绝缘器的安装平面与轨平面不平行时，调节吊线、使之保持平行。

(二)电分相

1. 电分相的结构及安装形式

(1)由绝缘器组成的电分相

该电分相是由三块有效绝缘长度为1 800 mm的玻璃钢组成。目前有两种形式，一种为ϕ33 mm的圆形玻璃钢绝缘器，另一种为方形。安装形式见图7.2.6所示。

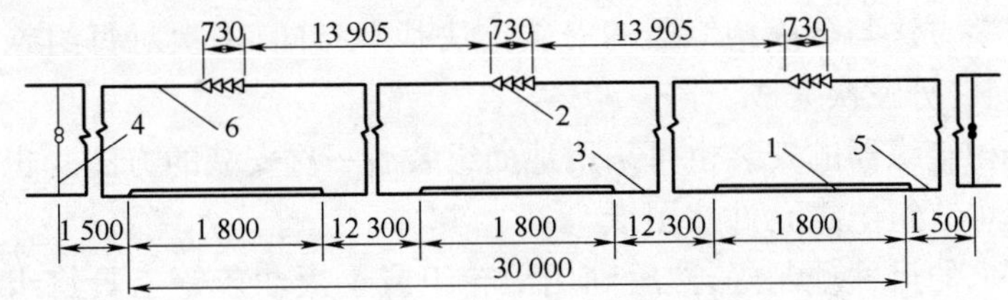

图7.2.6　分相绝缘器安装形式示意图

1—分相绝缘器；2—分段绝缘子；3—中性区接触线；4—吊弦；5—接触线；6—承力索

(2)由绝缘锚段关节组成的电分相

① 双五跨绝缘锚段关节式电分相，安装形式见图7.2.7所示。

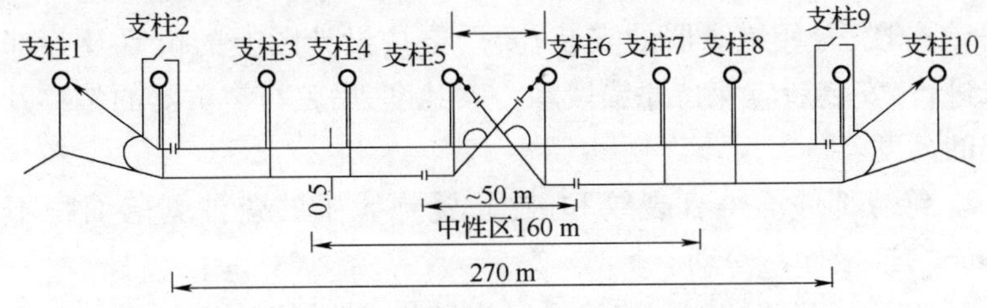

图7.2.7　双五跨锚段关节式电分相示意图

② 七跨绝缘锚段关节式电分相,安装形式见图 7.2.8 所示。

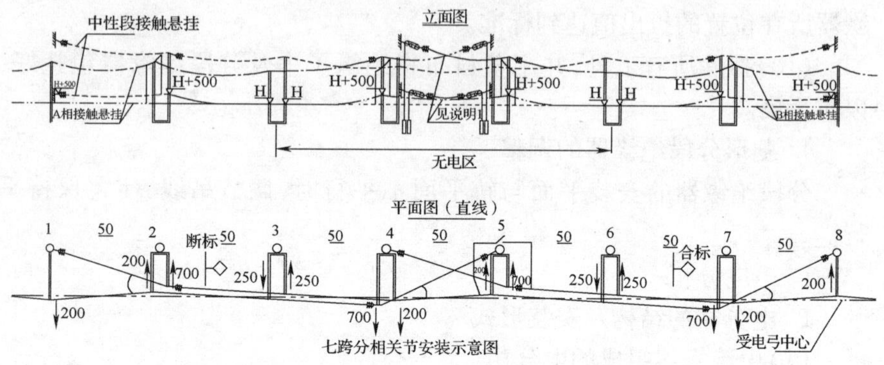

图 7.2.8 七跨绝缘锚段关节式电分相示意图

2. 分相绝缘器的安装

(1)由绝缘器组成的电分相

安装方法与分段绝缘器的安装方法基本相同,依次对每组绝缘部件进行安装,分三次完成。

分相绝缘器的安装也可采用地面组装后一次安装的方法。也就是先在地面将三组绝缘元件按图纸

要求的尺寸预制好,然后利用滑轮组或手扳葫芦等工具将组装好的分相绝缘器安装在接触网上。

(2)由绝缘锚段关节组成的电分相

安装方法参照锚段关节调整。

三、质量标准

1. 分段、分相绝缘器的安装,要严格按设计图上的位置及各部尺寸要求进行,安装后应保持原锚段承力索弛度、吊弦与定位器的偏移及补偿坠砣的高度。

2. 绝缘部件不得有裂纹和破损,瓷绝缘子的瓷釉剥落面积不大于 300 mm^2,连接件不松动。

3. 在运输装卸和安装绝缘子时应避免发生冲撞,不得锤击与瓷体连接的铁帽和金属件,同时也不得对其进行机械加工和热处理,绝缘子和铁帽应无锈蚀。

4. 绝缘器的导流板与绝缘元件的衔接处及导线接头处均应平滑，绝缘器各部螺栓连接紧固密贴。

5. 分段、分相绝缘器应稍高于绝缘器两侧的接触线，即应有负弛度。承力索绝缘与导线绝缘在同一垂直面内。

6. 分段绝缘器空气绝缘距离应符合设计要求。

7. 分相绝缘器中性区的长度应符合技规规定。

四、安全注意事项

与第六章第一节　中心锚结安装、调整相同。

第三节　保安装置安装

一、准备工作

1. 人员：4～12 人。

2. 工具：作业车（轨道车、平板车、梯车）、大梯子、单滑轮、铁丝套子、皮尺、卷尺、水平尺、大锤、手锤、铁砧、扭铁板、扁铲、十字镐、铁锹、小油桶、油刷、钢丝刷、安全带、照明工具、安全防护工具等。

3. 材料：铁线、棕绳等。

4. 资料：接触网平面布置图、安装图。

二、作业方法、步骤

接触网所安装的避雷器、火花间隙、保安器等与地线形成的装置被称为保安装置。

（一）管型避雷器安装

1. 管型避雷器的结构

管型避雷器的结构见图 7. 3. 1 所示。

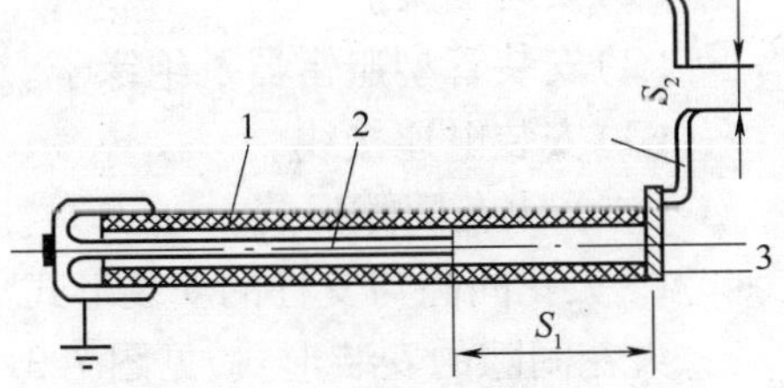

图 7. 3. 1 管型避雷器结构示意图
1—管子；2—内部电极；3—外部电极；
S_1—内部间隙；S_2—外部间隙

2. 管型避雷器的安装形式

管型避雷器的安装形式见图 7. 3. 2 所示。

3. 管型避雷器的外观检查

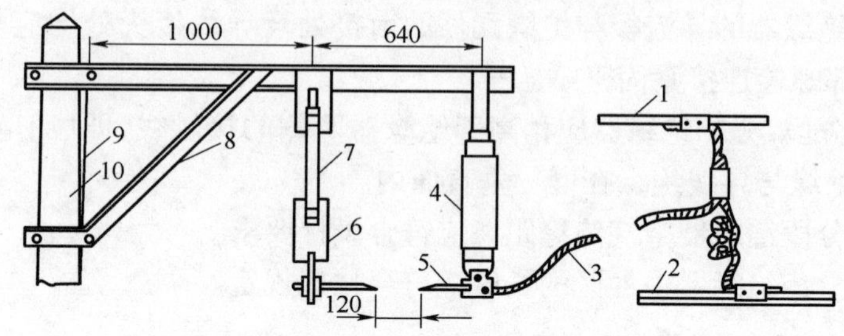

图 7. 3. 2　管型避雷器的安装形式示意图

1—承力索;2—接触线;3—电连接线;4—棒式绝缘子;5—放电极棒;
6—极棒调节板;7—管型避雷器;8—支架;9—地线;10—支柱

(1)产品说明书及铭牌与设计图纸相符。

(2)管型避雷器的管体表面漆层应完整、无剥落,管体应无损坏、裂纹等缺陷。

(3)闭合端头应堵紧,不得松动,开口端无堵塞。

4. 管型避雷器的预配

根据接触网平面图及管型避雷器安装图,按杆号、杆型及支架各配件规格,预配成套,将杆号写在支架上。然后,将预配好的配件成套运至安装地点。

5. 管型避雷器的安装

(1)安装支架。

(2)安装管型避雷器及绝缘子。

(3)安装电连接线。

(二) 火花间隙安装

1. 火花间隙与支柱的安装形式

火花间隙的安装形式,见图 7. 3. 3 所示。

2. 火花间隙安装

(1)用地线穿钉穿过支柱,将火花间隙用连接件固定在支柱上,然后将火花间隙固定在连接件上。对于隧道内和站台上的金属支柱,火花间隙两端直接与地线相连。

(2)将地线与火花间隙连接固定。

(三)保安器安装

1. 保安器的安装形式

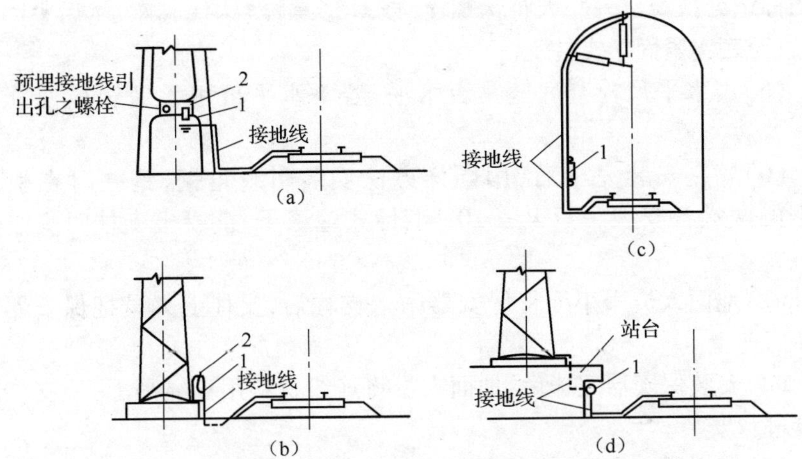

图 7.3.3　火花间隙的安装形式

(a)混凝土支柱；(b)金属支柱；(c)隧道内；(d)站台上的金属支柱；

1—火花间隙；2—火花间隙连接板

保安器的安装形式，见图 7.3.4 所示。

2. 保安器安装

(1)一名人员上支柱到合适高度后系好安全带，垂下皮尺，上、下人员相配合，测量地面至支柱 3.8 m 处的保安器安装位置并作记号。钢柱时再由此向下量 0.8 m，混凝土支柱再由此向下量 0.6 m，作为引线角钢位置并做记号。

(2)另一名人员上支柱，在适宜高度系好安全带后挂单滑轮。将小绳从滑轮中穿过且绳头垂向地面。

(3)地面人员将钩螺栓(或 U 形螺栓)与保安器底座预配好并用由支柱上垂放下的小绳绑扎牢固。待支柱上人员允许，将底座吊上去。

(4)支柱上人员接住保安器底座并拿稳，然后解开小绳。一人把住底座，在测量

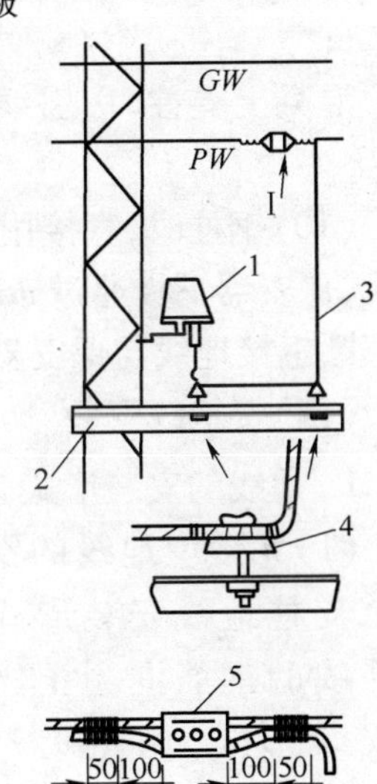

图 7.3.4　保安器的安装形式示意图

1—保安器；2—底座；3—引线；4—针式绝缘子；5—并沟线夹

好的标记处扶稳。另一人将钩螺栓(或U形螺栓)钩住底座,然后紧固螺母,直至底座紧固于支柱上。

(5)用水平尺检查底座是否水平,若不水平可用手锤轻敲使其水平。

(6)底座安装完毕后,用同样方法安装引线角钢,钢柱时在引线角钢的两端各安装一只P_1—10T型针式绝缘子,混凝土支柱时安装吊钩。

(7)地面人员用小绳将保安器吊上支柱后,支柱上人员把保安器安装在底座上。

(8)安装保安器完毕后,地面人员将连线材料用小绳吊上去,支柱上人员进行安装。

(9)保安器A极(有凸棱的一端)通过钢芯铝绞线连接至PW线。

在钢柱上,引线经过针式绝缘子并在绝缘子上绑扎后用JB－2型并沟线夹与PW线连接,线夹两端的引线与PW线各用ϕ3 mm铝线绑扎50 mm。

混凝土支柱时,引线在吊钩上固定后再与PW线连接,连接方式同上。

(10)钢柱时,直接用螺栓将保安器F极与底座连接固定。混凝土支柱时,保安器下极通过ϕ10 mm圆钢引至GW线肩架固定螺栓,且应保证上部圆钢接地线与保安器外罩不碰触。

(四)接地线安装

1. 地线的安装形式

(1)无预埋地线的钢筋混凝土支柱地线安装形式无预埋地线的钢筋混凝土支柱地线安装形式,见图7.3.5所示。

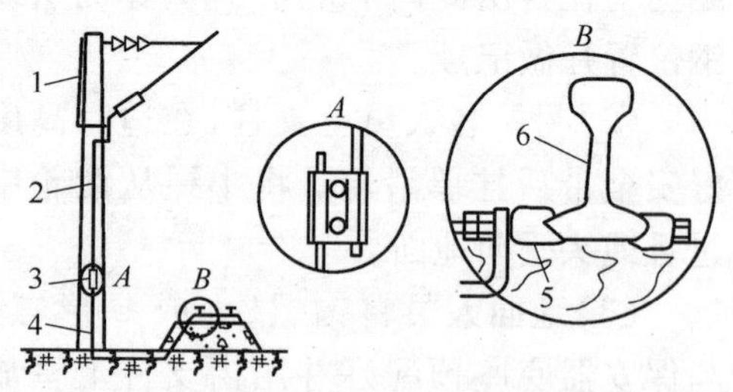

图7.3.5 无预埋地线的钢筋混凝土支柱地线安装示意图

1—上部地线;2—中部地线;3—地线连接线夹;4—下部地线;5—接地线夹;6—钢轨

(2)有预埋地线的钢筋混凝土支柱穿孔式底座地线安装形式有预埋地线的钢筋混凝土支柱穿孔式底座地线安装形

式,见图 7.3.6 所示。

(3)有预埋地线的钢筋混凝土支柱抱箍式底座地线安装形式。

有预埋地线的钢筋混凝土支柱抱箍式底座地线安装形式,见图 7.3.7 所示。

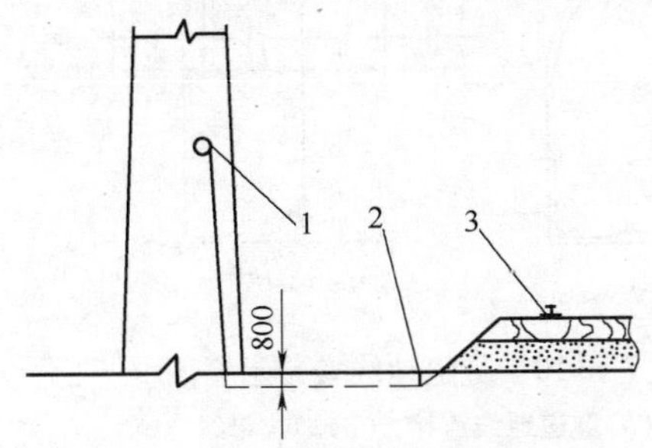

图 7.3.6　有预埋地线的钢筋混凝土支柱穿孔式底座地线安装示意图

1—地线穿钉;2—地线;3—接地线夹

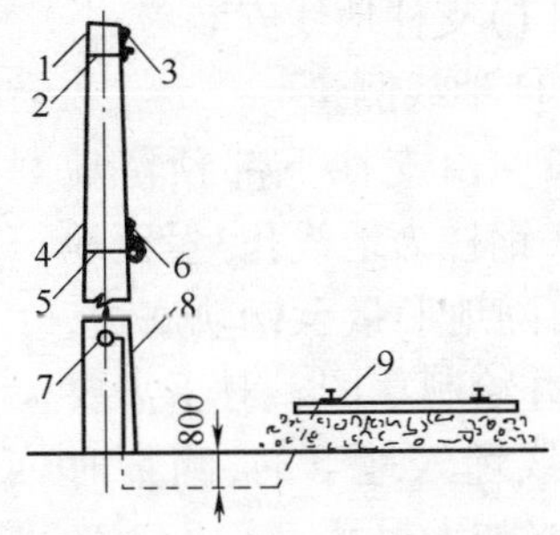

图 7.3.7　有预埋地线的钢筋混凝土支柱抱箍式底座地线安装示意图

1—拉杆地线穿钉;2—拉杆底座;3—拉杆底座地线;4—腕臂地线穿钉;5—腕臂底座;6—腕臂底座地线;7—地线穿钉;8—下部地线;9—接地线夹

(4)AT 供电方式区间支柱跳线安装形式

AT 供电方式区间支柱跳线安装形式见图 7.3.8 所示。

(5)钢柱地线安装形式

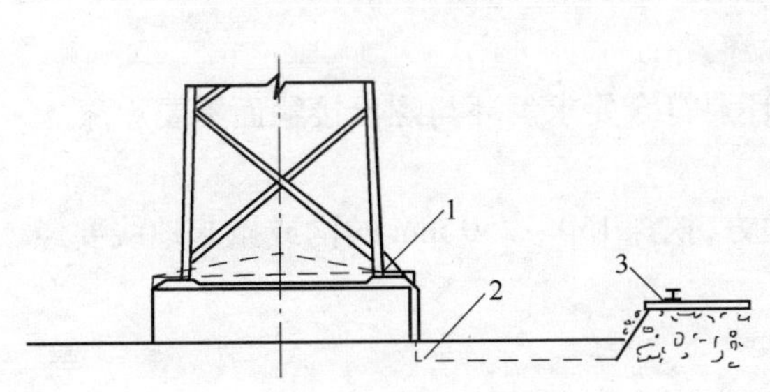

图 7.3.8　AT 供电方式区间支柱跳线地线安装示意图

1—螺栓;2—地线;3—接地线夹

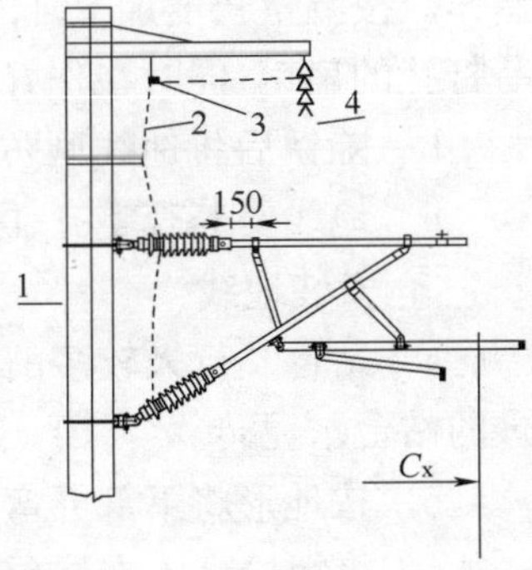

图 7.3.9　钢柱地线安装示意图

1—支柱;2—跳线;3—保护线;4—正馈线

钢柱地线安装形式,见图 7. 3. 9 所示。

(6)隧道接地线的安装形式

隧道地线安装形式,见图 7. 3. 10 所示。

2. 地线安装

(1)支柱地线安装

① 地线测量

a 由支柱下部预留地线孔(钢柱为地线孔)量至地面,再随地形量至钢轨底边,记录并绘制草图。对于需要将地线埋入地下的,测量时应适当加大尺寸。

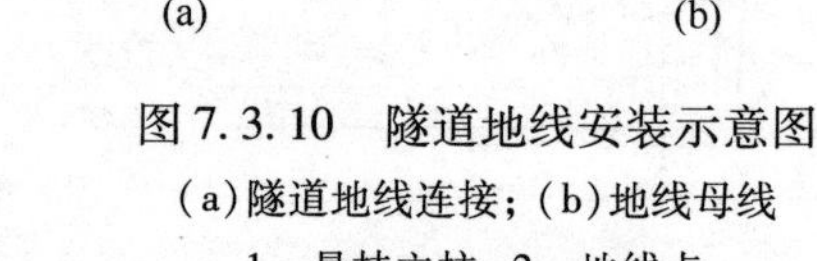

图 7. 3. 10 隧道地线安装示意图

(a)隧道地线连接;(b)地线母线

1—悬挂立柱;2—地线卡

b 当拉杆、腕臂底座(槽钢、角钢)、软横跨固定底座、承(线)锚角钢、供电线肩架等部件不装在预留孔处(或无预设地线时),则测至附近预留孔(或地面)的距离,记录并绘制草图。

c 当需装火花间隙时,测量时应考虑火花间隙的位置。

② 预制

a 上部和中部地线一般用 ϕ10 mm 圆钢,下部地线用 ϕ12 mm 圆钢制作。按测量长度加上环的展开长度下料,加热打环,也可以冷打环或焊一打孔的扁钢,同时在作好的地线上绑标签写明区间杆号。

b 除锈后将地线刷防锈漆。

c 地线要美观整齐、圆环要符合要求。环与螺栓接触面不要涂漆。

③ 安装地线

a 站台及行人较多的地方,挖深 150 ~ 250 mm 的沟或掀起地线要经过的站台水泥砖。

b 按地形将下部弄弯。

c 将螺栓穿入支柱预留地线孔固定火花间隙固定角钢,并安装火花间隙。

d 在钢轨上除锈后固定接地线夹,将地线另一端固定在接地线夹上,接触面涂一层凡士林。

e　将上部地线分别连至且固定在底座角钢与支柱预留孔的螺栓上（无预留孔时可直接引入地面处）。上部地线要顺直、美观、密贴支柱，接触面涂凡士林。

（2）AT 供电方式区间支柱跳线安装

①测量

测量腕臂、拉杆之间两接地跳线连接板的距离和接地跳线至 AF 线（即正馈线）连接点的径路尺寸。

② 预制

a　按测量尺寸加跳线与连接线夹的长度，裁剪 LGJ－70 钢芯铝绞线。剪裁钢芯铝绞线时，用与 LGJ－70 线上相同的铝线将绞线两端各绑扎50 mm。

b　将剪裁好的 LGJ－70 钢芯铝绞线盘起。

③ 安装

腕臂柱上接地跳线安装，见图 7. 3. 11 所示。

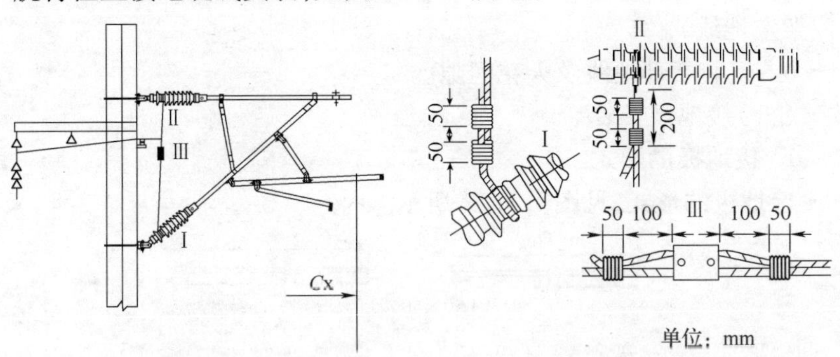

图 7. 3. 11　腕臂柱上接地跳线安装示意图

a　用剪裁好的 LGJ－70 钢芯铝绞线将拉杆与腕臂之间的接地跳线固定板和跳线长箍相连接。

b　用 LGJ－70 钢芯铝线一头在 AF 线绝缘子串上的跳线固定板上固定，再用并沟线夹将钢芯铝绞线与 PW 线（即保护线）相连接。然后，钢芯铝绞线弯成适当的圆弧在接地跳线肩架上固定。另一头用并沟线夹与拉杆、腕臂之间的接地跳线相连接。

两条钢芯铝绞线用并沟线夹相连接时，并沟线夹两端要分别绑扎50 mm，绑扎用 LJ－70 铝绞线的一股（用 LGJ－70 钢芯铝绞线的一股铝线也可以)。

(3)隧道地线安装

①测量

a　将梯车置于被测地点,梯子立于定位点处,2 人上梯车,1 人上梯子,贴拱顶测量悬挂埋入杆间及悬挂埋入杆与定位埋入杆间的距离。

b　沿隧道壁顺预埋地线螺栓路径测量定位埋入杆至钢轨底边距离。

隧道内地线为架空母线(或架空地线)时,沿隧道壁顺预埋地线螺栓路径测量定位埋入杆到架空母线(或架空地线)的距离。

② 安装

a　将梯车(或作业车)置于安装地点,由 2 人上梯车(梯车框架上预先应绑一木板,木板上可以站人)站在木板上,将上部地线紧贴拱顶,安装在两悬挂点之间或悬挂点与定位埋入杆之间。

b　将梯子立在隧道壁上,1 人上梯安装中部地线。

隧道内地线为架空母线(或架空地线)时,安装中部地线至架空母线(或架空地线)。

c　安装下部地线及火花间隙。

(五)接地极安装

1. 接地极的形式

接地极的形式,见图 7. 3. 12 所示。

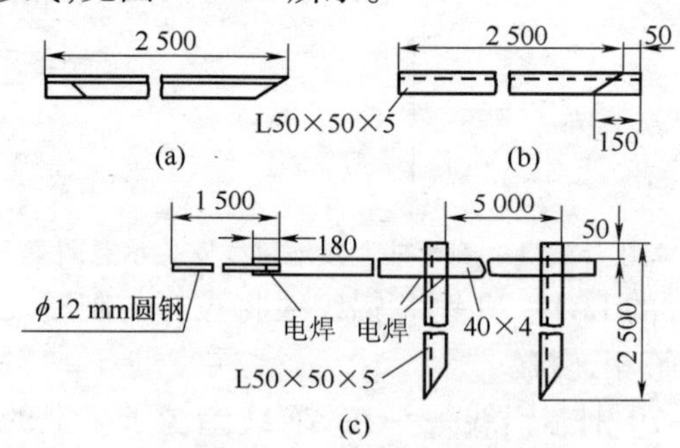

图 7. 3. 12　接地极示意图

(a)接地角钢;(b)接地角钢加工;(c)接地体焊接

2. 安装

(1)挖接地极沟,沟深 0. 8 ~1 m,底宽 0. 5 m,从电杆开始一字形开挖。

(2)将接地极扁钢理顺直,摆在沟边。

(3)从电杆向远离电杆方向,依次将接地极角钢垂直打入沟底正中,扁钢贴地,角钢头露出 50 ~ 60 mm。

(4)回填土,夯实。ϕ12 mm 圆钢露出部分应能与杆上地线搭接。

(5)用接地电阻测试仪测接地电阻,电阻值应在 10 Ω 以下。

接地电阻测量使用专用接地摇表。摇测某一接地极的接地电阻时,接地方式见图 7. 3. 13 所示,具体操作过程如下:

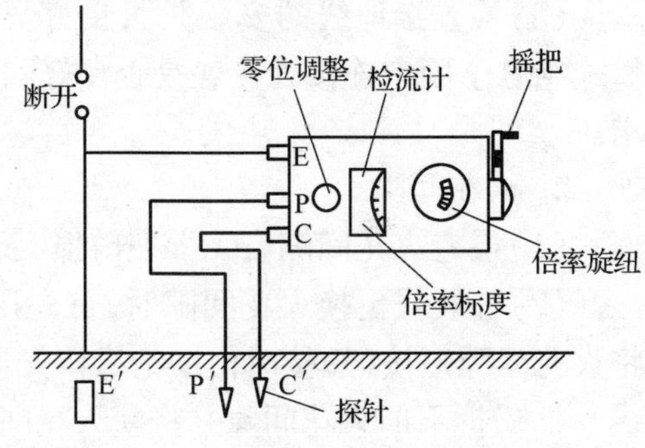

图 7. 3. 13　接地摇表摇测接线图

① 沿被测接地极 E′使电位探测针 P′和电流探测针 C′直线彼此相距 20 m 插入地下,且电位探测针 P′平插于接地极 E′和电流探测针 C′之间。

② 用专用导线将 E′、P′和 C′联于仪表相应的端纽。

③ 将仪表放置水平位置,检查检流计的指针是否指于中心线上,否则可通过零位调整器将其调整指于中心线上。

④ 当检流计指针接近平衡时,加快发电机摇把的转速使其达到 120 r/min以上,调整"测量刻度盘"使指针指于中心线上。

⑤ 当"测量刻度盘"的读数小于 1 时,应将倍率标度置于较小的倍数,再重新调整"测量刻度盘"以得到正确读数。

⑥ 用"测量刻度盘"的读数乘以倍率标度的倍数即为接地电阻。

摇测接地电阻时应注意以下事项:

① 当检流计的灵敏度过高时,可将电位探针 P′插的浅一些,当检流计灵敏度不够时,可沿电位探针 P′和电流探针 C′注水使其湿润。

② 小心轻放摇表,避免剧烈振动。

③ 环境温度为 -20 ℃ ~ +50 ℃。

(6)将接地极 ϕ12 mm 圆钢与杆上地线用接地线连接线夹连接起来,接触面去漆并涂凡士林。

（六）检修

1. 管型避雷器

（1）检查管件有无破损、裂纹、电弧烧伤、漆层损坏和发黑等现象。

（2）检查闭口端是否堵紧，排气孔是否堵塞、前方是否有障碍物。

（3）检查外部间隙两极棒中心线是否相对、间隙距离是否符合要求。

（4）清扫避雷器管体及绝缘子。

（5）检查接地线的安装是否良好。引线是否有断股和破损，引线与棒式绝缘子固定连接处接触是否良好、有无烧伤，引线的弛度是否符合要求。

2. 火花间隙

（1）检查火花间隙有无爆裂破损、丢失。

（2）补装或更换火花间隙时，首先用 25 mm^2 铜软绞线制成的短接线将火花间隙短接（短接时借助绝缘棒先接触钢轨侧地线，再接触支柱侧地线），然后拆下旧火花间隙并将新火花间隙装上，或直接补装新火花间隙，最后将短接线拆除。

3. 保安器

（1）外观检查保安器表面是否清洁、有无破损，有缺陷时进行处理。

（2）检查保安器与架空地线、保护线连接处接触是否良好、牢固。引线有无烧伤、破损。

（3）检查橡胶栓密封是否良好，如有缺陷则进行处理：

检查保安器整体，拆下防护罩，清扫保安器整体。当发现保护网罩里面发黑、橡胶栓脱落时可能发生了放电现象，处理方法是将保护网罩取下，用标准的放电间隙棒重新调整放电间隙，然后紧固螺栓，安装好保护网罩，再将脱落的橡胶栓复原。

（4）检查防护罩状态是否良好、螺栓是否紧固有油。

（5）检查保安器引线是否良好。引线有断股、烧伤、破损现象，视情况进行绑扎、电气补强或更换处理。

（6）检查引线接头处是否接触良好、安装牢固。

4. 地线

（1）检查地线是否与支柱或隧道壁密贴，有无脱落、丢失情况。

（2）检查地线连接是否紧固。

(3)检查站台上的地线是否翘起,以免绊伤旅客。

(4)检查地线是否连接在牵引轨上,地线穿越轨道电路时有无防护措施。

(5)补装丢失的地线。

5. 接地极

(1)检查接地极与地线的连接情况。

(2)定期测量接地极接地电阻。当接地电阻值大于规定时要进行处理。简便的方法时将接地极周围的土挖开,将盐水倒在接地极周围,复测,回填土方。

三、质量标准

1. 管型避雷器

(1)管型避雷器支架应呈水平状态,不得下俯,施工偏差为 $^{+10}_{0}$ mm,管型避雷器应竖直安装,开口端向下。避雷器与支柱净距离不得小于 1 m,为防止避雷器内腔受堵塞,可用单层纱布包扎管口。

(2)管型避雷器喷气孔正前方,不应有任何障碍物,喷气孔对地面高度应符合设计要求。

(3)管型避雷器的外部间隙为 120 mm,施工误差为 ±10 mm,安装后两极棒应在一条水平线上,允许施工偏差为 2 mm。

2. 保安器

(1)保安器表面无破损。

(2)保安器 A 极至 PW 线的引线要求横平、竖直,张力适当,且引线与钢柱表面不碰触。

(3)保安器与架空地线、保护线连接要良好、牢固。

3. 地线

(1)一般情况下,上部地线采用 ϕ10 mm 圆钢,下部地线采用 ϕ12 mm 圆钢。埋入地下部分的地线圆钢应涂沥青防腐。

(2)接地线连接在设计指定的位置上。

(3)沿支柱敷设的接地线应紧贴杆身,美观、顺直、整齐。

(4)沿隧道壁敷设的接地线应紧贴隧道壁、拱顶,并且应固定牢固可靠。

(5)钢柱和接地线的连接处应暴露在基础帽外面。

4. 接地极

隔离开关、支柱接地极接地电阻不应大于 30 Ω,避雷器接地极接地电阻不应大于 10 Ω。

四、安全注意事项

与第六章第一节　中心锚结安装、调整相同。

第四节　限界门安装

一、准备工作

1. 人员:5 ~6 人。

2. 工具:汽车吊、梯车、梯子、铁丝套子、皮尺、卷尺、水平尺、铁锨、十字镐、撬棍、捣固锤、楔形紧线器、双钩紧线器、脚扣、单滑轮、小油桶、油刷、钢丝刷、棕绳、安全带、小梯子、铁桶、测杆、工具包、安全防护工具等。

3. 材料:ϕ4.0 mm 铁线、ϕ1.8 mm 绑扎铁线等。

4. 资料:接触网平面布置图、安装图。

二、作业方法、步骤

(一)限界门的结构

限界门的结构如图 7.4.1 所示。

(二)限界门安装

限界门支柱为 8 m 锥形支柱,埋深不小于 1.8 m。防护桩采用外形尺寸 100 mm×100 mm×1 600 mm 的混凝土桩,埋深不小于 0.8 m。上、下拉索采用 GJ－10 钢绞线,相距 1 m。

1. 支柱坑位测量

坑位的测量由现场实际情况而定,一般应由线路中心向公路两侧 12 m处为支柱限界,再由公路路宽外 0.5 ~1 m 处确定坑位。

防护桩由支柱向线路侧每 1.4 m 一根,每边 6 根。

2. 支柱坑开挖

支柱坑开挖方法同基坑开挖。

3. 立杆

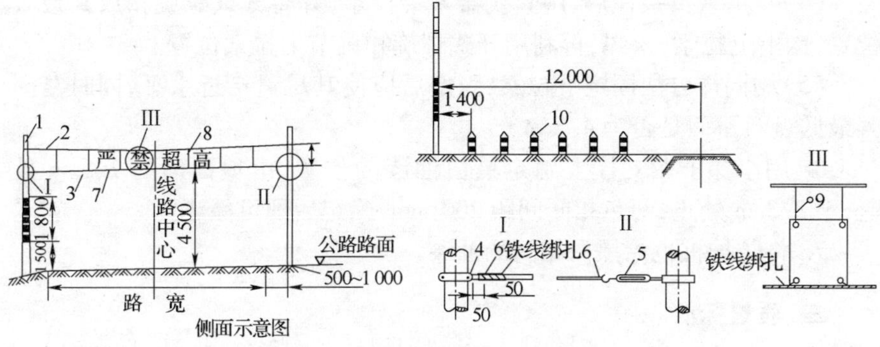

图 7.4.1　限界门结构示意图

1—支柱;2—上拉索;3—下拉索;4—抱箍;5—开式螺旋扣;6—钢线卡子;7—标志板;8—ϕ4.0 mm 吊线;9—ϕ4.0 mm 字板吊线;10—防护桩

用汽车吊将支柱放入坑内,用大绳三面拉紧调整,使支柱略向路面外倾斜,立好后立即进行回填夯实。

将防护桩立于坑内,回填夯实。

4. 制作上、下拉索

根据已立好的支柱,在现场测量两支柱间的距离,记录后,制作上、下拉索。上、下拉索采用 GJ－10 钢绞线,回头每侧应为 250 mm 长,做好回头后,一侧用铁线绑扎绳头 100 mm。另一头可不做绑扎,制作时上、下拉索应同时进行,并应制作吊线,吊线采用 ϕ4.0 mm 镀锌铁线,上、下均在拉索上缠绑 50～100 mm,吊线可制成环节形式,吊线对上、下拉索距离一般应在 1 000 mm 左右,吊线的数量应根据两支柱距离而定,一般间距应在 2.5 m 左右。

“严”“禁”“超”“高”四个字应在线路中心,制作时应考虑公路中心的位置,每个字间距 1 000 mm。

5. 安装上、下拉索

(1)两支柱同时上人,其中回头缠死一侧应将抱箍与拉索连接好,在距离路面最高点 4.5 m 处安装下拉索的抱箍,由下部抱箍向上 1 m,安装上部抱箍。

(2)支柱另一侧同时安装上、下部抱箍,安装时应注意将开式螺旋扣同时安装上,然后将滑轮挂在上部抱箍上。

(3)地面人员将上拉索用绳绑好,通过滑轮向上拉。

(4)柱上人员接住后,用紧线器紧上拉索,并将开式螺旋扣放到最大位置,钩上上拉索,松绳,再利用开式螺旋扣调节上拉索位置。

(5)用同样方法固定下拉索,固定后应使其尽量接近水平,同时复测其最低点对路面是否为4.5 m。

6. 用小梯子在支柱上确定黑白油漆的位置,由地面向上1.5 m处起,至3.3 m处止,两色相间间距200 mm,确定后即可涂漆。

7. 将防护桩也涂黑白相间的油漆。

三、质量标准

1. 限界门应设在沿公路中心线距最近铁路的线路中心线不小于12 m的地方。

2. 在限界门至铁路之间的公路两边各装设不少于6根防护桩,桩距不大于1.4 m,防护桩埋深不小于0.8 m。

3. 限界门的宽度不得小于平交道口处公路路面的宽度,下拉索距地面的高度为4.5 m,限界门框柱涂以黑白色相间的漆条,漆条宽度为200 mm。

4. 在限界门处应按"电气化有关人员电气安全规则"的规定悬挂揭示牌。

四、安全注意事项

1. 作业时应遵守登高作业安全规程的有关规定。

2. 公路上作业,设好防护。

第五节 标志安装

一、准备工作

1. 人员:2人以上。

2. 工具:接触网作业车、平板车、梯车、绝缘硬梯、水平尺、丁字尺、十字镐、铁锹、卷尺、测杆、线坠、小油桶、油刷、毛笔、排笔、安全防护工具等。

3. 材料:ϕ4.0 mm铁线、ϕ1.8 mm绑扎铁线、钢线卡子、油漆、砂纸、抹布、各种标志牌等。

4. 资料:接触网平面布置图、安装图。

二、作业方法、步骤

（一）支柱数据牌

1. 数据牌规格及内容：200 mm×200 mm 的方框，白底黑边，红色符号数据，包括支柱的侧面限界（C_x），接触导线设计高度（H），设计拉出值（a）和外轨超高值（h）。如图 7.5.1 所示。

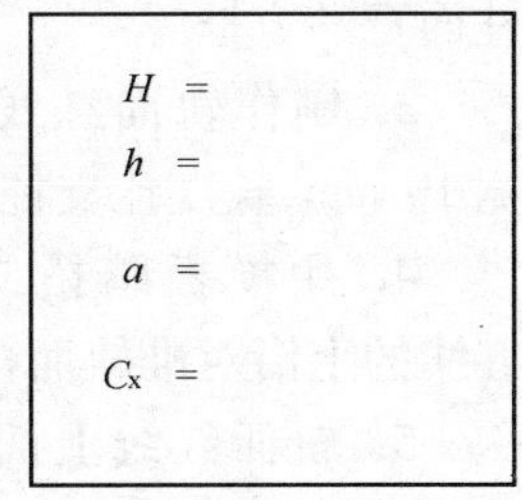

图 7.5.1　支柱数据牌

2. 制作数据牌模型板。

3. 在支柱内侧距轨面 1 500 mm 处用砂纸打磨出 200 mm×200 mm 的方框并用抹布擦净。刷或喷白色底漆。

4. 用模型板踏拓或喷制数据牌及数据。

（二）支柱号码牌

1. 支柱号码牌为白底黑字，白底尺寸为 500 mm×150 mm，黑体字为 130 mm×100 mm，纵向排列。

2. 隧道内悬挂点号码牌为白底黑字，白底尺寸为 250 mm×150 mm，黑体字为 100 mm×70 mm，横向排列。

3. 制作数字模型板。

4. 在支柱两侧腕臂底座至拉杆底座统一位置处，用砂纸打磨出 500 mm×150 mm 的方框并用抹布擦净。刷或喷白色底漆。

5. 用数字模型板踏拓或喷制号码。

6. 在隧道内悬挂点下方距轨面 1.2 m 处上方隧道壁处，用砂纸打磨出 250 mm×150 mm 的方框并用抹布擦净（若洞壁不平，可用水泥砂浆抹平）。刷或喷白色底漆。

7. 用数字模型板踏拓或喷制号码。

8. 现已有搪瓷、夜光等其他号码牌使用，安装时应固定在接触网统一的位置上或隧道壁上。

（三）轨面红线

轨面红线即接触网设计的轨面标准线。在支柱或隧道边墙处标出，用红漆绘制。

1. 用丁字尺、水平尺测量轨面标准线，并在支柱侧边临时作标记，见

图 7.5.2 所示。

2. 在临时作标记处线路侧支柱面，以标记处为中心，刷一高 50 mm 长为支柱面宽的方框。

3. 制作轨面红线模板。模板中线宽 10 mm，长度比支柱面宽即可。

4. 用模板踏拓或喷制轨面红线。红线的上沿对准轨面标准线。

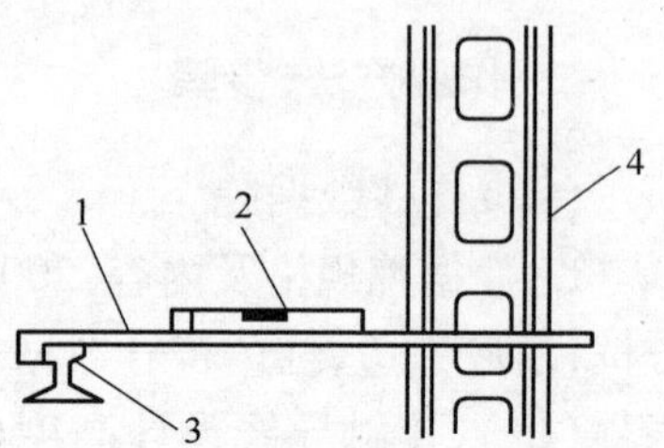

图 7.5.2　轨面红线测量示意图

1—丁字尺；2—水平尺；

3—钢轨；4—支柱

5. 轨面红线上面标明轨面至接触网的高度（导高），下面标明隧道边墙或支柱内侧至线路中心线距离（侧面限界）。

（四）安全作业标

1. 安全作业标安装在分段绝缘器内侧 2 m 处，距线路中心 3.5 m（电力机车整备线以不侵入限界为原则），面向作业地点，见图 7.5.3 所示。

2. 安全作业标为水泥制品或铁制品，钢板厚度为 2～3 mm，白底、黑字、黑框，标的背面、柱身均为白色。样式见图 7.5.4 所示。

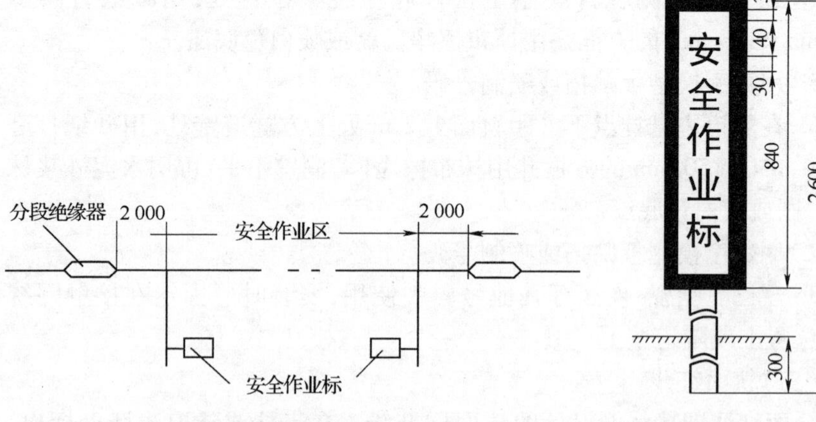

图 7.5.3　安全作业标位置设置示意图

图 7.5.4　安全作业标（单位：mm）

3. 挖坑埋设安全作业标，埋深 500 mm。

（五）高压危险标

1. 高压危险标牌面尺寸：钢筋混凝土支柱为 340 mm × 200 mm，钢柱为 400 mm × 300 mm。

2. 标牌为白底、黑框、黑字，并印红色闪电标记，如图 7.5.5 所示。标牌也可用其他材质制成，如搪瓷牌、夜光牌等。

3. 将标牌悬挂在高度在 1.6 ~ 2 m 的位置上。

图 7.5.5　高压危险标（单位：mm）

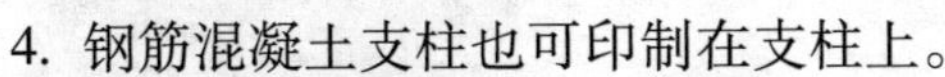

4. 钢筋混凝土支柱也可印制在支柱上。

（六）接触网终点标

1. 接触网终点标规格尺寸见图 7.5.6 所示。

2. 接触网终点标安装在接触网终点的承力索上。位置设在接触线锚支距受电弓中心 400 mm 处（即锚支拉出值为 400 mm 处），底边高于接触线 200 mm，实景见图 7.5.7 所示。

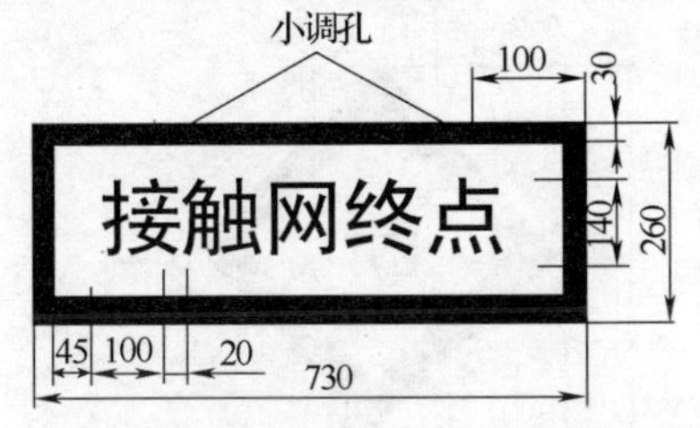

图 7.5.6　接触网终点标（单位：mm）

图 7.5.7　接触网悬挂实景图

3. 上网安装。

（七）T(K)禁止双弓标、禁止双弓标、T(K)断标、断标、合标

1. T(K)禁止双弓标、禁止双弓标规格尺寸及埋深见图 7.5.8 所示。

(1) T(K)禁止双弓五个字在标志牌内均匀分布，实景见图 7.5.9 所示。

(2) 禁止双弓四个字在标志牌内均匀分布，实景见图 7.5.10 所示。

2. T(K)断标、断标、合标规格尺寸及埋深见图 7.5.11 所示。

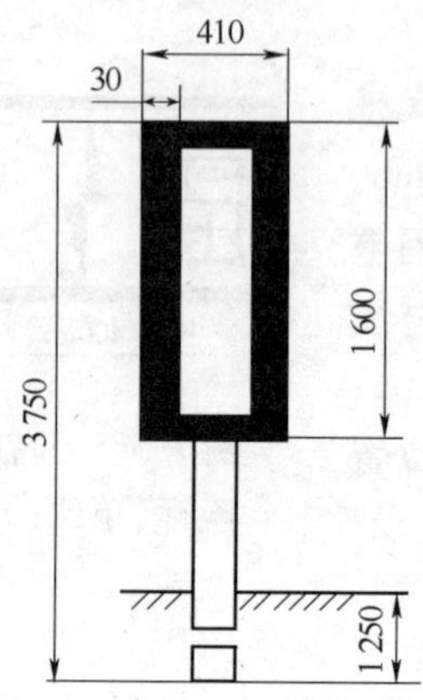

图 7.5.8　T(K)禁止双弓标尺寸示意图

图 7.5.9　T 禁止双弓标实景图

图 7.5.10　禁止双弓标实景图

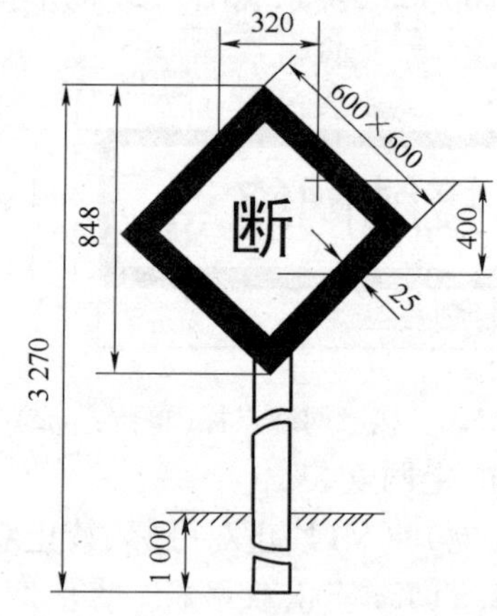

图 7.5.11　断标尺寸示意图

3. T 断标实景见图 7.5.12 所示，断标实景见图 7.5.13 所示，合标实景见图 7.5.14 所示。

4. 按照图 7.5.15 所示的尺寸埋设 T(K)禁止双弓标、禁止双弓标、T 断标、断标、合标等各种标志。

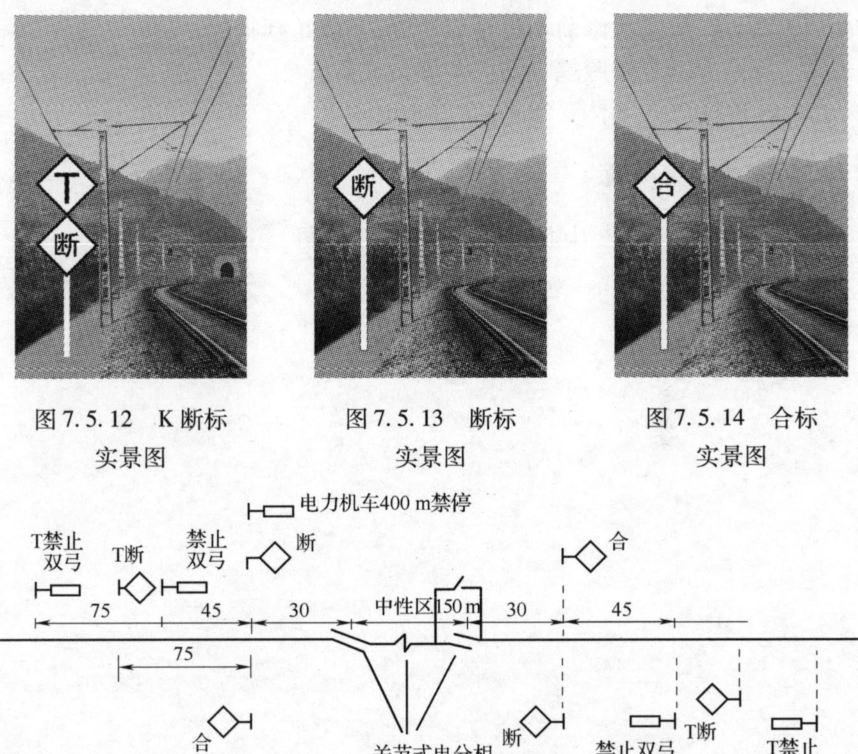

图7.5.12　K断标实景图

图7.5.13　断标实景图

图7.5.14　合标实景图

图7.5.15　分相绝缘器各种标志安装位置示意图

三、质量标准

1. 支柱数据牌在距轨面1 500 mm处绘制。

2. 支柱号码牌排列按下行方向有小到大依次排列，每个站场和区间支柱号码分别编号。

3. 复线区段上、下行分别排列，上行为双号，下行为单号。

4. 回流线、牵出线、供电线、货物线、机车库线、专用线等支柱均应在号码前加上“回（H）”、“牵（Q）”、“供（G）”、“货（H）”、“机（J）”、“专（Z）”等字样，或取汉语拼音的第一个字母。

5. 所有支柱均应在两侧印刷或悬挂号码。

6. 号码前位空缺时，用“0”补齐。

7. 轨面红线在大修前不得重新绘制，只能重新描绘。
8. 各种标志要按照规定的位置埋设或悬挂。
9. 各种标志的字体要端正，字迹要清晰。

四、安全注意事项

与第六章第一节　中心锚结安装、调整相同。

第八章　接触网附加悬挂导线架设

第一节　接触网附加悬挂导线架设

一、准备工作

1. 人员:20～30人。

2. 工具:接触网作业车、单滑轮、滑轮组、放线滑轮、手扳葫芦、放线架、弛度板、皮尺、卷尺、水平尺、测杆、线坠、木榔头、钢锯、压接钳、温度计、小油桶、油刷、钢丝刷、安全带、大梯子、棕绳、羊角紧线器、双钩紧线器、钢丝套、吊绳、锉刀、钢锯条、通讯工具、安全防护工具等。

3. 材料:ϕ4.0 mm铁线、ϕ1.8 mm绑扎铁线、铝绞线、电连接线夹、毛笔、白漆、线盘轴(2英寸钢管)、方木跳板、垫木、钳压管、中性凡士林、汽油、棉纱、红丹防锈漆等。

4. 资料:接触网平面布置图、附加悬挂导线安装图、附加悬挂导线弛度曲线表等。

二、作业方法、步骤

接触网的附加悬挂一般包括供电线、回流线、正馈线、保护线、架空地线等。附加悬挂是为了供电系统的完善,有利于供电质量的提高和减少对邻近系统的不良影响而设置的,是保证供电系统可靠运行和维持良好的供电质量不可缺少的组成部分。

(一)附加悬挂肩架安装

1. 肩架预配

根据接触网平面布置图(或供电线,回流线、正馈线、保护线、架空地线等平面布置图)上回流线、供电线、正馈线、保护线、架空地线等安装图,按杆号将肩架及零部件预配成套,每一根杆为一个单位,将杆号写在肩架上。

2. 肩架安装

(1)一人上杆,以地面为基准测出肩架安装高度。

(2)挂单滑轮,穿吊绳,地面人员绑晃绳。

(3)起吊肩架、安装。安装时也可再上一人,两人对面,共同安装。

(二)附加悬挂导线架设

采用放线车放线的方法与承力索架设方法基本相同,采用人工放线方法如下:

1. 安置线盘

将线盘吊放到下锚支柱附近较平坦的路肩上,利用放线支架将线盘支起并离地约 50 mm。通过调整放线支架,把线盘支平。如图 8.1.1 所示。

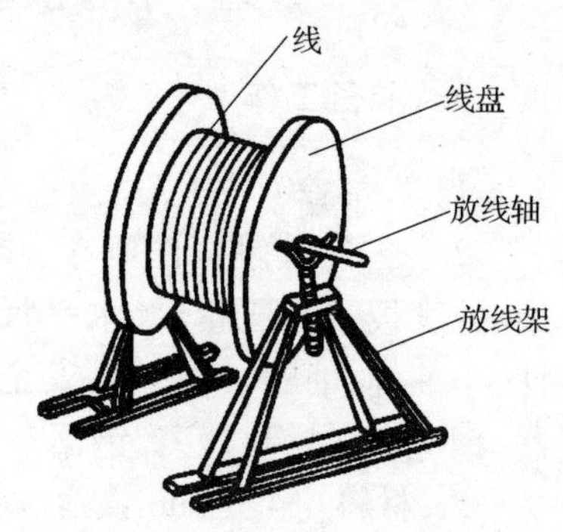

图 8.1.1　支放线盘示意图

2. 展放导线

将牵引绳与导线连接,牵引人员拉绳前进。为了不使导线落地,牵引人员分散在导线上牵引,牵引速度应均匀。

3. 挂线

当牵引 4 ~6 个跨距时,须停止牵引进行挂线。用滑轮、绳子配合,将线置放于肩架上的放线滑轮内。

4. 起锚

将导线牵引至锚柱后,留出预留长度,缠绕铝绑带(长度为线夹两侧各露 10 ~20 mm),安装倒装式耐张线夹(如图 8.1.2 所示),然后通过绝缘子和连接零件挂到下锚角钢上。

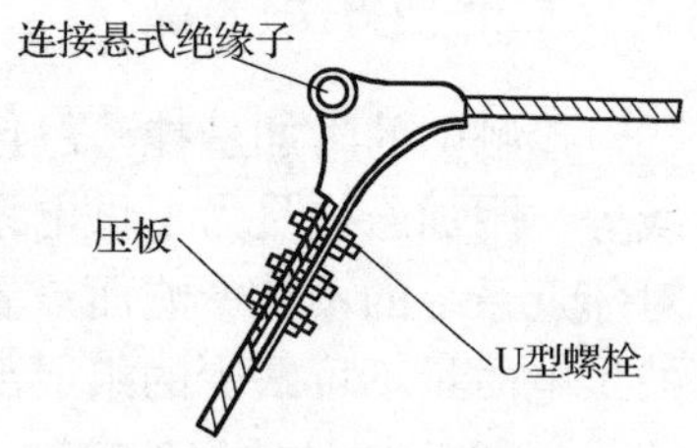

图 8.1.2　耐张线夹的固定

5. 下锚

通过滑轮组和手扳葫芦紧线,待弛度合适后做下锚连接。

6. 弛度测量

(1)选择观测跨距

一个锚段内有 1 ~6 跨时,宜选中部一跨为观测跨距;7 ~15 跨时,宜选 2 个接近锚段两端的跨距;15 跨以上时,宜选 3 个跨距,一跨在中部,另两跨宜靠近锚段两端。

(2)计算当量跨距

$$L_D = \sqrt{\sum L_i^3 / \sum L_i}$$

式中　L_D——当量跨距；

$\sum L_i^3$——锚段内各跨距立方和；

$\sum L_i$——锚段内各跨距和。

根据计算的当量跨距值，查相对应的附加悬挂导线弛度曲线表。然后按测量所在的跨距 L 值和测量时的温度 t 值，从弛度曲线表中查出附加悬挂导线弛度。如图 8.1.3 所示。

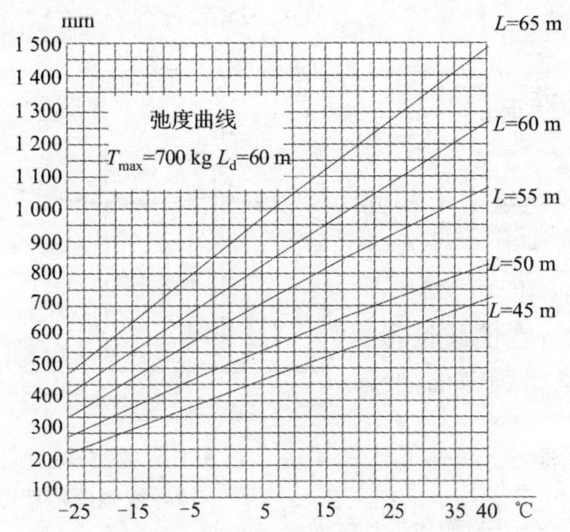

图 8.1.3　附加导线弛度安装曲线

(线型 LGJ－185/10，最大张力 700 kg，当量跨距 60 m)

(3)弛度测量

① 用弛度板和水平尺目测测量

在观测跨距两端悬挂点处挂弛度板，将水平尺固定在该跨的弛度数值线上。目测两水平尺板及导线最低点，若三点呈一直线，则该处弛度达到标准；若导线最低点高于两水平尺板连线，则该处弛度小，反之则弛度大；调整水平尺，使附加悬挂导线最低点通过二水平尺板连线，测出实际弛度，如图 8.1.4 所示。也就是说

实际弛度 =(甲水平尺板处弛度值 + 乙水平尺板处弛度值)/2

弛度施工误差为 ±15% 。未达到弛度施工标准的锚段，应进行张力

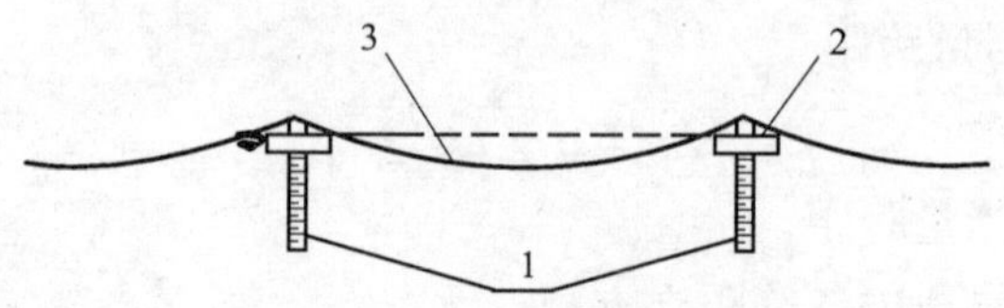

图 8.1.4　目测弛度值示意图

调整,直至符合要求。

② 测杆测量

用测杆分别挂在 A、B、C 三点上,测量 h_1、h_2、h_3 的值。若 F_C 为附加悬挂导线弛度,则:

$$F_C = [(h_1 + h_2)/2] - h_3$$

见图 8.1.5 所示。

7. 导线固定

导线在针式绝缘子上的固定是用单股铝线绑扎在针式绝缘子上的。在直线区段,绑扎在针式绝缘子顶上;在曲线区段,绑扎在针式绝缘子颈部的曲线外侧。

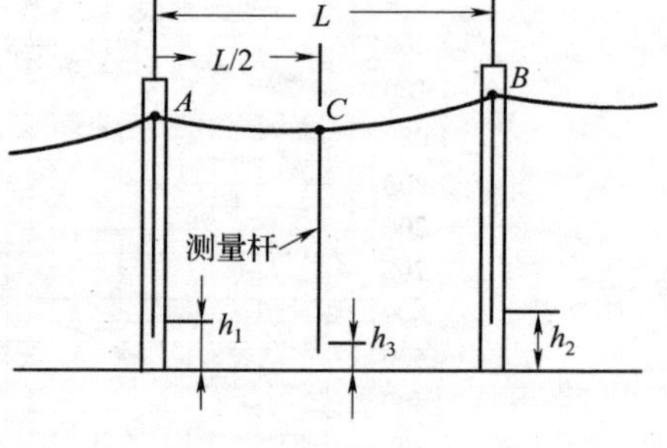

图 8.1.5　测杆测量附加悬挂导线弛度示意图

(1)顶扎法

① 在绑扎处包缠铝带 200 mm,铝带绕向和导线绕向相同,应一道紧贴一道缠绕,不得重叠。

② 将缠好铝包带的导线放入绝缘子的顶槽内。

③ 将 1.5 m 长的铝绑线盘成一个圆盘,绑线留头为 150 mm。

④ 缠绕绑扎过程参照图 8.1.6。

(2)颈扎法

① 将导线放入与张力方向相反的绝缘子颈槽内。

② 缠绕绑扎过程参照图 8.1.7。

导线在悬式绝缘子上的固定是安装在杵座鞍子内,在鞍子内的线索应缠铝绑带或加装铝衬垫。

8. 铝绞线、钢芯铝绞线压接接头

(1)导线搭接部分及钳接管内壁应先用汽油清洗干净,涂上一层中

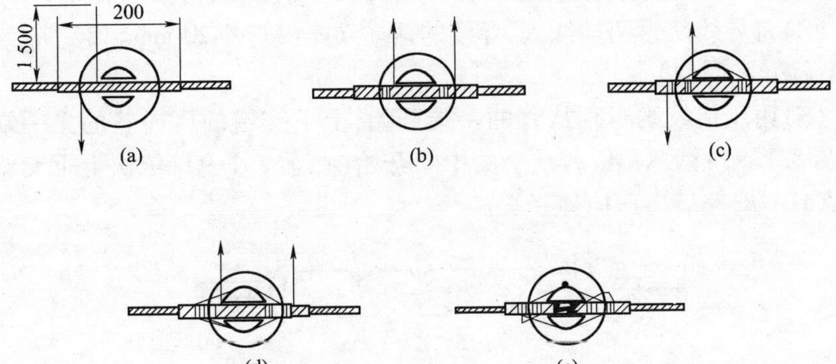

图 8.1.6　铝导线在针式绝缘子上的绑扎——顶扎法

(a)本线缠绕铝带共长 200 mm,各圈要密贴。绑线留头 150 mm,靠近瓷瓶颈由下往上绕 3 圈;

(b)绑线绕过瓷瓶颈后在另一侧同样绕 3 圈;

(c)再绕过瓷瓶颈回来又绕 3 圈;

(d)又绕过瓷瓶颈再绕 3 圈;

(e)然后绑线绕过瓷瓶颈与导线斜交到另一端由本线下面绕回再通过瓷瓶顶两绑线在本线上部斜交成“十”字花后再由另一端本线下部绕回,两余端在瓶颈中间拧三个花切断压倒。

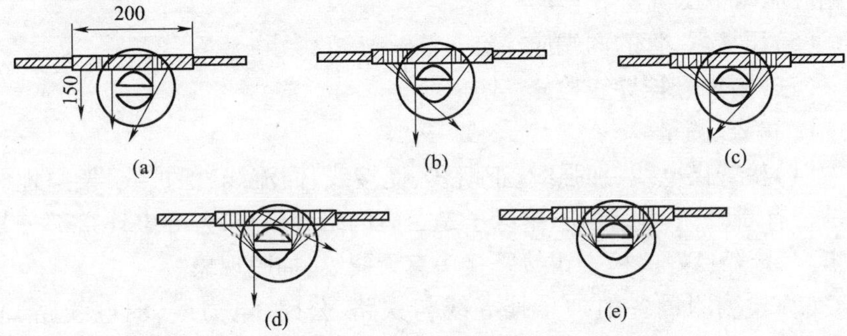

图 8.1.7　铝导线在针式绝缘子上的绑扎——颈扎法

(a)本线缠长度为 200 mm 的铝包带,铝绑线一头留 150 mm,靠近瓶颈由下往上缠 3 圈后在另一侧由上往下再缠 3 圈;

(b)在原侧由下往上缠 3 圈;

(c)在另一侧由上往下再缠 3 圈;

(d)绑线绕过瓶颈由下往上绕过本线与本线斜交;

(e)再绕过瓶颈再由上往下绕过本线与本线斜交,这样两绑线相交成“十”字花后将两余端在瓶颈中间拧三个花切断压倒。

性凡士林,用钢丝刷擦刷,擦刷后将污染的凡士林擦去,再涂一层凡士林。

(2)将导线从管两端插入,导线的两端须露出管外20 mm。钢芯铝绞线须在两线间加垫条。

(3)钳压铝绞线时须从管的一端开始,上下交错的压向管的另一端(如图8.1.8);钢芯铝绞线从管的中间开始(如图8.1.9),依次上下交错地压向一端,完后再压向另一端。

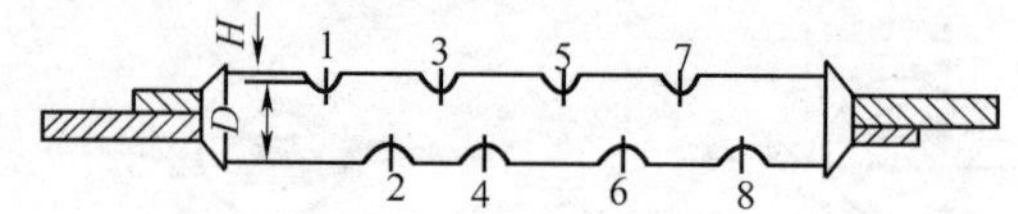

图8.1.8　铝绞线的压接顺序

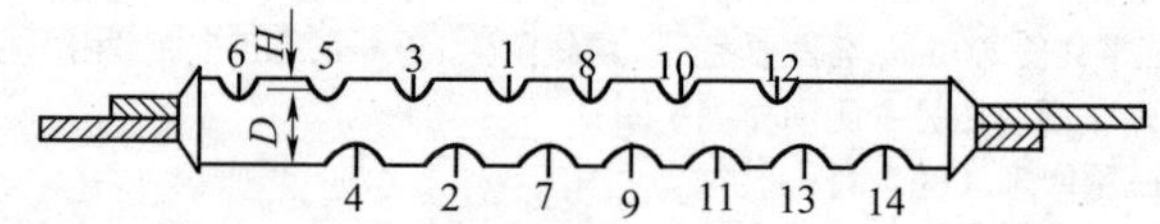

图8.1.9　钢芯铝绞线的压接顺序

(4)钳压管两端的第一个压坑必须在导线的短头侧,钢芯铝绞线短头侧应压两个压坑。

(5)压接后,管的两端应涂红丹漆。

(三)附加悬挂导线检修

1. 检查、测量

(1)检查供电线、加强线、正馈线、捷接线、回流线、保护线、架空地线等是否有断股、散股、烧伤、绝缘子是否有闪络和破损,各导电连接部分是否牢固、接触良好。检查钳接管接头有无裂纹、抽脱现象。

(2)检测测量各附加悬挂导线与铁路、公路、电力线、弱电线路、河流、地面、树木、建筑物、山坡、峭壁、岩石、接触网及杆塔的最小距离是否符合规定。

(3)供电线、回流线与接触网同杆合架时,检测测量其带电部分距支柱边缘的距离。

(4)供电线、正馈线合架时,检测测量其两线间的距离。

(5)回流线在支持绝缘子上绑扎时,绑扎方式是否正确、牢固。

(6)检查附加悬挂导线肩架是否平直。

(7)检查测量各导线弛度。

2. 调整处理

(1)铝绞线和钢芯铝绞线的铝线断股、损伤面积小于铝截面的 7% 时,可将断股处磨平并用铝线扎紧。

(2)断股、损伤面积达 7% ~25% 时,要进行补强。

(3)断股、破损面积超过 25% 时,必须更换或切断做接头。

(4)各导线弛度过紧或过松,根据导线弛度曲线表进行调整,使之符合规定。

三、质量标准

1. 附加悬挂导线肩架应按设计要求安装平直,单肩架端部允许稍稍上抬,施工误差 $\pm_{0}^{50}$ mm。

2. 附加悬挂导线在展放过程中应注意不使其发生摩擦、断股、背扣等现象。

3. 不同金属、不同规格、不同绞向的导线严禁在跨距内接头。

4. 导线接头应距悬挂点大于 500 mm。一个跨距内一根导线的接头不得超过 1 个;跨越铁路,一、二级公路,重要的通航河流时,导线不得有接头。不同金属、不同规格、不同绞制方向的导线严禁在跨距内做接头。

5. 一个耐张线段(也可与接触悬挂相同统称为锚段)内附加导线接头、断股和补强线段的总数不得超过下列规定:

耐张线段长度在 800 m 及以下为 4 个。

耐张线段长度超过 800 m 时为 8 个。

6. 附加导线不得散股,安装牢固。导线采用钢芯铝绞线时,其钢芯不准折断。铝绞线和钢芯铝绞线的铝线断股、损伤截面积不超过铝截面的 7% 且允许的载流量和机械强度能满足要求时,可将断股处磨平,用同材质的绑线扎紧,绑扎长度超出缺陷部分 30 ~50 mm,当断股损伤截面为 7% ~25% 时应进行补强,当断股、损伤截面超过 25% 时,应锯断做接头或更换。

7. 附加导线的材质和截面积应满足通过的最大电流。机械强度安全系数满足下列要求:

(1)钢绞线不应小于 3。

(2)硬铜绞线不应小于2。

(3)铝绞线、钢芯铝绞线、铝包钢芯铝绞线不应小于2.5。

8. 附加导线的张力和弛度要符合安装曲线,误差不得超过10%。支柱同一侧悬挂不同线径及材质的导线时,导线的弛度应以其中弛度较大的导线为准,所有导线弛度应一致。

9. 附加导线不得跨越屋顶为易燃材料的建筑物;对耐火屋顶的建筑物也要尽量避免跨越,若必须跨越时,其距建筑物的距离要符合《接触网运行检修规程》第167条的规定,且跨越的跨距内不得有接头、断股和补强。

10. 附加导线跨越或接近铁路、公路、电力线、弱电线路、河流时应符合电业部门的有关规定。

11. 附加导线对地面及相互间的距离在任何情况下不应小于《接触网运行检修规程》第167条的规定的数值。

12. 供电线、加强线、正馈线、捷接线带电部分距接地体的距离应不小于300 mm,困难情况下不小于240 mm。

回流线、保护线、架空地线带电部分距接地体的距离应不小于150 mm,困难情况下应不小于75 mm。

当海拔超过1 000 m时,上述距离应按规定加大。

13. 当附加导线与接触网同杆合架时,其供电线、加强线、正馈线、捷接线带电部分距支柱边缘的距离应不小于1 m;回流线、保护线、架空地线应不小于0.8 m。

14. 当附加导线与接触网分杆架设时应符合电业部门架空送电线路的有关规定。

15. 导线接头的两端导线须露出管外20 mm。钢芯铝绞线须在两线间加垫条。

16. 导线接头钳接管因压接而发生弯曲时,其弯曲度不得大于1%。如弯曲度在1% ~3%时可用捶垫以木垫轻轻敲击校直,禁止用锤直接在钳压管上敲打。如弯曲度已大于3%或压接后与压弯校直后钳接管发生裂纹时,必须切断重接。钳接管的两端导线不得有鼓包。

四、安全注意事项

采用放线车放线的安全注意事项与承力索架设安全注意事项基本相

同,采用人工放线安全注意事项如下:

1. 放线前应对线盘进行详细检查加固,线末端应固定在放线盘上,以防放线时线条脱出伤人,线盘应有制动设施。

2. 牵引导线速度不得过快,一般为 2 km/h,应力求均匀,不得忽快忽慢。

3. 架线时,放出的导线下面不得有人。在铁路道口或行人较多的地方应派人防护。

4. 高空作业扎好安全带,全体人员带好安全帽。

5. 线路外侧放线时,人员、机具、材料等不得侵入铁路基本建筑限界。

6. 架线完成后,必须沿架线区段巡回检查一遍,确认符合要求后方可撤离。

第九章　接触网事故抢修

第一节　接触网常见的设备事故

接触网常见的设备事故主要有以下几项:

1. 绝缘子闪络或击穿,即绝缘事故。

2. 分段、分相绝缘器闪络、击穿或其他形式的损坏事故。

3. 接触线、承力索、正馈线等接触悬挂和附加悬挂中的线索断线事故。

4. 弓网故障。

5. 接触网零部件安装状态不良或损坏、折断、脱落等原因引起的其他种类事故。

6. 支柱折断事故,补偿绳断线事故。

7. 吸——回装置、电连接器、隔离开关及其引线损坏或烧毁事故。

8. 隧道内悬挂点破坏事故,渗漏水结冰造成的接触网设备损坏事故。

9. 货物列车造成的接触网设备损坏事故。

10. 行车事故造成的接触网设备损坏事故。

11. 电力机车故障或误操作造成的接触网设备损坏事故。

12. 自然灾害造成的接触网设备损坏事故。

第二节　事故类型的断定及故障点查找

一、事故类型的判断

1. 永久性接地:变电所跳闸、重合失败,强送均不成功。

可能造成的原因:

接触网断线接地、供电线接地、隧道接触网塌架造成的死接地、隔离开关处于接地状态下的分段绝缘器击穿、绝缘子击穿、隔离开关瓷柱击穿、较严重的弓网故障、棒式绝缘子折断、树木倒在接触网上、地线刮起搭在接触网上等。

2. 断续接地：变电所断路器跳闸、重合成功，过一段时间又跳。

可能造成的原因：

货车绑扎绳松脱、列车超限、树木与接触网放电、机故、绝缘体闪络、接触网断线但未落地、机车受电弓隧道内运行保证不了绝缘间隙等。

3. 短时接地：变电所跳闸后，重合成功。

可能造成的原因：

绝缘部件(包括机车支持瓷瓶)瞬间闪络、机故、铁丝绳索搭在网上、电击人或其他飞禽等。

4. 变电所送出电而接触网无电。

原因：可能是馈线断线，上网点断开，四跨开关引线或纵向电连接烧断、隔离开关未上锁隔离开关被路人拉开等。

二、故障点的查找

1. 必须熟悉管内设备，尤其是设备运营薄弱点。

2. 根据供电调度通知，以及变电所提供的信息，指派工区业务骨干，分组对特定区段设备进行认真、仔细查找。(例如故测仪指示公里数左右两公里范围)，以防漏查，耽误抢修时间。对于大型枢纽等有接触网分支线路地区，查找范围应包括跳闸供电臂所有供电范围。

3. 尽可能询问车站值班员，沿线工务人员、巡道工、村民及电力机车司机，了解设备是否有异状。

4. 分段送电法。从供电臂始端到终端，包括若干站场，可酌情拉开任何一个车站四跨开关，然后送电，以此判断故障点。

5. 根据天气情况，分析判断故障点。大风考虑树枝触网；大雾、雨天考虑接触网、机车绝缘件闪络、击穿；冬天，山区考虑结冰与网短接；季节变换时，应考虑补偿装置、定位坡度、线岔、三跨、四跨几何尺寸超标等。

6. 当怀疑绝缘件闪络、击穿时，可查看连接钢轨处的火花间隙是否爆炸；无火花间隙，可查看地线连接处是否有烧伤痕迹，瓷瓶表面和瓷座有无烧痕。

第三节 常见的接触网事故抢修方案

一、抢修中一般操作过渡措施

1. 吊弦间距可增大一倍，承力索上可暂不装线夹，滑动吊弦可用普通吊弦临时代替，但吊弦倾斜度应能适应过渡期间的温度变化。

2. 绝缘子闪络但未击穿、擦净后有把握送上电或绝缘子局部破损但能送电，均可暂不更换。

3. 当个别定位装置或腕臂损坏时，只要接触线布置符合行车要求，承力索可暂不固定，接触线可通过一串悬式绝缘子用 2～3 股 $\phi4.0$ 镀锌铁线绑扎在支柱上，若承力索必须固定，也可比照接触线的做法。

4. 软横跨的横向承力索、固定绳均允许有接头，接触线和承力索的接头数量及间距可以超出规定标准。

5. 对吊弦脱落，线夹偏磨打、碰弓，螺栓松脱，电连接线松弛打、碰弓等均可设好行车防护，带电处理。

二、接触网断线

常见的接触网断线事故分为接触线断和承力索断线两种。

1. 接触线断线

当发现导线断线时，应查明断线两侧导线损伤情况及破坏是否波及中心锚结和补偿装置。

(1)如果断头两侧导线损伤较小(断头两侧损坏之和不超过 500 mm)，可将损坏的导线锯掉，直接用手扳葫芦或双钩紧线器紧线，(紧线前推掉这半锚段的下锚坠砣 5～8 块，导线可紧回 500 mm 左右)做接头恢复。

(2)断头处导线损伤严重(两头损伤 500 mm 以上)。这种情况必须另接一段导线，可先在地面上做好一个接头，再在作业车(梯车)上做另一接头。

在高速铁路电化区段，新接导线应满足：两接头之间的距离不小于 80 m，接头距定位点不小于 2 m。

接触线断线抢修时，在紧线之前和紧线过程中，应指定专人分别去中心锚结和断线侧的补偿器处，主要观察事故对中心锚结的影响和紧线时中心锚结的受力情况。在补偿处，根据需要可将部分坠砣卸下（也可用滑轮组将坠砣拉起），以利紧线，待做好接头后，再补够坠砣。以上两处作业人员和作业组应协调配合，保持联系。

抢修中应注意以下几点：

① 做导线接头时，未紧好张力，不能先断线，防止新线不够长，造成返工。

② 接头紧固防抽脱，接头线夹不能偏，防打弓。接头线夹底面和导线底面平滑，以防碰弓。

③ 检查锚段关节技术状态、定位、吊弦偏移如何、中心锚结绳是否松弛等；补偿装置是否良好。

(3)导线被列车拉刮损伤较严重或断几处。

这种情况一般应使接触线脱离接地体后，将两断头临时固定在承力索上，或临近的支柱上（接触线必须做分流线），送电降弓通过，然后组织换线。

注意事项：

① 必须准确向电调汇报升、降标的公里数，安排好升降弓人员，防止降弓不及时，造成事故扩大。

② 断线处两头下锚必须紧固，防止抽脱。

③ 导线接头制作程序见第一篇第五章第八节。

2. 承力索断线

承力索根据用途可分为一般承力索和载流承力索。

(1)一般承力索（GJ－70）

当发生承力索断线事故时，首先判明事故范围和中心锚结受到波及的程度。指定专人分别到中心锚结和断线一侧补偿处观察在紧线后的技术状态，根据需要卸去部分坠砣，以利紧线。

① 承力索破坏范围小

可用8个钢线卡子，加一段承力索来固定，如图9.3.1所示。

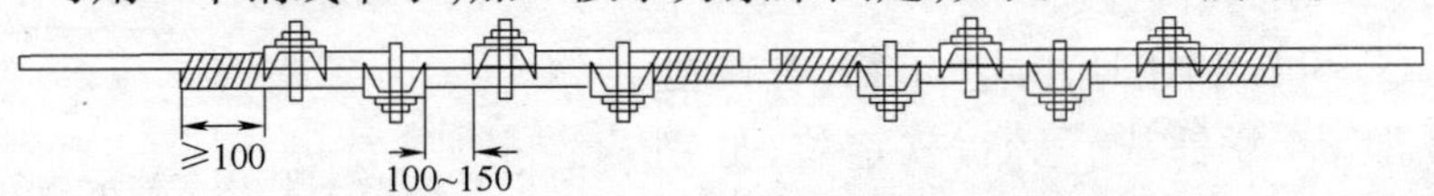

图9.3.1　承力索接头钢线卡子安装示意图

也可用两个楔形线夹与连接件相连(承力索接头的形式见第一篇第五章第一节图 5.1.3 及第一篇第六章第八节图 6.8.2)。

承力索损坏在一个跨距内,增加一段承力索,做两个接头,用手扳葫芦紧起,一次恢复。当时间紧迫,争取送电通车时,亦可利用紧线工具(手搬葫芦或双钩紧线器)将断线紧起,张力给够,先不做承力索接头。

② 如果破坏范围较大时

短时间内不能恢复时,可先将承力索两个断头下硬锚送电(利用支柱或隧道边墙),以后重新再做承力索接头。对于载流承力索必须做分流线。

注意:承力索下锚支柱,必需打下锚拉线。

(2)载流承力索

处理方法同上,但必须在接头处,增加同截面的电连接线。

如果区间停有列车,不利抢修时,可先将承力索紧起,保证导线高度在 5 350 mm 以上,不影响送电时,可以先行开走区间停留车,然后再接一段新承力索,但在接头处,必须增加同截面的电连接线。

三、支柱折断

1. 中间支柱折断

(1)在直线区段

中间柱折断时,可不立支柱、不定位,只需将承力索用双钩紧线器在断杆相邻支柱定位处紧一下张力,保证导线高度在 5 350 mm 以上,结构高度大于 250 mm,两定位点拉出值放在零位,送电开通,以后再重新立杆处理。在缓和曲线,应测量跨中拉出值是否符合要求。再决定是否进行临时定位。

(2)在曲线区段

① 可以利用地形、建筑物,在高处用 3 股 ϕ4.0 铁线、悬瓶、软定位,分别固定导线及承力索的方法抢修。

② 立杉木杆

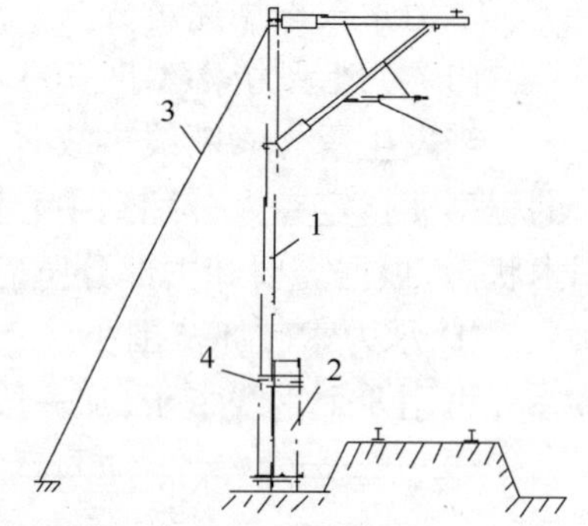

图 9.3.2　木杆代用支柱示意图
1—木杆;2—断支柱桩;
3—拉线;4—4.0 铁线捆绑

在断杆田野侧地面上挖 500 mm 左右深的坑，将杉木杆立在坑内埋好，并用铁线绑在支柱断茬处，打好人字拉线。杉木杆可根据合适位置事先用包箍固定，这样连接导线和承力索更为有利。见图 9.3.2 所示。

③ 立组合式抢修铁塔

此铁塔专为接触网事故抢修立临时支柱而研制的，它具有整体重量轻，拆装运输简便，相对稳定性好等特点，被广泛采用，见图 9.3.3 所示，其安装步骤如下：

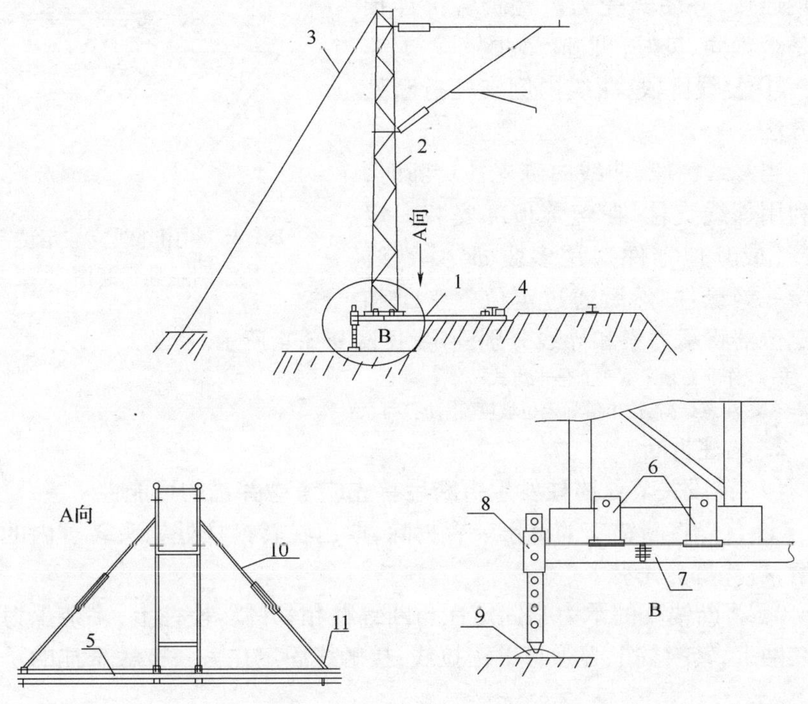

图 9.3.3　小铁塔代用支柱示意图

1—槽钢式支柱底座；2—小铁塔；3—拉线；4—底座扣件；5—钢轨；
6—合页式卡槽（可旋转）；7—鸭嘴式卡槽；8—套管可调式支撑；
9—旋转式底托；10—可调节支撑；11—接地线

a. 停电前应将两节铁塔连接起来，在适当位置安装腕臂底座和拉杆底座。

b. 扒开枕木两边的道砟，将两槽钢式支柱底座插入钢轨下，勾住钢轨,紧好扣板,连接旋转式底座托架,将马脚固定在坚实的地基上,使其稳固,并调整水平,使底座各部受力良好。

c. 打好地锚角钢(在支柱田野侧,布置“人”字形),在铁塔顶端固定好两根拉线和一条晃绳。同时将铁塔与底座用销栓连接。

d. 停电后,在顺线路上拉主晃绳,其余两方各派一人拉绳,使铁塔慢慢立起,再穿另一侧销栓,然后再用螺栓与底座固定。

e. 通过花兰紧线器,将拉线与地锚角钢连接,并使其受力。检查各部连接件是否紧固、良好,再进行装配。

④ 复线区段,曲线内侧支柱折断处理方法

当复线区段,曲线内侧支柱折断时,可利用邻线支柱,在碗臂顶部安装一定位环(或其他零件),用多股 $\phi4.0$ 铁线串接一绝缘件,然后通过定位管卡子和软定位器将承力索和导线分别固定,见图 9.3.4 所示。

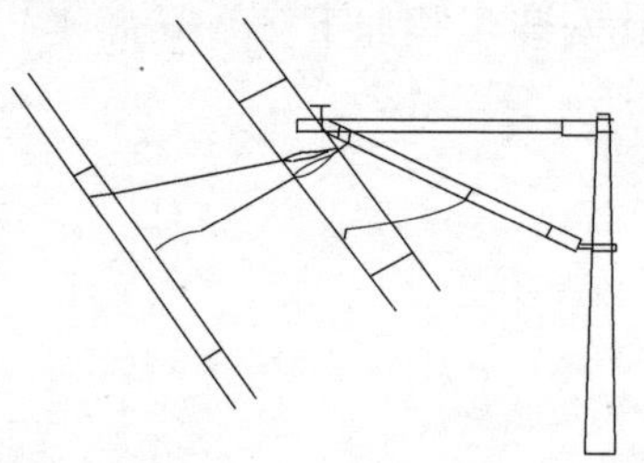

图 9.3.4　利用邻线支柱定位接触网悬挂示意图

注:a. 作业必须采取垂直停电方式;

b. 注意导高、拉出值和定位坡度,以防打弓、钻弓。

2. 锚柱折断

(1)锚段关节处锚柱发生折断后首先应考虑并锚的可能性

① 首先将断锚支的补偿装置拆除,取出在转换柱处钩头鞍子内的承力索,拆除部分吊弦。

② 将断锚支的承力索固定在与断锚柱相邻的转换柱上,多余承力索盘在网上,转换柱上必须打下锚拉线;接触线固定在另一接触悬挂的承力索上。

③ 在断锚处立一临时抢修铁塔(或杉木杆),将悬挂支撑起来。

④ 拆除断锚支接触线的中心锚结,并根据情况,调整另一侧补偿装置。

⑤ 调整断锚支接触线在转换柱处拉出值及高度,保证受电弓平滑过渡。

(2)立金属支柱

可利用金属支柱代替锚柱,但须牢记,在线索下锚方向做拉线,同时应考虑锚柱垂直线路受力。承力索可做临时硬锚，或固定在其他锚段的承力索上；导线采用补偿下锚，利用列车运行间隙，逐步完成下锚的装配。若该锚柱有两个下锚支，其中一个下锚在临时支柱上，另一下锚支可临时固定在其他锚段的承力索上，若系土挡处的锚柱可借助附近其他支柱下锚。

(3)当线索下锚通过上、下行有电设备时，必须进行垂直停电，然后再按上述措施进行抢修，在确保行车、设备安全的情况下，恢复一线通车，然后再抢修另一线。

3. 中心支柱，转换支柱折断

可利用组合式抢修铁塔立杆(立杆同上)，当两悬挂间不能保证规定绝缘距离时，可暂不做绝缘锚段关节，但应保证机车受电弓平滑过度。立铁塔时应打"人"字拉线。

4. 软横跨支柱折断

(1)钢柱碰弯、在反方向打拉线，先行通车。

(2)直线上钢柱、水泥柱折断，

可拆除软横跨，不定位，但应保证导线高度在 5 350 mm 以上，必要时，可分别紧各股道的承力索，以保证导高。拉出值也应在受电弓抓托范围内。

(3)曲线上钢柱、水泥柱折断

这种情况，可立组合式抢修铁塔，利用手扳葫芦固定上、下部定位绳，甩掉横向承力索，保证导高、拉出值在规定范围内(横向承力索吊起来或盘在上部固定绳上不受力，不影响送电即可)，但抢修组合式铁塔必须打好"人"字拉线，见图 9.3.5 所示。

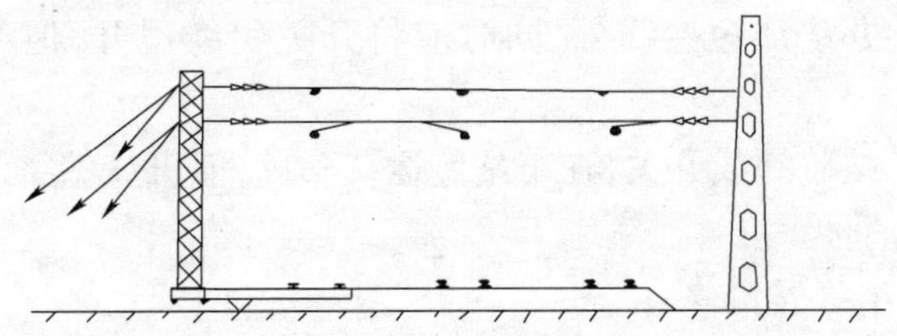

图 9.3.5　小铁塔代用软横跨支柱示意图

(4)大型站场软横跨支柱折断

在股道线间距小时，可以停用部分股道，立临时钢柱，先开通重要列车运行通道。

四、其他设备事故处理办法

1. 隧道内埋入杆件烧断或脱落

（1）埋入杆件被破坏，如果发生在直线上，导线没有超过受电弓范围，只需将悬挂点或定位点拆除，因为隧道内悬挂点之间的距离较短，虽然拆除后跨距增大，导高有所降低，但不会影响机车运行。

（2）若必须修复悬挂、定位装置、杆件等可用铁线将绝缘子固定在原杆件上，恢复悬挂和定位；若埋入杆件整体脱出或已松脱，可用高标号的快干水泥灌注。

（3）如果在曲线上且隧道较短、机车能降弓通过，可在洞口分别设置"降"、"升"弓标。遇隧道较长，视列车长度可用两台机车前拉后顶的方式，分别降弓通过。

（4）根据现场环境，也可采用射钉枪或用电锤打孔，安装膨胀螺栓，将悬挂和定位加以固定的方法处理。

2. 隔离开关及区分绝缘器故障抢修

（1）隔离开关故障抢修

① 一种是长期通过较大的牵引电流、检修未跟上，触头发生烧损，产生电弧现象。

用同等截面的电连接线将该四跨短接起来，拉开四跨开头即可，并将情况报告电调及段生产调度。

② 开关的绝缘子击穿或爆炸

除按上述办法加短接线外，同时应将开关引线甩开，但不得影响行车。

如果是车站装卸线开关，在车站签运统—17，值班员签字。处理完成后，应到车站消号。

（2）区分绝缘器抢修

① 装卸线、专用线、货线、机库线。

分段绝缘器主绝缘击穿后，应立即将该隔离开关主刀闸合上，接地刀打开（如果有接地线也应全部拆除）。即可通知电力调度，送电通车，然后通知车站或折返段值班人员，停止进行该线的装卸或机车检修作业，必要时将开关钥匙收回。

② 复线区段，渡线区分绝缘器主绝缘击穿

发生渡线区分绝缘器主绝缘击穿，一般在"V"停时发生，应通知作业组和电调停止"V"停作业，送电，利用天窗时间采取垂直停电进行更换。

五、事故救援配合

列车发生冲突、脱轨、翻车等事故，都可能使接触网设备遭到不同程度的破坏。如果用救援吊车起复事故列车时，接触网必须到现场配合，在配合抢修时，一般应遵守下列原则：

1. 要顾全大局，听从事故现场上级领导部门的统一指挥，主动与兄弟单位密切配合，决不能因为不是接触网的责任事故，而袖手旁观。

2. 利用吊车起复，需要移动接触网时，应尽快确定方案，做到尽量少动接触网，动后又较易恢复，同时要以最短的时间移动完毕，以减少吊车等待时间，移动时一般是卸开影响起吊相关部件，以滑轮组将线索拉到适宜位置，以利于吊车作业。

一般方法：派人在涉及的这半个锚段的下锚柱处，用滑轮组吊起坠砣（或将坠砣卸下，留 4 ~ 5 个），导线和承力索失去张力，然后再用滑轮组将导线和承力索同时向支柱侧拉，保证起吊。恢复时，松动滑轮组，此方法用于旋转腕臂底座。

如果不是旋转腕臂底座，需从鞍子内取出承力索，拆掉定位再拉。

3. 如果接触网遭遇破坏，那么在起复列车的同时，应交叉作业，尽可能提前做好接触网恢复的准备工作，即在不影响吊车作业范围之外，尽量多干，将接触网的恢复时间压缩到最低限度。

4. 咽喉地带，道岔群处容易发生脱轨事故，接触网设备在车站咽喉地带也较复杂，配合这类事故应根据具体情况灵活掌握，采用最佳方案，总的原则是先通正线，同时保证两个以上股道的开通。

第四节　事故抢修中应注意的安全事项

接触网事故抢修工作，往往是时间紧，任务重，事故现场环境复杂，人员杂乱，稍不注意，就易发生人身伤亡事故，造成不应有的损失。因此，特

别提出以下安全注意事项:

1. 事故抢修人员到达事故现场后,首先对事故范围设置防护人员,特别是有断线的地点,不论接地未接地,都按有电对待,任何人都不得进入断线落地点 10 m 范围以内,防止送电后,跨步电压伤人。在调查、了解事故情况的时候,应将设备按有电对待。

2. 抢修工作领导人在抢修作业前应向所有参加抢修人员宣布停电范围,严格明确,划清设备停带电界限,尤其是大型站场或上下行线路地段,更应注意,防止触电事故的发生。对可能来电的关键部位和抢修作业地段,要按规定设置足够的接地线。

3. 在有多个作业组参加的抢修作业中,要强调统一指挥,保证通讯联络的畅通,信号传递要准确(要做到三确认:人、听觉、视觉)防止误传、误认。

4. 接触网事故抢修中,特别要强调的是作业安全,无论是攀杆,登梯和车顶上高空作业时,均应严格执行接触网安全工作规程中的有关规定,高空作业扎好安全带,全体戴好安全帽,作业中严格执行"呼唤应答制",特别是有发生支柱倾倒的可能,及需断线、拆除设备时,除加强监护外,还应采取相应的安全措施,保证作业的安全。

5. 抢修作业中,对关键部位要严格把关(如:拉出值、线岔、锚段关节等)对安装的零部件,特别是受力和导流件,要紧固牢靠,防止松脱,保证导流良好。

6. 如遇有雨、雪、或大风天气进行事故抢修时,应采取相应的安全措施,防滑、防冻、防摔,保护抢修作业的安全。

7. 在有多个部门和单位在同一事故现场抢修,或配合事故救援时,要加强联系,统一指挥,相互协作,防止高空掉物伤人,杜绝意外事故的发生。

8. 事故抢修时,一般都是停电进行,电力机车不能开行,但其他车辆仍可运行,如蒸汽机车,内燃机车,轨道车等,特别是本部门支援抢修的轨道车,时有撞自己抢修人员抢修梯车的事故发生,因此事故抢修不能忽视行车防护工作。

9. 在复线区段抢修时,当上、下行不能保证有 2 m 以上的安全距离时,必须申请垂直停电。

"V"停抢修时,确保和另一侧带电设备的安全距离,并在邻线来车时,不得侵入邻线限界。

10. 抢修时,遇有危及人员或设备安全的紧急情况,可以不经电力调度批准,先行断开断路器或有条件断开的隔离开关,并应立即报告电力调度;但合闸时,必须经电力调度批准,方可进行。

11. 事故抢修完毕后,除对抢修过的设备质量仔细检查外,还应对事故范围以外的可能波及的延伸部分进行检查,发现问题及时处理,保证设备质量。

12. 事故抢修完毕后,应向电调详细汇报设备的恢复情况,如采取临时开通措施,还应说明具体采取的什么措施等,以利各有关部门协助执行。

13. 事故抢修完毕后现场观察 1 ~2 趟列车通过后,人员方可撤离。如有问题及时带电处理。

第十章　接触网事故案例

第一节　接触线断线事故

一、接触线接头线夹抽脱酿成事故

1. 事故经过

某年某月某日,某某区间上行158～160号跨中导线接头抽脱,中断供电1 h 57 min。

2. 设备损坏情况

158～160号跨中导线接头线夹抽脱,该锚段一侧补偿器坠砣落地,半个锚段定位吊弦偏移。

3. 抢修经过

对现场情况全面了解后,抢修指挥负责人确定了抢修方案:将线拉起做接头。在办理停电手续、接好地线、设好防护后,开始抢修。在断头两端分别安装紧线器,用手扳葫芦将两紧线器连在一起,紧手扳葫芦,重做导线接头,然后调整补偿器及被破坏的定位点。

4. 原因分析及防范措施

事故原因:导线从当天新做的导线接头线夹中抽脱。

当天中午某接触网工区停电检修作业,因导线磨耗超标,决定截断导线做接头。接头做好后紧固接头螺栓时因没有带扭矩扳手,所以使用活扳手紧固的螺栓。由于线夹对导线的紧固力不够,再加上到了晚间温度下降,导线张力有所增加,22:30,发生了导线从导线接头线夹中抽脱的事故。

教训和防范措施如下:

(1)准备工作不足,携带工具不全。

(2)安全意识不强,准备工作不足时宁可取消该项作业,也不能留下安全隐患。

(3)必须加强技术纪律。工作领导人在分工时,要作业任务明确,分工详细,人员恰当,携带工具齐全,责任到人。

(4)严格执行工艺,不得简化操作。导线接头线夹一定要安装正确,拧螺栓必须使用公斤扳手，达到扭矩要求。

(5)加强班组管理，提高接触网工业务技术素质。

(6)加强业务学习，开展实作演练，提高职工的实作技能，特别是非正常情况下的应急措施。

二、机车支持绝缘子击穿烧断接触线

1. 事故经过

某年某月某日，某某车站站停电力机车升弓，将车站 2 道 22 号～24 号间的导线烧断。中断供电 38 分钟。

2. 设备损坏情况

22 号杆处为中心锚结，24 号侧补偿器坠砣落地，半个锚段定位吊弦偏移。

3. 抢修经过

对现场情况全面了解后，抢修指挥负责人确定了抢修方案：将导线脱离接地体，送电，封闭 2 道。在办理停电手续、接好地线、设好防护后，开始抢修。在断头两端分别安装紧线器，将 22 号杆处的断头固定在承力索上，将 24 号杆处的断头用滑轮组紧一下，使松弛的导线不低于 5 000 mm 时，将断头固定在承力索上，调整松弛侧线岔，以不影响其他股道进车。送电，恢复行车。到车站办理封闭 2 道的手续。

4. 原因分析及防范措施

事故原因：电力机车支持瓷瓶击穿短路，将导线烧断。

当天车站 2 道事故点处停着一台故障机车，请求救援。司机为取暖升起带病机车受电弓，支持瓷瓶击穿，造成短路接地，烧断导线。

教训和防范措施如下：

(1)变电所短路跳闸不及时。

(2)司机安全意识不强，为了取暖造成了事故。

(3)研究调整变电所保护整定值，将时限值调整合理。

(4)加强安全教育，防止此类事故发生。

第二节　承力索断线事故

一、电连接线夹接触不良烧断承力索

1. 事故经过

某年某月某日,某变电所 231 开关过流保护动作跳闸,重合失败,电调命令强送仍未成功。接触网工区出动查找故障,发现某车站西四跨承力索烧断,中断供电 1 h 52 min。

2. 设备损坏情况

四跨处承力索烧断、隔离开关引线拉脱、腕臂拉弯 1 处、坠砣落地、正线线岔拉偏、5 处定位管及定位器拉脱。

3. 抢修经过

对现场情况全面了解后,抢修指挥负责人确定了抢修方案:将承力索拉起来,用电连接短接四跨,送电开通。在办理停电手续、接好地线、设好防护后,开始抢修。在承力索两端断口分别安装紧线器,挂上手扳葫芦,将手扳葫芦和紧线器连在一起,紧手扳葫芦使承力索张力达到要求,先不做接头,甩开隔离开关,用电连接线短接四跨,同时安装调整其他损坏的设备,完成后消令送电。

4. 原因分析及防范措施

事故原因:四跨处电连接器长期失修,阻值增大,在大电流的情况下,局部发热严重烧断承力索。

烧断的承力索位于牵引变电所馈线始端,该处又是 14‰的坡道,牵引电流较大。四跨检修时未对电连接器进行检修,使电连接器长期失修,接触电阻增大,使线夹局部发热严重,承力索受热,机械强度下降,在 1 500 kg的张力作用下承力索被拉断。

教训和防范措施如下:

(1)四跨电连接器处在主导电回路之中,长期失修将导致严重后果。

(2)对主导电回路之中的电连接器要制定检修周期,严格执行。

(3)电连接器检修要严格执行工艺,解体检修,不得简化。

(4)研制测量仪器,尽早发现隐患,防止事故发生。

二、承力索终端锚固线夹抽脱酿成事故

1. 事故经过

某年某月某日,某牵引变电所馈线断路器跳闸,重合失败。经查找,发现某区间 5 号 ~6 号支柱间分相绝缘器处承力索抽脱,造成断路器跳闸,中断供电 3 h 56 min。

2. 设备损坏情况

某区间5号、6号支柱间分相处承力索抽脱;5号、6号腕臂绝缘子折断;4号、7号支柱悬挂脱落,承力索落地260余m,波及8号至相邻车站88号支柱间接触网设备。

3. 抢修经过

由于事故造成的破坏较大,出动了三个接触网工区,40余人参加了事故抢修。在对现场情况全面了解后,抢修指挥负责人确定了抢修方案:将承力索拉起来做接头,更换损坏的设备。在办理停电手续、接好地线、设好防护后,开始抢修。将损坏的承力索截断,准备一段新的承力索,将承力索吊起,重新制作承力索接头2个;更换棒式绝缘子2根;重新组装定位4处;整修损坏的接触线面200余m。

4. 原因分析及防范措施

事故原因:承力索从使用的新型承力索终端锚固线夹中抽脱。

该新型承力索终端锚固线夹为T-120型承力索终端锚固线夹,上网35 h,就发生了本次事故。事后检查发现,工区人员安装使用不当,制造上也存在着缺陷,导致截面95 mm^2的铜承力索夹不紧,发生了本次事故。

教训和防范措施如下:

(1)T-120线夹在该段使用尚属首次,技术数据不够清楚,技术人员和接触网工区使用前只是粗略地看了一下使用说明,没有进行严格的检查、试验。

(2)这次事故破坏范围大、抢修人员多。因涉及相邻两个段,在抢修指挥上不够得力,分工也存在着不合理的问题,组织协调不力,延误了抢修时间。

(3)对新型零件上网前要进行技术交底和技术培训。

(4)因该零件安装工艺比较复杂,须立即对接触网工区人员进行培训。

(5)立即对上网的该零件进行重装或更换。

第三节　支柱折断事故

一、全补偿链形悬挂直线中间支柱折断

1. 事故经过

某年某月某日,某牵引变电所 232 开关过流保护动作跳闸,重合失败,强送后仍失败。据电力机车司机反映,某区间接触网设备有故障。电调通知接触网工区到现场,发现某区间 33 号接触网支柱折断。该事故中断供电 3 h 50 min。

2. 设备损坏情况

某区间 33 号支柱折断;定位器、吊弦脱落两个跨距,接触线距离地面只有 2.5 m。

3. 抢修经过

在对现场情况全面了解后,抢修指挥负责人确定了抢修方案:该支柱处在直线上,将断杆悬挂摘除,保证最低导高,送电开通。在办理停电手续、接好地线、设好防护后,开始抢修。清理破碎支柱及场地,拆除 33 号支柱悬挂装置,提高 32 号、34 号支柱处的导高,在 32 号 ~34 号支柱间形成 130 m 的大跨距,调节该跨距中的吊弦长度,保证达到最低导高的要求。检查两边设备没问题后送电开通。

4. 原因分析及防范措施

事故原因:列车掉物,砸断支柱。

这次事故的原因是不法分子在盗窃列车上装载的铝锭时,砸断接触网支柱。

教训和防范措施如下:

① 抢修时间过长,影响铁路运输。

② 应加强铁路治安防范工作,严厉打击盗窃铁路物资、破坏铁路运输设备的不法之徒。

③ 加强教育,提高抢通意识。

二、支柱烧毁倒地导致机车大破酿成事故

1. 事故经过

某年某月某日,某某区间 124 号支柱因瓷瓶脏污闪络放电,使该支柱被烧毁后倾倒。因该支柱位于曲线上,一列货物列车因瞭望困难发现较晚,来不及采取制动措施,撞上倾倒的 124 号支柱,造成机车大破。

2. 设备损坏情况

124 号支柱烧断,125 号支柱被拉断;124 号、125 号支柱处棒式、悬式

绝缘子、腕臂、定位器等设备损坏。同时还造成电力机车大破,经济损失非常严重。

3. 抢修经过

在对现场情况全面了解后,抢修指挥负责人确定了抢修方案:在断杆处立临时杉木杆,更换损坏的设备。在办理停电手续、接好地线、设好防护后,开始抢修。在124号、12号支柱处设立杉木杆,装配支持和定位装置,临时恢复供电。

4. 原因分析及防范措施

事故原因:绝缘子脏污严重,闪络击穿,加之地线被盗,回流不畅,烧毁支柱。

124号支柱绝缘子脏污严重,加之地线被盗。绝缘子脏污后的闪络击穿放电电流无畅通路径流回变电所,只有经过电阻较大的水泥支柱流回大地,而由于短路电流小,牵引变电所馈线保护不能跳闸,长时间的电流冲击和发热,造成124号支柱烧毁。并引起货物列车撞杆,造成机车大破,还拉断了125号支柱,扩大了事故范围。

教训和防范措施如下:

① 绝缘子脏污,闪络击穿所造成的损失是巨大的。

② 地线的保护作用是不能忽视的。

③ 支柱和隧道地线被盗的情况时有发生,并多次酿成事故。在一些区间甚至全部被盗一根不留,问题相当严重。对丢失的地线应及时进行补装。

④ 按周期及时对绝缘子进行清扫,防止绝缘子闪络击穿。

⑤ 逐步改造设备,改用架空地线。

第四节　补偿器事故

一、补偿绳偏磨造成折断

1. 事故经过

某年某月某日,某牵引变电所211断路器电流阻抗Ⅰ、Ⅱ段保护动作跳闸,重合失败,经强送仍未成功,电调通知接触网工区出动查找故障。经查找发现某区间81号支柱处导线补偿绳折断。中断供电3 h 55 min。

2. 设备损坏情况

81 号支柱处导线补偿绳折断,76 号 ~ 80 号柱间定位拉坏、吊弦脱落,80 号支柱腕臂拉弯,三跨电连接损坏,补偿坠砣全部落地。

3. 抢修经过

在对现场情况全面了解后,抢修指挥负责人确定了抢修方案:恢复导线下锚,更换损坏的零件。在办理停电手续、接好地线、设好防护后,开始抢修。临时悬挂导线在承力索上,在 81 号支柱处紧线下锚,安装新的补偿器。紧线使导线达到高度后,安装定位吊弦,更换腕臂。

4. 原因分析及防范措施

事故原因:81 号导线补偿绳钢绞线因锈蚀、在动滑轮处折断。

调查发现钢绞线上虽涂了一层油,但已干裂,钢绞线已锈蚀,再加上补偿滑轮轮径偏小,钢绞线在动滑轮处反复弯折疲劳,造成了此次事故。

教训和防范措施如下:

① 钢绞线因缺油而锈蚀严重。

② 钢绞线在轮径较小的轮子上反复弯折,金属耐疲劳程度降低。

③ 加强补偿器钢绞线防腐检修工作。

④ 采用耐疲劳程度更好的钢绞线。

⑤ 建议将补偿器滑轮轮径加大,减小对钢绞线造成疲劳的程度。

二、坠砣落地发生弓网事故

1. 事故经过

某年某月某日,某变电所馈线断路器电流速断保护跳闸,重合失败,经强送后又失败。据某货物列车机车司机反映,某列车在通过某车站 252 号转换柱处时打坏机车受电弓。打坏的受电弓又刮坏接触网设备。中断行车 4 h 10 min。

2. 设备损坏情况

250 号 ~ 258 号支柱处为四跨锚段关节,252 号电分段绝缘子打坏;254 号 ~ 258 号支柱间打坏了腕臂 3 个、棒式绝缘子折断 3 个、刮坏定位器 3 个;接触线被破坏 160 m;承力索破坏 80 多 m;电力机车受电弓被打坏。

3. 抢修经过

在对现场情况全面了解后,抢修指挥负责人确定了抢修方案:更换被破坏的设备,调整补偿器 b 值。在办理停电手续、接好地线、设好防护后,开始抢修。在被破坏的支柱处安装腕臂,导线、承力索虽被破坏,但仍可临时使用,故未更换导线、承力索,将被打坏的绝缘子更换,调整补偿器 b 值,将导线和承力索吊起。

4. 原因分析及防范措施

事故原因:250 号支柱处补偿器坠砣落地,导线张力降低,弛度增大,252 号转换柱处隔断瓷瓶低于导线,机车通过时打坏受电弓,受电弓又打坏其他接触网设备。

补偿器坠 b 值偏小不符合要求,加之当天气温较高,造成补偿器坠砣落地。

教训和防范措施如下:

① 巡视不及时,检查不利,尤其是气温变化较大时应加强巡视,及时发现问题,及时解决。

② 补偿装置检修不合格,造成 b 值偏小。

③ 加强巡视工作,特别是气温变化较大时的巡视。

④ 严格按标准检修补偿装置,b 值并非小事。

⑤ 加强宣传工作,要求工务、工程等部门不能在坠砣附近特别是下方卸放片石、道砟、沙土、枕木等路用料,防止 b 值意外变小,温度升高时坠砣落地,接触悬挂失去补偿而酿成事故。

第五节　零部件折断事故

一、定位钩折断

1. 事故经过

某年某月某日,某牵引变电所 233 号断路器跳闸,重合失败。分局供电调度在强送失败后,通知接触网工区查找故障,经查找发现某站 2 号支柱定位钩折断。中断供电 2 h 10 min。

2. 设备损坏情况

2 号支柱处定位钩折断;电力机车受电弓被刷坏。

3. 抢修经过

将 2 号支柱损坏的定位装置进行了更换。

4. 原因分析及防范措施

事故原因:定位装置反偏严重,温度变化较大时折断。

2 号支柱处定位装置调整不当,出现严重反偏,和导线在热胀冷缩时的偏移方向相反,该地区属于高寒地区,昼夜温差非常大,事故发生的时间又恰逢冬季,在凌晨气温最低时发生了定位钩折断。

教训和防范措施如下:

① 要坚持标准化作业,严格按设备的技术要求和工艺标准组装、检修设备,提高设备质量。

② 要加强设备的巡视检查,提高巡视的质量,特别是气温变化较大时的巡视,及时发现和解决接触网设备在运行中存在的问题。

③ 严格按标准检修设备。

④ 加强业务培训。

⑤ 加强爱岗敬业教育,增强责任心。

二、定位线夹断裂造成事故

1. 事故经过

某年某月某日,某牵引变电所 1 号馈线断路器速断保护跳闸,重合失败。某接触网工区出动查找故障,发现某区间 1 号支柱处定位脱落,该处为曲线段,接触线在张力作用下与曲线内侧隧道壁相接触造成短路。中断供电 1 h 46 min。

2. 设备损坏情况

定位线夹断裂 1 个。

3. 抢修经过

更换定位线夹,检查调整邻近设备。

4. 原因分析及防范措施

事故原因:定位线夹断裂,导线跑脱。

该处接触线定位线夹属铜件,其内部断裂处有 40% 的旧痕。在 300 mm小半径曲线处,张力较大,长期作用于有伤的定位线夹,导致定位线夹断裂。

教训和防范措施如下:

① 要加强设备巡检,及时发现设备隐患及缺陷。

② 线夹螺栓不得拧得过紧,造成线夹裂纹,形成设备隐患,要使用扭

矩扳手，掌握扭矩大小。

第六节　电连接事故

一、三跨锚段关节电连接器故障，烧断软定位拉线

1. 事故经过

某年某月某日，某牵引变电所231馈线断路器电流保护动作，重合失败。据某车站值班员反映，该站东头有闪光现象；牵引某次货物列车的电力机车受电弓被剐坏，站场中部也有放炮、闪光现象。供电调度通知接触网工区出动，发现某站位于曲线上的锚段关节3号转换支柱处软定位拉线烧断，中断供电2 h 7 min。

2. 设备损坏情况

3号转换支柱处软定位拉线烧断，4号支柱定位打弯，电力机车受电弓导弧角被剐断。

3. 抢修经过

在对现场情况全面了解后，抢修指挥负责人确定了抢修方案：更换损坏的设备，在转换柱处安装一组电连接。在办理停电手续、接好地线、设好防护后，开始抢修。在3号支柱安装定位，安装电连接。处理4号定位器。

4. 原因分析及防范措施

事故原因：电连接导流受阻，3号转换柱软定位拉线导流被烧断。

事故点处于机械锚段关节处，该锚段关节处于半径为300 m的曲线地段，3号支柱为一转换支柱，由于3号支柱处电连接线夹失修严重，线夹内部生成大量的氧化物，其导电性能急剧下降，在转换支柱处形成了导线－拉杆－腕臂－长定位环－软定位拉线－导线的分流回路，导致软定位拉线被烧断。受电弓通过时打坏受电弓。

教训和防范措施如下：

(1)电连接器处在主导电回路之中，长期失修将导致严重后果。

(2)对主导电回路之中的电连接器要制定检修周期，严格执行。

(3)电连接器检修要严格执行工艺，解体检修，不得简化。

(4)研制测量仪器，尽早发现隐患，防止事故发生。

二、电连接安装不良坠落酿成弓网事故

1. 事故经过

某年某月某日，某货物列车通过某区间 26 号柱时，已经脱落的电连接线缠绕在电力机车受电弓上。由于电力机车司机发现较早且及时采取了降弓停车措施，接触网遭到的破坏较小。中断供电 52 min。

2. 设备损坏情况

26 号支柱处电连接脱落，电连接、电力机车受电弓均被拉坏。

3. 抢修经过

对现场情况进行全面了解，发现设备损坏不大，重新安装电连接即可。在办理停电手续、接好地线、设好防护后，重新安装了电连接。这种故障处理起来比较简单。

4. 原因分析及防范措施

事故原因：承力索与接触线之间的电连接线太短线夹被拉脱。

26 号支柱是锚段关节的转换支柱，接近下锚端，该区间为半补偿链形悬挂，在极限温度下，电连接线偏移过大。该处电连接线在安装时，未按照工艺标准进行，没有留有足够余度，温度下降后导致电连接对接触线的拉力过大，将电连接线夹拉脱，电连接线夹和电连接线一起坠落造成故障。

教训和防范措施如下：

① 电连接安装时应按照安装曲线，其长度应满足补偿要求，留有一定的裕度，适应接触线和承力索温度变化时自由伸缩的要求。电连接线及直线处电连接线夹应保持铅垂状态，曲线处接触线电连接线夹应与接触线的倾斜度保持一致。否则会发生打碰弓现象甚至造成弓网事故。

② 气温急剧变冷或变热时，要加强对电连接的巡视检查，发现电连接偏移过大或电连接线夹偏移受力，立即进行调整，防止拉脱电连接线夹造成事故。

第七节 线 岔 事 故

一、线岔始触区线夹打碰弓发生弓网事故

1. 事故经过

某年某月某日,某牵引变电所 231 号馈线断路器动作跳闸,重合失败。据某货物列车的电力机车司机反映,在某车站 57 号线岔支柱处发生弓网故障,受电弓剐坏。中断供电 2 h 25 min。

2. 设备损坏情况

51 号 ~59 号支柱间接触线被剐断,55 号 ~115 号支柱间所有吊弦被剐偏或剐脱,4 个定位器被剐脱,67 号 ~115 号支柱腕臂打弯。

3. 抢修经过

在对现场情况全面了解后,抢修指挥负责人确定了抢修方案:先做导线接头,恢复损坏设备。

在办理停电手续、接好地线、设好防护后,开始抢修。先在 51 号 ~59 号支柱间做导线接头;然后对四处拉脱的定位进行恢复,对被破坏的腕臂、吊弦采取临时调整措施,在保证导线高度和拉出值符合要求的前提下,临时恢复送电。待有停电点的情况下再彻底恢复。

4. 原因分析及防范措施

事故原因:线岔电连接线夹在始触区内,线夹螺栓打坏受电弓,病弓运行,剐坏接触网设备。

事后对受电弓、接触网进行了检查,发现受电弓被打坏,导角处有严重打痕,线岔处电连接线夹螺栓头处有打碰痕迹。线岔之前网设备无剐痕,线岔之后设备有剐痕,该剐痕为坏弓所致。

教训和防范措施如下:

① 接触网打碰弓是发生弓网事故的主要原因。

② 线岔始触区内有线夹是接触网打碰弓的主要原因。

③ 对管内线岔始触区进行全面测量,检查有无线夹。

④ 限期对线岔始触区内的线夹移出始触区。

二、线岔限制管脱落造成弓网故障

1. 事故经过

某年某月某日,某货物列车通过某车站 12 号线岔处时,接触网设备剐坏电力机车受电弓,受电弓滑板翘起,剐坏接触网设备,造成弓网事故。

2. 设备损坏情况

3 处定位器被剐脱,6 个跨距吊弦被剐坏,电力机车受电弓被剐坏。

3. 抢修经过

对现场情况进行全面了解，办理带电手续、设好防护后，开始抢修。恢复 3 处定位装置，调整 6 个跨距被破坏的吊弦，消令恢复行车。

4. 原因分析及防范措施

事故原因：线岔限制管一端脱落，造成弓网事故。

该处线岔上限制管两端螺栓未加弹簧垫，由于列车通过时电力机车受电弓产生的震动，天长日久螺帽松脱，螺栓脱落，导致限制管一端掉下。

教训和防范措施如下：

① 线岔限制管在安装时必须加防松螺帽或弹簧垫，螺栓一定要紧固。

② 日常维修中检修线岔时，对固定限制管的螺栓要用手锤轻轻敲打查看螺栓是否松动，若发现松动立即加以紧固，以防脱落。

③ 严格按工艺标准检修线岔。

附录一　接触网平面图图例

附表 1.1　接触网平面图图例

1. 本标准适用于一般的站场及区间接触网平面；
2. 本标准采用的线条宽度规定为以下三种：
   (1)粗型 ———————— 宽度为 0.9 mm
   (2)中型 ———————— 宽度为 0.6 mm
   (3)细型 ———————— 宽度为 0.3 mm
3. 符号中所注尺寸均以 mm 计，适用于比例尺 1∶1 000 及 1∶2 000 的接触网平面；
4. 规定符号见下表。

序号	名　称	符　号
1	电化的正线(区间图中允许用中型线条)	————(粗)
2	电化的站线及段管线等	————(中)
3	非电化既有线路	— — — —(中)
4	预留线路	—— - —— - ——(细)
5	接触悬挂非工作支，供电线及分区亭引出线	————(细)
6	加强线	—— _ —— _ ——(细)
7	回流线	—+—+—+—+—+—(细)
8	正馈线(AF 线)	— _ — _ —(细)
9	保护线(PW 线)	— - - — - - —(细)
10	架空线(GW 线)	— — — — — —(细)
11	接触线硬锚，供电线及分区亭引出线下锚	←————
12	承力索硬锚	←————
13	接触线补偿下锚	←→————
14	承力索补偿下锚	←→————
15	链形悬挂硬锚	←————
16	半补偿链形悬挂下锚	←→————
17	全补偿链形悬挂下锚	←→→————
18	加强线下锚	←—— - —— - ——

续上表

序号	名　称	符　号
19	回流线下锚	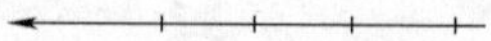
20	正馈线(AF)下锚	
21	保护线(PW)下锚	
22	架空线(GW)下锚	
23	区间曲线及其头尾：R——曲线半径(m) L——曲线全长(m) l——缓和曲线长(m)	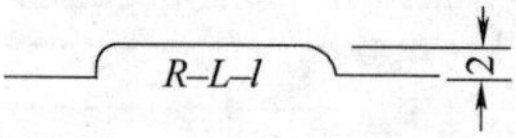 R–L–l　2
24	站场曲线及其头尾：R——曲线半径(m) L——曲线全长(m) l——缓和曲线长(m)	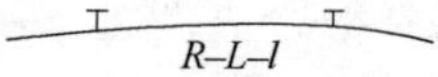 R–L–l
25	拉出值300 mm，书写位置即为拉出方向；也可不注“300”，用半箭头表示，箭头指向即为拉出方向。	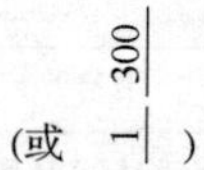 300 (或)
26	拉出值150 mm(除“300”允许用半箭头表示外，其余均应写出数值)，书写位置即为拉出方向。	 150
27	区间单线腕臂钢筋混凝土柱	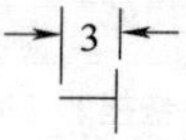 3
28	区间单线腕臂钢柱	
29	站场单线腕臂钢筋混凝土柱	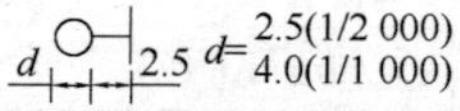 d　2.5　d= 2.5(1/2 000) 4.0(1/1 000)
30	站场单线腕臂钢柱	
31	站场单线定位钢筋混凝土柱	
32	站场双线腕臂钢柱	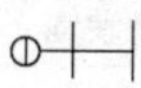
33	站场钢筋混凝土柱软横跨	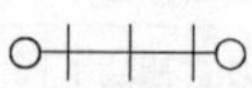
34	站场钢柱软横跨	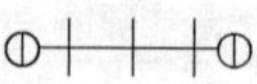
35	站场钢柱硬横跨	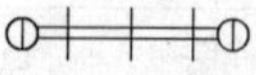
36	非绝缘关节	

续上表

序号	名　　称	符　　号
37	绝缘关节	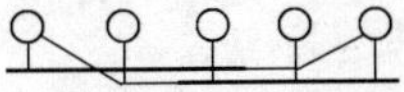
38	站场全补偿链形悬挂中心锚结(虚线为锚结拉线)	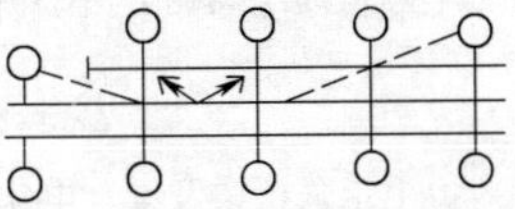
39	半补偿链形悬挂中心锚结、简单悬挂中心锚结	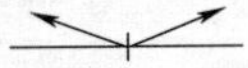
40	区间全补偿链形悬挂中心锚结	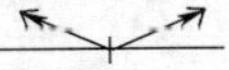
41	分段绝缘子串	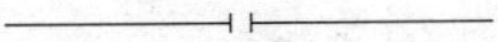
42	分段绝缘器	
43	分相绝缘器(三根绝缘棒的)	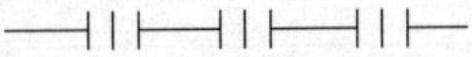
44	股道间电连接	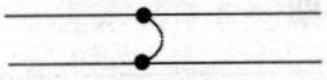
45	常分隔离开关	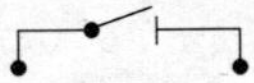
46	常合隔离开关	
47	常分的带接地闸刀的隔离开关	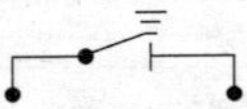
48	常合的带接地闸刀的隔离开关	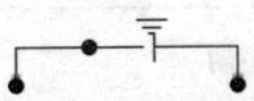
49	管形避雷器	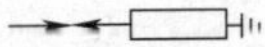
50	区间隧道	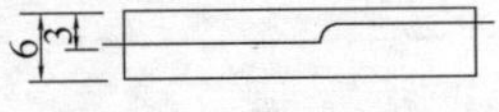 6 3
51	站场隧道	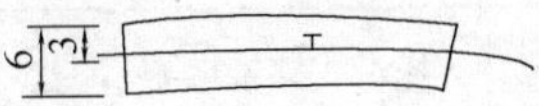 6 3
52	隧道内非绝缘关节(全补偿悬挂下锚)	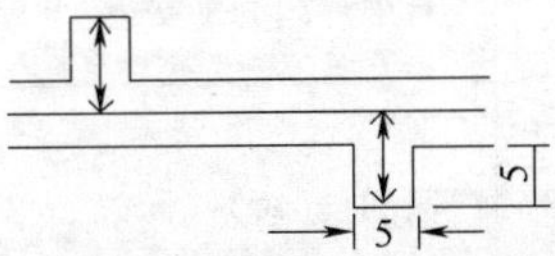 5 5

续上表

序号	名　称	符　号
53	隧道内绝缘关节(全补偿悬挂下锚)	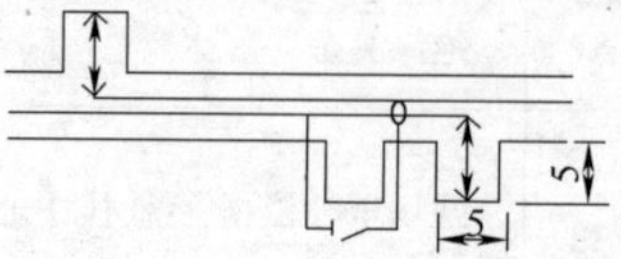 5 5
54	上承式桥梁及设计电化线路在上面的立交桥、拱桥等	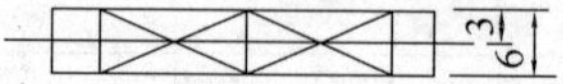 3 6
55	下承式栓焊桥梁	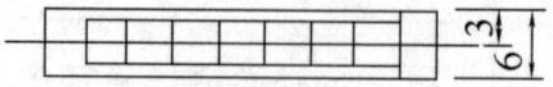 3 6
56	小桥、涵渠	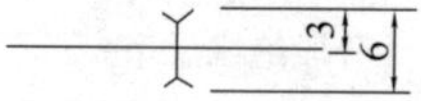 3 6
57	设计电化线路在下面的立交桥	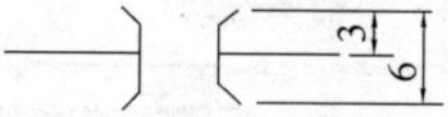 3 6
58	架空水槽、水管	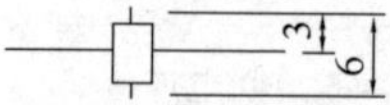 3 6
59	天桥	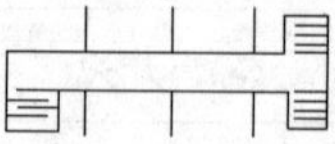
60	地道	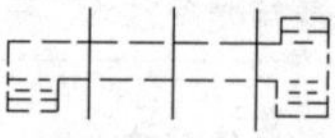
61	渗沟	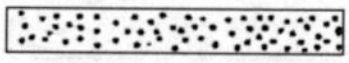
62	雨棚	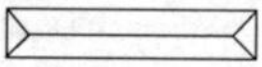
63	仓库	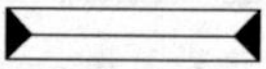
64	站房	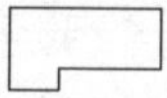
65	路肩挡墙	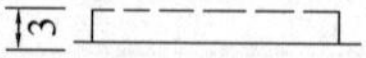 3
66	托盘式路基墙	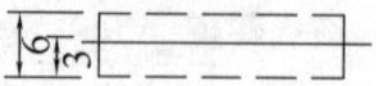 6 3
67	有限界门的平交道	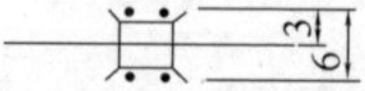 3 6
68	区间长(短)链标记	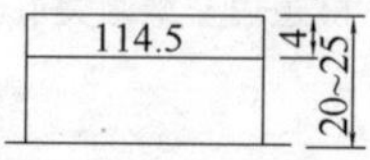 114.5 4 20~25

续上表

序号	名　　称	符　　号
69	回流线跨越接触悬挂	
70	吸上线位置	
71	吸流变压器	
72	水鹤	
73	进站高柱色灯信号机	
74	通过高柱色灯信号机	
75	区间公里标	
76	机车检查坑	
77	接触网起测点	
78	接触网工区	
79	区间横向电连接	
80	扼流变压器	
81	AT 区段双极隔离开关	
82	AT 区段区间 AEPW 线在钢柱上悬挂	
83	AT 区段区间 AEPW 线在钢筋混凝土柱上悬挂	
84	AT 区段站场 AEPW 线在钢筋混凝土柱上悬挂	
85	架空线在站场钢筋混凝土柱上悬挂	
86	AT 区段 AEPW 线在钢筋混凝土柱上下锚 AF_1——2 380.00：AF_1 表示馈线第一锚段；2 380.00表示锚段长度 PA_1——2 380.00：PA_1 表示保护线第一锚段；2 380.00表示锚段长度	AF_1—2 380.00　AF_3—1 965.00 PW_1—2 380.00　PW_3—1 965.00

续上表

序号	名　　称	符　　号
87	接触悬挂锚段下锚 4：表示锚段 4；1286.08：表示锚段长度	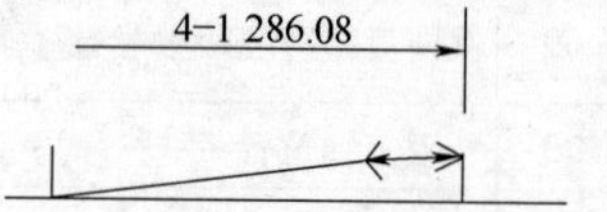 4–1 286.08
88	道岔型号及编号 N5 – 1/38	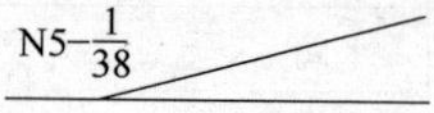 N5–$\frac{1}{38}$
89	跨距长度（m）	65
90	土壤安息角	30°
91	土壤承压力（MPa）	200
92	火花间隙	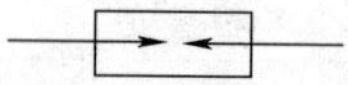
93	放电器	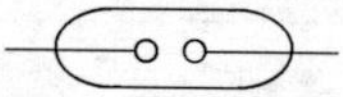
94	接地极	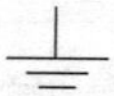

附录二　接触网支柱

一、接触网钢柱

1. 普通型接触网钢柱

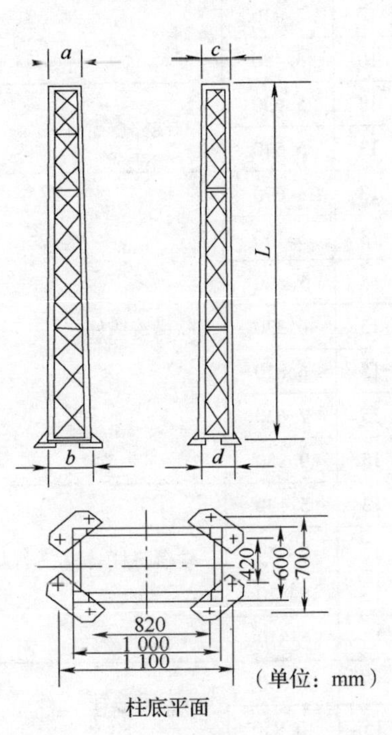

13 m 钢柱

柱底平面　（单位：mm）

15 m 钢柱

附表 2.1　常用普通型接触网钢柱型号规格表

型号＼尺寸	a（mm）	b（mm）	c（mm）	d（mm）	L（m）	支柱重量（kN）	使用范围
G50/9	287	600	220	400	9	2.371	桥支柱或区间中间柱支柱
G70/9	287	600	220	400	9	2.688	
G100/9	287	600	220	400	9	3.102	

续上表

型号＼尺寸	a (mm)	b (mm)	c (mm)	d (mm)	L (m)	支柱重量 (kN)	使用范围
G50/9.5	270	600	210	400	9.5	2.470	桥支柱或区间中间柱支柱
G70/9.5	270	600	210	400	9.5	2.800	
G100/9.5	270	600	210	400	9.5	3.240	
G50/10	250	600	200	400	10	2.560	
G70/10	250	600	200	400	10	2.910	
G100/10	250	600	200	400	10	3.420	
G_s150/13	500	1 000	400	600	13	5.630	双线路腕臂柱
G_s200/13	500	1 000	400	600	13	6.510	
G150/13	500	1 000	400	600	13	4.690	软横跨锚柱
G200/13	500	1 000	400	600	13	5.150	
G200/15	400	1 200	400	800	15	5.860	
G250/15	400	1 200	400	800	15	6.320	
G300/15	400	1 200	400	800	15	6.810	
G350/15	400	1 200	400	800	15	7.620	
G450/15	400	1 200	400	800	15	9.250	
G_M150－250/13	500	1 000	400	600	13	5.150	软横跨柱、锚柱（带拉线）
G_M200－250/13	500	1 000	400	600	13	5.580	
G_M200－250/15	400	1 200	400	800	15	6.320	
G_M250－250/15	400	1 200	400	800	15	6.810	
G250－250/15	400	1 200	400	1200	15	9.830	软横跨锚柱
G350－250/15	400	1 200	400	1200	15	10.950	

2. H型接触网钢柱

附表2.2 H型接触网钢柱型号规格表

支柱规格	容量(kN·m)	长度(m)	钢管类型
40/10H294	40	8.5	$\phi325\times6$
40/11H294	40	9	$\phi325\times6$
40/12H340	40	10	$\phi325\times6$
60/8.5H294	40	11	$\phi325\times7$

续上表

支柱规格	容量(kN·m)	长度(m)	钢管类型
60/9H294	40	12.5	ϕ325×8
60/10H340	60	8.5	ϕ325×8
60/11H340	60	9	ϕ325×8
60/12H340	60	8.5	ϕ377×6
80/8.5H340	60	9	ϕ377×6
80/9H340	60	10	ϕ377×6
80/10H340	60	11	ϕ377×6
80/11H340	60	12.5	ϕ377×7
80/12H340	80	8.5	ϕ377×7
100/8.5H340	80	9	ϕ377×7
100/9H340	80	10	ϕ377×8
100/10H340	80	11	ϕ377×9
80/8.5H294A	80	12.5	ϕ377×10
80/9H294A	100	8.5	ϕ377×9
80/10H294A	100	9	ϕ377×9
80/8.5H300	100	10	ϕ377×10
80/9H300	100	11	ϕ377×11
80/10H300	100	8.5	ϕ406×7

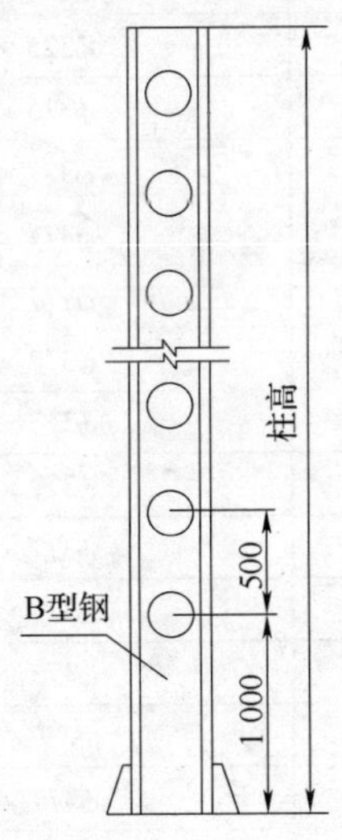

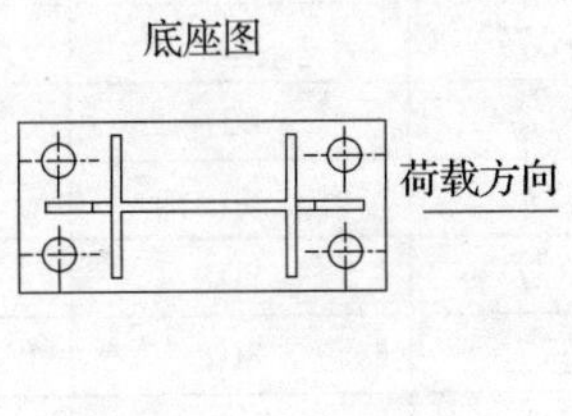

3. 接触网钢管柱

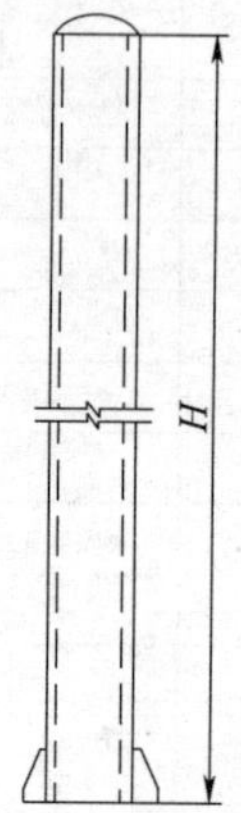

底座图

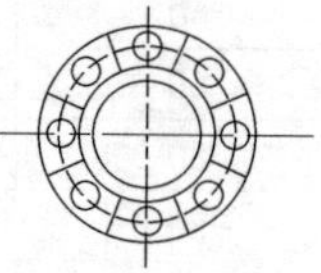

附表 2.3 钢管柱规格技术参数

支 柱 规 格	容 量(kN·m)	长 度(m)	钢 管 类 型
G40/8. 5ϕ325	40	8. 5	ϕ325×6
G40/9ϕ325	40	9	ϕ325×6
G40/10ϕ325	40	10	ϕ325×6
G40/11ϕ325	40	11	ϕ325×7
G40/12. 5ϕ325	40	12. 5	ϕ325×8
G60/8. 5ϕ325	60	8. 5	ϕ325×8
G60/9ϕ325	60	9	ϕ325×8
G60/8. 5ϕ377	60	8. 5	ϕ377×6
G60/9ϕ377	60	9	ϕ377×6
G60/10ϕ377	60	10	ϕ377×6
G60/11ϕ377	60	11	ϕ377×6
G60/12. 5ϕ377	60	12. 5	ϕ377×7
G80/8. 5ϕ377	80	8. 5	ϕ377×7
G80/9ϕ377	80	9	ϕ377×7
G80/10ϕ377	80	10	ϕ377×8
G80/11ϕ377	80	11	ϕ377×9
G80/12. 5ϕ377	80	12. 5	ϕ377×10
G100/8. 5ϕ377	100	8. 5	ϕ377×9
G100/9ϕ377	100	9	ϕ377×9

续上表

支柱规格	容　量(kN·m)	长　度(m)	钢管类型
G100/10ϕ377	100	10	ϕ377×10
G100/11ϕ377	100	11	ϕ377×11
G100/8.5ϕ406	100	8.5	ϕ406×7
G100/9ϕ406	100	9	ϕ406×7
G100/10ϕ406	100	10	ϕ406×8
G100/11ϕ406	100	11	ϕ406×9
G100/12.5ϕ406	100	12.5	ϕ406×10
G130/11ϕ406	130	11	ϕ406×11
G130/12.5ϕ406	130	12.5	ϕ406×12

二、预应力混凝土接触网支柱

1. 横腹杆式预应力混凝土接触网支柱

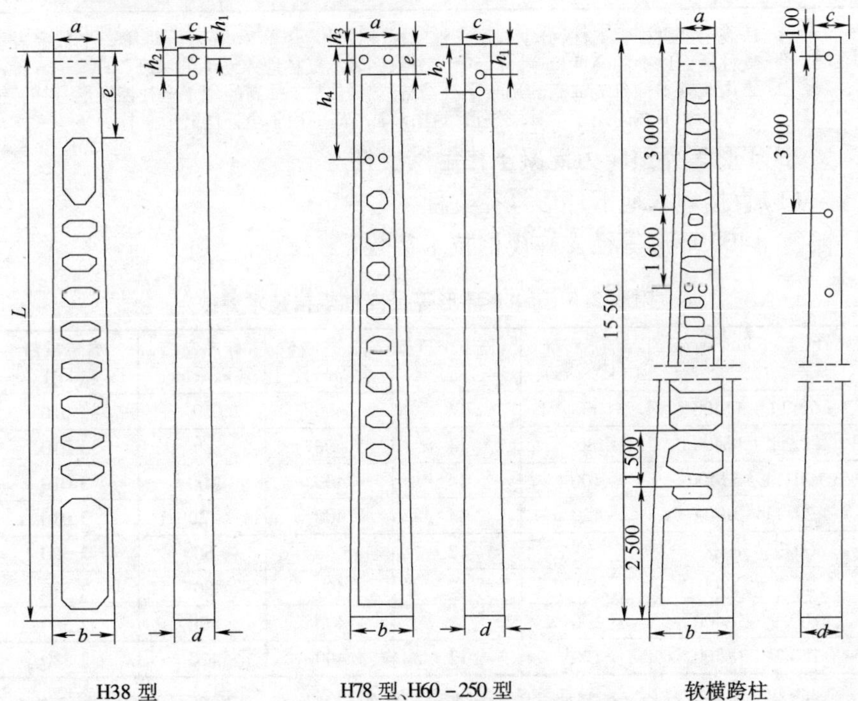

H38 型　　H78 型、H60－250 型　　软横跨柱

附表 2.4　横腹杆式预应力混凝土支柱型号规格表

型号 \ 尺寸	L (m)	a (mm)	b (mm)	c (mm)	d (mm)	e (mm)	h_1 (mm)	h_2 (mm)	h_3 (mm)	h_4 (mm)	重量 (kg)	使用范围
H38/8.7+2.6	11.3	267	550	196	290	900	100	200			1 330	腕臂支柱
H38/8.2+2.6	10.8	280	550	200	290	400	100	200			1 260	
H78/8.7+3.0	11.7	413	705	213	291	900	100	200			1 730	
H78/8.2+3.0	11.2	425	705	217	291	400	100	200			1 620	
H60-250/9.2+3.0	12.2	400	705	210	291	1400	600	700	150	1 750	1 840	锚柱
H60-250/8.7+3.0	11.7	413	705	213	291	900	600	700	150	1 450	1 730	
H90/12+3.5	15.5	300	920	300	430	900	100	3 000			3 670	软横跨柱
H130/12+3.5	15.5	300	920	300	430	900	100	3 000			3 670	
H170/12+3.5	15.5	300	920	300	430	900	100	3 000			3 670	
H170-250/12+3.5	15.5	300	920	300	430	900	100	3 000			3 670	软横跨锚柱

注：1. H表示横腹杆式支柱，分子表示支柱的标准设计弯矩(kN·m)，分母第一个数字表示支柱地面以上的高度(m)，分母第二个数字表示支柱埋入地下的深度(m)。
2. 表内腕臂支柱8.7 m高的用于半补偿链形悬挂；8.2 m高的用于全补偿链形悬挂。锚柱中9.2 m高的用于半补偿链形悬挂；8.7 m高的用于全补偿链形悬挂。

2. 环形等径预应力混凝土接触网支柱

(1) 直接埋入地下环形等径支柱

① ϕ400 环形等径支柱规格技术参数

附表 2.5　ϕ400 环形等径支柱规格技术参数

型　号	容　量 (kN·m)	长　度 (m)	杆　径 (mm)	标准弯矩 (kN·m)	参考重量 (kg)
60/11+3ϕ400	60	14	400	60	3 010
80/11+3ϕ400	80	14	400	80	3 010
100/11+3ϕ400	100	14	400	100	3 010
120/11+3ϕ400	120	14	400	120	3 010
60/9+3ϕ400	60	12	400	60	2 580
80/9+3ϕ400	80	12	400	80	2 580
100/9+3ϕ400	100	12	400	100	2 580
120/9+3ϕ400	120	12	400	120	2 580

注：分子表示支柱地面处悬挂方向的标准检验弯矩(kN·m)，分母第一个数字表示支柱地面以上的高度(m)，分母第二个数字表示支柱埋入地下的深度(m)。

② ϕ350 环形等径支柱规格技术参数

附表 2.6　ϕ350 环形等径支柱规格技术参数

型　号	容　量（kN·m）	长　度（m）	杆　径（mm）	标准弯矩（kN·m）	参考重量（kg/m）
60/11+3ϕ350	60	14	350	60	2 660
80/11+3ϕ350	80	14	350	80	2 660
90/11+3ϕ350	90	14	350	90	2 660
60/9+3ϕ350	60	12	350	60	2 280
80/9+3ϕ350	80	12	350	80	2 280
90/9+3ϕ350	90	12	350	90	2 280

注：分子表示支柱地面处悬挂方向的标准检验弯矩（kN·m），分母第一个数字表示支柱地面以上的高度（m），分母第二个数字表示支柱埋入地下的深度（m）。

③ ϕ300 环形等径支柱规格技术参数

附表 2.7　ϕ300 环形等径支柱规格技术参数

型　号	容　量（kN·m）	长　度（m）	杆　径（mm）	标准弯矩（kN·m）	参考重量（kg/m）
40/9.5+2.5ϕ300	40	12	300	40	1 500
50/9.5+2.5ϕ300	50	12	300	50	1 500
40/6.5+2.5ϕ300	40	9	300	40	1 130
50/6.5+2.5ϕ300	50	9	300	50	1 130

注：分子表示支柱地面处悬挂方向的标准检验弯矩（kN·m），分母第一个数字表示支柱地面以上的高度（m），分母第二个数字表示支柱埋入地下的深度（m）。

（2）杯形基础环形等径支柱

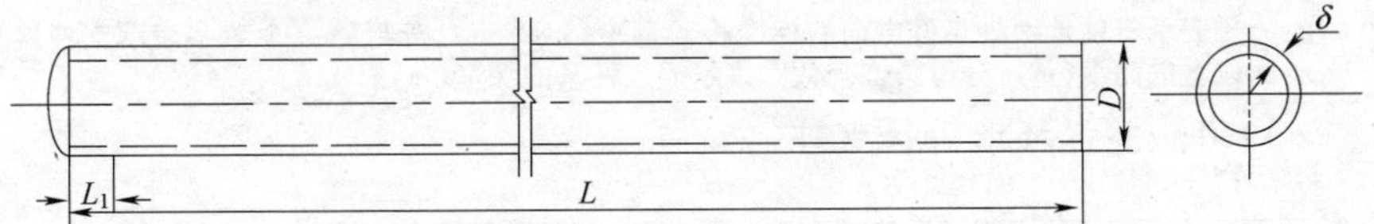

L— 柱长；L_1—柱顶至荷重点距离（为 0.25 m）；D—直径；δ—壁厚

① ϕ400 环形等径支柱规格技术参数

附表 2.8　ϕ400 环形等径支柱规格技术参数

型　　号	容　量（kN·m）	长　度（m）	杆　径（mm）	标准弯矩（kN·m）	参考重量（kg）
60/11.5+1.5ϕ400	60	13	400	60	2 800
80/11.5+1.5ϕ400	80	13	400	80	2 800
100/11.5+1.5ϕ400	100	13	400	100	2 790
120/11.5+1.5ϕ400	120	13	400	120	2 790
60/9.5+1.5ϕ400	60	11	400	60	2 370
80/9.5+1.5ϕ400	80	11	400	80	2 370
100/9.5+1.5ϕ400	100	11	400	100	2 370
120/9.5+1.5ϕ400	120	11	400	120	2 370

注:分子表示支柱地面处悬挂方向的标准检验弯矩(kN·m),分母第一个数字表示支柱地面以上的高度(m),分母第二个数字表示插入杯基的深度(m)。

② ϕ350 环形等径支柱规格技术参数

附表 2.9　ϕ350 环形等径支柱规格技术参数

型　　号	容　量（kN·m）	长　度（m）	杆　径（mm）	标准弯矩（kN·m）	参考重量（kg/m）
60/11.5+1.5ϕ350	60	13	350	60	2 470
80/11.5+1.5ϕ350	80	13	350	80	2 470
90/11.5+1.5ϕ350	90	13	350	90	2 470
60/9.5+1.5ϕ350	60	11	350	60	2 100
80/9.5+1.5ϕ350	80	11	350	80	2 100
90/9.5+1.5ϕ350	90	11	350	90	2 100

注:分子表示支柱地面处悬挂方向的标准检验弯矩(kN·m),分母第一个数字表示支柱地面以上的高度(m),分母第二个数字表示插入杯基的深度(m)。

(3)带法兰盘环形等径支柱

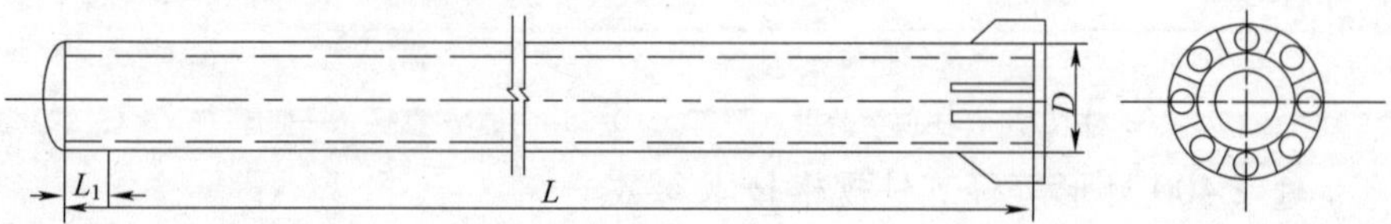

L— 柱长;L_1—柱顶至荷重点距离(为0.25 m);D—直径

① ϕ400 环形等径支柱规格技术参数

附表 2.10　ϕ400 环形等径支柱规格技术参数

型　　号	容　量（kN·m）	长　度（m）	杆　径（mm）	标准弯矩（kN·m）	参考重量（kg）
60/11ϕ400	60	11	400	60	2 370
80/11ϕ400	80	11	400	80	2 370
100/11ϕ400	100	11	400	100	2 370
120/11ϕ400	120	11	400	120	2 370
60/9ϕ400	60	9	400	60	1 950
80/9ϕ400	80	9	400	80	1 950
100/9ϕ400	100	9	400	100	1 950
120/9ϕ400	120	9	400	120	1 950

注:分子表示支柱地面处悬挂方向的标准检验弯矩（kN·m）,分母表示地面以上的高度（m）。

② ϕ350 环形等径支柱规格技术参数

附表 2.11　ϕ350 环形等径支柱规格技术参数

型　　号	容　量（kN·m）	长　度（m）	杆　径（mm）	标准弯矩（kN·m）	参考重量（kg/m）
60/11ϕ350	60	11	350	60	2 100
80/11ϕ350	80	11	350	80	2 100
90/11ϕ350	90	11	350	90	2 100
60/9ϕ350	60	9	350	60	1 750
80/9ϕ350	80	9	350	80	1 750
90/9ϕ350	90	9	350	90	1 750

注:分子表示支柱地面处悬挂方向的标准检验弯矩（kN·m）,分母表示地面以上的高度（m）。

附录三　接触线型号及有关参数

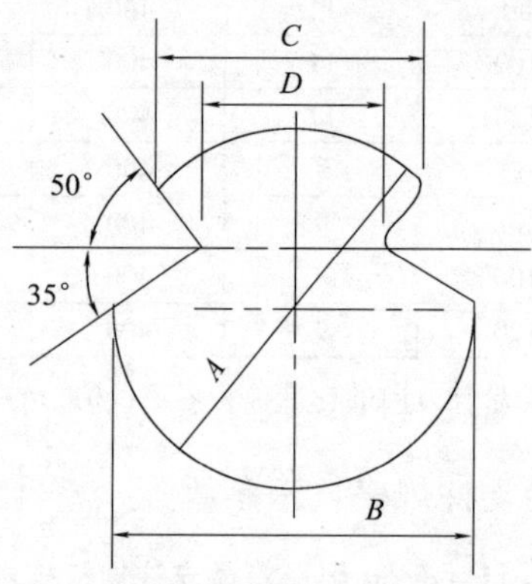

CT(铜接触线)、CTH(铜合金接触线)

附表 3.1　接触线型号及有关参数

型号		计算截面积(mm²)	尺寸(mm)				拉断力(kN)	单位重量(kg/km)
	标称截面积(mm²)		A	B	C	D		
CT-或CTH-	85	86	A = 10.8	B = 11.8	C = 9.40	D = 7.24	≥31.82	769
	110	111	A = 12.34	B = 12.34	C = 9.73	D = 7.24	≥39.96	992
	120	121	A = 12.9	B = 12.9	C = 9.76	D = 7.24	≥41.75	1 082
	150	151	A = 14.4	B = 14.1	C = 9.71	D = 7.24	≥51.79	1 350

附录四　常用绞线型号及有关参数

1. 镀锌钢绞线

附表 4.1　1×19 股镀锌钢绞线规格性能

直　径(mm)		全部钢丝断面积(mm^2)	参考重量(kg/100 m)	公称抗拉强度(kgf/mm^2)				
钢绞线	钢　丝			110	125	140	150	170
				钢丝破断拉力总合(kgf 不小于)				
5.0	1.0	14.92	12.70	1 640	1 860	2 080	2 310	2 530
5.5	1.1	18.05	15.37	1 980	2 250	2 520	2 790	3 060
6.0	1.2	21.48	18.29	2 360	2 680	3 000	3 320	3 650
6.5	1.3	25.21	21.47	2 770	3 150	3 520	3 900	4 280
7.0	1.4	29.23	24.92	3 210	3 650	4 090	4 530	4 960
9.0	1.8	48.32	41.11	5 310	6 040	6 760	7 480	8 210
10.0	2.0	59.66	50.82	6 560	7 450	8 350	9 240	10 100
11.0	2.2	72.19	61.50	7 940	9 020	10 100	11 150	12 250
12.0	2.4	85.91	73.15	9 450	10 730	12 000	13 300	14 600
12.5	2.5	93.22	79.45	10 250	11 650	13 050	14 440	15 840
13.0	2.6	100.83	85.94	11 050	12 600	14 100	15 600	17 100
14.0	2.8	116.93	99.50	12 850	14 610	16 350	18 100	
15.0	3.0	134.24	114.40	14 750	16 780	18 750	20 800	

2. 铝包钢绞线

附表 4.2　铝包钢绞线规格性能

型　号	断面根数	外　径(mm)	计算截面积(mm^2)	计算拉断力(kN)	参考重量(kg/km)
LBGJ70(19)	19	10.25	62.70	75.62	419.06
LBGJ90(19)	19	12.05	86.83	104.72	579.16
LBGJ50(7)	7	8.67	45.92	55.38	305.60
LBGJ70(7)	7	10.35	65.45	77.17	435.54
LBGJ90(7)	7	11.91	86.66	94.37	576.73

注:LBGJ70(19)表示铝包钢绞线标称截面积 70 mm^2(19 股)。

3. 铝锌合金镀层钢绞线

附表 4.3　铝锌合金镀层钢绞线规格性能

型　号	结　构	钢丝直径（mm）	钢绞线直径（mm）	钢绞线断面积（mm^2）	公称抗拉强度（1 030 N/mm^2 钢丝破断拉力总合 kN 不小于）	参考重量（kg/m）
$LXGJ_{40}$	1×19	1.6	8.0	38.2	39.35	0.304
$LXGJ_{50}$	1×19	1.8	9.0	48.35	49.80	0.384 9
$LXGJ_{60}$	1×19	2.0	10.0	59.96	61.48	0.475 1
$LXGJ_{80}$	1×19	2.3	11.5	78.94	81.31	0.628 4
$LXGJ_{100}$	1×19	2.6	13	100.88	103.91	0.803

4. 铝包钢芯铝绞线

附表 4.4　铝包钢芯铝绞线规格性能

型　号	结构根数及直径（mm）		外径（mm）	计算截面积（mm^2）	综合拉断力（kN）	参考重量（kg/km）
	铝	铝包钢				
LBGLJ70/10(6/1)	6/3.8	1/3.8	11.40	79.39	22.92	261.30
LBGLJ95/15(28/3)	28/2.06	3/2.55	13.73	108.58	33.25	360.38
LBGLJ120/20(28/3)	28/2.29	3/2.83	15.26	134.13	40.59	445.52
LBGLJ120/30(8/7)	8/4.43	7/2.46	16.24	156.49	57.11	559.77
LBGLJ150/8(18/1)	18/3.2	1/3.2	16.00	152.80	31.99	452.10
LBGLJ150/20(26/3)	26/2.67	3/2.89	16.90	165.17	46.07	534.68
LBGLJ185/10(18/1)	18/3.6	1/3.6	18.00	193.40	39.20	571.70
LBGLJ185/25(24/7)	24/3.15	7/2.1	18.90	211.29	56.81	678.10
LBGLJ210/25(24/7)	24/3.33	7/2.22	19.98	236.12	63.09	757.80
LBGLJ240/30(24/7)	24/3.6	7/2.41	21.60	275.96	73.28	885.60

注：LBGLJ7010(6/1)表示铝标称截面积铝为 70 mm^2(6 股)，铝包钢芯标称截面积为 10 mm(单股)的铝包钢芯铝绞线。

5. 硬铜绞线

附表 4.5　硬铜绞线规格性能

型　号	截面（mm^2）	股数及单股直径（mm）	直径（mm）	有效电阻（Ω/km）	单位重量（kg/km）	标准制造长度（m）	线胀系数（1/℃）	弹性模数（N/mm^2）
TJ－70	70	19×2.14	10.6	0.28	680	1 500	17×10^{-6}	127 486
TJ－95	95	19×2.49	12.4	0.20	837	1 200	17×10^{-6}	127 486
TJ－120	120	19×2.80	14.0	0.158	1 058	1 000	17×10^{-6}	127 486
TJ－150	150	19×3.15	15.8	0.123	1 338	800	17×10^{-6}	127 486

附录五　接触网常用钢制螺栓紧固力矩值

附表 5.1　接触网常用钢制螺栓紧固力矩值

螺栓规格(mm)	力矩值(N·m)	螺栓规格(mm)	力矩值(N·m)
M8	8.8～10.8	M16	78.5～98.1
M10	17.7～22.6	M18	98.0～127.4
M12	31.4～39.2	M20	156.9～196.2
M14	51.0～60.8	M24	274.6～343.2

附录六　常用绳索额定张力

附表 6.1　锦　纶　绳

直径(mm)	额定张力(kg)	直径(mm)	额定张力(kg)
9	100	14	240
12	180	20	330

附表 6.2　白　棕　绳

直径(mm)	额定张力(kg)	直径(mm)	额定张力(kg)
10	130	20	460
12	170	22	560
14	240	24	650
16	290	25	700
18	366	26	740

附录七　电气化铁道接触网零部件及有关参数

1. 接触线吊弦线夹；
2. 承力索吊弦线夹；
3. 横承力索线夹；
4. 双横承力索线夹；
5. 接触线中心锚结线夹；
6. 承力索中心锚结线夹；
7. 杵座鞍子；
8. 钩头鞍子；
9. 吊环；
10. 长吊环；
11. 耳环杆；
12. 悬吊滑轮；
13. 定位线夹；
14. 支持器；
15. 长支持器；
16. 定位环线夹；
17. 定位器；
18. 特型定位器；
19. 软定位器；
20. 特型软定位器；
21. 定位管；
22. 线岔；
23. 连接器；
24. 定位环；
25. 长定位环；
26. 套管双耳；
27. 套管铰环；
28. 铜接触线接头线夹；
29. 承力索接头线夹；
30. UT 型耐张线夹；
31. 杵座楔形线夹；
32. 双耳楔形线夹；
33. 双环杆；
34. 接触线终端锚固线夹；
35. 承力索终端锚固线夹；
36. 坠砣；
37. 补偿滑轮组；
38. 补偿棘轮；
39. 特型旋转腕臂底座；
40. 调节板；
41. 压管；
42. 杵环杆；
43. 软横跨固定底座；
44. 拉杆底座；
45. 特型拉杆底座；
46. 钢柱拉杆底座；
47. 腕臂；
48. 接触线电连接线夹(斜型)；
49. 接触线电连接线夹(垂直型)；
50. 电连接线夹(方型)；
51. 电连接线夹(长方型)；
52. 接地线夹；

53. 接地线连接线夹；

54. 棒形瓷绝缘子；

55. 悬式绝缘子。

1. 接触线吊弦线夹

(1)接触线吊弦线夹外形及主要尺寸应符合附图7.1。

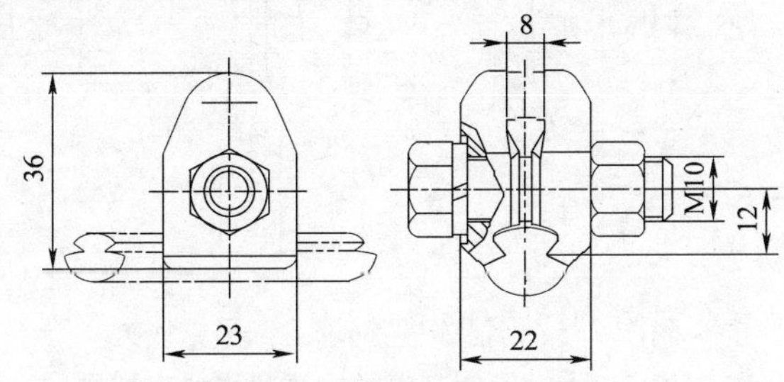

附图7.1　接触线吊弦线夹

(2)接触线吊弦线夹每套参考重量为0.11 kg。

(3)标记示例:接触线吊弦线夹　TB/T 2075.1—2002。

2. 承力索吊弦线夹

(1)铜绞线承力索吊弦线夹的外形及主要尺寸应符合附图7.2,型号见附表7.1。

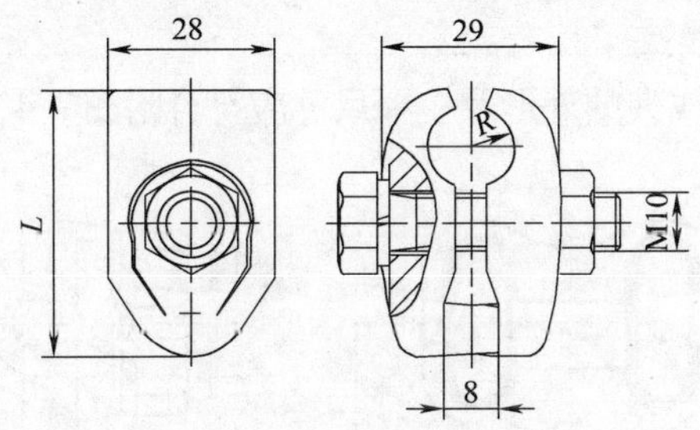

附图7.2　铜承力索吊弦线夹

附表7.1　铜承力索吊弦线夹型号

型号	适用线型	L(mm)	R(mm)	重量(kg)
T1	TJ95	45	6.5	0.10
T2	TJ120、TJ127	47	8.0	0.12

(2)钢及铝包钢承力索吊弦线夹的外形及主要尺寸应符合附图7.3,型号见附表7.2。

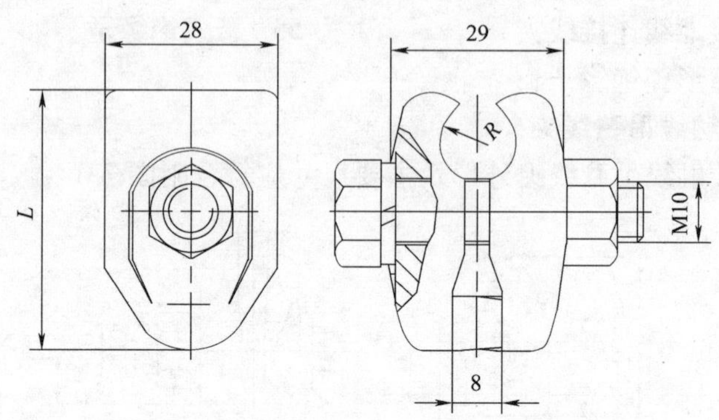

附图 7.3 钢及铝包钢承力索吊弦线夹

附表 7.2 钢及铝包钢承力索吊弦线夹型号

型号	适用线径 ϕ(mm)	L(mm)	R(mm)	参考重量(kg)
L1	11 ~ 13	43	6.5	0.10
L2	13 ~ 16	47	8.0	0.12
L3	16 ~ 20	49	10.0	0.14

标记示例:适用于 TJ－95 铜承力索 $L=45$ mm,$R=6.5$ mm 的吊弦线夹:

T1 型铜承力索吊弦线夹 TB/T 2075.2—2002。

3. 横承力索线夹

(1)横承力索线夹的外形及主要尺寸应符合附图 7.4,型号见附表 7.3。

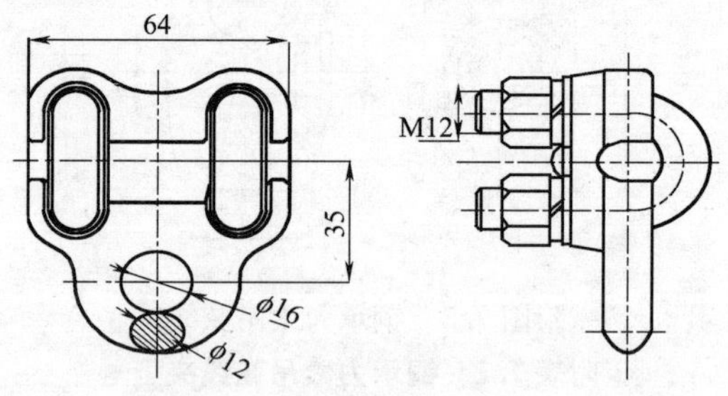

附图 7.4 横承力索线夹

附表 7.3 横承力索线夹型号

型 号	本 体 材 料	参 考 重 量(kg)
G	Q235A	0.58
T	QAl9－4	0.62

(2)标记示例:本体材质为 Q235A 的横承力索线夹:

G 型横承力索线夹 TB/T 2075.3—2002。

4. 双横承力索线夹

(1)双横承力索线夹的外形及主要尺寸应符合附图 7.5,型号见附表 7.4。

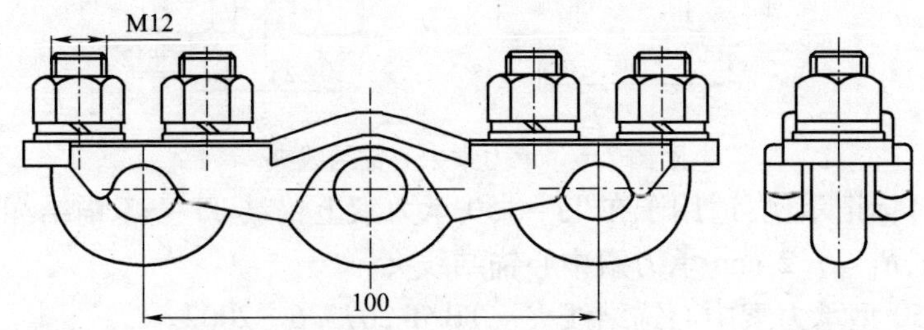

附图 7.5 双横承力索线夹

附表 7.4 双横承力索线夹型号

型 号	本 体 材 质	参 考 重 量 kg
G	Q235A	0.56
T	QAl9 - 4	0.60

(2)标记示例:本体材质为 Q235A 的双横承力索线夹:

G 型双横承力索线夹 TB/T 2075.4—2002。

5. 接触线中心锚结线夹

(1)接触线中心锚结线夹每套参考重量为 0.63 kg。

(2)标记示例:接触线中心锚结线夹 TB/T 2075.5—2002。

6. 承力索中心锚结线夹

(1)承力索中心锚结线夹的外形及主要尺寸应符合附图 7.6,型号见附表 7.5。

附表 7.5 承力索中心锚结线夹型号

零件型号	R_a(mm)	R_b(mm)	适用范围	零件 1、3	零件 2	参考重量(kg)
T150	9.0	7.2	TJ - 150 与 TJ - 95	QAl9 - 4	QAl9 - 4	0.48
T120	8.0	7.2	TJ - 120 与 TJ - 95			0.46
T95	7.2	7.2	TJ - 95 与 TJ - 95			0.42

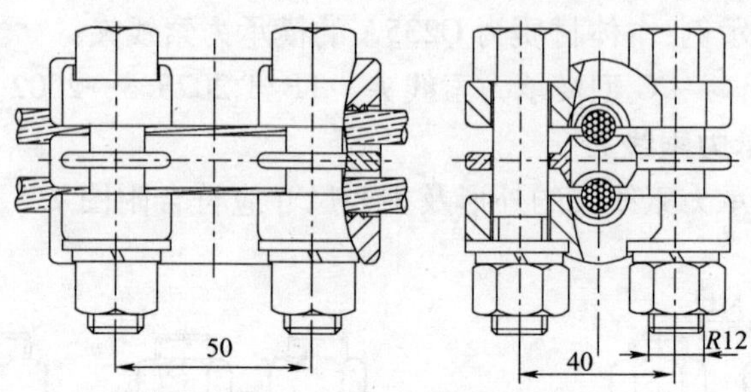

附图 7.6　承力索中心锚结线夹

(2)标记示例:适用于在 TJ－150 承力索上锚结 TJ－95 锚结绳 R_a＝9.0 mm,R_b＝7.2 mm 承力索中心锚结线夹:

T150 型承力索中心锚结线夹　TB/T 2075.6—2002。

7. 杵座鞍子

(1)杵座鞍子的外形及主要尺寸应符合附图 7.7,型号见附表 7.6。

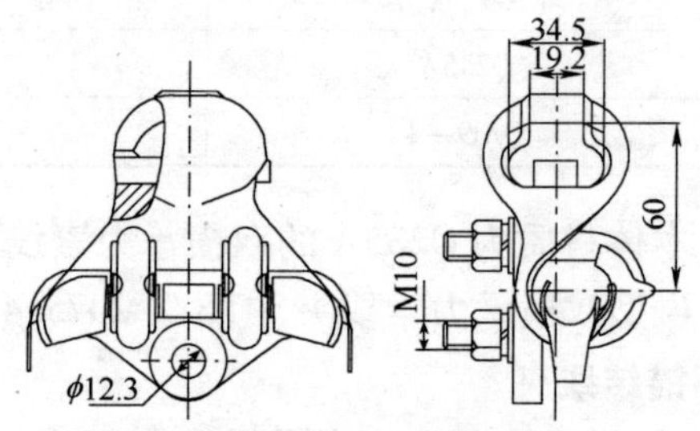

附图 7.7　杵座鞍子

附表 7.6　杵座鞍子型号

型号	适用线材	衬垫材质	衬垫	压板	参考重量(kg)
W	钢绞线		无	无	0.92
L	铝绞线、钢芯铝绞线及铝包钢型绞线	1050A	有	有	0.95
T	铜绞线	T3	有	有	1.01

(2)标记示例:带铝衬垫及压板的杵座鞍子:

L 型杵座鞍子　TB/T 2075.7—2002。

8. 钩头鞍子

(1)钩头鞍子的外形及主要尺寸应符合附图 7.8,型号见附表 7.7。

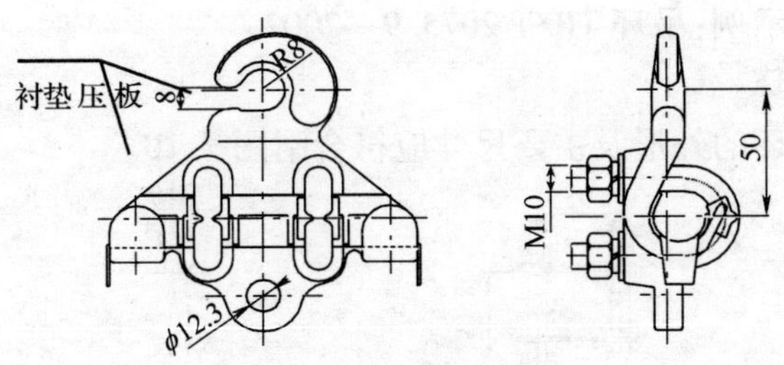

附图 7.8　钩头鞍子

附表 7.7　钩头鞍子型号

型号	本体材质	衬垫材质	压板材质	参考重量(kg)
GW	Q235A	—	—	0.755
GL	Q235A	1050A	ZAlSi12	0.790
GT	Q235A	T3	ZCuAl10Fe3	0.810
TW	QAl9 - 4	—	—	0.775
TL	QAl9 - 4	1050A/T3 复合板	ZAlSi12	0.810
T	QAl9 - 4	T3	ZCuAl10Fe3	0.926

(2)标记示例:本体材质为 Q235A,不带衬垫及压板的钩头鞍子:GW 型钩头鞍子 TB/T 2075.8—2002。

9. 吊环

(1)吊环的外形及主要尺寸应符合附图 7.9。

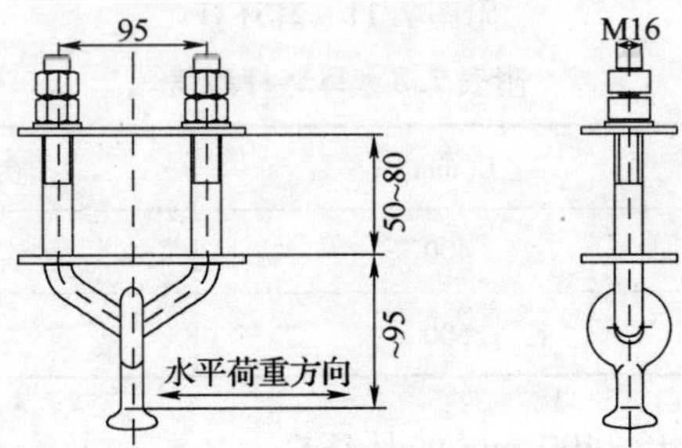

附图 7.9　吊环

(2)吊环每套参考重量为 1.66 kg。

(3)标记示例:吊环 TB/T 2075.9—2002。

10. 长吊环

(1)长吊环的外形及主要尺寸应符合附图 7.10。

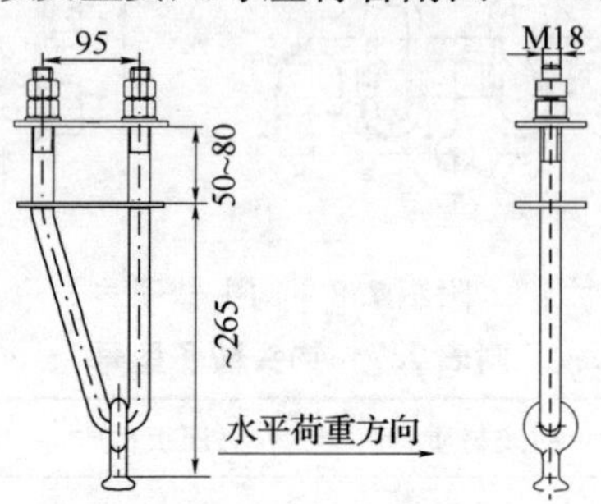

附图 7.10　长吊环

(2)长吊环每套参考重量约为 2.57 kg。

(3)标记示例:长吊环 TB/T 2075.10—2002。

11. 耳环杆

(1)耳环杆外形及主要尺寸应符合附图 7.11,型号见附表 7.8。

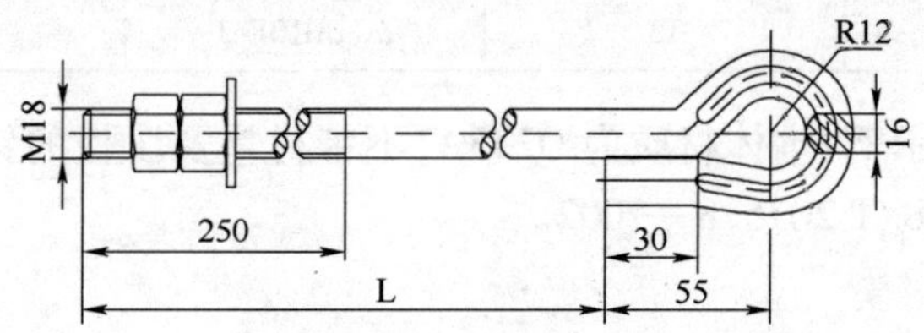

附图 7.11　耳环杆

附表 7.8　耳环杆型号

型号	L(mm)	参考重量(kg)
400	400	1.41
600	600	1.80

(2)标记示例:L=400 mm 的耳环杆:

400 型耳环杆 TB/T 2075.11—2002。

12. 悬吊滑轮

(1)悬吊滑轮的外形及主要尺寸应符合附图 7.12,型号见附表 7.9。

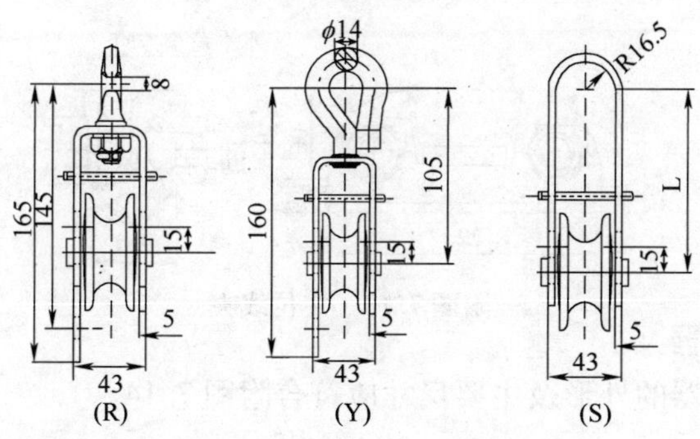

附图 7.12　悬吊滑轮

附表 7.9　悬吊滑轮型号

型号	用途		适用绞线材料	参考重量(kg)
R(L)	软横跨用		铝绞线、钢芯铝绞线及铝包钢型绞线	0.71
R(T)			铜绞线	0.98
R(G)			钢绞线	0.93
Y(L)	硬横梁用		铝绞线、钢芯铝绞线及铝包钢型绞线	0.73
Y(T)			铜绞线	1.00
Y(G)			钢绞线	0.95
S(L)	隧道用	$L=80$	铝绞线、钢芯铝绞线及铝包钢型绞线	0.56
S(T)			铜绞线	0.83
S(G)			钢绞线	0.78
S(L)		$L=110$	铝绞线、钢芯铝绞线及铝包钢型绞线	0.65
S(T)			铜绞线	0.93
S(G)			钢绞线	0.87

(2)标记示例:采用钢质轮体的隧道用悬吊滑轮

钢悬吊滑轮　TB/T 2075.12S(G)—2002。

13. 定位线夹

(1)定位线夹的外形及主要尺寸应符合附图 7.13。

(2)定位线夹每套参考重量为 0.26 kg。

(3)标记示例:定位线夹　TB/T 2075.13—2002。

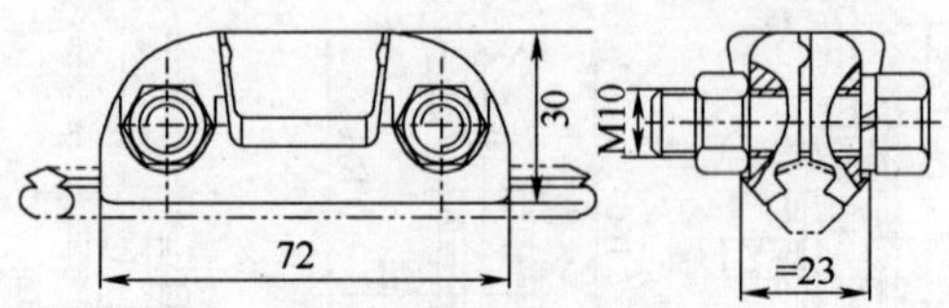

附图 7.13　定位线夹

14. 支持器

(1)支持器的外形及主要尺寸应符合附图 7.14。

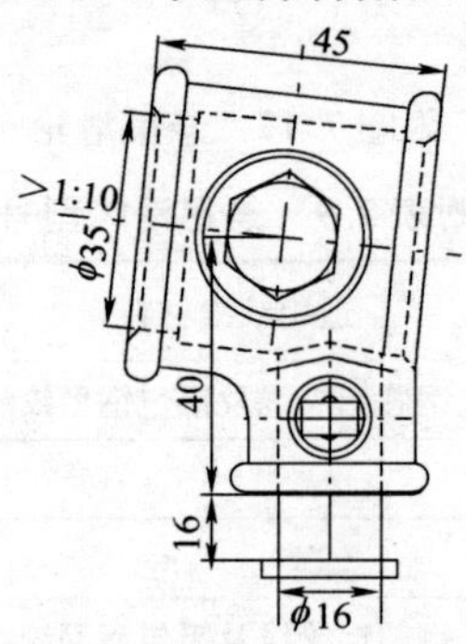

附图 7.14　支持器

(2)支持器每套参考重量为 0.44 kg。

(3)标记示例:支持器　TB/T 2075.14—2002。

15. 长支持器

(1)长支持器的外形及主要尺寸应符合附图 7.15。

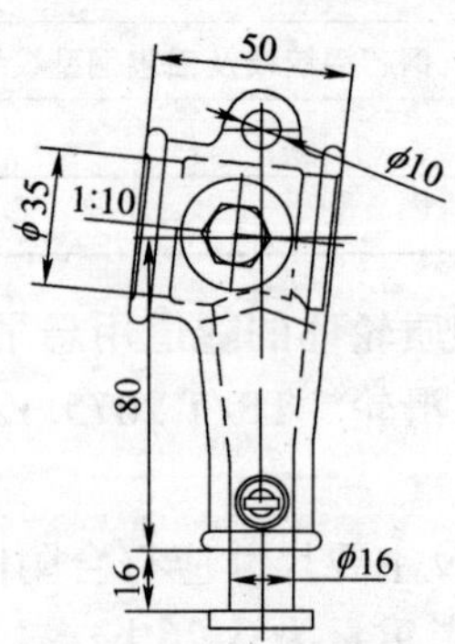

附图 7.15　长支持器

(2)长支持器每套参考重量为0.63 kg。

(3)标记示例:长支持器　TB/T 2075.15—2002。

16. 定位环线夹

(1)定位环线夹型号见附表7.10。

附表7.10　定位环线夹型号

型　号	本 体 材 料	参 考 重 量　kg
G	Q235A	0.58
T	QAl9-4	0.62

(2)标记示例:本体材质为Q235A的定位环线夹:

G型定位环线夹　TB/T 2075.16—2002。

17. 定位器

(1)定位器的外形及主要尺寸应符合附图7.16,型号见附表7.11。

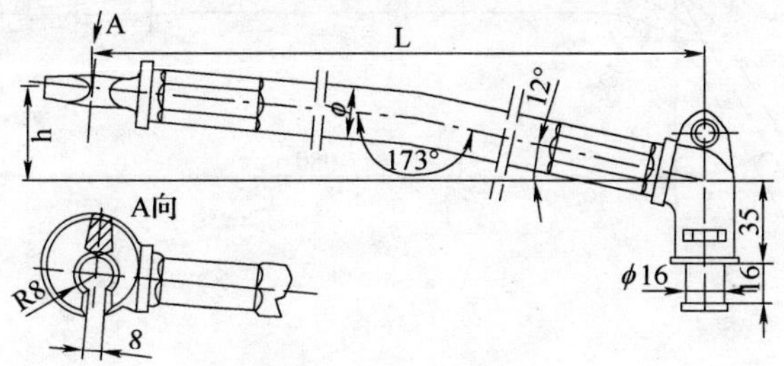

附图7.16　定位器

附表7.11　定位器型号

型号	定位器管材质	ϕ(mm)	L(mm)	h(mm)	参考重量(kg)
G1	Q235A	28	745	105	1.78
G2	Q235A	28	1 000	150	2.08
G3	Q235A	28	1 200	200	2.40

(2)标记示例:$\phi=28$ mm、$L=745$ mm、$h=105$ mm的定位器:

G1型定位器　TB/T 2075.17—2002。

18. 特型定位器

(1)特型定位器的外形及主要尺寸应符合附图7.17。

(2)每套参考重量为7.11 kg。

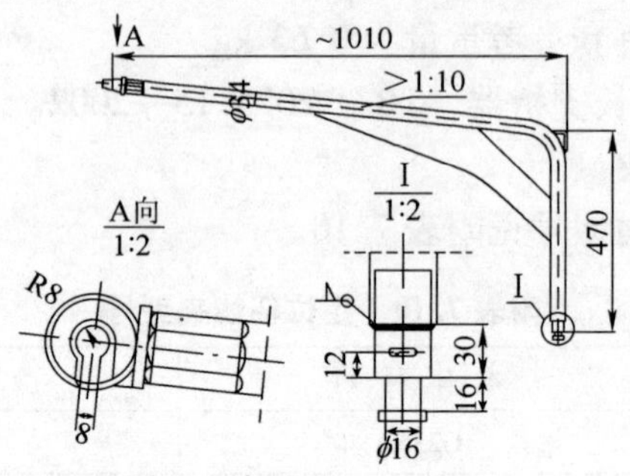

附图 7.17　特型定位器

(3)标记示例：特型定位器　TB/T 2075.18—2002。

19. 软定位器

(1)定位器的外形及主要尺寸应符合附图 7.18。

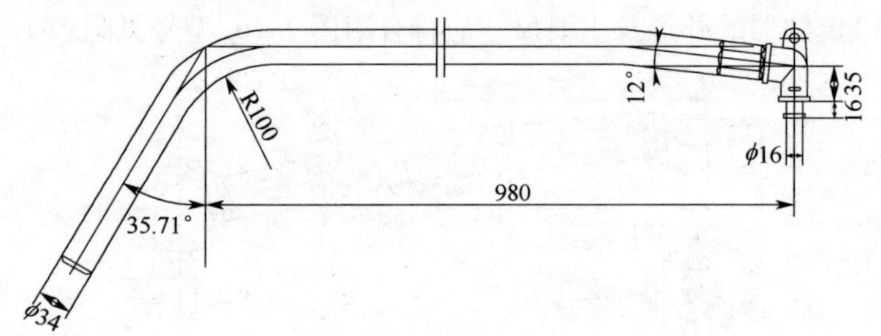

附图 7.18　软定位器

(2)标记示例：软定位器　TB/T 2075.19—2002。

20. 特型软定位器

(1)特型软定位器的外形及主要尺寸应符合附图 7.19。

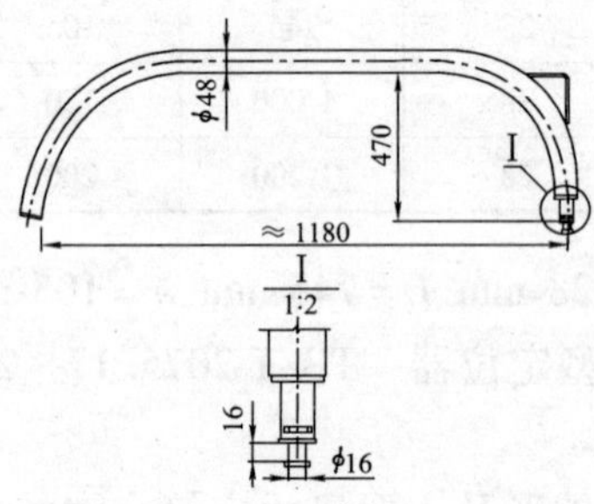

附图 7.19　特型软定位器

(2)特型软定位器每套参考重量为 8.15 kg。

(3)标记示例:特型软定位器　TB/T 2075.20—2002。

21. 定位管

(1)定位管的外形及主要尺寸应符合附图 7.20,型号见附表 7.12。

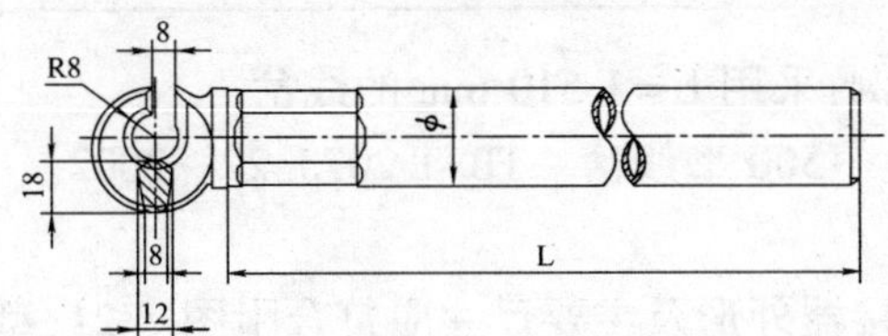

附图 7.20　定位管

附表 7.12　定位管型号

型号	定位管本体型号	定位钩型号	端板	ϕ(mm)	L(mm)	参考重量(kg)
1－700	1－700	1	有	34	700	2.20
1－960	1－960				960	2.86
1－1150	1－1150				1 150	3.34
1－1500	1－1500				1 500	4.22
1－1850	1－1850				1 850	5.44
1－2350	1－2350				2 350	6.37
1－2850	1－2850				2 850	7.64
1－3200	1－3200				3 200	8.52
$1\frac{1}{2}$－2500	$1\frac{1}{2}$－2500	$1\frac{1}{2}$	无	48	2 500	10.57
$1\frac{1}{2}$－2850	$1\frac{1}{2}$－2850				2 850	11.97
$1\frac{1}{2}$－3200	$1\frac{1}{2}$－3200				3 200	13.38
$1\frac{1}{2}$－3550	$1\frac{1}{2}$－3550				3 550	14.78

(2)标记示例:采用 1－700 型定位管本体、1 型定位钩及端板组成的定位管

1－700 型定位管　TB/T 2075.21—2002。

22. 线岔

(1)线岔的型号见附表 7.13。

附表 7.13 线岔型号

型 号	L(mm)	参考重量(kg)
500	1 510	2.15
700	1 710	3.00

(2)标记示例:采用 L = 1 510 mm 的线岔:

500 型线岔 TB/T 2075.22—2002。

23. 连接器

(1)双耳连接器外形及主要尺寸应符合附图 7.21,型号见附表 7.14。

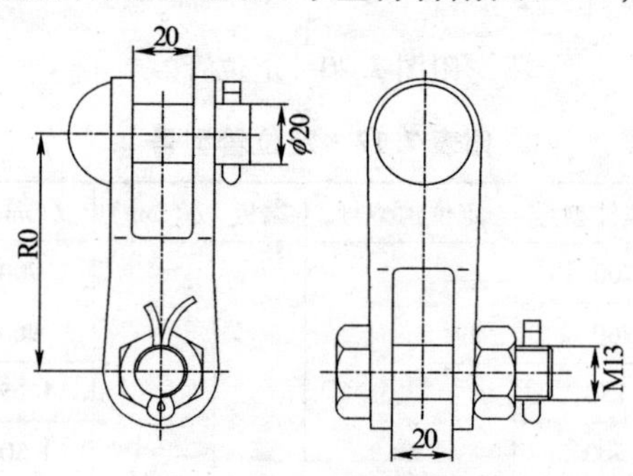

附图 7.21 双耳连接器

附表 7.14 双耳连接器型号

型号	销钉	参考重量(kg)
W	无	0.80
Y	有	0.95

(2)D 型连接器外形及主要尺寸应符合附图 7.22,型号见附表 7.15。

附表 7.15 D 型连接器型号

型号	零件 1	零件 2、3	零件 4	参考重量(kg)
D1	1 件	1 件	2 件	1.35
D2	1 件	无	无	1.13

(3)标记示例:有销钉的双耳连接器:

Y 型双耳连接器 TB/T 2075.23—2002。

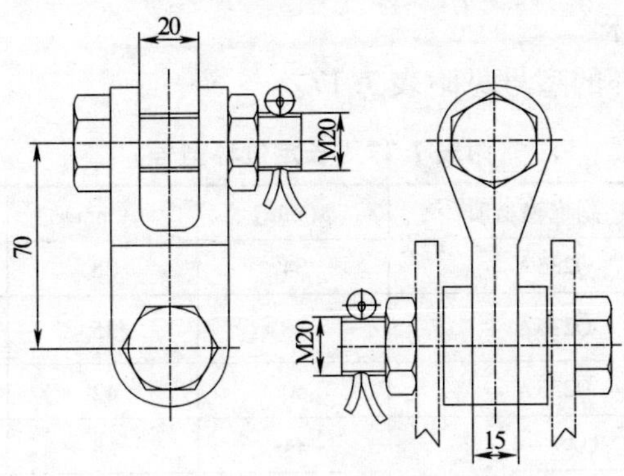

附图 7.22　D 型连接器

24. 定位环

(1)定位环外形及主要尺寸应符合附图 7.23,型号见附表 7.16。

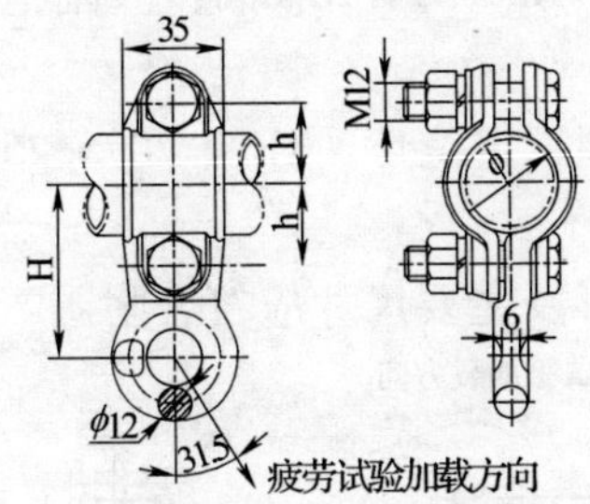

附图 7.23　定位环

附表 7.16　定位环型号

型号	主、副抱箍材料	ϕ(mm)	h(mm)	H(mm)	参考重量(kg)
G1	Q235A	34	28	60	0.43
G1 - 1/2		48	35	68	0.52
G2		60	42	75	0.64
T1	QAl9 - 4	34	28	60	0.47
T1 - 1/2		48	35	68	0.57
T2		60	42	75	0.71

(2)标记示例:主、副抱箍材料采用 Q235A,$\phi = 60$ mm,$h = 42$ mm,$H = 75$ mm 的定位环:

G2 型定位环　TB/T 2075.12—2001。

25. 长定位环

(1)长定位环的型号见附表7.17。

附表7.17　长定位环型号

型　号	主、副抱箍材质	ϕ(mm)	h(mm)	参考重量(kg)
G1	Q235A	34	28	0.99
G1 $\frac{1}{2}$	Q235A	48	35	1.11
G2	Q235A	60	42	1.25
T1	QA9－4	34	28	1.10
T1 $\frac{1}{2}$	QA9－4	48	35	1.22
T2	QA9－4	60	42	1.37

(2)标记示例:$\phi=34$ mm,$h=28$ mm,主、副抱箍材质均为Q235A的长定位环:

G1型长定位环　TB/T 2075.25—2002。

26. 套管双耳

(1)套管双耳的外形及主要尺寸应符合附图7.24,型号见附表7.18。

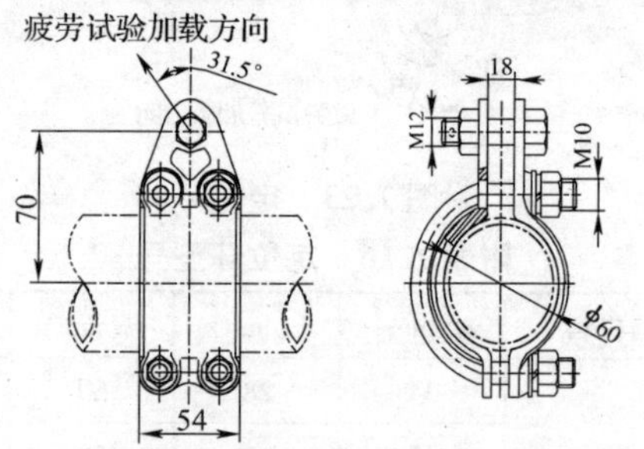

附图7.24　套管双耳

附表7.18　套管双耳型号

型　号	材　料	参考重量 kg
G	Q235A	0.85
T	QAl9－4	0.92

(2)标记示例:采用Q235A材料的套管双耳:

G型套管双耳　TB/T 2075.26—2002。

27. 套管铰环

(1)套管铰环的外形及主要尺寸应符合附图7.25,型号见附表7.19。

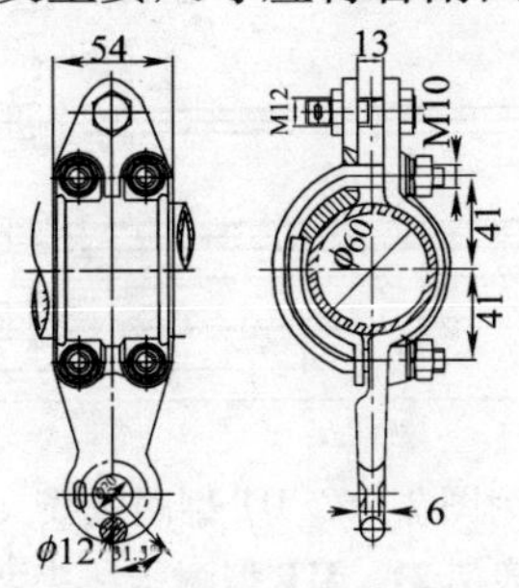

附图7.25　套管铰环

附表7.19　套管铰环型号

型　号	材　料	参考重量(kg)
G	Q235A	1.06
T	QAl9－4	1.17

(2)标记示例:采用材质均为Q235A的套管铰环:

G型套管铰环　TB/T 2075.27—2002。

28. 铜接触线接头线夹

(1)铜接触线接头线夹每套参考重量为1.4 kg。

(2)标记示例:适用于铜接触线的接头线夹:

铜接触线接头线夹　TB/T 2075.28—2002。

29. 承力索接头线夹

(1)承力索接头线夹型号见附表7.20。

附表7.20　承力索接头线夹型号

零件型号	G100	G70	T95	T120	T127
适用范围	GJ100	GJ70	TJ95	TJ120	TJ127
φ mm	38	38	38	38	40
参考重量　kg	0.57	0.57	0.80	0.85	0.85

(2)标记示例:适用于GJ100镀锌钢绞线接头线夹:

GJ100型承力索接头线夹　TB/T 2075.29—2002。

30. UT 型耐张线夹

(1)UT 型耐张线夹外形及主要尺寸应符合附图 7.26,型号见附表 7.21。

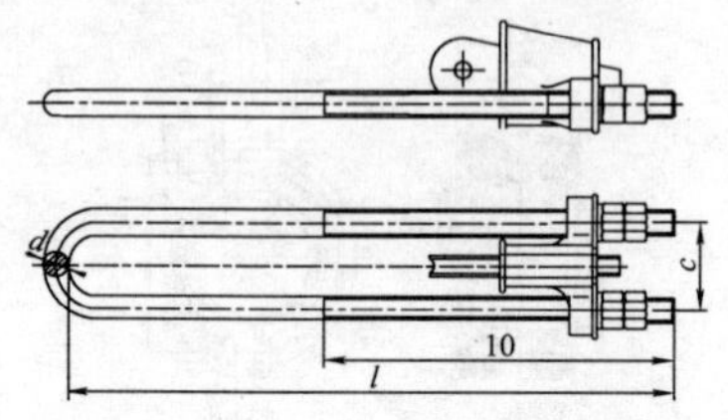

附图 7.26　UT 型耐张线夹

附表 7.21　UT 型耐张线夹型号

型号	适用绞线		d(mm)	L(mm)	l_0(mm)	c(mm)	参考重量(kg)
	截面(mm^2)	外径(mm)					
UT-1	80	11.5	18	430	250	62	3.2
UT-2	100~120	13.0~14.0	22	500	300	74	5.4

(2)标记示例:采用绞线截面为 80 mm^2,外径为 11.5 mm,$d=18$ mm,$L=430$ mm,$l_0=250$ mm,$c=62$ mm 的 UT 型耐张线夹:UT-1 型耐张线夹 TB/T 2075.30—2002。

31. 杵座楔形线夹

(1)杵座楔形线夹的外形及主要尺寸应符合附图 7.27,型号见附表 7.22。

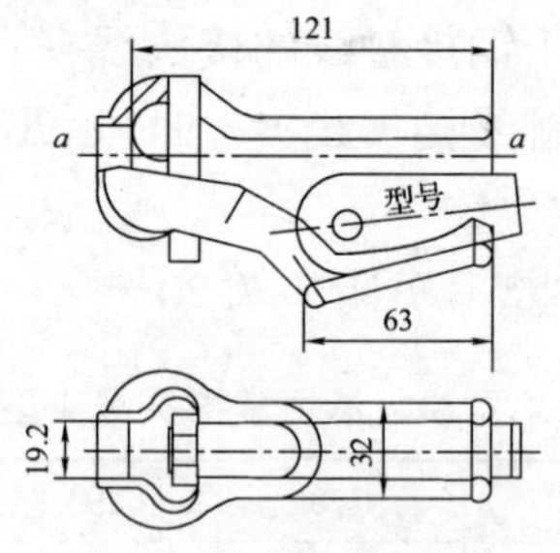

附图 7.27　杵座楔形线夹

附表 7.22　杵座楔形线夹型号

型号	适用绞线型号	楔子型号	参考重量(kg)
80	LXGJ-80	80	1.08
50	LXGJ-50	50	1.10

(2)标记示例:采用同一外壳及80型楔子组成的杵座楔形线夹:

80型杵座楔形线夹　TB/T 2075.31—2002。

32. 双耳楔形线夹

(1)双耳楔形线夹的外形及主要尺寸应符合附图7.28,型号见附表7.23。

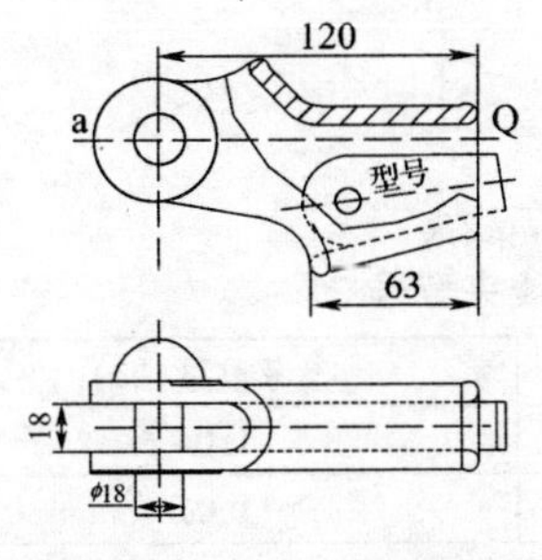

附图7.28　双耳楔形线夹

附表7.23　双耳楔形线夹的型号

型号	绞线型号	楔子型号	参考重量(kg)
80	LXGJ-80	80	1.08
50	LXGJ-50	50	1.10

(2)标记示例:采用同一外壳及80型楔子等组成的双耳楔形线夹:

80型双耳楔形线夹:TB/T 2075.32—2002。

33. 双环杆

(1)双环杆的外形及主要尺寸应符合附图7.29,型号见附表7.24。

附表7.24　双环杆型号

型号	L(mm)	参考重量(kg)
250	250	0.81
350	350	0.97
770	770	1.64
1000	1000	2.00
1500	1500	2.79

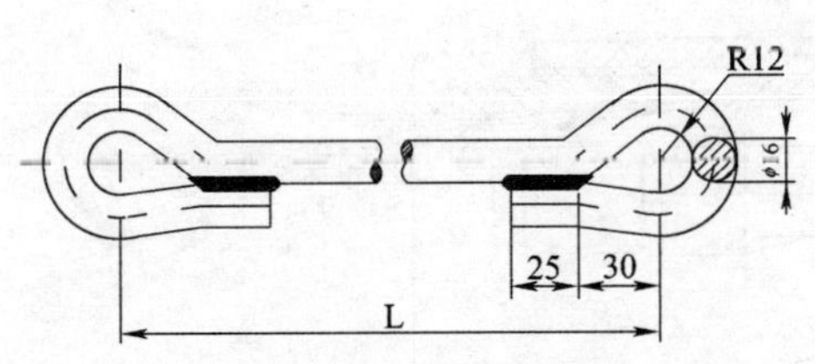

附图7.29　双环杆

(2)标记示例:$L=250$ mm的双环杆:

250型双环杆 TB/T 2075.33—2002。

34. 接触线终端锚固线夹

(1)接触线终端锚固线夹的外形及主要尺寸应符合附图7.30,型号见附表7.25。

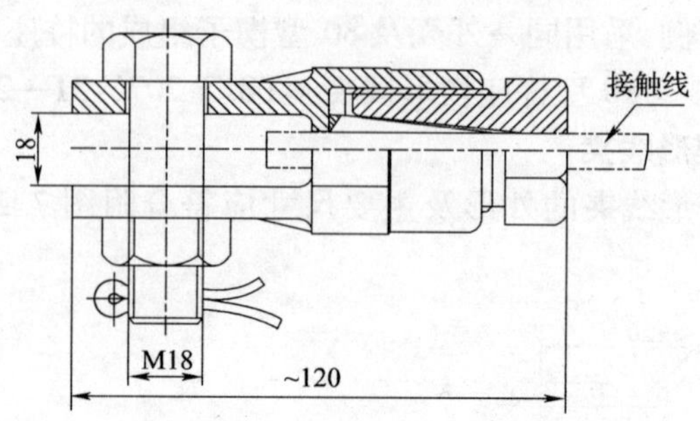

附图 7.30　接触线终端锚固线夹

附表 7.25　接触线终端锚固线夹型号

型　号	适用范围	参考重量(kg)
TC150	TCG－150	1.04
TC120	TCG－120	1.01
TC110	TCG－110	1.01
TC85	TCG－85	1.02

(2)标记示例:适用于 TCG－110 铜接触线的终端锚固线夹:

接触线终端锚固线夹　TB/T 2075.34—2002。

35. 承力索终端锚固线夹

(1)承力索终端锚固线夹的外形及主要尺寸应符合附图 7.31,型号见附表 7.26。

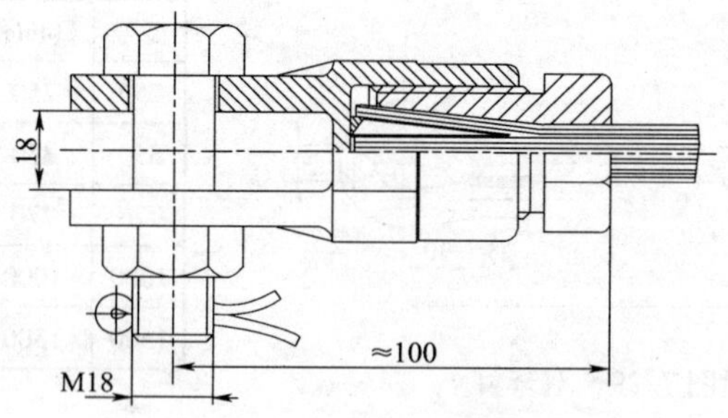

附图 7.31　承力索终端锚固线夹

附表 7.26　承力索终端锚固线夹型号

零件型号	G100	G80	T127	T120	T95
适用范围	GJ－100	LXGJ－80	TJ－127	TJ－120	TJ－95
参考重量(kg)	0.87	0.89	0.93	0.93	0.91

(2)标记示例:适用于 TJ－95 铜承力索终端锚固线夹:

T95 型承力索终端锚固线夹　TB/T 2075.35—2002。

36. 坠砣

(1)坠砣的外形及主要尺寸应符合附图 7.32。

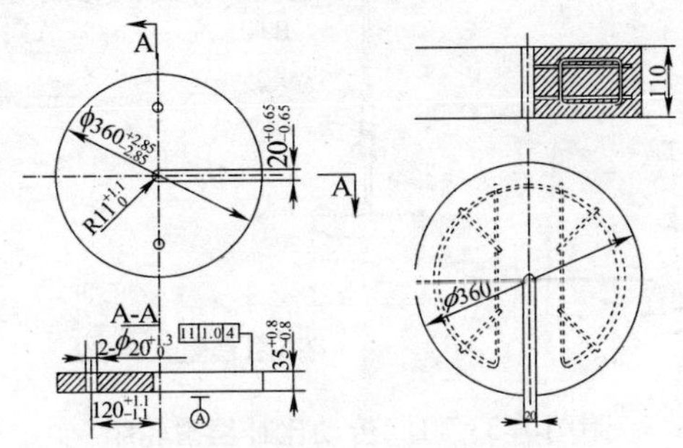

附图 7.32　坠砣结构图

(a)钢筋混凝土坠砣;(b)铁坠砣

(2)坠砣的参考重量为:25 kg。

(3)标记示例:混凝土坠砣　TB/T 2075.36—2002。

37. 补偿滑轮组

(1)补偿滑轮组应满足接触悬挂中承力索与接触线在支柱的同侧下锚的要求,主要由不同轮径的滑轮、滑轮框架、补偿绳、补偿绳用楔形线夹、M20 的螺栓销等组成。

(2)补偿滑轮组的传动比分为 1∶2、1∶3、1∶4 三种。

(3)补偿滑轮组外形、尺寸:

1∶2传动比补偿滑轮组(见附图 7.33);1∶3传动比补偿滑轮组(见附图 7.34);1∶4传动比补偿滑轮组(见附图 7.35)

(4)标记示例:1∶4传动比补偿滑轮组;TB/T 2075.37—2002。

38. 补偿棘轮

补偿棘轮外形尺寸见附图 7.36,型号见附表 7.27。

附表 7.27　不锈钢补偿绳疲劳试验数据表

补偿绳结构	钢丝绳直径(mm)	施加补偿张力(kN)	疲劳次数(次)	疲劳后整绳破断拉力(kN)
8T(1+6,6+12)+7(1+6+12)	8.75	4.9	20 000	≥48.6

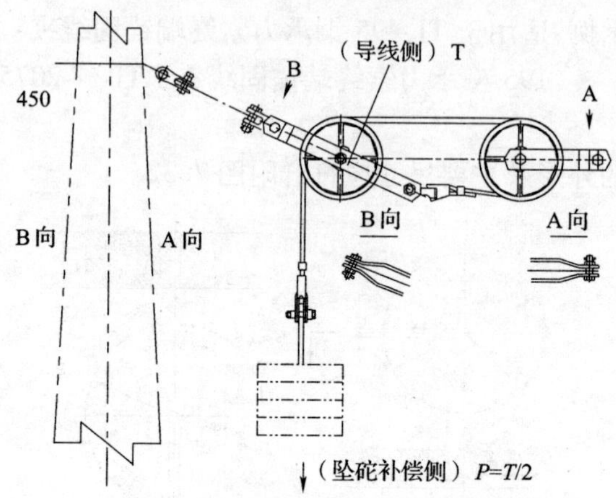

附图 7.33　1∶2传动比补偿滑轮组

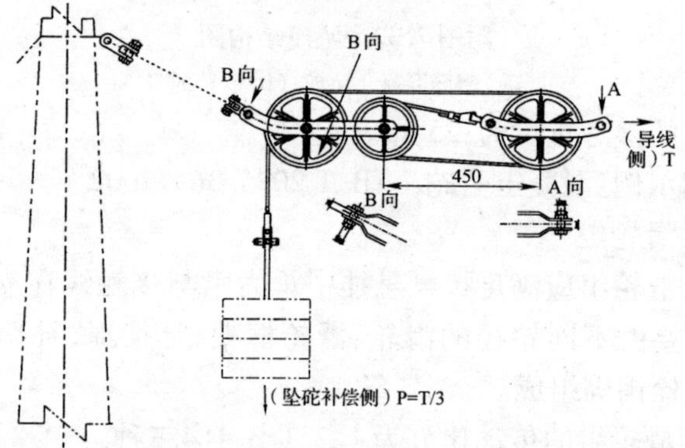

附图 7.34　1∶3传动比补偿滑轮组

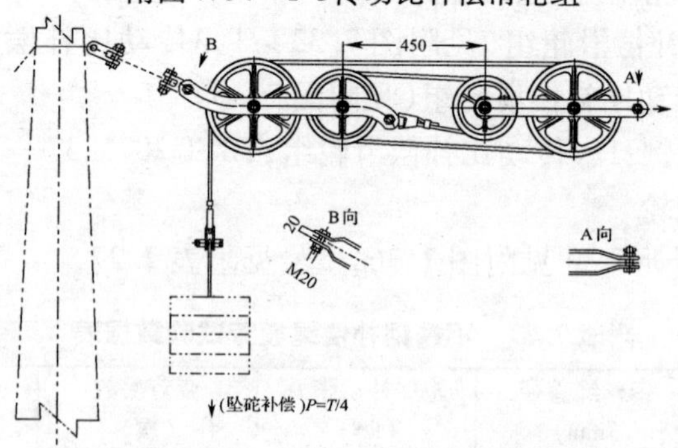

附图 7.35　1∶4传动比补偿滑轮组

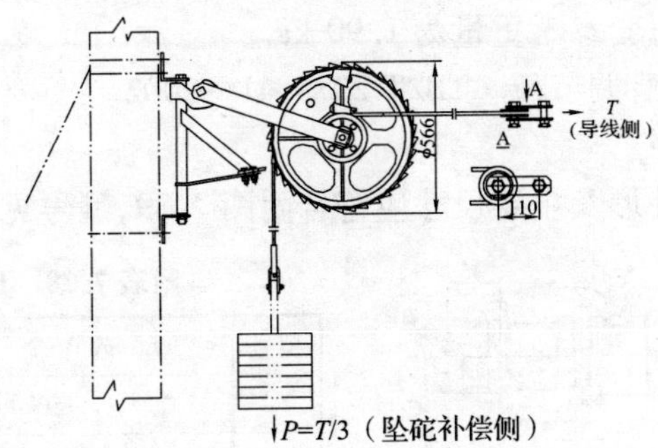

附图 7.36　补偿棘轮

39. 特型旋转腕臂底座

（1）特型旋转腕臂底座的外形及主要尺寸应符合附图 7.37。

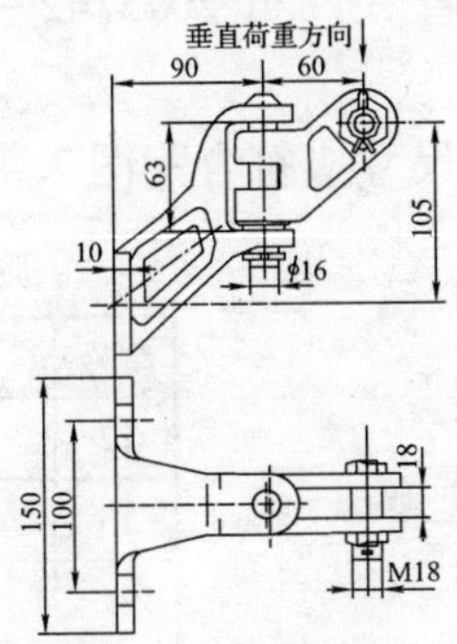

附图 7.37　特型旋转腕臂底座

（2）特型旋转腕臂底座每套参考重量为 3.02 kg。

（3）标记示例：特型旋转腕臂底座：TB/T 2075.40—2002。

40. 调节板

（1）调节板的外形及主要尺寸应符合附图 7.38。

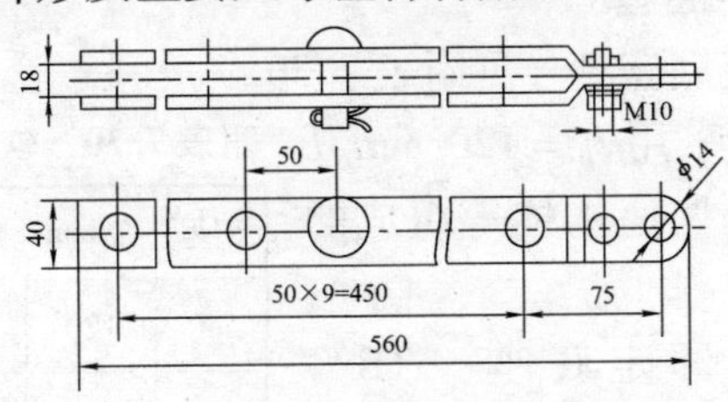

附图 7.38　调节板

(2)调节板每套参考重量为 1.90 kg。

(3)标记示例:调节板　TB/T 2075.41—2002。

41. 压管

(1)压管的外形及主要尺寸应符合附图 7.39,型号见附表 7.28。

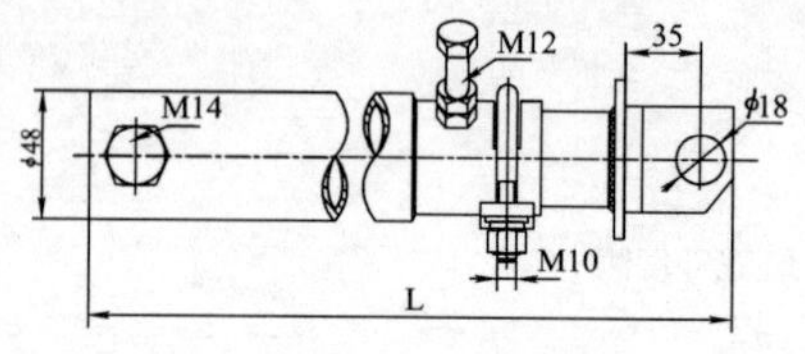

附图 7.39　压管

附表 7.28　压管型号

型号	L(mm)	参考重量(kg)
Y_D	1 080 ~ 1 750	6.59
Y1	1 650 ~ 2 850	10.83
Y2	2 600 ~ 3 800	14.53

(2)标记示例:L = 1 080 mm 的 Y_D 型压管:

Y_D 型压管　TB/T 2075.42—2002。

42. 杵环杆

(1)环杆的外形及主要尺寸应符合附图 7.40,型号见附表 7.29。

附表 7.29　杵环杆型号

型号	L(mm)	参考重量(kg)
12	1 130	2.05
16	1 530	2.68
21	2 030	3.47
26	2 530	4.26
30	2 930	4.89

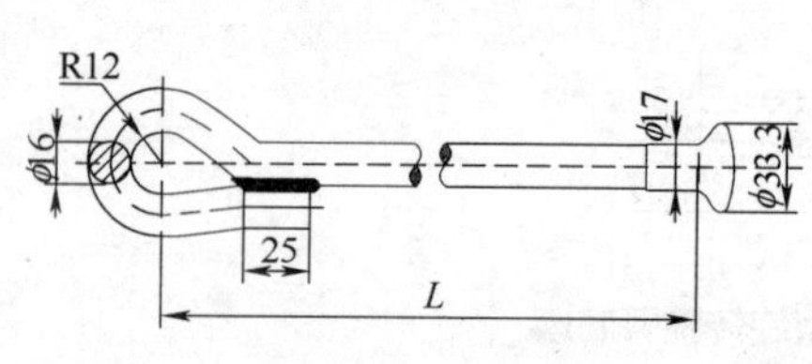

附图 7.40　杵环杆

(2)标记示例:L = 1 130 mm 的杵环杆:

12 型杵环杆　TB/T 2075.43—2002。

43. 软横跨固定底座

(1)软横跨固定底座型号见附表 7.30。

(2)标记示例:采用 l_0 = 120 mm、L = 540 mm 的螺栓及底座本体等组成的软横跨固定底座:

540 型软横跨固定底座　TB/T 2075.44—2002。

附表 7.30　软横跨固定底座型号

型号	l_0 mm	L mm	参考重量 kg
540	120	540	6.77
580	100	580	6.90

44. 拉杆底座

(1)拉杆底座的型号见附表7.31。

附表7.31　拉杆底座型号

型　号	L(mm)	适用支柱类型	参考重量(kg)
38	505	H38	1.78
78	655	H78、H60	2.82

(2)标记示例:采用L=505 mm的拉杆底座:

38型拉杆底座　TB/T 2075.45—2002。

45. 特型拉杆底座

(1)特型拉杆底座的外形及主要尺寸应符合附图7.41,规格型号见附表7.32。

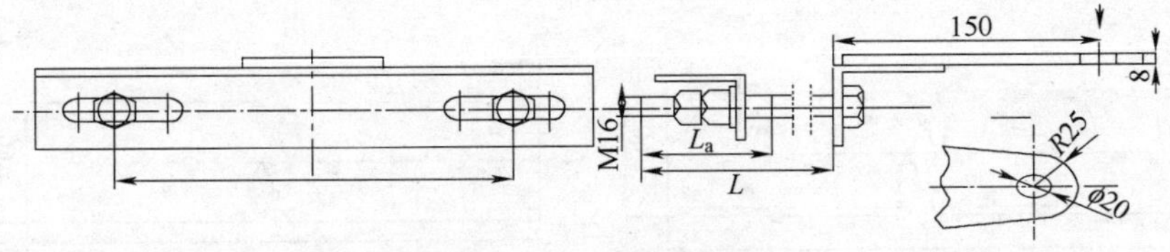

附图7.41　特型拉杆底座

附表7.32　特型拉杆底座型号

型　号	适用支柱类型	L(mm)	l(mm)	l_0(mm)
T38	H38	360	166~266	100
T78	H78、H60	510	166~266	100
T170	H170	540	280~380	120

(2)标记示例:采用变化范围l为166 mm~266 mm,L=360 mm,l_0=100 mm的特型拉杆底座:

T38型拉杆底座　TB/T 2075.46—2002。

46. 钢柱拉杆底座

(1)钢柱拉杆底座的型号见附表7.33。

附表 7.33 钢柱拉杆底座型号

型　号	适用支柱类型	l(mm)	L(mm)
G10	$G\frac{50\sim100}{8.5\sim11}\times\frac{50\sim100}{10\sim11}$	166 ~ 266	315
G13	$G\frac{100\sim200}{13}$	440 ~ 540	590
G15	$G\frac{200\sim350}{15}$	560 ~ 660	710

(2)标记示例:采用变化范围 l = 166 mm ~ 266 mm,L = 315 mm 的钢柱拉杆底座:

G10 型拉杆底座　TB/T 2075.47—2002。

47. 腕臂

(1)腕臂的外形及主要尺寸应符合附图 7.42 ~ 附图 7.46,型号见附表 7.34。

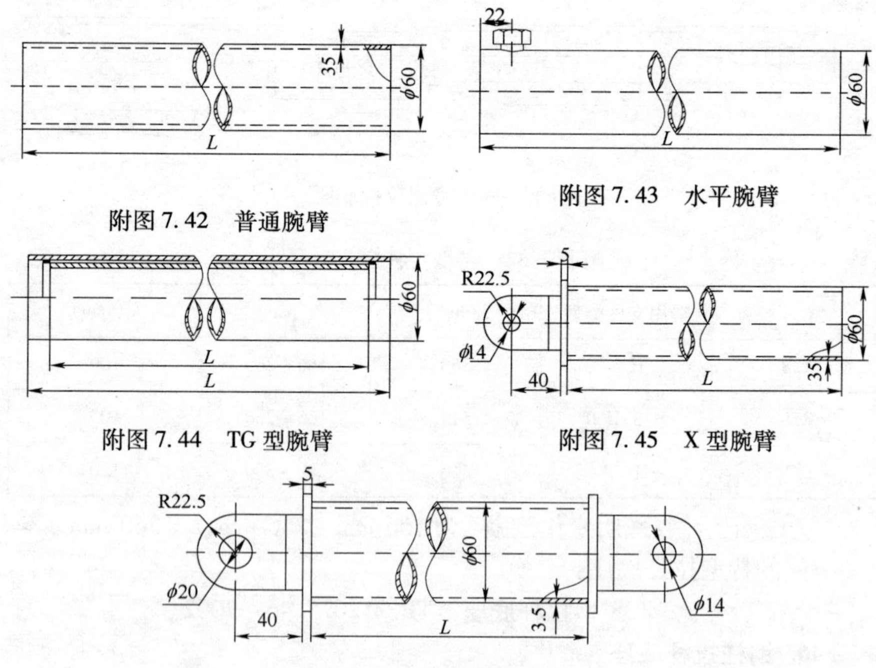

附图 7.42　普通腕臂

附图 7.43　水平腕臂

附图 7.44　TG 型腕臂

附图 7.45　X 型腕臂

附图 7.46　两端耳环腕臂

附表 7.34　腕 臂 型 号

型　号		长度 L(mm)	管径 ϕ(mm)	臂厚(mm)	参考重量(kg)
普通腕臂	2－2.6	2 600	60	3.5	13.16
	2－3.0	3 000			15.19
	2－3.4	3 400			17.21
	2－3.8	3 800			19.24
	2－4.3	4 300			21.77
水平腕臂	P2.6	2 600	60	3.5	13.26
	P3.0	3 000			15.29
	P3.4	3 400			17.31
	P3.8	3 800			19.34
	P4.3	4 300			21.87
TG 型腕臂	TG3.6	3 600	60(外层管)	3.5	32.63
	TG3.8	3 800			34.67
	TG4.5	4 500			41.21
X 型腕臂	X2.6	2600	60	3.5	13.36
	X3.0	3000			15.39
	X3.4	3400			17.41
	X3.8	3800			19.44
	X4.3	4300			21.97
两端耳环腕臂	S3.2	3200	60	3.5	16.43
	S3.6	3600			18.51
	S3.8	3800			19.64

(2)标记示例:L=2 600 mm 的 X 型腕臂:

L=2 600 mm 的 X 型腕臂　TB/T 2075.48—2002。

48. 接触线电连接线夹(斜型)

(1)接触线电连接线夹(斜型)的外形及主要尺寸应符合附图 7.47,型号见附表 7.35。

(2)标记示例:适用于 CT110 接触线与 TRJ－95 电连接线之间的电连接线夹

T－1a 型电连接线夹 TB/T 2075.49—2002。

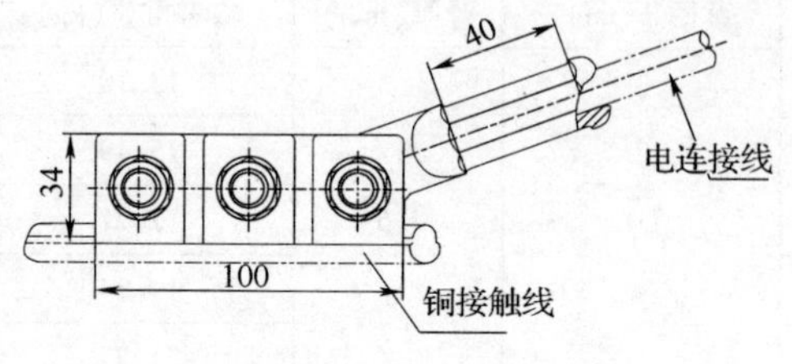

附图 7.47 电连接线夹

附表 7.35 电连接线夹型号

零件型号	适用线型	电连接线类型	参考重量(kg)
T－1a	CT120、CT110	TRJ－95	0.79
T－1b		TRJ－120	0.82
T－2	CT85	TRJ－95	0.80

49. 接触线电连接线夹(垂直型)

(1)接触线电连接线夹(垂直型)的外形及主要尺寸应符合附图 7.48,型号见附表 7.36。

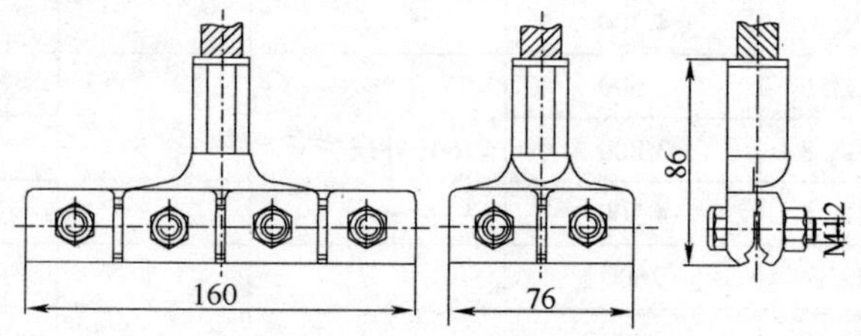

附图 7.48 电连接线夹

附表 7.36 电连接线夹型号

零件型号	夹板材料	适用范围	参考重量(kg)
110A	T2/QAl9－4	CT110 与 TRJ－120	0.88
110B	T2/QAl9－4	CT110 与 TRJ－95	0.50
85	T2/QAl9－4	CT85 与 TRJ－95	0.50

(2)标记示例:适用于 CT110 铜接触线与 TRJ－120 电连接线之间电气联接的电连接线夹

110A 型电连接线夹 TB/T 2075.81—2001。

50. 电连接线夹(方型)

(1)电连接线夹(方型)的外形及主要尺寸应符合附图 7.49,型号见附表 7.37。

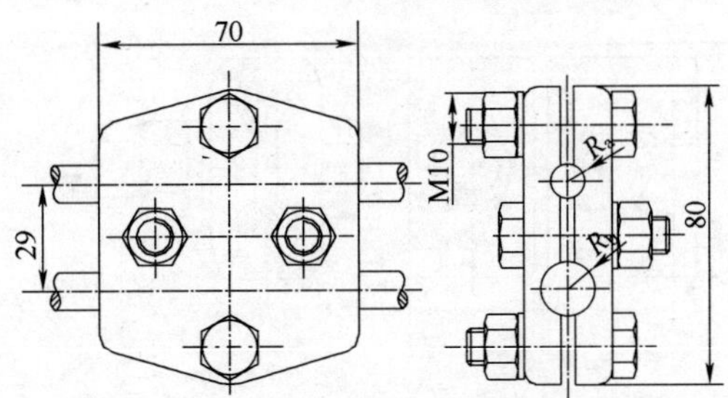

附图 7.49　电连接线夹

附表 7.37　电连接线夹型号

零件型号	R_a (mm)	R_b (mm)	a (mm)	本体材料	适用范围	参考重量 (kg)
T95	6.5	7.2	10	QAL9－4	TJ95、TRJ95 与 TRJ95	0.80
T120	7.2	7.0	12	QAL9－4	TJ120 或 TRJ120 与 TRJ120	0.74
T127	8.0	8.0	12	QAL9－4	TJ127 与 TRJ120	0.70
G80A	5.5	7.2	10	QAL9－4	LXGJ80 与 TRJ95	0.79
G80B	5.5	8.0	12	QAL9－4	LXGJ80 与 TRJ120	0.79
G100A	6.5	7.2	12	QAL9－4	LXGJ100 与 TRJ95	0.80
G100B	6.5	8.0	10	QAL9－4	LXGJ100 与 TRJ120	0.79
L185	8.9	8.9	12	L3	GLJ185 与 LJ185	0.33
GL30	5.5	8.9	12	L3	LBGJ70、LBGJ90、GLZE30/50 与 LJ185	0.34
GL120	8.2	8.9	12	L3	GLJC120/35 与 LJ185	0.33
TL30A	5.5	7.2	10	T2、L3	LBGJ70、LBGJ90、GLZE30/50 与 TRJ95	0.52
TL120A	8.0	8.0	12	T2、L3	GLJC120/35 与 TRJ95	0.50
TL120B	5.5	7.2	10	T2、L3	GLJC120/35 与 TRJ120	0.48

(2)标记示例:适用于 TJ－95 承力索与 TJR－95 电连接线 R_a = 6.5 mm, R_b = 7.2 mm, a = 10 mm 电连接线夹

T95A 型电连接线夹　TB/T 2075.51—2002。

51. 电连接线夹(长方型)

(1)电连接线夹(长方型)的外形及主要尺寸应符合附图 7.50,型号见附表 7.38。

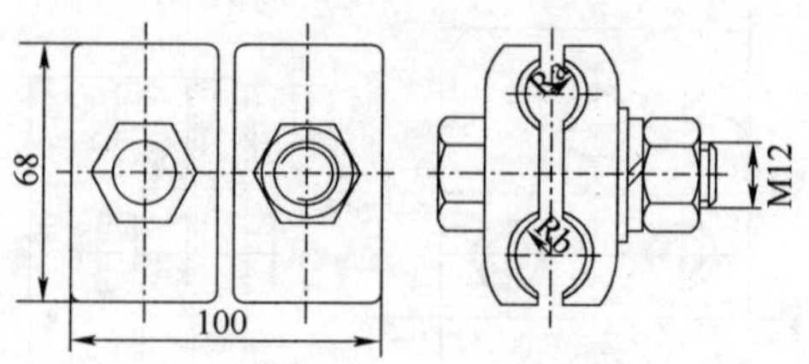

附图 7.50　电连接线夹

附表 7.38　电连接线夹型号

零件型号	R_a (mm)	R_b (mm)	夹板材料	适用范围	接触电阻 ≤(Ω)	参考重量 (kg)
T95	6.5	7.2	QAl9－4	TJ－95 或 TJR－95 与 TJR－95	0.000 019	0.48
T120A	7.0	7.2	QAl9－4	TJ－120 与 TJR－95	0.000 015	0.46
T127A	8.0	7.2	QAl9－4	TJ127 与 TJR－95	0.000 015	0.42
K70B	5.5	8.0	QAl9－4	GJ－70 与 TJR－120	0.000 18	0.48
K100B	6.5	8.0	QAl9－4	GJ－100 与 TJR－120	0.000 13	0.40
T95B	7.2	8.0	QAl9－4	TJ－95 与 TJR－120	0.000 019	0.42
T120B	7.2	7.2	QAl9－4	TJ－120 或 TJR－120 与 TJR－120	0.000 015	0.44
T127B	8.0	8.0	QAl9－4	TTJ127 与 TJR－120	0.000 015	0.42
TL120A	8.0	7.2	T2、L3	GLJC120/35 与 TJR－95	0.000 023	0.40
TL120B	8.0	8.0	T2、L3	GLJC120/35 与 TJR－120	0.000 023	0.37
TL30A	5.5	7.2	T2、L3	LBGJ70、GLJE－30/50、LBGJ90 与 TJR－95	0.000 078	0.41

（2）标记示例：适用于 TJ－95 铜承力索与 TJR－95 软铜电连接线之间电气连接的 R_a =6.5 mm，R_b =7.2 的电连接线夹：

T95 型电连接线夹　TB/T 2075.52—2002。

52. 接地线夹

（1）接地线夹的外形及主要尺寸应符合附图 7.51。

（2）接地线夹每套参考重量为 0.79 kg。

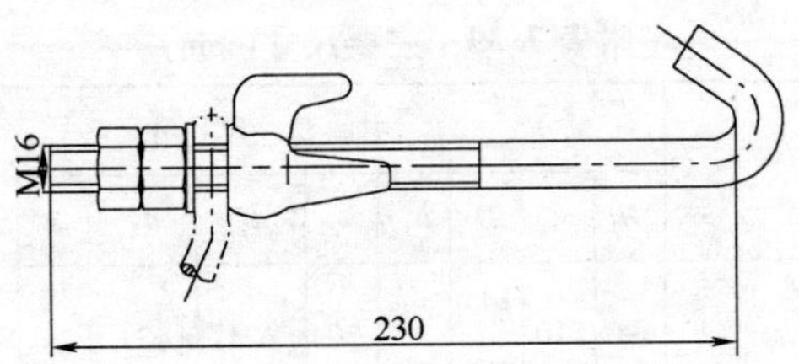

附图 7.51　接地线夹

(3)标记示例:接地线夹:TB/T 2075.53—2002。

53. 接地线连接线夹

(1)接地线连接线夹的外形及主要尺寸应符合附图 7.52。

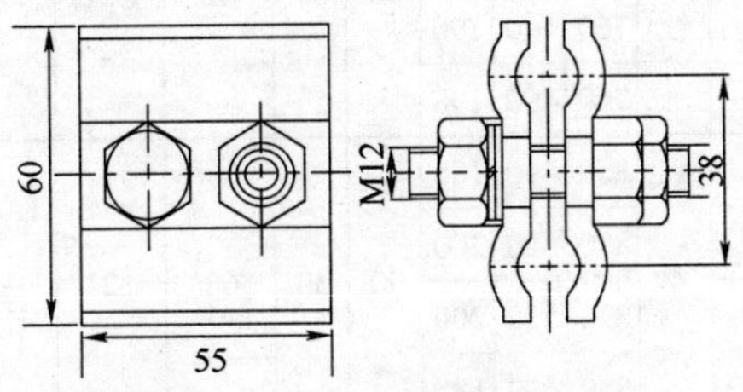

附图 7.52　接地线连接线夹

(2)接地线连接线夹每套重量约为 0.44 kg。

(3)标记示例:接地线连接线夹　TB/T 2075.54—2002。

54. 棒形瓷绝缘子

(1)绝缘子的主要尺寸应符合附图 7.53 和附表 7.39 的规定。

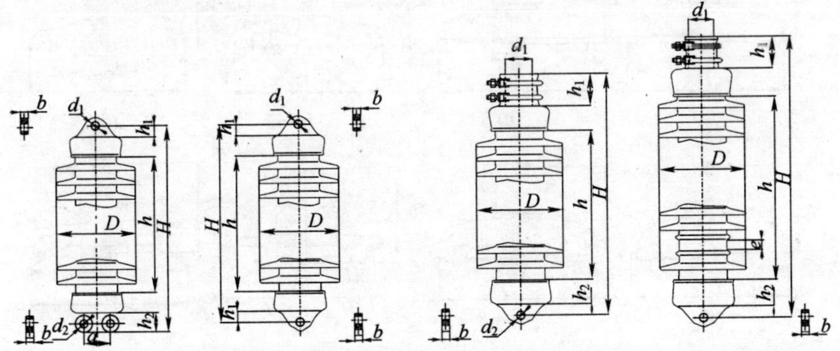

附图 7.53　棒形绝缘子

附表 7.39 主要尺寸(mm)

<table>
<tr><th colspan="2" rowspan="2">类型</th><th rowspan="2">型 号</th><th rowspan="2">图号</th><th colspan="10">主 要 尺 寸</th><th rowspan="2">公称爬电距离(主/辅)</th></tr>
<tr><th>H</th><th>h</th><th>D</th><th>h_1</th><th>h_2</th><th>d_1</th><th>d_2</th><th>a</th><th>b</th><th>e</th></tr>
<tr><td rowspan="4">隧道</td><td rowspan="2">悬挂</td><td>QX2 - 25</td><td rowspan="2">1</td><td rowspan="2">690</td><td rowspan="2">510</td><td>145</td><td rowspan="2">30</td><td rowspan="2">30</td><td rowspan="2">$\phi 21$</td><td rowspan="2">$\phi 21$</td><td rowspan="2">/</td><td rowspan="2">16</td><td rowspan="2">/</td><td>1 200</td></tr>
<tr><td>QX3 - 25</td><td>155</td><td>1 500</td></tr>
<tr><td rowspan="2">定位</td><td>QE1 - 25A</td><td rowspan="2">2</td><td rowspan="2">690</td><td rowspan="2">510</td><td>145</td><td rowspan="2">30</td><td rowspan="2">30</td><td rowspan="2">$\phi 21$</td><td rowspan="2">2 - $\phi 21$</td><td rowspan="2">56</td><td rowspan="2">16</td><td rowspan="2">/</td><td>1 200</td></tr>
<tr><td>QE3 - 25A</td><td>155</td><td>1 500</td></tr>
<tr><td rowspan="8">腕臂支撑</td><td rowspan="4">单绝缘</td><td>QB2 - 25D</td><td rowspan="4">3</td><td>760</td><td>490</td><td>185</td><td rowspan="4">90</td><td rowspan="4">30</td><td rowspan="4">62</td><td rowspan="4">$\phi 21$</td><td rowspan="4">—</td><td rowspan="4">16</td><td rowspan="4">—</td><td>1 200</td></tr>
<tr><td>QB3 - 25D</td><td>780</td><td>520</td><td>200</td><td>1 500</td></tr>
<tr><td>QB2 - 25/8D</td><td>760</td><td>490</td><td>190</td><td>1 200</td></tr>
<tr><td>QB2 - 25/12D</td><td>760</td><td>490</td><td>190</td><td>1 200</td></tr>
<tr><td rowspan="4">双绝缘</td><td>QBZ2 - 25D</td><td rowspan="4">4</td><td>850</td><td>490</td><td>185</td><td rowspan="4">90</td><td rowspan="4">30</td><td rowspan="4">62</td><td rowspan="4">$\phi 21$</td><td rowspan="4">—</td><td rowspan="4">16</td><td rowspan="4">22</td><td>1 200/145</td></tr>
<tr><td>QBZ3 - 25D</td><td>870</td><td>520</td><td>200</td><td>1 500/145</td></tr>
<tr><td>QBZ2 - 25/8D</td><td>870</td><td>520</td><td>200</td><td>1 500/145</td></tr>
<tr><td>QBZ2 - 25/12D</td><td>850</td><td>490</td><td>185</td><td>1 200/145</td></tr>
</table>

55. 悬式绝缘子

绝缘子其结构型式应符合图 7.54 规定，主要尺寸应符合附表 7.40 规定。

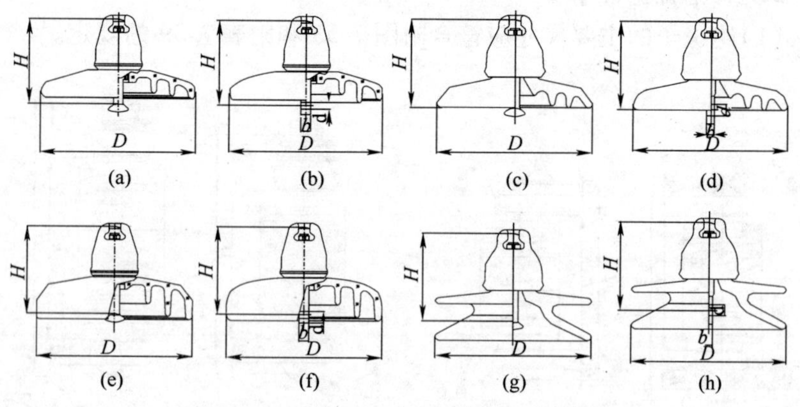

附图 7.54 悬式绝缘子

附表 7.40　尺寸与特性

绝缘子型号	图号	机械(电)破坏负荷不小于(kN)	打击负荷不大于(N·m)	结构尺寸 mm			雷电全波冲击耐受电压不小于(kV)	工频 1min 湿耐受电压不小于(kV)	工频击穿电压不小于(kV)	连接型式标记	扁脚尺寸(mm)	
				公称结构高度 *H*	绝缘件公称盘径 *D*	最小公称爬电距离					*d*	*b*
LXY－70	1	70	678	140	255	320	100	40	110	16	—	—
LXY1－70	1	70		146	255	320	100	40	110	16	—	—
LXY2－70	1	70		127	255	320	95	35	110	16	—	—
LXY1－70T	2	70		146	255	320	100	40	110	帽 16	17.5	12.7
LXY1－70T	2	70		146	255	320	100	40	110	帽 16	17.5	12.7
LXHY4－70	3	70		146	255	320	110	45	110	16	—	—
LXHY4－70T	4	70		146	255	400	110	45	110	帽 16	17.5	12.7
LXHY6－70T	4	70		146	255	400	110	45	110	帽 16	20.5	18
LXHY5－70	3	70		146	280	445	110	45	110	16	—	—
LXHY5－70T	4	70		146	280	445	110	45	110	帽 16	17.5	12.7
LXHY7－70T	4	70		146	280	445	110	45	110	帽 16	20.5	18
XP－70	5	70		146	255	295	100	40	110	16	—	—
XP－70T	6	70		146	255	295	100	40	110	帽 16	17.5	12.7
XP－70T	6	70		146	255	295	100	40	110	帽 16	20.5	18
XWP1－70	7	70		146	255	400	100	45	110	16	—	—
XWP1－70T	8	70		146	255	400	100	45	110	帽 16	17.5	12.7
XWP2－70T	8	70		146	255	400	100	45	110	帽 16	20.5	18

参 考 文 献

1. 于万聚. 高速电气化铁路接触网. 成都:西南交大出版社,2002.
2. 中华人民共和国铁道部. 铁路增建二线和既有线改造工程施工技术暂行规定. 北京:中国铁道出版社,2008.
3. 铁道部电气化工程局第一工程处. 电气化铁道施工手册:接触网. 北京:中国铁道出版社,1987.
4. 张道俊,张韬. 接触网运营检测与管理. 北京:中国铁道出版社,2006.
5. 中华人民共和国铁道部. 铁路工程施工安全技术规程(下册). 北京:中国铁道出版社,2006.
6. 中华人民共和国铁道部. 客运专线铁路电力牵引供电工程施工质量验收暂行标准. 北京:中国铁道出版社,2006.
7. 张万里. 接触网工技术问答 850 题. 北京:中国铁道出版社,1998.
8. 邓清华,李本虎. 牵引供电事故案例. 北京:中国铁道出版社,1999.
9. 赵良田. 接触网事故案例. 北京:中国铁道出版社,1998.
10. 中华人民共和国铁道部. 接触网安全操作规程　接触网运行检修规程. 北京:中国铁道出版社,2007.